Prenez le temps
d' e-penser

Illustrations des ouvertures
de chapitre :
AngelMJ

© Hachette Livre, Éditions Marabout, 2015
ISBN : 978-2-501-10492-0
codification : 1536197/04
Dépôt légal : novembre 2015

BRUCE BENAMRAN

Prenez le temps
d' e-penser

MARABOUT

Remerciements

(parce que quand on est poli, on dit merci)

À M. Bibas et feu M. Villain, qui ont insufflé à l'adolescent un peu idiot que j'étais le désir d'en savoir toujours plus,

À Alexandre Astier, qui démontre tous les jours que rien n'est impossible pour qui ne compte pas son effort,

À Étienne Klein, dont l'humilité offre de la place sous les projecteurs à des gens tels que moi,

À Richard Feynman, parce que !

À Gaëlle, sans qui ce livre n'existerait pas — si vous détestez, dites-vous que c'est de sa faute,

À Jarod et Camille, à qui ce livre est dédié.

Préface

par Alexandre Astier

L'homme est supérieur à l'animal. C'est acquis. Un animal est-il capable de fabriquer un processeur d'ordinateur ? Une fusée ? Une bombe atomique ? Non… mais l'homme, oui. L'homme, oui… mais moi, non.

Je ne sais fabriquer ni processeur d'ordinateur, ni fusée, ni bombe atomique et je ne suis malheureusement pas le seul dans ce cas. Nous sommes une poignée de ce qu'on désigne dans le milieu scientifique par le terme « imbéciles » a être forcés de reconnaître notre débilité : « Oui, nous faisons partie de la grande civilisation des constructeurs de processeurs d'ordinateurs, de fusées et de bombes atomiques, mais nous en représentons la population handicapée du caquelon, étant passés, nous ne comprenons comment — non, même ça, on ne comprend pas ! —, à côté du savoir inné de notre propre espèce. Que les individus normaux de notre genre veuillent bien nous excuser de la honte que nous leur faisons ; nous avons bien conscience de faire baisser la moyenne. »

Évidemment, notre abrutissement nous encourage à une humilité de bon aloi, même face au monde pourtant bien risible des animaux. Nous constatons — du bout des lèvres, certes — notre infériorité vis-à-vis des espèces capables de voler sans machine, de courir à soixante-dix kilomètres par heure, de distinguer cinq cents images par secondes, de percevoir le rayonnement ultra-violet, de respirer sous l'eau, de tisser la soie la plus solide du monde, de ressentir le magnétisme des pôles, de voir la nuit, de changer de couleur selon le décor, d'être pratiquement immortelles… Et nous ne nous cachons pas derrière leurs aptitudes physiques ou sensorielles, nous avons aussi conscience de la rageante capacité de certaines espèces animales à chanter, à danser, à imiter, à envisager la mort comme un long sommeil, à montrer du courage, à mourir par amour… Croyez-vous que l'on se hisse à la cheville artistique du Paradisier de Raggi ? Non. Moi, avec une guitare, je fais *Les Portes Du Pénitencier*, et encore, entre deux couplets, je regarde mes doigts en tirant la langue. Nous n'y pouvons rien, nous sommes inférieurs. C'est comme ça, c'est tout. C'est la vie.

Du coup, nous avons besoin de ce livre. La vulgarisation nous est essentielle, évidemment, alors qu'elle est inutile — tout comme ce bouquin — aux hommes normaux, qui sont supérieurs aux animaux par leur capacité à fabriquer des processeurs d'ordinateur, des fusées et des bombes atomiques.

En revanche elle est généralement conseillée — tout comme ce bouquin — aux hommes qui ont toujours vécu dans la certitude admise de leur supériorité sur le monde animal, évoquant au petit bonheur des processeurs d'ordinateur, des fusées ou des bombes atomiques qu'ils ne sont foutus ni d'envisager, ni de comprendre, ni de produire pour se hisser au sommet d'une chaîne dont ils n'ont pas la moindre idée. À eux et à nous, la vulgarisation est capitale ; il nous faut quelqu'un pour nous la délivrer. Et Bruce est un des meilleurs pour ça.

Lire Bruce, c'est minimiser le risque de faire partie, sans le savoir, par mégarde, du triste clan de ceux qui se considèrent comme supérieurs par simple idée reçue, par convention, comme ça... sans e-penser.

Alexandre Astier

Prologue

Être curieux, et prendre le temps d'e-penser

Savez-vous que si vous vous couchez avec vos chaussures aux pieds, vous augmentez vos chances de vous réveiller avec une migraine ? C'est une question un peu rhétorique, mais je suis presque sûr que vous l'ignoriez. C'est pourtant une réalité statistique : les personnes qui se couchent chaussées se réveillent plus fréquemment avec une migraine. Les plus vifs d'entre vous réagiront immédiatement par un nonchalant mais néanmoins efficace « hé ! Mais ce n'est pas la même chose ! » Ils auront, malgré les apparences, parfaitement raison.

Dire que la population qui dort chaussures lacées se réveille fréquemment avec un bon vieux mal de crâne est une information statistique. Dire que si l'on s'endort avec ses mocassins, on améliore ses chances d'avoir un réveil douloureux, c'est une assertion logique. Dans le premier cas on constate, dans le second on prédit. Confondre les deux situations, c'est confondre corrélation et causalité.

0. Corrélation et causalité

Savez-vous quel est le lieu le plus dangereux au monde ? Afin de parfaitement se comprendre, établissons immédiatement que par « dangereux », je veux dire « où vous êtes le plus susceptible de mourir ». C'est une vision probablement très réductrice du terme « dangereux », certes, mais c'est mon livre et j'y fais ce que je veux. Le lieu le plus dangereux au monde n'est autre qu'un lit ; statistiquement, le lieu dans lequel vous êtes le plus susceptible de passer l'arme à gauche est tout simplement un lit.

Consacrer ainsi les lits d'une telle réputation a, j'espère que vous me l'accorderez, autant de sens que de qualifier la vie de maladie sexuellement transmissible la plus mortelle au monde. C'est jouer avec les mots, sans doute, mais c'est précisément l'objet de ce chapitre. Avant d'entrer dans le vif du sujet et de vous en donner pour votre argent, il n'est pas inutile de prendre quelques minutes — disons plutôt quelques pages, je ne sais pas du tout à quelle vitesse vous lisez/déchiffrez/observez les lettres avec curiosité — afin de bien comprendre à quel point les mots peuvent facilement nous tromper.

En effet, dire qu'un lit est dangereux, c'est dire que le fait d'entrer dans un lit nous fait courir un danger. Si tant de gens meurent dans des lits, ces derniers ne sont pourtant pas à mettre en cause : ils ne sont pas la cause du danger.

Si tant de gens meurent dans des lits, c'est principalement parce que les personnes âgées ainsi que les personnes malades tiennent plus fréquemment le lit que les jeunes cadres dynamiques en quête d'aventures. Du coup, on peut dire que les situations littéralement mortelles concernent plus fréquemment des gens qui, et alors que la mort les guette par ailleurs, sont dans des lits. On dit qu'il y a corrélation entre le fait de mourir et le fait d'être dans un lit.

Comprenons-nous bien : je ne remets pas en cause le principe même de causalité ; s'il pleut, le sol est mouillé, la cause provoque un effet ; l'eau de pluie chute jusqu'au sol, ce qui fait que le sol est mouillé. C'est un peu trivial, certes, mais c'est correct. Une cause peut même provoquer une succession d'effets, on parle alors de réaction en chaîne : il pleut, donc le sol est mouillé ; le sol est mouillé, donc les voitures roulent moins vite ; les voitures roulent moins vite, donc je suis en retard, et puisque tout ceci est de la faute de la pluie, il est inutile de m'en tenir rigueur.

De la même manière, une cause peut — et c'est souvent le cas — provoquer plusieurs effets distincts ; pour reprendre notre premier exemple, les personnes qui s'hydratent quasi exclusivement en boissons alcoolisées lors de soirées festives augmentent leurs chances de s'endormir avec leurs chaussures, et elles augmentent dans le même temps leurs chances de se réveiller avec une céphalée couramment connue sous le nom de « gueule de bois des enfers ». Du coup, oui, statistiquement, ce qui conduit une personne à s'endormir en baskets ou en talons aiguilles la conduit également à un réveil plein d'introspection, de vomi et de bonnes résolutions — plus jamais, je le jure, je ne toucherai une goutte d'alcool — mais c'est uniquement parce que ces deux effets partagent la même cause. Ils ne sont entre eux que corrélés.

Confondre corrélation et causalité est une erreur logique tellement classique qu'elle peut s'exprimer non seulement en latin, mais de deux façons subtilement différentes : *post hoc ergo procter hoc*[1], et *cum hoc ergo procter hoc*[2].

Il existe sur internet des sites, tels que www.tylervigen.com, qui recensent ainsi des corrélations parfaitement étranges entre des événements sans rapport, basées sur des statistiques publiques. Par exemple, lorsque Nicolas Cage apparaît au cinéma aux États-Unis, le nombre de noyades augmente ; ou encore, les abeilles produisent d'autant plus de miel que les arrestations de fumeurs de cannabis diminuent. Dans le premier cas, l'explication est simple : Nicolas Cage joue dans des *blockbusters*, ceux-ci sortent plutôt au cinéma en été, période où plus de gens se baignent, et donc à laquelle plus de gens se noient. Pour l'histoire des abeilles, en revanche, on est vraisemblablement dans de la pure coïncidence sans cause ni effet.

Ces exemples sont tellement simples qu'ils sont évidemment décelables, mais la réalité, bien plus complexe, nous dissimule régulièrement ce qui relie des événements entre eux. Ainsi, si je dis que les lycéens qui fument régulièrement du cannabis ont plus fréquemment des mauvaises notes, que peut-on en conclure ? Que le fait de fumer du cannabis est la cause des mauvaises notes ? Que les mauvaises notes sont la cause du cannabis ? Ou bien qu'une situation tierce, par exemple la situation familiale d'un lycéen, est autant responsable des « pétards pour se mettre bien » que des « zéros pointés » qui sont mal vus dans le dossier scolaire ? Difficile à dire — on préférera généralement se simplifier la vie en parlant de cercles vicieux, car dans un cercle, les causes deviennent facilement les effets de leurs effets.

C'est bien là toute la difficulté, la réalité est bien plus complexe que nous ne la théorisons, et le moindre événement compte autant de causes

---

[1]   Après cela, et donc à cause de cela.

[2]   Avec cela, et donc à cause de cela.

infimes qu'un nombre immense d'effets, avec une disproportion possible entre causes et effets — ce qu'on appelle communément l'effet papillon. La réalité est trop complexe pour être modélisée ; afin de l'appréhender, il nous faut d'abord la simplifier, en extraire des grandes règles, déterminer si ces règles sont valides en nous appuyant sur des observations et sur des expériences que nous pouvons reproduire. C'est là le travail du scientifique. Lorsque certains raccourcis faciles, certaines analyses rapides, qui peuvent sembler légitimes, sont gravés dans l'inconscient collectif — jeune de banlieue = délinquant, jeux vidéo = abrutissement, sportif = idiot — il nous appartient de prendre du recul et de distinguer ce qui est intuitivement correct de ce qui l'est réellement, notre intuition étant parfaitement douée pour nous jouer constamment des tours.

Un scientifique fonctionne différemment, et c'est ce qui le distingue principalement de ce qu'on appelle un « croyant » ; un scientifique ne cherche pas à éluder les éléments qui tendent à démontrer qu'il a tort. Bien au contraire, un scientifique cherche autant qu'il le peut à confronter ses idées à tous les arguments possibles. Il n'est généralement pas possible pour un scientifique de prouver qu'il a raison, mais uniquement que toutes les tentatives de prouver qu'il a tort échouent, et ce qui caractérise la science n'est pas le fait qu'elle explique la réalité de notre monde, mais le fait qu'elle crée des modèles qui, dans des cadres donnés, tentent de se comporter comme la réalité le ferait. Les sciences, quelles qu'elles soient, ne sont que des approximations, et n'offrent que des modèles théoriques, pas de la réalité.

1. Modèles et réalité

Imaginez l'expérience suivante : vous êtes dans un laboratoire dans lequel vous souhaitez étudier la façon dont une bille se déplace sur un plan incliné. Vous disposez d'une petite bille en acier et d'une large planche de bois bien lisse que vous inclinez à l'aide d'une cale pour lui donner un angle de 20° par rapport au sol. Le montage de cette expérience semble simple, suffisamment simple pour pouvoir le réaliser chez soi, par exemple. Mais est-ce bien le cas?

La bille, d'abord; elle semble bien sphérique, et est bien composée d'acier; mais si on l'observe avec un puissant microscope, est-elle parfaitement sphérique? Ou bien a-t-elle des irrégularités à sa surface, fussent-elles épaisses de quelques millièmes de millimètre uniquement? Elle est composée d'acier, admettons, mais sa composition est-elle parfaite? N'y a-t-il pas la moindre impureté, ne serait-ce que quelques atomes, en son cœur? La planche, maintenant: est-il possible qu'elle soit parfaitement lisse, jusqu'au niveau moléculaire[3]? Elle est inclinée à un angle de 20° par rapport au sol, mais comment garantir qu'il ne s'agit pas de 20,0000000001°? Quelle que soit la précision d'un outil de mesure, il existe toujours un seuil en dessous duquel il nous est impossible de mesurer — essayez de mesurer l'épaisseur d'un cheveu avec un mètre ruban en papier disponible chez votre fournisseur suédois de meubles en kit, pour voir. Le sol, ensuite et pour les mêmes raisons, peut-il être parfaitement plat? L'air du laboratoire contient des molécules: du dioxygène, du diazote, du dioxyde de carbone, etc. Cet air est constamment en mouvement. La respiration de l'expérimentateur crée des fluctuations dans les mouvements de l'air. La lumière éclaire tout le laboratoire, planche et bille incluses, et augmente sa température par rayonnement.

Comment prétendre que tous ces détails sont sans incidence sur l'étude que l'on s'apprête à faire? Disons-le simplement: la nature est d'une complexité qui défie non seulement les esprits les plus brillants, mais également les machines capables des calculs les plus complexes. La réalité

---

[3]   Cela a-t-il seulement un sens à cette échelle?

est tout simplement hors de notre portée. L'accepter est le premier pas de notre compréhension du monde.

Alors, comment faire ? Il nous faut simplifier ce qui constitue l'expérience au maximum tout en validant, par l'expérience, que nos simplifications sont sans grande incidence. Par exemple, considérer que le sol est plat, que la planche est lisse et que la bille est parfaitement sphérique. Si le laboratoire est de taille raisonnable, et que la bille est suffisamment petite, cela n'aura pas d'incidence. Considérer ensuite que l'air n'interfère pas dans l'expérience ; s'il s'agit d'air « normal », sans trop ni trop peu de pression, à une température raisonnable — on parle traditionnellement de conditions normales de température et de pression — alors l'air semble effectivement ne pas influencer le déroulement de l'expérience. Enfin, mesurer les déplacements de la bille, c'est mesurer sa position ; or, cette bille a une certaine taille ; donc mesurer sa position n'est pas aisé : s'agit-il de la position de l'avant de la bille ? Du centre de la bille ? Considérons donc que la bille n'est en fait qu'un point — mathématiquement de taille nulle : vous la sentez, la simplification, là ?

Si on laisse alors glisser la bille le long de la surface de la planche, et si on mesure ces déplacements, fonction du temps, de l'angle d'inclinaison, etc. et en s'appuyant sur les équations mises au point par Isaac Newton, on s'apercevra rapidement que les calculs de Newton rendent excellemment compte de la réalité de l'expérience. Les valeurs observées coïncident avec les valeurs calculées. Peut-on pour autant affirmer connaître les mécanismes qui font que la bille se déplace ? Oui, jusqu'à preuve du contraire. Remplacez l'air de la pièce par un gaz très dense, une bille de quelques millimètres par une boule gigantesque, la planche lisse par une planche tout à fait rugueuse, et vous verrez que plus rien ne va.

La science passe par des simplifications perpétuelles pour mettre au point des modèles, qu'on appelle modèles théoriques, et qu'il ne faut en aucun cas confondre avec la réalité. Un modèle rend compte de la réalité, dans un cadre donné, des conditions particulières. Et chaque modèle a ses limites.

L'objet de ce livre n'est pas de présenter dans le détail les différents modèles scientifiques, dont le langage commun est la mathématique. Ce livre n'est pas un cours de science. Il prétend présenter le plus simplement possible les différents modèles sur lesquels s'appuient et se sont appuyés les scientifiques, et donner, par analogies, une appréhension de la façon dont la réalité se comporte. Il rend également hommage à des personnes qui, pour la plupart, ont voué leur vie à comprendre parfois un simple détail de cette réalité, parfois sans trouver les réponses qu'ils cherchaient, parfois en ne trouvant qu'un tas de nouvelles questions, ce qui est au moins aussi excitant.

Caveat emptor

La matière

C'est la nature même de la réalité qui nous échappe

Comprendre la réalité, ou chercher à la comprendre, c'est avant tout se poser la question de ce qui constitue tout ce que nous voyons, touchons, sentons, bref tout ce que nous percevons. Si cette question n'est pas vieille comme le monde, loin s'en faut, elle est sans doute presque aussi vieille que l'humanité — l'espèce, pas le journal. Dans l'Antiquité, déjà, deux courants de pensée se sont affrontés sur le sujet de la matière: d'un côté, les aristotéliciens, et, de l'autre côté, les gens intelligents.

Aristote

J'ouvre ici une parenthèse pour ceux qui ne connaissent pas ma chaîne YouTube e-penser (http://youtube.com/epenser1); j'ai un litige depuis plusieurs années déjà avec la grande figure de la pensée occidentale qu'est Aristote. S'il ne me viendrait pas à l'esprit de remettre en cause ses grandes qualités de philosophe ou de dramaturge — encore que — et si je me refuse à omettre ses apports essentiels à ce qui constitue aujourd'hui la branche des mathématiques qu'on appelle la logique, Aristote fut un très mauvais scientifique. Au regard de sa notoriété, sans doute le pire. Et à ceux qui se sentiraient de l'excuser du fait qu'à son époque, on ne savait pas tout ce qu'on sait aujourd'hui et qu'il est sans doute facile de juger aujourd'hui un antique savant, voici une liste non exhaustive des âneries qu'on doit à Aristote et qui n'ont été remises en cause qu'à la fin du Moyen Âge, alors que le simple bon sens aurait normalement dû permettre de le remettre à sa place :

- les mouches ont quatre pattes;
- le fait que la femme a moins de dents que l'homme — c'est faux — est la preuve de l'infériorité de la femme;
- le sexe d'une chèvre est déterminé par le sens du vent lors de sa conception;
- un régime alimentaire chaud permet d'enfanter des garçons (respectivement, un régime froid permet d'enfanter des filles);
- la virilité d'un homme est inversement proportionnelle à la taille de son sexe;
- tapisser l'intérieur du vagin d'huile de cèdre, d'encens et d'huile d'olive est un puissant contraceptif — mesdames, ne faites pas ça!

L'école aristotélicienne a longtemps été attachée à la notion de quintessence — entendre « quinte essence » — établissant que la matière, quelle qu'elle soit, est composée d'Air, d'Eau, de Terre et de Feu[4], le reste étant tout simplement composé d'Éther. Bien que complètement fausse, cette théorie a au moins ceci d'intéressant qu'on peut suivre les raisonnements qui lui permettent d'expliquer des phénomènes physiques comme la gravité, la combustion, le magnétisme — oui, Aristote connaissait le magnétisme; il n'y comprenait rien, mais il le connaissait.

---

[4]   Les quatre éléments proviennent d'Empédocle, d'après Platon dans le *Timée*.

L'autre courant de pensée, Démocrite en tête — sans doute Leucippe auparavant, mais on en sait si peu à son sujet qu'on ne sait même pas s'il fut un homme ou une femme — partait d'une question qui semble aujourd'hui évidente mais ne l'était sûrement pas. Voici la question : si je prends une pomme en main et que je la coupe en deux, que je prends une des moitiés que je recoupe en deux, et ainsi de suite aussi longtemps que je le peux, ne va-t-il pas y avoir un moment à partir duquel il ne me sera tout simplement plus possible de rien couper en deux ? Cette portion élémentaire et insécable n'est-elle pas, finalement, la brique élémentaire de ce qui constitue la matière ?

Ainsi naquit une théorie scientifique qui bondirait de révolution en révolution jusqu'à… disons simplement qu'on n'en a pas encore fini avec cette théorie des insécables, en grec « ἄτομος », et en translittéré : Atomes.

2. Atomes

Si vous me permettez une expression assez triviale — mais, bon, on se connaît maintenant, on est déjà page 21 — il fallait en avoir une sacrée paire pour prétendre qu'une pomme, une poire, un caillou et un cheveu étaient constitués de minuscules parties insécables — ça, à la limite, ça va — dont la diversité était uniquement limitée par la forme — notamment les célèbres atomes crochus dont les crochets les maintiennent agrippés les uns aux autres.

Pour Démocrite, il y a les atomes, dont la taille ridicule échappe à nos sens, et il y a le vide entre les atomes. Il fut ainsi parmi les premiers à concevoir et à bâtir une théorie basée non sur l'observation mais sur le raisonnement uniquement, ce qui lui valut d'être passablement détesté par un certain Platon qui souhaitait notamment que ses ouvrages fussent brûlés afin qu'il n'en restât rien pour la postérité — Platon qui, de son côté, ne se gênait pas pour considérer régulièrement que ce qu'il pensait était forcément vrai. Et pour un peu de contexte, rappelons que si plus personne n'oserait aujourd'hui sérieusement remettre en cause l'existence des atomes, les atomistes s'opposaient encore farouchement aux non-atomistes à l'aube du XXe siècle.

Lorsque la Bibliothèque d'Alexandrie fut détruite — quelque part entre l'an - 50 et l'an 642 selon des documents historiques plus ou moins farfelus — l'Occident perdit toute trace de la plupart des grands penseurs de l'Antiquité jusqu'à leur redécouverte en 1453, lorsque les Turcs prirent Constantinople, permettant à l'Europe de redécouvrir les textes anciens, donnant par là même le coup d'envoi de la Renaissance, et mettant un terme à un millénaire de Moyen Âge. Mais pendant ce Moyen Âge, la pensée aristotélicienne a un monopole auprès de l'Église, et il se passera donc près de 2 000 ans après Démocrite avant que ne reprenne en Europe la grande histoire de l'atome. Et celui qui rouvrira la marche sera une des dernières victimes de l'Inquisition, le tristement célèbre Giordano Bruno.

Alchimie

Bon, ok! Dire qu'il ne se passe rien pendant le Moyen Âge concernant l'atome est un peu réducteur; en effet, les alchimistes s'appuient, à cette époque, sur des traductions latines, dès le XIIe siècle, basées sur des ouvrages arabes; sans aller jusqu'à parler d'atomes, l'alchimie est bâtie sur l'idée qu'il est possible de transformer de la matière d'un élément pur donné en un autre élément (par exemple le plomb en or); on parle alors de transmutation.

Ce philosophe italien du XVIe siècle aura tout fait durant sa vie pour s'assurer une place de choix sur le bûcher de l'Inquisition; non content de ne pas considérer la Terre comme le centre de l'Univers, et non content d'adopter une thèse héliocentrique plaçant le Soleil au centre d'un système solaire — il l'adopte, mais ne place pas le Soleil au centre de l'univers — il ira un peu plus loin et rejettera l'idée même d'un centre à l'univers, qu'il imagine infini, et dont chaque étoile est comme notre Soleil, plus petit car plus loin, et dont, autour de chaque étoile, tournent des planètes qui peuvent abriter la vie. Et tout ceci, cher lecteur, au XVIe siècle, c'est la recette d'un bon méchoui.

Bruno considère que toute matière est composée de briques élémentaires indivisibles et qu'il appelle « monades »[5]. On retrouve bien ici l'idée essentielle de l'atome, même si, à côté de ça, il estime que Dieu, à la fois minimum et maximum, est « la monade, source de tous les nombres »[6]. La monade est le pendant physique du point en mathématique, fondation de toute géométrie. À ce stade, l'idée d'atome, ou de monade, est indissociable de la philosophie, voire de la religion.

Si le XVIIe siècle va surtout pousser les savants de l'époque à lever les yeux vers les étoiles, ceux-ci sont pour la plupart déjà des « corpuscularistes » : Galilée et Newton, par exemple, considèrent et admettent comme principe l'idée selon laquelle la matière est composée de grains minuscules et indivisibles. Mais le vrai atomiste de l'époque, c'est Étienne de Clave qui, avec Antoine de Villon et Jean Bitaud, concocte une démolition en règle des thèses d'Aristote sur la matière. Ils annoncent le 23 août 1624 leur intention de soutenir publiquement les 24 et 25 août « quatorze thèses dirigées contre Aristote, Paracelse et les "cabalistes" ». Leur annonce se fait par une série d'affiches, les premières défiant quiconque de réfuter leurs thèses, les dernières annonçant la soutenance elle-même[7]. Bon, les trois larrons se feront allumer par la Sorbonne qui juge leurs thèses hérétiques, et l'université de Paris allumera tout ce qui, de près ou de loin, relève de l'atomisme ou du cartésianisme.

---

[5]   Qui se lit « monade ».

[6]   Giordano Bruno, *Le triple Minimum. De triplici minimo*, trad. B. Levergeois, Fayard, 1995, p. 447.

[7]   « La condamnation des thèses d'Antoine de Villon et d'Étienne de Clave contre Aristote, Paracelse et les cabalistes », Didier Kahn, in *Revue d'histoire des sciences*, 2002, tome 55 n°2, pp. 143-198.

Il faudra attendre le XVIIIᵉ siècle pour que l'idée de l'atome entre par la grande porte de l'Histoire. Si Anaxagore dit de Clazomènes avait déjà émis l'idée, il y a 2 500 ans, que rien de ce qui était ne pouvait être totalement détruit, que rien ne pouvait surgir du néant, et que seules les transformations étaient possibles, il ne s'agissait à l'époque « que » d'une façon d'envisager le monde, une philosophie derrière laquelle certains penseurs — notamment les stoïciens — pouvaient se ranger. Rien de plus. Mais, en 1775, Antoine Laurent de Lavoisier énonce :

> « […] Car rien ne se crée, ni dans les opérations de l'art, ni dans celles de la nature, et l'on peut poser en principe que, dans toute opération, il y a une égale quantité de matière avant et après l'opération ; que la qualité et la quantité des principes est la même, et qu'il n'y a que des changements, des modifications.[8] »

Bon, reconnaissons que la célèbre maxime « rien ne se perd, rien ne se crée, tout se transforme » est quand même bien plus sexy, Antoine n'était sans doute pas un grand communiquant, Anaxagore lui-même l'avait mieux dit en son temps : « Rien ne naît ni ne périt, mais des choses déjà existantes se combinent, puis se séparent de nouveau. » Mais la nouveauté, en l'espèce, c'est que Lavoisier sait à peu près de quoi il parle et est capable d'indiquer clairement sur quelles bases repose son assertion : en réalisant diverses expériences de transformation — principalement de gaz — il démontre que la masse totale des éléments en jeu ne change pas, alors que les éléments eux-mêmes sont modifiés radicalement. Les travaux de Lavoisier feront de lui le père de la chimie moderne et, si nous aurons l'occasion d'y revenir, ce n'est pas tellement le propos de ce chapitre. Ce qui est important, c'est qu'on commence enfin sérieusement, à la fin du XVIIIᵉ siècle, à s'interroger sur la nature des éléments qui constituent la matière jusqu'à l'échelle la plus fine envisageable pour

---

[8]   *Traité élémentaire de chimie*, Antoine de Lavoisier, sur www.lavoisier.cnrs.fr, p. 101.

l'époque. Il faudra encore un daltonien pour baliser le chemin qui fera d'un certain Dmitri Mendeleïev une rock star planétaire𑁋[9].

John Dalton est un Britannique à la fois chimiste et physicien. Outre le fait qu'il découvre à 28 ans, en 1794, qu'il est atteint d'un dysfonctionnement oculaire qui l'empêche de percevoir les couleurs comme les autres, dysfonctionnement qu'on appellera plus tard daltonisme, il s'intéresse énormément à ce qui constitue la matière, et en particulier aux travaux de Lavoisier. Il développe dès 1801 une théorie de l'atome ; selon lui, la matière est constituée d'atomes, absolument uniques pour chaque élément, qui peuvent se combiner pour donner des structures aussi diverses que du bois, de l'eau, un œil, l'air, etc. Ces atomes sont indestructibles ; en ce sens, ce sont véritablement des atomes, « insécables » et immuables. Ils ont toujours été là et seront toujours là. En revanche, comme l'a énoncé Lavoisier, ils peuvent se recombiner à volonté. Si personne ne sait vraiment d'où lui est venue cette théorie, et si celle-ci ne repose sur rien d'autre que ses propres hypothèses, elle a au moins le bon goût d'expliquer un certain nombre de phénomènes chimiques — ce qui est toujours un bon point quand on développe une théorie : si elle ne repose sur rien et qu'en plus elle ne sert à rien… comment dire… voilà, quoi.

La théorie atomique de Dalton explique la loi de conservation de Lavoisier ; en effet, si les atomes eux-mêmes ne sont jamais transformés mais uniquement recombinés, alors fort évidemment rien ne se crée ni ne se détruit, tout se transforme. Elle explique aussi la loi des proportions multiples, qui veut que dans une réaction chimique, les rapports de proportions entre réactifs et produits sont des nombres entiers — par exemple, deux volumes d'eau donnent par ébullition deux volumes de dihydrogène et un volume de dioxygène[10]. En 1803, Dalton cherche à

---

[9]   L'apparition de ce symbole 𑁋 vous invite à sereinement accepter l'idée qu'on en parlera plus tard.

[10] $2H_2O \rightarrow 2H_2 + O_2$.

expliquer les différences de comportement de certains gaz, l'eau absorbe par exemple moins bien l'azote que le dioxyde de carbone ; il pense que cela est dû aux différences de masses entre les différents composants de ces gaz.

Du coup, et assez naturellement, il va chercher à calculer les masses de ces éléments ; mais comme, d'une part, à cette échelle il est absolument impossible de les mesurer et que, d'autre part, ce qui l'intéresse vraiment, c'est de pouvoir comparer les masses des éléments, il va prendre le parti de déterminer uniquement leur masse relative par rapport à un élément de référence, l'hydrogène, auquel il attribue une masse de 1, ce qu'on appellera par la suite la masse atomique des éléments. Bon, comme il n'imagine pas que des gaz tels que l'oxygène et l'hydrogène puissent être composés en fait de molécules — le dioxygène et le dihydrogène — il se trompera assez lourdement dans ses calculs.

Mais Amedeo Avogadro, en 1811, corrigera ce problème en posant une hypothèse : pour un même volume, une même température et une même pression, deux gaz différents contiennent le même nombre de particules, ce qui revient à dire que la masse d'un gaz n'est pas en relation avec son volume. Cette découverte va lui permettre de déduire que certains gaz ne sont pas composés d'atomes simples mais d'atomes combinés entre eux, des molécules, quoi ! Il peut être bon de noter que puisque l'atome ne reste à ce stade qu'une hypothèse et que les masses relatives peuvent être mesurées même sans l'existence de l'atome, une école non atomiste, dite « équivalentiste », voit le jour avec à sa tête William Wollaston qui tente de reformuler une classification des masses en prenant pour référence l'oxygène auquel il attribue la masse 100. Il se prendra un bon taquet de la part du plus punk des scientifiques russes, Dmitri Mendeleïev.

3. La preuve par vieux : Dmitri Mendeleïev

Dmitri Ivanovitch Mendeleïev est sans conteste le plus « badass[11] » des scientifiques russes barbus du XIXᵉ siècle — qui en compte pourtant deux ou trois. Né en 1834 en Sibérie, on ne sait pas s'il est le onzième ou le quatorzième enfant de sa fratrie. Ce qu'on sait, en revanche, c'est qu'à la mort du père de Dmitri, la famille déménage à Saint-Pétersbourg en 1849, Dmitri a alors 15 ans. Sa mère décèle chez lui des prédispositions en sciences et va donc se démener afin qu'il puisse aller à l'université des sciences, où il attaque des études de chimie en 1850, à 16 ans — oui, 16 ans. Il va y étudier sous la direction de gars comme Kirchhoff et Bunsen — les pères de la spectroscopie.

Spectroscopie

Vous savez, dans « les Experts », quand les éponymes placent une fibre dans une machine et la machine détermine la composition moléculaire de la fibre susnommée ? C'est ça, la spectroscopie. Bon, à l'époque de Kirchhoff et de Bunsen, c'est nettement moins perfectionné, mais le principe reste le même : envoyer de la lumière frapper un objet et, en décomposant la lumière réfléchie à l'aide d'un prisme, déduire des informations quant à la composition de l'objet.

En 1863, Mendeleiev devient professeur de chimie et publie en 1869 un document tout à fait anodin[12] intitulé : *La dépendance entre les propriétés des masses atomiques des éléments*. Avant de rentrer dans le détail de cette publication qui va définitivement révolutionner les sciences, il est pertinent de faire un petit bond en arrière pour comprendre ce qu'on savait alors des éléments — oui, on fera des bonds en arrière, en avant, sur les côtés... Ce livre, c'est un peu la *Macarena* des livres de vulgarisation scientifique.

---

[11]   Audacieux, hardi, téméraire.
[12]   Ceci était un propos ironique.

En 1817, le chimiste allemand Johann Wolfgang Döbereiner met en évidence les « triades » : il constate que si l'on classe par masse des éléments qui partagent les mêmes propriétés chimiques, lorsqu'on prend trois de ces éléments successifs — d'où le nom de triade — la masse de l'élément médian est la moyenne des masses des deux autres éléments, ce qui revient à dire que la différence de masse entre des éléments consécutifs est la même. En 1859, le Français Jean-Baptiste Dumas étend cette découverte à quatre éléments, mettant en évidence non plus les triades mais les « tétrades ». Il montre que l'écart de masse entre deux éléments consécutifs partageant les mêmes propriétés chimiques est constant. On commence gentiment à penser, à ce stade, qu'il existe une certaine périodicité des propriétés chimiques des éléments.

En 1862, le français Alexandre-Émile Béguyer de Chancourtois enfonce le clou en concevant la vis tellurique[13]. La vis tellurique, c'est un cylindre autour duquel sont inscrits les éléments, en biais, comme un pas de vis — d'où son nom — de telle façon que des éléments aux mêmes propriétés chimiques sont verticalement alignés. La vis tellurique met en évidence une périodicité des éléments, l'écart de masse entre deux éléments similaires consécutifs étant constant.

Cela confirme la conjecture de Dumas et la développe même. Du coup, la communauté scientifique se pâme devant un tel génie et des statues sont érigées à l'effigie de Chancourtois qui permet de — non, je plaisante. Personne ne retient les travaux de Chancourtois parce que c'est un géologue et qu'il emploie un langage géochimique pour parler des éléments. Comment diable un géologue pourrait-il comprendre quoi que ce soit à autre chose qu'un caillou ou une caverne ? Il lui a donc été gentiment signifié de retourner dans sa grotte et de laisser les grandes personnes traiter la question.

---

[13]   Le clou, la vis… oui, c'est une métaphore filée.

Hiérarchie des sciences

Qu'on le veuille ou non, il existe une « hiérarchie » dans les sciences, un ordre par lequel on peut rapidement déterminer le sérieux d'un scientifique. En haut, au « top », on a les mathématiques et les sciences « dures » totalement théoriques : la cosmologie, l'astrophysique, la physique des particules, etc. Puis viennent les sciences appliquées, à la vie ou au reste : les neurosciences, la biologie, la chimie. Dans les sous-strates inférieures de la *bôgossitude* des sciences, on trouve la géologie, la climatologie. Et dans les bas-fonds des bas-fonds, les sciences humaines — que beaucoup ne considèrent absolument pas comme des sciences du tout : l'histoire, la sociologie, la psychologie, etc.

Fort évidemment, cette hiérarchie est un tissu de préjugés ; une science est une science. Point. On peut éventuellement distinguer les sciences exactes (comme les mathématiques) des sciences non exactes (comme la psychologie), mais en aucun cas cela ne permet de hiérarchiser une science. Une science se reconnaît par sa méthode : observations, hypothèses, modèles théoriques, expériences, validation. Qui sait les progrès que l'humanité — l'espèce, pas le journal — aurait pu accomplir sans tous ces préjugés ? De la même manière, les découvertes faites par des femmes ont souvent été rejetées et moquées. Mais on en reparlera.

Heureusement, il ne faudra pas attendre trop longtemps avant qu'un scientifique « digne de ce nom » reprenne les travaux de Chancourtois. En plus, là, il s'agit d'un chimiste, donc sa légitimité à parler des éléments ne peut pas être totalement mise en cause. C'est en 1864 que le chimiste anglais John Newlands publie une classification des éléments, périodique, et énonce sa loi de l'octave :

> « Le huitième élément qui suit un élément donné ressemble au premier comme la huitième note de l'octave ressemble à la première. »

John Newlands passera à ça de devancer Mendeleïev et d'inscrire son nom à la postérité en étant le premier à classifier correctement les éléments et en démontrant leur périodicité. Cette fois-ci, en revanche, la communauté scientifique se pâme devant un tel génie et des statues sont — non, je déconne encore : Newlands est à peu près autant raillé qu'ignoré par la communauté de ses pairs. D'abord parce que son idée d'octave rappelle un peu trop les idées arbitraires des philosophes de l'Antiquité, affirmant qu'il y aurait ainsi une périodicité de huit éléments comme il y a huit notes dans une octave — tout comme il devait y avoir cinq éléments parce qu'il y avait cinq solides réguliers inscriptibles dans une sphère, les fameux cinq solides de Platon — mais surtout parce que cette règle ne fonctionnait que pour les éléments légers, uniquement jusqu'au calcium. C'est alors qu'arrive Mendeleïev.

En 1869, Dmitri Mendeleïev publie *La dépendance entre les propriétés des masses atomiques des éléments.* Ce document est une révolution non seulement pour la chimie, mais également pour la compréhension que l'humanité — l'espèce, pas le journal — a de ce qui constitue la matière. Ce papier, c'est la loi de classification périodique des éléments, qui est classiquement représentée dans toutes les salles de classe de chimie au monde par le Tableau de classification périodique des éléments. Alors ce document, qu'a-t-il de tellement génial ? Plusieurs choses, à vrai dire, les plus importantes étant qu'à l'époque de sa publication, je rappelle que si on ne sait pas encore si l'atome existe ou non, personne, pas même les atomistes, n'imagine sérieusement qu'il existe des constituants aux atomes, et de toutes façons personne n'aura les moyens de valider les hypothèses émises par Mendeleïev avant le début du siècle suivant.

Assez simplement, on peut attribuer à Mendeleïev sept coups de génie dans son papier :

1. Si on classe les éléments selon leur masse atomique — on ne parlait bien sûr pas de masse atomique à cette époque, mais c'est bien de cela dont il s'agit — on observe une périodicité de leurs propriétés chimiques — leur stabilité, leur propension à s'enflammer, à attaquer les métaux, etc.

2. Si trois éléments ont des propriétés chimiques similaires, de deux choses l'une : soit ils ont des masses atomiques semblables — comme c'est le cas, par exemple du Fer, du Cobalt et du Nickel, de masses atomiques respectives 26, 27 et 28, soit l'écart entre leurs masses atomiques est régulier — par exemple le Potassium, le Rubidium et le Césium dont les masses atomiques sont respectivement de 19, 37 et 55, soit 18 d'écart à chaque fois.

3. Troisième point, qui découle partiellement au moins des deux points précédents, la position d'un élément dans la table de classification correspond à sa valence et renseigne au moins en partie sur ses propriétés chimiques.

Valence

Une des propriétés chimiques essentielles d'un élément est sa valence : cela correspond au nombre maximum d'éléments auxquels un atome peut se lier. Ainsi, par exemple, l'atome d'hydrogène ne peut se lier qu'à un seul atome à la fois et a donc une valence de 1 ; on dit qu'il est monovalent ; l'oxygène, quant à lui, peut se lier à deux atomes en même temps et a donc une valence de 2 : il est bivalent. Un atome peut également ne se lier à aucun autre atome, c'est par exemple le cas du néon ; il a une valence de 0.

La valence est liée à la répartition des électrons sur un atome. Mais à l'époque de Mendeleiev, personne n'imagine que l'électron existe, et c'est aussi pour ça que Dmitri est tellement badass !

---

4. Les éléments les plus abondants dans la nature sont ceux de plus faible masse atomique. Là, pour le coup, on peut imaginer que Mendeleiev se contente de constater simplement, en regardant son classement, que les éléments les plus légers sont les plus disponibles dans la nature. Mais ce n'est pas exactement ce qu'il fait ; il conjecture en effet que c'est une règle de la nature qu'on pourra expliquer. Et le fait est que nos connaissances actuelles en matière de nucléosynthèse stellaire — c'est à dire le cycle de « création » des atomes au cœur des étoiles (voir page 120) — expliquent parfaitement ce phénomène; on sait de plus qu'au-delà d'une certaine masse atomique, un atome deviendra de plus en plus instable et se désintègrera de plus en plus rapidement en un atome plus léger. S'il s'avère qu'on confirme l'existence de l'ununoctium, de masse atomique 118, sa durée de vie ne dépasse pas quelques centièmes de millièmes de seconde. On peut quand même noter que le Lithium est une exception notable à la règle; on trouve trop peu de Lithium dans la nature au regard des autres éléments. Ce phénomène est connu sous le nom de « mystère du lithium ».

5. En connaissant uniquement la masse atomique d'un élément, on peut déterminer ses propriétés chimiques. Mendeleïev a suffisamment confiance dans sa classification pour prétendre qu'on peut même s'en servir pour caractériser des éléments dont on ne connaîtrait que la masse atomique. Il nous dit, en substance, que si l'on est amené à découvrir un nouvel élément et qu'on ne connaît que sa masse atomique, on peut immédiatement déterminer ses propriétés chimiques. Reconnaissez qu'il faut quand même être stable sur ses deux pieds pour sortir un truc pareil sans saigner du nez.

6. Certaines masses atomiques connues ne s'intègrent pas correctement dans la classification. Plutôt que de remettre celle-ci en cause, Mendeleïev en conclut qu'il faut corriger les masses atomiques de ces éléments. Ce qu'il faut comprendre : « Ce qui n'est pas conforme à mon classement est faux. Vous vous êtes trompés! Corrigez! N'hésitez pas à utiliser ma classification pour corriger proprement en cas de doute. » Si Mendeleïev s'était trompé, son nom aurait été moqué pendant des décennies dans les milieux universitaires russes. Certes, il y a pire depuis qu'internet existe, mais quand même. Mais bon, il a eu raison.

7. Septième point, et carrément pas des moindres — et c'est sans doute ce point qui distingue le savant brillant du génie complètement « ouf » — Mendeleïev remarque que certains éléments « sautent » une période. Du coup, il estime que c'est la preuve que certains éléments existants n'ont pas encore été découverts. Ce qu'il faut comprendre : « Je suis tellement certain que ma théorie est juste que la moindre discordance ne peut s'expliquer que par vos erreurs et votre ignorance. » Et une fois de plus, il a raison ; les découvertes successives du Gallium (1875), du Scandium (1879) et du Germanium (1886), remarquablement conformes aux prédictions faites par Mendeleïev (qui les appela à l'époque eka-aluminium, eka-bore et eka-silicium), participeront à imposer la loi de classification périodique des éléments comme un modèle théorique valide auprès de la communauté scientifique.

Remonte ton slibard, Lothar !

Il n'existe aucune raison de penser que Dmitri Mendeleïev et Lothar Meyer se connaissaient. Ce chimiste allemand travaillait également à une loi de classification périodique des éléments. Sa première publication de 1864 fut agrémentée en 1868, mais avec une publication en 1870, quelques mois après la publication de Mendeleïev. Du coup, elle fut vue comme une étude indépendante confortant les découvertes de Mendeleïev. À quelques mois près, on parlerait peut-être du tableau de classification périodique des éléments de Meyer, à ceci près que ce dernier n'était pas allé jusqu'à prévoir l'existence d'éléments alors inconnus.

On peut noter également qu'un chimiste britannique, William Odling, travaillait également à cette classification ; ses travaux étaient au moins aussi avancés que ceux de Mendeleïev : certains éléments y étaient mieux placés (le Platine et le Mercure, par exemple), et il prévoyait également des cases vides pour des éléments à découvrir. Mais voilà, Odling était un rival de Newlands et ne s'était pas gêné pour railler sa loi de l'octave. Sa réputation en fut entachée et ses travaux ne furent étudiés que de très loin. Du coup, aujourd'hui, il reste avant tout un illustre inconnu. C'est triste, mais « haters gonna hate »[14], comme on dit.

---

[14] Formule courante sur internet pour indiquer que les haineux ne font rien d'autre que haïr. On pourrait traduire par « les chiens aboient ».

Bon, tout ça, c'est bien gentil, mais en quoi cela fait-il de Mendeleïev une rock star et pas seulement un grand scientifique russe ? Comme toutes les rocks stars, sa vie est totalement tumultueuse, notamment sa vie amoureuse. En 1876, et alors qu'il est déjà marié avec une femme de six ans son aînée et avec qui il a eu trois enfants, il tombe amoureux d'Anna Ivanovna Popova qui, outre le fait qu'elle est la nièce de son meilleur ami, est bien plus jeune que lui — il a 42 ans, elle en a 16, voilà, c'est dit ! En 1881, il la demande en mariage et promet de se suicider si elle refuse — ce qui est tout à fait romantique…dans une pièce de Shakespeare…mais c'est tout. Cela dit, elle doit visiblement en pincer pour lui — sa barbe de *hipster*, sans doute — puisqu'elle l'épouse en 1882, et alors que Dmitri est encore marié avec sa première épouse — « c'est normal en Russie ». Un mois plus tard, le divorce de son premier mariage est prononcé. On pourrait simplement se dire que Mendeleïev a été bigame pendant un mois, que c'est principalement un problème administratif, qu'il était déjà séparé, tout ça, tout ça ; sauf que c'est sans compter avec l'Église orthodoxe. À l'époque, et en Russie, l'Église orthodoxe pèse dans la balance et, selon ses règles, sept ans doivent séparer un divorce d'un remariage, période pendant laquelle le divorcé est encore considéré comme marié. Du coup, la bigamie de Mendeleïev lui fermera les portes de l'Académie russe des sciences. Comme le divorce, rare pour l'époque, avait été obtenu par un piston émanant directement du tsar Alexandre II — qui l'appréciait visiblement énormément — on raconte que des courtisans se sont plaints auprès de ce dernier pour lui signaler qu'il était peut-être un peu trop « relax » avec Mendeleïev. Ce à quoi le tsar aurait répondu : « Mendeleïev a peut-être deux femmes, mais je n'ai qu'un seul Mendeleïev ». #swagg

Ainsi donc la marche de l'atome dans l'Histoire était en bonne voie jusqu'à ce que la théorie atomiste soit totalement « atomisée » — vous savez bien qu'il est impossible que tous les traits d'humour de ce livre soient gagnants. La théorie atomiste, donc, sera totalement détruite, étonnamment par un de ses défenseurs, à savoir Joseph John Thomson.

4. L'électron

L'histoire de l'électron est intimement liée à celle de l'électricité — évidemment : électron, électricité, on sent comme une parenté, non ? Durant l'Antiquité, les Grecs avaient noté que lorsqu'on frotte de la fourrure à de l'ambre, cette dernière attire des petits objets. On parlerait aujourd'hui de phénomène électrostatique mais, en ces temps, personne n'en était à faire un lien avec la foudre, seul autre phénomène électrique « connu » alors. C'est en 1600 qu'un médecin anglais, William Gilbert, va s'intéresser de très près au magnétisme dans un ouvrage de son fait et qu'il a intelligemment intitulé *De magnete*. On parlera plus loin de magnétisme ; si j'en parle maintenant, c'est simplement pour indiquer que c'est Gilbert qui désigne la propriété qui consiste à attirer de petits objets après frottement sous le nom de « électrique », du latin *electricus*, qui signifie « propre à l'ambre ». Le terme dérive lui-même du grec ἤλεκτρον « électron », qui signifie « ambre ». C'est d'ailleurs ce nom là, électron, que George Johnstone Stoney donnera en 1891 à l'« atome d'électricité », ou, plus correctement sans doute, « particule d'électricité » — même si ça reste incorrect.

Ouvrons — une fois n'est pas coutume — une parenthèse qui tombe de nulle part avant d'aller plus loin pour parler un peu de télévision. Si les plus jeunes d'entre vous n'ont connu que des écrans plats reposant sur des socles de seulement quelques millimètres à quelques centimètres d'épaisseur, les vétérans se rappellent qu'autrefois, un écran de télévision, comme un écran d'ordinateur, se devait d'être quasiment aussi profond que large. C'était d'ailleurs une contrainte forte à la création d'écran très large. En effet, dans les années 80, un écran affichant 1 m de diagonale (environ 40 pouces) dépassait facilement les 40 cm de profondeur et les 40 kg. Car, à l'époque, les téléviseurs n'utilisaient ni plasma ni cristaux liquides. À l'époque, un téléviseur fonctionnait à l'aide d'un tube cathodique, ou CRT (pour *cathode ray tube*), ce tube étant l'aboutissement d'une invention plus ancienne, le tube de Crookes.

William Crookes, chimiste et physicien britannique, s'intéressait beaucoup à la façon dont les gaz pouvaient ou non conduire l'électricité — on a les hobbies qu'on peut, hein — et cherchait à savoir ce qui se produisait lorsqu'on faisait passer du courant électrique dans un tube rempli de gaz à très basse pression. En testant un tube en verre aux extrémités duquel il y avait deux électrodes — la cathode et l'anode — et rempli de gaz à faible pression, il s'est rendu compte qu'en baissant la pression du gaz et en appliquant une tension électrique élevée, un rayonnement lumineux semblait émaner de la cathode. Il le nomma rayon cathodique. Fin de la parenthèse qui tombe de nulle part.

Joseph John Thomson est un physicien anglais qui a obtenu en 1906 le prix Nobel de physique pour « ses recherches théoriques et expérimentales sur la conductivité électrique dans les gaz ». Vous le sentez, là, que la parenthèse précédente ne tombait pas de nulle part, en vrai ? Bref. Thomson intègre en 1876 le Trinity College de Cambridge, véritable usine à prix Nobel — 32 lauréats en tout à ce jour, dont Thomson lui-même, bien sûr, ainsi que son fils 31 ans plus tard… oui… son fils — et dont d'illustres personnages ont arpenté les couloirs, parmi lesquels Francis Bacon, Lord Byron, James Bond — bon, c'est un ornithologue, mais il s'appelle James Bond, quoi! — Niels Bohr ou encore un certain Isaac Newton. Wikipedia recense les étudiants célèbres du Trinity College sur pas moins de trois pages. Bon, je digresse — « Grèce ».

J.J. Thomson réalise à la fin du XIXe siècle une série d'expériences sur les rayons cathodiques et découvre, en 1897, qu'il est possible de dévier ces rayons en appliquant un champ électrique autour du tube, preuve

expérimentale formelle que le rayon en question est chargé électriquement, et incidemment qu'il est composé de « grains » et non d'ondes
comme on le verra page 43 — patience, vous n'aurez qu'à vous endormir
après cela. En testant la même expérience avec des gaz différents, il en
conclut que cette charge qui est arrachée aux atomes du gaz est la même
quel que soit le gaz, la déviation étant toujours la même. Il vient tout
simplement, même s'il le désigne uniquement sous le nom de « cor-
puscule », de démontrer expérimentalement l'existence de l'électron
dont Stoney avait prédit l'existence. C'est une révolution qui va, d'une
certaine manière, permettre de prouver que les atomistes ont eu raison
de s'acharner pendant des siècles, mais également dans le même temps
de prouver qu'ils ont eu on ne peut plus tort. En effet, cette découverte
est conforme aux hypothèses des atomistes de l'époque et conforte donc
leurs modèles à ceci près que, je le rappelle, les atomistes croient que
l'Univers est constitué d'atomes, c'est à dire de bidules ridiculement
petits absolument insécables. Le nom même d'atome signifie « qui ne
peut pas être coupé ». Or l'électron est plus petit qu'un atome ; il en est
un constituant.

Il est essentiel, à ce stade, de ne pas se leurrer sur le fait : si les hypothèses
et théories des atomistes ont permis, au fil des siècles, de comprendre la
matière, leur hypothèse primordiale est fausse, et la théorie doit être mise
à jour. L'atome n'est pas la brique élémentaire de l'Univers. Mais comme
cela ne remet pas en cause le fait que l'atome — qu'il soit une brique
élémentaire ou un élément composite — a des propriétés, notamment
chimiques, qu'on comprend mieux, les théories existantes évolueront
naturellement pour intégrer ce fait nouveau, plutôt que d'être bazardées
au profit d'une théorie qui serait résolument différente. Pour le dire plus
simplement : à part le fait que l'atome n'est pas insécable, tout ce qu'on
sait à son sujet reste vrai, du coup on conserve le nom. Mais si l'atome
n'est plus uniquement un bloc « initial » mais un machin constitué
d'autres trucs, il est tout à fait naturel de s'interroger sur ce que sont ces

trucs et sur la façon dont ils s'organisent entre eux. Ce que va s'empresser de faire Thomson aux lendemains de sa découverte.

Thomson suit un raisonnement particulièrement élégant et simple pour imaginer ce qui se passe dans un atome ; d'une part, il sait qu'un atome contient un certain nombre d'électrons ; par ailleurs, il sait que les électrons sont électriquement chargés négativement ; enfin, il sait qu'un atome n'est pas chargé électriquement. Il en conclut donc que les électrons, chargés négativement, se déplacent plus ou moins librement au sein d'une « soupe » chargée positivement, l'ensemble étant neutre électriquement. Si les électrons se déplacent « plus ou moins » librement, cela tient à deux choses : d'abord, s'il est possible d'émettre un rayonnement d'électrons dans un rayon cathodique, c'est que les électrons peuvent être émis et ne sont pas définitivement emprisonnés dans un atome, mais, par ailleurs, ils se repoussent entre eux du fait qu'ils sont de charge du même signe et ne peuvent pas spontanément s'éloigner n'importe comment puisqu'ils sont attirés par la soupe positive. Le modèle de Thomson sera nommé, mais pas par lui, le modèle atomique de *plum pudding* — ou flan aux prunes. Dans ce modèle, les électrons sont dans un atome comme des prunes dans un flan : ni vraiment entravés, ni totalement libres. D'autres tenteront d'autres noms plus ou moins similaires, tels que « modèle de muffin aux airelles » ou « modèle de cookie aux pépites de chocolat ». C'est sûr que dès qu'on s'écarte d'un langage purement scientifique, la culture de chacun entre en jeu. Thomson, pour sa part, titrera son article : *On the Structure of the Atom : an Investigation of the Stability and Periods of Oscillation of a number of Corpuscles arranged at equal intervals around the Circumference of a Circle ; with Application of the Results to the Theory of Atomic Structure*[15].

---

[15]   « De la structure de l'atome : investigation sur la stabilité et les périodes d'oscillation d'un nombre de corpuscules arrangés à intervalles réguliers sur la circonférence d'un cercle, et application des résultats à la théorie de la structure atomique » — Flan aux prunes, c'est plus sexy, quand même.

On peut d'ores et déjà noter qu'un physicien japonais, Hantaro Nagaoka, rejettera complètement le modèle de Thomson en arguant que des charges opposées sont impénétrables et proposera en 1904 un modèle — passé assez inaperçu à l'époque — dans lequel les électrons tournent autour d'une charge positive à la manière dont les anneaux de Saturne lui tournent autour. Il conviendra du fait que pour que son modèle soit correct, il est nécessaire que la quasi-totalité de la masse de l'atome se trouve en son centre.

Plusieurs variations de ce modèle existeront : certains parleront plus d'un nuage chargé positivement que de soupe, d'autres imagineront les électrons décrire des cercles au sein de l'atome, mais le modèle restera globalement le même jusqu'à ce qu'il soit totalement invalidé, en 1909, au cours d'une expérience dirigée par un certain Ernest Rutherford et réalisée par Hans Geiger et Ernest Marsden, et qu'on nommera l'expérience de Rutherford, ou encore « l'expérience de la feuille d'or ». Cette expérience aboutira à la découverte d'un autre des constituants principaux de l'atome, son noyau.

5. Le noyau atomique

En 1907, Ernest Rutherford, ancien étudiant du Trinity College — yep — et ancien élève de Thomson — ben voyons — travaille avec Hans Geiger à Manchester, et ils inventent ensemble un compteur qui détecte les particules α, alpha, émises par des matériaux radioactifs — oui, c'est bien de l'ancêtre du compteur Geiger que je parle. Rutherford s'intéresse énormément à la radioactivité — on va parler de Marie Curie, pas d'inquiétude — et il est persuadé que les particules α sont précisément des atomes d'hélium qui ont perdu leur charge électrique — leurs électrons. Il va le démontrer en 1908. En gros, il isole du matériau radioactif de façon à ne récupérer que des particules α ; il analyse ensuite le spectre du gaz qu'il recueille autour de son dispositif et détermine qu'il s'agit bien principalement d'hélium : les particules α ont récupéré des charges négatives, des électrons, et sont « devenues » des atomes d'hélium.

Histoire de situer rapidement le gars, disons simplement qu'il obtient cette année-là le prix Nobel de chimie « *for his investigations into the disintegration of the elements, and the chemistry of radioactive substances* »[16] ; Rutherford est bien entendu content, mais regrette toutefois de n'avoir pas plutôt reçu le Nobel de physique parce que, selon lui, « toute science est soit de la physique, soit de la philatélie » — quand je vous disais qu'il y avait pour certains une hiérarchie dans les sciences…

En 1909, Rutherford décide de balancer un faisceau de particules α sur une feuille d'or particulièrement fine — six millionièmes de mètre, ce qui proportionnellement au mètre, représente l'épaisseur d'un cil dans une piscine olympique. En réalité, il avait déjà fait l'expérience auparavant avec une fine feuille de mica, mais réalisé l'expérience de façon plus poussée avec Geiger et Marsden avec une feuille d'or. D'après le modèle de Thomson, les particules devraient n'avoir aucune difficulté à traverser la feuille en ligne bien droite, et Rutherford place derrière celle-ci un écran avec une substance chimique — du sulfure de zinc — qui scintille lorsqu'il est frappé par des particules α. Quelle n'est pas sa surprise lorsque après plusieurs minutes, il constate que plutôt que d'avoir une marque bien nette et franche de l'autre côté de la feuille, il y a des points d'impact répartis un peu partout et formant des grands angles — jusqu'à 90° — avec le faisceau initial. Quelque chose a totalement dévié les particules. Je dis « quelle n'est pas sa surprise », mais, en réalité, il l'exprime plutôt bien : « It was almost as incredible as if you fired a fifteen-inch shell at a piece of tissue paper and it came back to hit you! [17] »

---

16   « Pour ses recherches dans la désintégration des éléments et dans la chimie des substances radioactives ».

17   « C'était presque aussi incroyable que si vous tiriez un obus de quinze pouces sur un mouchoir en papier et qu'il vous revenait en pleine poire ! »

L'analogie est parfaite. Rien n'aurait dû empêcher les particules α de traverser la feuille d'or, et encore moins les dévier. Et il faudra attendre près de deux ans avant que Rutherford, en 1911, propose une interprétation à ce phénomène ; si 99,99 % des particules n'ont pas été déviées, on peut en conclure que la matière est principalement constituée de vide ; c'est la première fissure dans le modèle de Thomson avec sa « soupe » positive. En outre, les 0,01 % de particules déviées ont été repoussées par des charges positives. La charge positive d'un atome est donc répartie sur une toute petite portion de son volume, 100 000 fois plus petite qu'un atome. Rutherford en conclut que l'intégralité de la charge positive d'un atome ainsi que la quasi-totalité de sa masse se trouvent en un noyau central extrêmement petit, entouré de vide, et que les électrons gravitant autour de ce noyau déterminent la dimension « perceptible » de l'atome. Il reconnaît alors des caractéristiques proches de celles proposées par Nagaoka sept ans plus tôt et présente alors un nouveau modèle atomique, le modèle Rutherford, aussi connu sous le nom de modèle Rutherford-Perrin, ou modèle planétaire.

Dans ce modèle qui porte tout à fait bien son nom, le noyau de l'atome est comme le Soleil autour duquel gravitent les électrons, comme des planètes. À ce stade de la recherche scientifique, on représente un électron comme une toute petite bille, précisément une sphère indéformable, sans plus trop se poser la question de savoir de quoi est constituée cette bille. À la différence des planètes autour du Soleil, toutefois, les électrons ne tournent pas autour du noyau sur le même plan : un atome n'est pas plat ; à choisir, il est plutôt sphérique et ce sont les électrons les plus éloignés du noyau qui, en tournant très vite autour de celui-ci, délimitent l'atome.

La sphère

Comme beaucoup de choses ressemblent à des sphères ou à des boules, ou sont considérées comme ayant la forme d'une sphère ou d'une boule, il n'est pas inutile de préciser la particularité d'une sphère. Ou d'une boule. Imaginez une chèvre — de quoi?!

Oui, une chèvre, dans un jardin, attachée à un piquet par une corde de 1 mètre de long. Votre chèvre peut se déplacer dans toutes les directions jusqu'à 1 mètre du piquet. Si elle décide de tendre la corde au maximum et de tourner en rond jusqu'à user toute la pelouse sous ses pattes, la trace qu'elle laissera sera celle d'un cercle — de centre le piquet, et de rayon 1 mètre. Si elle décide, en revanche, de bouffer toute la pelouse à laquelle elle a accès, elle va marquer un disque au sol — de même centre et de même rayon. Cette chèvre peut se déplacer dans deux directions seulement, ou deux dimensions: à gauche et à droite, devant et derrière. Si elle pouvait se déplacer dans une troisième dimension, à savoir en haut et en bas, ce cercle deviendrait une sphère et ce disque deviendrait une boule. Formellement, une sphère est l'ensemble des points de l'espace à la même distance d'un point donné qu'on appelle le centre. Une boule, quant à elle, est l'ensemble des points reliant le centre d'une sphère à celle-ci. Ok, vous n'avez pas appris grand chose dans cet encart, mais l'avoir lu vous permettra de comprendre la forme des atomes, des planètes, des étoiles, et même des ballons de foot — qui ne sont sphériques que lorsqu'ils sont gonflés, notez-le.

Pour Rutherford, donc, les électrons orbitent de façon circulaire autour d'un même noyau avec du vide partout autour. Cela pose plusieurs problèmes. Tout d'abord, si, de la même manière qu'une planète peut tourner autour d'une étoile, on peut effectivement imaginer un électron qui tourne autour du noyau, à cause de la loi de Coulomb — qui dit que des charges électriques opposées s'attirent — afin qu'un tel mouvement existe, il faut que les électrons soient continuellement accélérés. Pourquoi? Le fait de tourner autour du noyau représente une dépense d'énergie pour l'électron; si celui-ci n'est pas accéléré, cela signifie qu'il va se rapprocher du noyau et ralentir jusqu'à s'effondrer sur le noyau. Si tel était le cas, les atomes seraient instables et nous ne serions pas là pour en parler — et par « parler », je veux dire « écrire » pour ce qui me concerne et « lire » pour ce qui vous concerne. Donc il faut que les électrons soient accélérés. Mais il y a un autre hic : James Clerk Maxwell, le « boss final » de l'électromagnétisme, a montré qu'une particule accélérée rayonne de l'énergie. Et donc en perd. Et donc devrait ralentir et donc viendrait s'effondrer sur le noyau et ça j'ai déjà dit que ce n'était pas le cas. Bref, ce modèle ne sent pas très bon. Mais Rutherford est sur le point de faire successivement deux découvertes qui vont définitivement placer son nom dans le panthéon des gars qui trouvent des trucs.

Jean Perrin

Avez-vous noté, peut-être de façon tout à fait distraite, que j'ai dit que le modèle de Rutherford s'appelait aussi modèle de Rutherford-Perrin ? Permettez que je rende en quelques lignes hommage à Jean Perrin, inconnu de tous ou presque. Jean Baptiste Perrin est un physicien, un chimiste et un homme politique français qui a découvert l'électron en 1895 alors qu'il avait 25 ans, soit deux ans avant Thomson — qui avait 41 ans quand il l'a découvert — et de la même manière : en étudiant la façon dont les rayons cathodiques sont déviés par un champ électrique. Alors pourquoi Thomson a-t-il le crédit de cette découverte ? Simplement parce que Perrin n'a pas cherché à connaître cette particule chargée négativement mais à prouver qu'elle existait ; son but était différent de celui de Thomson. Perrin cherchait à résoudre un litige qui courait dans la communauté scientifique sur le fait de déterminer si le rayon cathodique était composé de particules ou d'ondes. En mettant en évidence une charge négative, il a démontré que le rayon cathodique était composé de particules, les ondes ne transportant pas de charge électrique.

Thomson s'appuiera sur les travaux de Perrin pour caractériser et identifier l'électron.

Plus tard, en 1908, Perrin sera le premier à confirmer les travaux d'Einstein — on y viendra — sur le mouvement brownien et ainsi à confirmer l'existence de l'atome. Il prédira plus tard, en 1919, et tout à fait correctement, comment des réactions nucléaires fournissent leur source d'énergie aux étoiles. Pas mal pour un petit gars de Lille issu d'une famille modeste — la famille de sa mère étant sans ressource, il faudra, pour qu'elle puisse épouser son père, capitaine d'artillerie, une dispense de Napoléon III ; on ne rigolait pas avec le rang social à l'époque.

Rutherford, on l'a vu, aime bien tirer des particules α tous azimuts ; il remarque notamment qu'en bombardant de l'hydrogène de particules α, il en échappe des machins chargés électriquement de façon positive, mais également qu'il s'échappe les mêmes machins, en plus grande quantité, lorsqu'il bombarde du diazote de la même manière. Il en conclut donc qu'il existe des noyaux d'hydrogène dans les noyaux d'azote. L'hydrogène étant l'atome dont le noyau est le plus léger, il décide d'appeler le noyau πρῶτον « proton », mot grec signifiant « premier ».

L'air de rien, Rutherford vient de faire dans le même temps deux découvertes fondamentales : d'un côté, il vient de découvrir le proton, qui est la particule chargée positivement qu'on trouve dans le noyau de l'atome, et, de l'autre, le fait que les noyaux d'atome ne sont pas homogènes mais composites. Cette découverte va poser un énorme problème de compréhension — c'est là que réside à mon avis une des plus grandes qualités des sciences : chaque nouvelle réponse soulève de nouvelles questions.

Loi de Coulomb

On a parlé page 42 de la loi de Coulomb ; il peut être bon de préciser un peu de quoi il s'agit dans la mesure où c'est surtout elle qui pose un énorme problème — j'aurais bien mis douze « o » à « énorme » pour signifier l'énormité, mais mon correcteur orthographique n'aime pas ça et je n'aime pas lui demander d'ignorer mes éventuelles fautes. Déjà, il existe deux lois de Coulomb qui s'appellent chacune « loi de Coulomb » : une en électrostatique, et une en mécanique. Il va de soi que celle qui nous intéresse ici est la loi de l'électrostatique. Elle est nommée d'après Charles-Augustin Coulomb, physicien français, qui l'a énoncée en 1785 ; donc ça commence à remonter un peu quand on en est à Rutherford. D'ailleurs, vous vous rappelez Stoney ? Il avait prédit la « particule d'électricité » qu'on a ensuite appelé électron ; il avait également proposé d'utiliser sa charge électrique comme unité de charge ; au final on a préféré utiliser comme unité de charge électrique autre chose — « la quantité d'électricité traversant une section d'un conducteur parcouru par un courant d'un Ampère (1A) d'intensité pendant une seconde (1s)» — et on l'appelle un Coulomb (1C). Coïncidence ? Je ne crois pas !

Bref, entre autres choses, Coulomb a déterminé, et c'est ça qui nous intéresse, que comme les aimants avec leur pôle Nord et leur pôle Sud, les charges électriques, qui peuvent être positives ou négatives, s'attirent lorsqu'elles sont de signes opposés et se repoussent lorsqu'elles sont de même signe. Bien sûr, Coulomb ne s'est pas contenté de ça, il a également donné la formule qui permet de calculer cette force d'attraction/répulsion. Et, on aura l'occasion de le voir, il se trouve que cette formule est incroyablement — ou pas — similaire à celle décrivant la loi de la gravitation.

Ok, donc on dit que le noyau d'hydrogène est composé d'un machin chargé positivement qu'on appelle « proton ». On dit également que tous les atomes plus complexes que l'hydrogène sont en fait constitués de plusieurs noyaux d'hydrogène — donc de plusieurs protons — collés les uns aux autres pour former un « super-noyau » plus ou moins massif. La question qui brûle les lèvres de Rutherford, à ce stade, c'est : comment diable deux protons peuvent-ils être collés l'un à l'autre, de façon stable qui plus est, alors qu'ils sont de charge électrique positive tous les deux et devraient se repousser autant qu'ils le peuvent — et croyez bien qu'à leur échelle, ils le peuvent !

En 1920, lors d'une conférence sur la structure des noyaux atomiques, Rutherford imagine une sous-structure composée d'un proton et d'un électron collés l'un à l'autre, qui formeraient un ensemble neutre très pénétrant et qui pourraient maintenir les protons au cœur des noyaux d'atomes malgré leur répulsion électrostatique. Il pense donc à une espèce de particule composite qui serait électriquement neutre, de masse quasiment égale à celle d'un proton — l'électron est tout à fait léger par rapport au proton — et de taille très proche de celle du proton — la taille de l'électron étant absolument ridicule, y compris au regard de celle du proton, et je dis ça d'une époque où l'on ne considérait pas encore que l'électron n'avait pas du tout de taille… mais je vais trop vite, là. Bref, il pense à un truc neutre, et relativement similaire au proton, si ce n'est que c'est neutre. C'était bien pensé, quand même. Bon, au final, c'est complètement faux, et les jeunes premiers qui s'arrachent sur la toute nouvelle théorie à la mode — la mécanique quantique — trouveront qu'un électron dans un noyau d'atome, ça ne ressemble à rien, et que c'est assez incompatible avec d'autres choses très prometteuses, notamment le principe d'incertitude de Heisenberg. C'est complètement faux, donc… mais c'était bien pensé. Il est sans doute passé à ça de découvrir le neutron. Mais bon. Rutherford en a sans doute déjà assez fait. Arrive Chadwick.

Et le modèle de Bohr, alors?

Certains s'étonneront sans doute du fait que je ne parle pas ici du modèle de Bohr ; en effet, Niels Bohr améliora grandement le modèle atomique de Rutherford seulement quelques mois après sa création, et trouverait tout à fait naturellement sa place dans ce chapitre ; sauf qu'il est délicat de parler du modèle de Bohr sans parler des travaux de Planck, et délicat de parler de quoi que ce soit de Bohr sans parler de Bohr ; donc armez-vous de patience et on se revoit sur le sujet dès qu'on parle de mécanique quantique.

James Chadwick était sans doute un des plus brillants élèves de Rutherford — mais à l'université de Cambridge, pas au Trinity College — et il était présent en 1920 lorsque Rutherford cherchait vainement un atome avec un noyau de masse 1 et de charge électrique nulle qui pourrait se coller dans les noyaux d'atomes plus complexes. Il était présent, a bien écouté, et gardera cette idée en tête pendant des années, jusqu'au jour où il aura du mal à interpréter une de ses expériences, en 1932. Entre temps, les scientifiques tenteront de faire fonctionner plus ou moins bien des modèles d'atomes avec des électrons, des protons et des « électrons nucléaires ».

En 1932, donc, James Chadwick réalise une expérience, encore une fois et comme son professeur avant lui, avec des particules α. Mais d'abord en 1930, en Allemagne, Bothe et Becker bombardent du Lithium, du Béryllium et du Bore avec des particules α et constatent que ces éléments émettent des rayons très pénétrants qu'ils pensent être des rayons gamma — on en parlera quand on parlera de Marie Curie et de la radioactivité, mais oui, c'est bien les mêmes que pour l'Incroyable Hulk — à cette différence qu'ils semblent bien plus énergétiques que ceux qu'on trouve classiquement dans le cas de la radioactivité. En 1930, Irène et Frédéric Joliot-Curie — oui, la fille et le gendre de Marie Curie, on fera un topo complet sur la radioactivité, mais pas maintenant — tentent d'éclaircir le mystère de ces fameux rayons gamma. Mais c'est bel et bien Chadwick qui va, en 1932 et à force de tests, mesurer précisément l'énergie de ce rayonnement et déterminer qu'il ne s'agit absolument pas de rayons gamma, mais bien de particules de masse équivalente à celle du proton mais de charge électrique nulle. Il se rappelle alors de la proposition faite par Rutherford et comprend qu'il n'est pas du tout face à un composite de type proton-électron, mais bel et bien d'une particule élémentaire, comme le proton, mais électriquement neutre et qu'il appelle naturelle-ment neutron — bon, on sait depuis que ni le proton ni le neutron ne sont des particules élémentaires mais, pour l'époque, c'est quand même classe. Cette découverte lui vaut le prix Nobel de physique en 1935 — il peut être intéressant de noter qu'à la base, Chadwick voulait être mathématicien mais s'est retrouvé, étudiant, par erreur, à faire la queue pour s'inscrire en physique; incapable de reconnaître son erreur, il s'est inscrit et est devenu physicien; dans la famille « j'ai une énorme paire de balloches », je demande tonton James.

Du coup, on y est à peu près : on a des atomes qui sont composés d'un noyau, au sein duquel on trouve des protons et des neutrons, qui forment la famille des nucléons, et on a des électrons qui « tournent » autour du noyau, loin du noyau. La quasi-totalité de la masse se trouve au niveau du noyau — la masse d'un neutron étant la même que la masse d'un proton — et on trouve en égale quantité les protons et les électrons, les premiers étant chargés électriquement positivement, les seconds négativement, l'atome complet étant totalement neutre. On distingue un élément par le nombre de protons dans son noyau — un pour l'Hydrogène, deux pour l'Hélium, etc. — et si le nombre de neutrons peut varier, il ne fait pas changer la nature élémentaire de l'atome — un ou deux neutrons dans le noyau d'Hydrogène ne change pas le fait qu'il s'agit toujours d'un atome d'Hydrogène, mais cela modifie certaines de ses propriétés ; on parle dans ce cas d'isotopes de l'Hydrogène. Vous pouvez respirer un coup, on en a fini — pour l'instant — avec l'atome. On va pouvoir s'intéresser un peu à la lumière.

En effet, pendant toute cette fabuleuse période riche en découvertes, je suis passé dessus un peu rapidement, mais un long et houleux débat a lieu concernant en l'occurrence les rayonnements de particules α mais dont l'origine est à rechercher plus en amont, directement au sujet de la lumière : s'agit-il d'un flux de particules qu'on peut assimiler à des grains se déplaçant très vite, ou s'agit-il d'ondes qui se propagent comme les rides à la surface de l'eau quand on pousse son pote Mathieu dans le grand bain à la piscine, qu'il sache nager ou non ?

La lumière

Par elle, on réalise qu'en réalité, on n'y comprend rien du tout.

Chercher à comprendre la nature de la lumière est aussi vieux que chercher à comprendre la nature de la matière. Dès l'Antiquité, à l'époque de Platon et d'Aristote, on connaissait déjà de nombreuses caractéristiques de la lumière, notamment le fait que la lumière se propage en ligne droite dans un milieu homogène, mais également la loi de réflexion, qui explique comment on peut voir son propre reflet à la surface de l'eau, par exemple ; Euclide, une centaine d'années après Platon et Aristote, vers 280 avant notre ère, rédige un ouvrage intitulé *Optique* au sein duquel il décrit ses mécanismes, en édictant principalement des lois géométriques à son sujet.

Pour eux — Platon, Aristote et Euclide — la lumière n'est rien d'autre qu'un outil de la vision, quasiment un sens du vivant ; il s'agit de rayons qui partent de l'œil et sont interceptés par les objets éclairés. Cette conception va durer quasiment jusqu'à la Renaissance, sans que, visiblement, personne ne se demande dans ce cas pourquoi il est impossible de voir la nuit. Mais bon.

On peut toutefois noter qu'au IIe siècle, Claude Ptolémée — à qui on doit le modèle géocentrique de notre système solaire qui, du coup, n'est pas solaire du tout — étudie la réflexion et la réfraction de la lumière, détermine que l'angle de réfraction de la lumière dépend de la densité du milieu, et sa formulation mathématique à ce sujet sera utilisée pendant près de 1 500 ans.

Réflexion (diffuse ou spéculaire), réfraction

Mettons que vous vous regardez dans un miroir : vous êtes éclairé par une lampe, vous êtes face à un miroir et vous vous voyez dans le miroir. Bravo. Que se passe-t-il en réalité ? Bon, on va un peu dévoiler la suite, mais disons immédiatement que les rayons de lumière ne sont pas émis par les yeux, contrairement à ce qu'en pense Aristote, mais par… la lampe ; la lumière est émise par la lampe et vient frapper votre surface : la surface de votre peau, la surface de vos vêtements, mais également le sol, les meubles, etc. Une partie de la lumière est absorbée par votre peau et une autre partie est renvoyée, ou réfléchie ; c'est ainsi que vous êtes éclairé : tout se passe comme si votre peau elle-même émettait de la lumière. Ce « rebond » de la lumière est ce qu'on appelle la « réflexion ». Une partie de cette lumière réfléchie vient frapper la surface du miroir depuis laquelle elle est à nouveau réfléchie, mais de façon plus « propre » cette fois-ci ; une partie de ces rayons à nouveau réfléchis arrive dans vos yeux, et c'est ce que vous voyez. Quand je parle de réflexion plus « propre », je veux dire que les rayons de lumière sont renvoyés en respectant des axes de symétrie, ce qui permet de voir dans un miroir des reflets conformes au sujet éclairé. Mais s'il s'agit de réflexion dans le cas du miroir et dans le cas de la peau, pourquoi la peau ne ressemblet-elle pas à un miroir ? Pourquoi ne puis-je pas me voir en reflet sur la peau de quelqu'un d'autre ? Disons simplement pour l'instant que la lumière réfléchie par la peau est « diffusée », les rayons repartent dans tous les sens, tandis que les rayons réfléchis par le miroir le sont de façon beaucoup plus homogène : on parle de réflexion spéculaire. Mais on détaillera tout ça un peu plus loin.

Pour la réfraction, c'est un peu plus difficile à expliquer, mais tout aussi commun à constater : vous avez déjà remarqué que lorsque vous mettez une paille dans un verre d'eau, la paille qui, normalement, est totalement droite, semble brisée au contact de l'eau.

Cela a à voir avec le fait que la lumière est déviée lorsqu'elle change de « milieu » — lorsqu'elle passe du vide à l'air ou de l'air à l'eau, par exemple.

Il faut attendre la Renaissance pour progresser dans le domaine de l'optique et la compréhension que l'on a de la nature de la lumière, du moins — comme c'est souvent le cas — au sein de ce qu'on pourrait aujourd'hui qualifier de monde occidental, c'est-à-dire l'Europe chrétienne du Moyen Âge. Car en fait, en Orient, dès la fin du Xe siècle, d'énormes progrès sont réalisés, principalement par Ibn al-Haytham — de son nom « occidentalisé » Alhazen, et de son nom complet Abu Ali al-Hasan ibn al-Hasan ibn al-Haytham, que du coup je vais appeler « Ali », n'y voyez aucune offense — à Bagdad. Ali, donc, autour de l'an 1000, rédige un ouvrage en pas moins de sept tomes, le *Traité d'optique*, et j'aime autant vous dire qu'Ali n'était pas le tocard du coin. Du tout.

La taille du Soleil dans le ciel et autres joyeusetés

Vous avez déjà remarqué, bien sûr, que le Soleil, tout comme la Lune, lorsqu'ils sont proches de l'horizon, sont bien plus grands que lorsqu'ils sont hauts dans le ciel. En réalité, il n'en est absolument rien. Ce n'est qu'une illusion d'optique basée sur le fait que, proche de l'horizon, notre cerveau peut comparer la taille des astres avec celle des arbres, des montagnes, etc. Figurez-vous que c'est Ali qui a montré que ce n'était qu'une illusion ; tout comme Ali a exprimé, contredisant ainsi des gars comme Platon, Euclide et Ptolémée, le fait que la lumière n'émane pas de l'œil mais de sources lumineuses comme le Soleil avant d'être diffusée par les objets qu'elle vient frapper. Outre la lumière, Ali s'intéresse également à la façon dont l'œil perçoit la lumière, et notamment la façon dont l'œil reconnaît les couleurs et les formes. Il démontrera — oui, « démontrera », ce ne sera pas une simple idée basée sur une quelconque réflexion, mais le résultat d'observations et de tests — que les yeux humains captent bien deux images pour en former une seule ensuite ; il montrera — même si ça semble totalement évident aujourd'hui, ce ne l'était pas à l'époque — qu'on ne peut reconnaître qu'un objet qu'on connaît déjà, il montrera qu'une image persiste à l'œil même si on ferme les yeux, preuve que la mémoire participe également à la reconnaissance des objets, et qu'il ne s'agit pas seulement d'une question de jugement. Il imaginera le concept de chambre noire, 500 ans avant que Léonard de Vinci n'ait l'idée du sténopé. Il pensera que la vitesse de la lumière n'est pas infinie et qu'elle est plus faible dans des milieux plus denses.

Sur des sujets différents, il énoncera le fait qu'un objet en mouvement ne s'arrête pas si aucune force ne l'arrête, devançant Galilée et Newton de plus de 600 ans sur le sujet de l'inertie, et parlera de la façon dont les masses s'attirent, laissant supposer qu'il connaissait le concept d'accélération gravitationnelle.

Bref, Ali est fort. Très fort. *Bumayé !*[18]

On peut se demander pour quelles raisons un type comme Ali n'est pas dans tous les manuels scolaires ; il y a plusieurs raisons à cela, certaines plus pertinentes que d'autres. Tout d'abord, les scientifiques d'Orient ne sont pas à proprement parler des célébrités en Occident, tout simplement parce qu'ils ont fini par être traduits en latin, qu'ils ont ensuite été étudiés par des savants occidentaux et que ce sont ces derniers travaux qui nous sont parvenus, la plupart du temps. Il faudra les recherches de nombreux historiens — qui sont des scientifiques, rappelons-le — pour mettre à jour la généalogie de ces ouvrages. La deuxième raison pour laquelle ces savants ne sont pas toujours reconnus est qu'ils datent pour la plupart d'une époque à laquelle les raisonnements, même lorsqu'ils sont pertinents, sont souvent basés sur des idées fausses provenant de l'Antiquité,

---

18   Lors du combat de boxe historique opposant Mohammed Ali à George Foreman en 1974 à Kinshasa, au Zaïre, les supporters d'Ali scandaient « Ali Bumayé » qui signifie, en zaïrois, « Ali, tue-le ! ».

52

ce qui, malgré les résultats parfois corrects, les fait s'éclipser au bénéfice de savants plus récents mais surtout véritablement scientifiques. Ceci expliquant cela, et qu'on s'en satisfasse ou non. Pour le coup, le *Traité d'optique* d'Ibn al-Haytham est considéré comme le socle sur lequel se sont développées ensuite les théories de l'optique jusqu'à aujourd'hui.

En 1609, Galilée, de son nom complet italien Galileo Galilei — ses parents devaient être très imaginatifs — commence à polir lui même des lentilles pour ses recherches.

Lentille

Une lentille est un composant généralement transparent et fait d'un seul matériau, dont le but est de rediriger la lumière qui le traverse. On estime que les lentilles ont été inventées par des artisans italiens autour de 1280 pour la fabrication de longues vues. Notons toutefois que le Très Honorable Sir Austen Henry Layard, archéologue britannique du XIXe siècle, a découvert à Ninive — ancienne capitale de l'Empire assyrien, une partie de l'actuel Mossoul en Irak — ce qui semble bien être des verres lentiformes datant de 4000 ans.

Bref, 1609, Galilée polit des lentilles. Il est sans doute le premier à utiliser des longues vues pour regarder le ciel et faire des observations scientifiques — jusque là, on s'en servait principalement sur les navires pour observer au loin — pas trop loin — et sans doute de temps à autre pour mater la voisine depuis sa fenêtre. Les avancées dans le domaine de l'optique vont permettre de développer une théorie géométrique du comportement de la lumière et créer une école de la lumière, l'école « corpusculaire », à laquelle va s'opposer un autre grand courant de pensée dès le XVIIe siècle, l'école « ondulatoire ». D'une certaine manière, le débat entre ces deux écoles n'est pas totalement tranché à ce jour.

6. La lumière est-elle faite de grains ou d'ondes ?

René Descartes est un mathématicien, physicien et philosophe français né en 1596 ; principalement rendu célèbre pour le fameux cartésianisme issu de son *Discours de la méthode*, véritable méthode « pour bien construire sa raison et chercher la vérité dans les sciences », sa principale philosophie repose sur le fait que l'humain est capable d'accéder à la connaissance par sa seule raison, étant entendu que Descartes ne s'inscrit pas en cela comme successeur de Platon ou d'Aristote pour qui l'observation du monde n'était pas nécessaire à l'acquisition de connaissances ; en effet, pour Descartes, si la raison se compose bien sûr de l'intelligence, de la réflexion et de la déduction, elle se compose également de la mémoire et des sens et donc de l'observation. Il s'inscrit plutôt donc en cela comme successeur de Galilée, souvent considéré comme un des premiers scientifiques modernes par sa méthode. Bref, Descartes est connu pour son rationalisme, ainsi que pour le fameux *Cogito ergo sum*, « je pense donc je suis » — en réalité, cette maxime était connue depuis l'Antiquité, Descartes l'a complétée en fondant la preuve de sa pensée sur le doute primordial : *je doute*, donc je pense, donc je suis. Mais Descartes est également connu dans le monde des sciences physiques pour ses travaux dans le domaine de l'optique.

Sans trop se préoccuper de la nature de la lumière, si ce n'est de son caractère de déplacement instantané, il étudie les lois mathématiques qui permettent de décrire le comportement de la lumière, notamment d'un point de vue géométrique. Ainsi écrit-il en introduction de son traité sur l'optique, *La Dioptrique* :

> « N'ayant ici autre occasion de parler de la lumière que pour expliquer comment ses rayons entrent dans l'œil, et comment ils peuvent être détournés par les divers corps qu'ils rencontrent, **il n'est pas besoin que j'entreprenne de dire au vrai quelle**

est sa nature, et je crois qu'il suffira que je me serve de deux ou trois comparaisons qui aident à la concevoir en la façon qui me semble la plus commode pour expliquer toutes celles de ses propriétés que l'expérience nous fait connaître, et pour déduire ensuite toutes les autres qui ne peuvent pas si aisément être remarquées. »[19]

Il va dans ce traité notamment (re)découvrir la loi de la réfraction du Néerlandais Willebrord Snell — je dis « (re)découvrir » parce que Descartes va trouver tout seul cette loi que Snell a déjà découverte auparavant mais n'a jamais publiée ; on appelle d'ailleurs aujourd'hui cette loi *la loi de Snell-Descartes*. Je ne vous refais pas tout le topo, mais comme pour Ali précédemment, cette loi de Snell-Descartes, qui donc en fait aurait dû être simplement la loi de Snell, est en réalité la loi de Abu Saa'd al-Ala ibn Sahl, ou plus simplement Ibn Sahl, qui la découvrit — et la rédigea — en 984 dans son traité sur les miroirs ardents et les lentilles. Oui. En 984.

Bref, Descartes publie un énorme traité sur l'optique, considéré encore aujourd'hui comme le socle de l'optique géométrique, et il faut *a minima* lui reconnaître sa capacité à avoir exprimé le fait qu'il n'avait aucune idée de ce qu'était précisément la lumière, mais que le fait de la considérer comme un flux continu de grains était une approximation suffisante pour le cadre de ses théories — il respecte en cela tout à fait la méthode scientifique en exprimant le fait que ce qu'il va décrire n'est qu'un modèle théorique et que si ses conclusions sont vérifiables, il ne s'agit bien que de cela.

Isaac Newton ne prendra pas autant de précautions — encore que — lorsqu'il traitera de la lumière. Un chapitre entier de ce livre sera naturellement consacré à Isaac Newton[20], et il serait parfaitement légitime de

---

19 *Œuvres de Descartes*, F. G. Levrault, 1824 (Tome V, page 6).
20 Page 216.

souligner que ce n'est pas suffisant. Newton est sans conteste un des plus grands génies non seulement de l'histoire des sciences, mais également de l'histoire de l'humanité — l'espèce, pas le journal… je vous assure qu'au bout d'un moment, ce *running gag* finira par vous arracher un sourire — et le fait que, l'une après l'autre, nombre de ses hypothèses ont été « invalidées », ou plutôt complétées — la plupart par Einstein d'ailleurs — ne doit pas ôter au fait que ses théories restent pour la plupart valables dans leur cadre et que, pour son époque, Newton n'avait pas loin de 200 ans d'avance sur ses pairs — n'en déplaise à Robert Hooke[21]. Et, bien sûr, malgré la légende, il ne s'est jamais — désolé de casser le mythe — pris de pomme sur la tête. Ça, c'est dit. Revenons à nos moutons. Newton, donc, entre autres choses, va s'intéresser à la lumière et s'inscrire dans la lignée des travaux de Descartes et de Huygens ✌ mais il va, lui, poser des hypothèses sur la nature de la lumière.

Cadre de la physique

Pour Isaac Newton, toutes les lois physiques, qu'il s'agisse d'optique, de mécanique, d'astronomie ou même d'alchimie, toutes les lois de la Nature, donc, s'appliquent dans un cadre donné qui est le cadre de notre réalité, et que Newton décrit comme tel : l'espace est absolu et fixe, et le temps est absolu et continu. Cela signifie que l'espace est comme la scène d'une pièce de théâtre, que les mesures y sont les mêmes quel que soit le référentiel de l'observateur — un mètre est un mètre en toutes circonstances. Cela signifie également qu'une seconde s'écoule de la même manière pour tous les observateurs, où qu'ils soient et quelle que soit leur vitesse. Ce cadre, bien qu'incorrect, semble, encore aujourd'hui, fondé sur le bon sens.

Pour être tout à fait honnête, je dois quand même signaler que, par principe, Newton refusait de poser des hypothèses « gratuitement », et écrivait :

---

[21]   Physicien contemporain à Newton.

« Tout ce qui n'est pas déduit des phénomènes, il faut l'appeler hypothèse ; et les hypothèses, qu'elles soient métaphysiques ou physiques, qu'elles concernent les qualités occultes ou qu'elles soient mécaniques, n'ont pas leur place dans la philosophie expérimentale.[22] »

S'il reste effectivement prudent sur la nature même de la lumière, qui n'est qu'une hypothèse, il apparaît que pour Isaac Newton, la lumière est un flux de grains de lumière se déplaçant en ligne droite dans un milieu homogène. On dirait aujourd'hui qu'il se permet de considérer la lumière comme étant corpusculaire dans la mesure où ses travaux n'en sont pas perturbés.

Là où, jusqu'alors, les scientifiques s'étaient principalement intéressés à la réflexion et à la réfraction de la lumière, à la façon dont les rayons de lumière se propagent en ligne droite, rebondissent sur des miroirs ou traversent des lentilles, à calculer les angles, à déterminer le parcours de la lumière, Christian Huygens, mathématicien, astronome et physicien néerlandais, étudie l'optique comme les autres mais postule que la lumière n'est pas composée de grains de lumière se déplaçant en ligne droite, mais d'ondes de lumière se propageant dans ce qu'il conviendra d'appeler éther luminifère, ou plus simplement éther. Qu'est-ce qui lui permet de poser un tel postulat ? La diffraction.

---

[22] *Principes mathématiques de philosophie naturelle*, Isaac Newton, III, 1687.

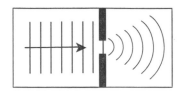

lumière diffractée par une fente dans une paroi

La diffraction a été découverte par l'Italien Francesco Maria Grimaldi, mais cette découverte fait partie d'un ouvrage qui n'a été publié qu'en 1665, deux ans après sa mort. Cette découverte repose sur une expérience relativement simple et qu'il exprime tout à fait clairement dans son traité *Connaissances physiques de la lumière, les couleurs et l'arc-en-ciel* : il fait entrer la lumière du Soleil dans une chambre noire via un trou de quelques millimètres, créant ainsi un cône de lumière qui renvoie, dans la chambre noire, une projection du Soleil — c'est le principe de la chambre noire ; il place dans le cône de lumière une fine barre opaque qui va projeter à son tour une ombre ; Grimaldi constate que les contours de cette ombre sont flous et que sa taille est incompatible avec l'optique géométrique d'une lumière corpusculaire. Il constate également la formation de bandes alternant lumière et ombre et, méthodiquement, mesure ces bandes : largeur, écartement, etc. Il observe enfin que la couleur même de ces bandes varie et passe du violet au blanc, puis du blanc au rouge, à mesure qu'il s'écarte d'une zone d'ombre vers la suivante. Il va ensuite parfaire son expérience en testant le résultat lorsqu'il remplace la barre par d'autres objets opaques et de formes différentes, puis encore en plaçant un deuxième orifice à l'entrée de la chambre noire.

Grimaldi conclut que le comportement de la lumière est inexplicable par les théories existantes et qu'il faut donc une nouvelle théorie, un nouveau modèle. La diffraction est un phénomène déjà connu du comportement des fluides, comme par exemple les remous à la surface de l'eau d'une rivière lorsqu'un rocher émerge sur son cours. Grimaldi postule donc que la lumière est, sinon un fluide, de nature à se comporter *comme* un fluide, et que, notamment, les variations de couleurs dans la lumière sont des modifications de « l'agitation » du flux lumineux. Grimaldi va développer cette théorie dans son traité, et ce n'est pas peu dire que dire qu'elle tient la route.

En effet, personne ne peut expliquer les interférences et la diffraction autrement qu'avec des ondes, ce qui pousse Huygens, dans son *Traité de la lumière* de 1690, à rédiger une théorie ondulatoire de la lumière. Thomas Young expérimentera sur le sujet en 1801 — on parlera des expériences de Young quand on parlera de mécanique quantique — et Augustin Fresnel énoncera que seule une théorie ondulatoire de la lumière peut expliquer certains phénomènes — comme la polarisation de la lumière, ou encore le fait que, dans certains cas, il est possible d'obtenir de l'obscurité en cumulant deux sources de lumière.

Mais il faudra attendre la formulation des équations de l'électromagnétisme de James Clerk Maxwell pour pouvoir expliquer l'idée d'une lumière ondulatoire ; Maxwell proposera alors, en 1873, une définition de la lumière. Il démontrera même que l'optique géométrique, celle qui s'explique classiquement par une théorie corpusculaire de la lumière, peut également s'expliquer par une théorie ondulatoire. Il peut dès lors sembler tentant de préférer le modèle ondulatoire. Alors pourquoi existerait-il un débat tumultueux entre les deux écoles ?

Déjà, on a été un peu vite — parce qu'il y a peu de choses à se mettre sous la dent sans parler plus avant d'électromagnétisme ou de mécanique quantique — mais entre le postulat de Huygens et la démonstration de Maxwell, il se passe quand même presque 200 ans. De plus, 200 ans au cours desquels Isaac Newton penchera clairement du côté corpusculaire — et on ne rejette pas une théorie de Newton à la va-vite, entre la poire et le fromage ; en tout cas pas avant Einstein !

Car même si l'hypothèse corpusculaire de Newton a été vivement critiquée lors de sa publication, l'hypothèse ondulatoire étant à l'époque largement soutenue par, outre Huygens, Leibniz, Malebranche, Fermat, Roberval et la grande majorité des scientifiques européens de l'époque, Newton est quand même responsable de quelques découvertes qui ont tout simplement révolutionné la façon dont on conçoit l'Univers et son comportement. Du coup, on lui laisse le bénéfice du doute. En réalité, ce n'est sans doute même pas nécessaire : Newton ne prétend pas à proprement parler que la lumière est corpusculaire, et il ne cherche pas à réfuter les travaux de Huygens ; il se contente simplement de modéliser, pour sa théorie, la lumière comme étant corpusculaire, et constate qu'ainsi ses lois pour en expliquer le comportement sont simples, élégantes et faciles à comprendre. Newton se rangera également du côté de Descartes sur le caractère instantané de propagation de la lumière, malgré le fait qu'on en a déjà « approximé » la vitesse à l'époque de Descartes — ce à quoi Descartes dira : « J'avoue que je ne sais rien en philosophie si la lumière du Soleil n'est pas transmise à nos yeux en un instant. » J'ai envie de dire « dont acte ».

Newton dans le domaine de l'optique

Dans le domaine de l'optique, Newton va démontrer que la lumière blanche contient toutes les couleurs de l'arc-en-ciel ; on pensait avant lui que la lumière blanche pouvait rencontrer des particules qui portaient des couleurs en elles, mais Newton réussit, en scindant puis en recomposant de la lumière blanche à l'aide de prismes, à montrer que la lumière blanche est bel et bien composée de lumières de toutes les couleurs. En quelque sorte, Newton est le premier des *Pink Floyd* — intéressant de noter que *pink*, le rose, n'est pas une vraie couleur[23]... ✌

---

[23] *Cf.* page 79.

Bref, tout va à peu près bien dans le meilleur des mondes, tout le monde penche plutôt pour une théorie ondulatoire de la lumière, sauf peut-être Newton, le problème étant que personne n'ose contredire Newton pendant près de cent ans. Ensuite, on reboucle sur ce qu'on a déjà dit : Young, Fresnel, Maxwell. Du coup on met tout le monde d'accord : la lumière est une onde. Sauf que : Becquerel, Hertz, Planck et enfin Einstein ✌. Bref, on n'est pas encore au bout du chemin. Carrément pas !

7. L'effet photoélectrique découvert

En 1839, Antoine Becquerel et son fils Alexandre Edmond — à ne pas confondre avec le petit-fils Henri, qui a découvert la radioactivité et qui partage le Nobel des Curie, et dont le fils travaillera ensuite sur la théorie de la relativité ; une famille de furieux, quoi — font une expérience qui met en évidence un truc assez étonnant. Lorsque deux électrodes sont plongées dans un liquide, leur comportement diffère selon qu'elles sont éclairées ou pas. J'explique : imaginez un circuit électrique, par exemple pour allumer une ampoule, sauf que, d'abord, vous ne mettez aucune source de courant électrique, et qu'ensuite, à un endroit du circuit, au lieu d'avoir un fil électrique, vous avez deux électrodes qui trempent dans un liquide qui conduit l'électricité. Vous éclairez de façon assez vive les électrodes, et d'un coup il y a du courant qui passe, votre ampoule s'allume. Vous éteignez les lumières et c'est terminé, plus rien ne passe. Bim ! Ils viennent de découvrir l'effet photovoltaïque.

Cela étant, il faudra attendre quelques années — 48, exactement — pour que l'expérience soit comprise et interprétée par Heinrich Rudolf Hertz. Ce physicien allemand — surtout célèbre pour avoir découvert les ondes hertziennes, vous savez, celles dont on ne se sert plus pour la télévision — s'intéressera pendant quasiment toute sa vie aux ondes électromagnétiques et découvrira donc, en 1887, l'effet photoélectrique :

lorsqu'on éclaire une plaque métallique, celle-ci émet des électrons ; plus ou moins d'électrons selon l'intensité de l'éclairage — je simplifie l'expérience à des fins de compréhension, mais l'essentiel y est ; en réalité, Hertz produit un arc électrique qui rayonne des ultraviolets, donc de la lumière « non visible » sur une plaque de zinc chargée négativement auparavant et mesure une décharge électrique dans un appareil de mesure lié à la plaque ; son assistant Wilhelm Hallwachs montrera que le phénomène se produit également avec d'autres types de métaux. L'expérience est superbe, mais elle pose un problème de poids — elle pèsera exactement un Nobel — lié directement à cet effet : l'effet ne se produit qu'à partir d'une certaine intensité de lumière, et pas du tout en deçà. Si la lumière est effectivement un phénomène ondulatoire, le fait d'émettre une lumière deux fois moins intense devrait produire un effet moins intense, certes, mais un effet quand même ; or, là, il n'en est rien ; l'effet photoélectrique a un seuil en dessous duquel il ne se passe rien. Avant d'expliquer la réponse qu'apporte Albert Einstein à ce problème, faisons quelques légers détours par Kelvin, deux nuages, un corps noir, et Max Planck.

8. Premier détour par la chaleur

William Thomson, 1er Baron Kelvin — d'où son nom « Lord Kelvin » — est un physicien irlandais né en 1824. Il consacrera la majeure partie de ses recherches, donc de sa vie, à la thermodynamique, c'est à dire à l'étude des échanges de chaleur. Fervent défenseur de l'atomisme, il passe une partie de son temps à étudier la relation entre température et chaleur ; si cette relation est déjà bien connue des chercheurs en ce qui concerne les gaz, c'est moins le cas pour le reste de la matière ; en effet, Guillaume Amontons avait déjà démontré en 1702 le lien entre la température et la pression d'un gaz : si la pression augmente ou baisse, la température monte ou diminue ; de la même manière, si la température augmente ou baisse, la pression monte ou diminue. Mais Kelvin s'inscrira dans la lignée des travaux de Carnot pour pouvoir s'émanciper des gaz et parler de température en la liant directement à la chaleur de la matière.

Température et chaleur

On emploie couramment les deux termes pour désigner plus ou moins la même chose, un peu comme on considère souvent indistinctement le poids et la masse. La température, c'est la mesure de l'agitation des atomes, qu'ils soient libres de se déplacer comme dans un fluide — liquide ou gaz — ou contenus dans une structure comme dans un solide. Mesurer la température, c'est mesurer la vitesse de déplacement des atomes dans un fluide, ou la vitesse de vibration des atomes dans un solide. La chaleur, quant à elle, désigne l'énergie interne dont dispose de la matière et qu'elle est capable de transmettre, d'échanger ou de restituer sous la forme d'un échange thermique.

On confond souvent les deux termes parce qu'ils sont liés, mais certaines expériences simples permettent de mettre en évidence la différence qui existe entre chaleur et température ; si vous avez déjà placé un bâton d'étincelles sur un gâteau d'anniversaire — c'est si festif — vous avez pu constater que les étincelles qui s'en échappent ne vous brûlent pas la peau au contact ; elles ont pourtant une température d'environ 1000 °C ; en comparaison, si vous prenez une tasse de thé chaud dans la tronche, vous le sentirez passer, alors que celui-ci a une température classiquement sous les 100 °C. La différence entre ces deux expériences réside dans le fait qu'une étincelle, très petite, ne contient que très peu de chaleur, peu d'énergie qu'elle peut vous transmettre, alors que le thé, en plus grande quantité, peut vous transmettre une plus grande quantité de chaleur, et donc vous brûler. Vous pouvez également noter que, dans la même veine, lorsque vous chauffez un glaçon — à la flamme, n'ayons peur de rien — la température de ce dernier ne grimpe pas — eh non. La chaleur reçue par le glaçon permet de le transformer pour le faire fondre, et c'est seulement ensuite que la température de l'eau montera. Chaleur, d'une part, température, d'autre part. Continuons.

Kelvin, donc, s'intéresse au lien entre chaleur et température comme Carnot avant lui ; il pressent que cette voie lui permettra de parler de température en s'émancipant des lois physiques ne concernant que les gaz. Et, en 1848, il propose une échelle de température absolue liant les variations de température aux variations de chaleur du corps étudié. Cette échelle est absolue en ce sens qu'elle ne dépend pas du corps étudié, et qu'elle n'est pas non plus basée sur un corps de référence — à titre d'exemple, l'échelle Celsius est basée sur la température de fusion de l'eau à 0 °C et d'évaporation de l'eau à 100 °C. Cette échelle de Kelvin suppose une valeur zéro, dite « Zéro absolu », température à laquelle un corps ne contient absolument aucune chaleur, aucune énergie. Ne ménageons pas le suspense et disons de suite que ce zéro est inatteignable — sinon le mal-nommé « principe d'incertitude » de Heisenberg[24] serait faux, et ça, ce serait mal[25], pour n'en pas dire plus de suite. Cette échelle de température est aujourd'hui connue sous le nom d'échelle Kelvin — et se mesure en Kelvin.

Outre ses travaux sur la température, Kelvin fera pas mal d'autres choses ; il construira notamment un calculateur mécanique analogique, une machine capable de prédire les marées, et calculera l'âge de la Terre. Il se plantera dans ce dernier cas, mais on peut néanmoins saluer l'effort car il aura quand même tenté de calculer cet âge assez précisément. Le 27 avril 1900, Kelvin fait un discours devant l'Institut royal de Grande-Bretagne dans lequel il explique qu'on a globalement montré tout ce qu'il y avait à montrer concernant la physique, disant en substance qu'il n'y a plus rien à montrer en physique, qu'il ne reste qu'à prendre des mesures de plus en plus fines. En revanche, il dit quand même :

---

[24]   Il s'agit d'un des principes fondamentaux de la mécanique quantique, jamais invalidé à ce jour.
[25]   Peut-être aussi mal que de « croiser les effluves », si vous voyez ce que je veux dire.

« La beauté et la clarté de la théorie dynamique, qui décrit la chaleur et la lumière comme formes de mouvement, sont aujourd'hui assombries par deux nuages »[26].

Les deux nuages en question sont d'une part l'incapacité que l'on a à mettre en évidence l'éther luminifère ✌, et, d'autre part, le problème du rayonnement du corps noir, aussi connu sous le nom plus explicite de *catastrophe ultraviolette*. Si je vous dis que le premier nuage donnera naissance à la théorie de la relativité, et le second à la mécanique quantique, vous comprenez bien que Kelvin est un gars qui a de l'intuition. Pour le moins.

9. Deuxième détour par le corps noir

Max Planck est un cas assez atypique dans la grande histoire des scientifiques, pourtant quasi exclusivement peuplée de personnalités atypiques. Disons simplement la chose suivante : dans les années 1890, Planck rejette la théorie atomiste et reste persuadé qu'on finira par démontrer la continuité de la matière, c'est à dire le fait qu'il est impossible de la diviser en briques élémentaires. Jusque là, rien d'anormal, surtout quand on sait qu'il se ralliera volontiers aux atomistes quelques années plus tard, une fois l'atome mis en évidence explicitement. Non, ce qui rend Planck atypique est le fait que c'est lui qui va enfoncer le clou une bonne fois et permettre dans le même temps de rendre indiscutable la théorie atomiste, de poser les bases de la mécanique quantique et de trancher sur la nature de la lumière. En étudiant les corps noirs.

---

[26] « The beauty and clearness of the dynamical theory, which asserts heat and light to be modes of motion, is at present obscured by two clouds. »

Le corps noir

On ne va pas rentrer dans les détails techniques — parce qu'il y en a — mais simplement dire la chose suivante : un corps noir est un objet idéal — donc théorique — qui absorbe la totalité des rayonnements qu'il reçoit ; il ne réfléchit, ne renvoie aucun rayonnement. C'est, en quelque sorte, le contraire d'un miroir parfait. Du fait qu'il ne renvoie notamment pas la lumière visible, il apparaît complètement noir — d'où son nom. En revanche, au-delà de certaines températures, il se met à émettre des rayonnements.

Quel est donc le problème de rayonnement des corps noirs ? Le problème est le suivant : lorsque vous chauffez un matériau, par exemple du métal, il émet des rayonnements ; ainsi, le métal devient d'abord rouge, puis blanc. Or la mécanique classique prévoit que si on calcule l'énergie totale émise par un corps noir, celle-ci est infinie ; autant, « infini » en mathématiques, je ne connais pas un seul doctorant qui en perdrait son slip, autant ça craint vraiment en physique, mais alors vraiment. De plus, il existe une façon expérimentale de réaliser un corps noir : vous prenez une cavité fermée dans laquelle vous percez un trou minuscule — Wilhelm Wien utilisera un four ; ainsi, le moindre rayonnement qui pénètre ce corps rebondira à l'intérieur de la cavité sans en ressortir et sera absorbé jusqu'à un naturel équilibre thermique. On peut alors mesurer le rayonnement émis par cet orifice lorsqu'on chauffe la cavité. Et, fort heureusement, lorsqu'on tente l'expérience en vrai, on observe que le corps noir n'émet absolument pas une quantité infinie d'énergie. Ouf !

Mais en réalité, le problème n'est pas posé uniquement pour le corps noir ; en effet, la théorie classique du rayonnement prévoit que le rayonnement émis est proportionnel à la température absolue — merci Kelvin — de l'objet chauffé, mais également inversement proportionnel à la longueur d'onde dudit rayonnement. Pour le dire simplement, la théorie classique du rayonnement prévoit qu'un feu de cheminée émet énormément de rayons gamma, mortels, ceux qui ont donné naissance à l'incroyable Hulk, et même si c'est un personnage fictif, ça donne néanmoins une idée de l'incroyable erreur dans la théorie. Car si la théorie fonctionne plutôt bien pour des longueurs d'onde allant de l'infrarouge au vert, dès qu'on tape dans les bleus, ou, pire, dans les ultraviolets, ça devient n'importe quoi. C'est d'ailleurs ce phénomène qui vaudra au problème son nom, donné par le physicien autrichien Paul Ehrenfest, de *catastrophe ultraviolette*.

Max Planck se pointe alors avec une idée à laquelle il est le premier à ne pas croire du tout ; il pense simplement que son idée résout mathématiquement le problème et permet de prévoir avec une meilleure précision le rayonnement émis par un matériau chauffé. Son idée révolutionnaire, celle dont tout découle, celle qui pèse quasiment un Nobel — elle pèsera un Nobel pour Einstein peu après — est la suivante : et si le phénomène physique en question était discontinu ?

Planck fait l'hypothèse que les échanges d'énergie entre la matière et le rayonnement du corps noir sont quantifiés : il existe un paquet minimal d'énergie pouvant être échangé, et il ne s'échange qu'un nombre entier de ces paquets. Comme si ce paquet d'énergie était, en quelque sorte, une brique élémentaire d'énergie. Si l'énergie était une monnaie, ce paquet en serait la plus petite pièce : le centime d'énergie. Planck appelle ça le quantum d'énergie — quantum signifiant « combien » en latin. Même si Max Planck, tout Planck qu'il est, ne parie pas un kopeck sur son hypothèse, le fait est qu'il vient d'inventer la *théorie des quanta*, et à partir de là tout va changer.

10. Einstein en 1905 : le premier article

En 1905, Albert Einstein est un employé de l'Institut fédéral de la propriété intellectuelle — bref, l'office des brevets — de Berne ; il n'est pas universitaire, n'est pas connu dans le milieu scientifique en dehors des quelques amis avec lesquels il se réunit régulièrement pour parler science et manger des saucisses. Pourtant, en 1905, Einstein va publier quatre articles qui sont des tours de force, qui méritent chacun un prix Nobel, et qui vont tellement influencer le reste du monde qu'il est désormais notoire que 1905 s'intitule également l'*Annus mirabilis* d'Albert Einstein[27].

Dans ce premier article intitulé *Über einen die Erzeugung und Verwandlung des Lichtes betreffenden heuristischen Gesichtspunkt*[28], Einstein va expliquer l'effet photoélectrique par la théorie des quanta, dans le but de démontrer l'existence d'un quantum d'énergie, et, par là même, d'une particule de lumière, le photon. Se basant largement sur les hypothèses de Planck de 1900, Einstein explique que la lumière ne peut être émise ou reçue que par paquets indivisibles, des quanta, qui se déplacent à la vitesse de la lumière ; il va notamment montrer, concernant l'effet photoélectrique, que sous une fréquence donnée, même une lumière intense ne produit aucun courant électrique, alors qu'une faible lumière en produit au-delà d'une certaine fréquence : l'effet photoélectrique a un effet de seuil. Einstein explique ce seuil par le fait que si une particule de lumière, le photon, vient frapper un électron pour l'arracher à un atome, alors l'intensité lumineuse n'est pas pertinente au phénomène, il suffit d'un seul photon.

La théorie d'Einstein, même si elle explique remarquablement bien les effets observés expérimentalement, a quand même un défaut majeur : elle remet complètement en cause les travaux de Maxwell pour qui tout rayonnement électromagnétique — notamment la lumière — est continu et peut être indéfiniment divisé. Du coup, la communauté scientifique va d'abord avoir du mal à accepter son idée ; Planck lui-même, pourtant à l'origine de cette théorie, émettra un certain nombre de réserves à son sujet, notamment dans cette lettre de recommandation

---

27 L'année miraculeuse d'Albert Einstein.

28 « Un point de vue heuristique concernant la production et la transformation de la lumière », 9 juin 1905.

faite à l'Académie royale des Sciences de Prusse — coécrite avec d'autres physiciens :

> « Il ne faut pas le juger trop sévèrement s'il perd parfois de vue son but dans un raisonnement logique, comme c'est le cas dans sa théorie des quanta de lumière, car même dans les domaines les plus exacts des sciences naturelles, il faut prendre des risques pour arriver à un résultat réellement nouveau. »

Cela ne l'empêchera pas d'obtenir le prix Nobel pour cette publication, en 1921, même s'il faudra attendre 1923 et l'expérience de diffusion des rayons X de Compton pour que la communauté scientifique se rallie à Einstein. Dès lors, la lumière n'est plus considérée comme une onde mais comme une particule, le photon. Pourtant, l'électromagnétisme qui considérait la lumière comme un phénomène ondulatoire fonctionne bien, et bien mieux qu'une théorie corpusculaire ne le permet. En fait, tout se passe comme si, selon le phénomène étudié, les modèles ondulatoire et corpusculaire étaient tour à tour adaptés. Ce problème va donner naissance à un pan complet de la physique, la physique quantique.

Le photon

Le photon est la particule de lumière — pour peu que ce soit une particule. C'est une particule assez « particulière » car, outre sa capacité à se comporter comme une particule ou comme une onde, elle est électriquement neutre, n'a pas de taille — en tant que particule — et n'a aucune masse. Elle se déplace à la vitesse de la lumière, ce qui est évident pour la particule de lumière, mais surtout elle se déplace **uniquement** à la vitesse de la lumière. Elle ne ralentit pas, n'accélère pas, n'arrête jamais sa course.

11. Pourquoi éteint-on dans les avions avant d'atterrir de nuit?

Ceux d'entre vous qui prennent l'avion s'en sont déjà rendu compte; lorsqu'on atterrit de nuit, on éteint la lumière à l'intérieur de la cabine des passagers une dizaine ou une quinzaine de minutes avant l'atterrissage. Pourquoi cela?

Si vous posez la question autour de vous, vous entendrez toutes sortes de réponses, dont certaines particulièrement savoureuses; on pourra par exemple vous dire que c'est pour économiser l'énergie de l'avion au cas où il devrait faire un nouveau tour de piste avant de retenter un atterrissage, explication à laquelle se heurtent — violemment — deux arguments: tout d'abord, qui peut croire que l'énergie dont un avion a besoin pour atterrir peut être affectée par quelques ampoules dans la cabine? Et ensuite, quand bien même, pourquoi donc n'éteindrions-nous pas également lors d'un atterrissage de jour? Dans ce cas, quelqu'un d'autre vous dira que c'est pour permettre au pilote de mieux voir la piste d'atterrissage, un peu de la même manière que lorsqu'on conduit sa voiture de nuit, on n'allume pas la lumière du plafonnier, lumière qui se refléterait dans le pare-brise et qui affecterait le champ de vision du conducteur: oui... mais non. Tout d'abord, parce que la cabine du pilote, le cockpit, est éteinte pendant toute la durée du vol — justement pour cette raison de pollution lumineuse sur le pare-brise — mais surtout parce que la cabine du pilote est fermée par une porte; derrière cette porte, Jean-Michel Jarre pourrait tout aussi bien donner un show son et lumière avec Skrillex que ça n'affecterait pas plus le pilote que la plus grande obscurité. Peut-être alors le but est-il de permettre aux passagers de profiter pleinement du panorama qu'offrent les lumières de la ville la nuit? Non. Enfin — et c'est l'hypothèse que je préfère — certains vous diront que cela permet à la tour de contrôle de mieux voir l'avion. Quand j'entends cette hypothèse, je sens la détresse de la personne qui, en face, a envie de proposer une réponse quelle qu'elle soit dès lors que c'est une réponse. Tout d'abord, les aiguilleurs de la tour de contrôle observent leurs écrans, pas les avions ; ensuite, plus de lumière dans l'avion permettrait à ce dernier d'être *plus* visible dans l'obscurité de la nuit, pas moins. Cette dernière hypothèse est tout simplement farfelue — ce n'est pas grave, mais il faut le savoir — et aucun scientifique digne de ce nom ne devrait pouvoir la tenter. En réalité, si l'on éteint dans un avion avant l'atterrissage, c'est, comme souvent avec les usages de l'aviation civile, pour des raisons de sécurité ✌.

Pour le comprendre, savez-vous, déjà, comment vos yeux voient ? Sans rentrer de suite dans le détail de comment votre cerveau construit une image tridimensionnelle de ce que vos yeux captent, concentrons-nous uniquement sur l'œil. Je ne vais pas en remettre une couche sur Aristote pour qui la lumière émane des yeux — auquel cas on y verrait de jour comme de nuit, donc c'est idiot — et on va immédiatement accepter l'idée que la moindre information visuelle est, à la base, de la lumière qui a pénétré vos yeux. Cette lumière, qu'elle soit émise par une source lumineuse ou simplement réfléchie sur un objet, entre dans l'œil et vient frapper la rétine, qui, elle-même, se trouve au fond — à l'arrière — des yeux. La rétine est composée de deux types de capteurs de lumière : les cônes et les bâtonnets — permettez-vous un sourire en coin si vous avez visualisé, en lisant ces noms, des cônes vanille-chocolat ou des bâtonnets esquimau.

Les cônes sont les capteurs les plus actifs lorsqu'il y a beaucoup de lumière, typiquement le jour. Ils permettent de capter certaines fréquences du spectre visible de la lumière, ce qu'on appelle couramment les couleurs. La plupart des yeux humains disposent de trois types de cônes : les *cyanolabes* qui captent les teintes de bleu, les *chlorolabes* qui captent le vert et les *érytholabes* qui captent le rouge. Lorsqu'un cône est frappé par un rayon de lumière de la bonne couleur, il est stimulé et envoie une

71

information nerveuse — électrique, donc — au cerveau. Le cerveau va ensuite reconstituer une image à partir de ces informations, mais ce n'est pas le propos ici. On peut également noter que les daltoniens souffrent d'un dysfonctionnement de ces cônes — ils peuvent, par exemple, n'en avoir que deux types fonctionnels. Les bâtonnets, quant à eux, sont plus actifs lorsqu'il y a peu de lumière, dans la pénombre ; leur fonction est de capter les variations d'intensité de la lumière. Ils permettent de distinguer les formes, les mouvements, mais pas les couleurs. Ils sont la raison pour laquelle nous voyons en noir et blanc dans l'obscurité.

On peut distinguer deux zones sur la rétine : la *macula*, qui est en face de la pupille, va capter la partie de l'image en face du sujet, avec en son centre la fovéa ; autour de la macula se trouve toute la partie correspondant à la vision périphérique. La macula et la *fovéa* sont quasi exclusivement constituées de cônes, et la concentration en bâtonnets augmente à mesure qu'on s'en éloigne. Ceci fait qu'avec une bonne luminosité, on distingue parfaitement bien les détails de ce sur quoi on porte son attention — la macula étant bien en face de la pupille — alors que dans l'obscurité la vision périphérique est bien plus efficace et permet de distinguer le moindre mouvement du coin de l'œil, dès lors qu'il induit une variation de luminosité.

À la surface de l'œil, on trouve l'iris et la pupille ; l'iris, c'est la partie colorée de vos yeux : noisette, verte, bleue — savez-vous que les yeux bleus n'existent pas ? On va y venir[29] — et la pupille est le disque noir, profond, au centre, qui est en réalité un orifice ; cette dernière se dilate ou se contracte automatiquement — c'est un mouvement réflexe — en fonction de la luminosité, afin d'éviter que trop de lumière ne vienne frapper la rétine ou, en cas d'obscurité, pour s'assurer qu'un maximum de lumière pénètre l'œil. Mais dans la pénombre, cela ne suffit souvent

---

29   *Cf.* page 77.

pas. Trop peu de lumière. Peu d'informations maîtrisables par le cerveau. Passer rapidement de la lumière à la pénombre, ou de la pénombre à l'obscurité, pour le cerveau, c'est comme tenter de mesurer le volume d'une piscine et d'une goutte d'eau avec le même instrument : dans le premier cas, la goutte est insignifiante ; dans le second, la piscine est accablante. Il faut changer l'échelle de votre appareil de mesure. Passer du millier de mètre cube au millilitre, et inversement.

L'œil, de la même manière, doit effectuer ce changement d'échelle. Comment le fait-il ? Déjà, on l'a dit, la pupille se dilate ou se contracte pour optimiser la quantité de lumière qui pénètre l'œil : un maximum quand il fait sombre, une quantité raisonnable quand il fait clair, car trop de lumière abîme les cônes et les bâtonnets, abîme la rétine, c'est pour-quoi ça éblouit ; et comme il n'y a pas de terminaison nerveuse attachée à la rétine — autre que le nerf optique qui permet d'y voir — aucune douleur n'est ressentie ; c'est pour cela qu'il ne faut pas regarder le Soleil sans protection : son rayonnement pourrait détruire votre rétine sans que vous ne le sentiez.

Mais lorsque la pupille se dilate, lorsqu'on entre dans la pénombre, le cerveau a besoin d'un temps d'adaptation pour modifier l'échelle de sa perception ; on appelle ce temps d'adaptation l'accoutumance de la rétine. On estime qu'il faut entre 10 et 15 minutes pour que la rétine soit relativement accoutumée à l'obscurité, mais près de 1 heure pour que l'adaptation soit optimale.

Vous êtes dans un avion sur le point d'atterrir ; mettons que les lumières dans l'avion ne soient pas éteintes ; l'habitacle est baigné d'une lueur totalement artificielle, certes, mais qui vous permet d'y voir comme en plein jour. L'appareil n'est plus qu'à quelques dizaines de mètres du sol et, par le hublot, vous commencez à distinguer les lumières de la tour de contrôle vers l'avant, ainsi que de nombreux autres indices lumineux que l'aéroport est proche. Soudain, un problème survient. Difficile de dire de quoi il s'agit précisément, mais l'avion est secoué violemment ; les gens crient et vous avez peine à distinguer, dans le tumulte, la voix du commandant de bord qui exhorte les passagers à prendre une position de sécurité et à se préparer à un atterrissage forcé. Quelques secondes plus tard, c'est le choc. Une douleur sourde traverse votre colonne vertébrale, vous êtes plaqué en avant par votre propre dossier et vous vous cognez la tête contre le dossier du fauteuil devant vous. Vous avez mal, mais vous êtes vivant, et l'appareil est au sol. Quelques très longues secondes plus tard — vous savez pourquoi les accidents semblent se produire au ralenti ? On en parlera, c'est promis[30] — l'appareil est arrêté. Vous êtes hors de danger, semble-t-il, et pourtant voilà que l'habitacle s'emplit de fumée. Le marquage au sol vous permet de vous diriger vers une sortie de secours — est-ce la plus proche ? — et sa porte est ouverte. Le toboggan est déployé. Une hôtesse de l'air, parfaitement calme malgré une vilaine coupure à la tête, vous demande de retirer vos chaussures avant de vous jeter sur le toboggan et de quitter définitivement l'avion. Vous retirez vos chaussures sans même vous préoccuper d'où vous les posez, vous approchez de la porte et au moment de sauter, vous êtes pétrifié. Impossible, dites-vous, vous ne pouvez pas sauter, le toboggan n'est pas là ; hors de l'appareil, il n'y a que du vide, du vide et de l'obscurité.

En réalité, que se passe-t-il ? Votre rétine ne s'est pas accoutumée à l'obscurité, et vous passez immédiatement d'un environnement aussi lumineux que le jour à l'obscurité de la nuit et, qui plus est, sur une piste d'aéroport, loin des habitations et des lampadaires qui éclairent nos villes comme le jour. En passant la tête par la sortie de secours, vous ne distinguez rien : ni le toboggan, ni le sol, ni les autres passagers, ni l'aile de l'avion. Rien. On pourrait se dire que vous pouvez quand même avancer, faire littéralement ce saut de la foi en sachant que le toboggan est là, sous vos pieds ; peut-être même le feriez-vous. Mais qu'en est-il des

---

[30]   *Cf.* page 276.

passagers après vous ? Des passagers avant vous ? Comment expliquer à des centaines de gens paniqués, des enfants, des femmes et des hommes soumis instantanément à plus de stress que la plupart d'entre nous n'ont jamais eu à supporter, comment leur expliquer qu'il est normal qu'au moment de se sauver on leur demande de faire un saut dans le vide ?

La plupart des règles imposées par l'aviation civile sont mises en place uniquement pour des raisons de sécurité : sécurité des passagers, du personnel, des alentours, de l'appareil. Lors d'un vol de nuit, les règles de sécurité imposent d'éteindre l'habitacle au moins 10 minutes avant le décollage ou l'atterrissage, afin que les passagers soient acclimatés à l'obscurité et qu'en cas d'incident ils soient en mesure de franchir le seuil de l'appareil en voyant ce qu'ils font. Voilà pourquoi on éteint dans les avions 10 ou 15 minutes avant d'atterrir de nuit. Ce n'est pas à proprement parler nouveau ; de nombreux pirates, lors de la grande époque de la piraterie en haute mer, portaient un cache-œil en ayant pourtant une excellente vision, simplement afin de pouvoir rapidement descendre dans la cale, la cambuse ou la Sainte-Barbe, et utiliser cet œil qui, masqué le reste du temps, était constamment accoutumé à l'obscurité.

Ainsi donc l'œil est une machine extrêmement sensible qui permet tantôt de distinguer les couleurs et les détails, tantôt la luminosité et le mouvement. En réalité, nos yeux font toujours un peu tout ça en même temps. Et l'adaptation à la luminosité n'est pas la seule dont notre cerveau est capable ; si vous avez déjà porté des lunettes teintées, par exemple rouges, vous savez bien qu'après quelques minutes, votre cerveau vous a convaincu que ce que vous voyez n'est pas rouge ; du coup, lorsque vous enlevez vos lunettes, votre cerveau ne voit pas un « filtre » qu'on retire, mais voit que tout est immédiatement devenu plus « bleu » et il faudra encore quelques minutes pour que, de nouveau, votre vue s'adapte aux nouvelles couleurs perçues. Tout n'est toujours qu'une question de perception. À ce sujet, d'ailleurs, savez-vous pourquoi le ciel est bleu et le Soleil jaune ?

12. Pourquoi le ciel est bleu et le Soleil jaune ?

La question semble peut-être tomber de nulle part, mais avant d'aller plus avant dans des théories scientifiques complexes qui, la plupart du temps, semblent contredire les plus basiques de nos observations, il n'est pas inutile de montrer que nos observations, elles-mêmes, sont parfois sujettes à des illusions et sont parfois simplement, sinon trompées, au moins mystifiées par des phénomènes complexes qui nous échappent. Pourquoi le ciel est bleu ? Parce qu'il est bleu, bien sûr ! Pourquoi le Soleil est jaune ? Parce qu'il est jaune, voilà tout ! Mais alors, pourquoi le ciel n'est-il pas bleu la nuit ? Eh bien, direz-vous peut-être, c'est parce que la nuit, il n'y a pas assez de lumière pour éclairer ce ciel et qu'il apparaît donc noir. Sauf que si tel est le cas, comment peut-on voir des étoiles ? Il me semble que pour voir des étoiles, il est nécessaire que le ciel soit transparent, non ? Si tel est le cas, pourquoi ne serait-il pas transparent le jour ? De plus, on dit « ciel » mais il s'agit simplement de l'air… Quand je regarde un immeuble au loin, je ne vois rien de bleu entre l'immeuble et moi, pourtant ce même air nous sépare.

À chaque instant, notre Soleil émet de la lumière dans toutes les directions de l'espace ; une portion de cette lumière se dirige vers la Terre et l'atteint en 8 minutes environ. Cette lumière est blanche car le Soleil émet dans toutes les longueurs d'onde visibles — et dans d'autres, mais ce n'est pas le sujet ici. Lorsque les rayons de lumière atteignent notre atmosphère, une partie de ces rayons est réfléchie et renvoyée vers l'espace, comme de la lumière à la surface de l'eau ou d'un miroir. C'est pour cette raison qu'un astronaute peut, depuis la station spatiale internationale, voir se refléter le Soleil sur la surface de la Terre. Le reste des rayons entre dans l'atmosphère, et les photons qui composent cette lumière viennent percuter les atomes et les molécules de l'atmosphère. À cet instant, la diffusion de la lumière commence, de la même manière que lorsque la lumière des phares de votre voiture vient frapper du brouillard.

La composition de notre air est telle que de toute la lumière du Soleil qui vient le frapper, les rayons de longueurs d'onde les plus courtes — donc de plus hautes fréquences — sont les plus dispersés. Dans le spectre des lumières visibles, cela concerne les bleus.

Ainsi, si l'on devait schématiser ce qui se produit, la lumière blanche du Soleil est décomposée par notre atmosphère et la couleur bleue est dispersée, tandis que les autres couleurs continuent sur leur lancée sans être quasiment déviées. De ces rayons bleus qui frappent l'atmosphère dans tous les sens, une partie arrive quand même jusqu'à nos yeux, d'un peu partout dans le ciel, ce qui fait que le ciel nous semble bleu et, d'un point de vue strictement objectif, nous avons raison. Quand je dis objectif, je veux dire que si nous plaçons des capteurs de lumières, insensibles à l'interprétation, à la place de nos yeux, ces capteurs nous diront que la lumière reçue est bleue. Nos yeux ne nous trompent pas. Il s'agit d'une véritable illusion d'optique, qui nous fait croire que de la lumière bleue provient de partout dans le ciel, ce qui est... d'une certaine manière... exact.

Diffusion de Rayleigh et yeux bleus

La façon dont la lumière du Soleil est diffusée par l'atmosphère est un phénomène optique connu et mis en lumière par John William Strutt Rayleigh — c'est une seule personne, je n'ai pas oublié de virgule ou autre — en 1871. Juste au passage, c'est évidemment un ancien du Trinity College. Eh bien, figurez-vous que le phénomène en question est le même que celui qui colore les plumes bleues de certaines espèces d'oiseaux, les ailes bleues du papillon Morpho bleu... et les yeux bleus. Oui. Les yeux bleus ne sont pas réellement bleus. Je veux dire par là qu'il n'y a aucun pigment bleu dans les iris des yeux bleus. Simplement, la lumière qui éclaire les yeux bleus rebondit de telle façon sur la structure de l'iris que seule — ou presque — la composante bleue de la lumière en ressort. Étonnant, non ?

Du coup, ok, on voit le ciel bleu. Mais le Soleil jaune, alors, pourquoi donc ? Avant de répondre, mettons une chose au point immédiatement : la lumière émise par le Soleil est blanche, je l'ai dit ; du coup, le Soleil devrait nous apparaître blanc puisque c'est la « couleur » qu'il émet. D'ailleurs, nos astronautes dans l'espace — depuis la station spatiale internationale ou pas — voient bien que le Soleil est blanc, et pas jaune. Comment cela se fait-ce ?

La réponse est en fait incroyablement simple : le Soleil est jaune parce que le ciel est bleu. Voilà. Chapitre suivant. Non ? Vous souhaitez plus d'explications ? Très bien ! La lumière blanche du Soleil entre dans l'atmosphère et une grande partie de la lumière bleue qui la compose est dispersée dans le ciel. Du coup, le reste de la lumière, qui n'est pas dispersé, continue en ligne quasiment droite vers le sol. Lorsque nos yeux interceptent cette lumière, ce qu'on voit, c'est le Soleil qui a émis cette lumière ; oui, mais nous ne voyons que la partie non bleue de cette lumière. Or il se trouve que si vous composez les couleurs du spectre visible, à l'exception du bleu, vous obtenez de la lumière jaune. Donc le Soleil vous apparaît jaune. Voilà pourquoi le ciel est bleu et le Soleil jaune.

Et le crépuscule, vous allez me dire ? Le Soleil bien orange, voire complètement rouge, le ciel teinté de violet et d'orange. Cela a à voir avec l'épaisseur de l'atmosphère traversée par la lumière du Soleil. Lorsque ce dernier est haut dans le ciel, la lumière qu'il émet traverse l'atmosphère de façon quasi perpendiculaire au sol et trouve le chemin le plus court de la haute atmosphère jusqu'au sol. Lorsque le Soleil se lève ou se couche, en revanche, son angle d'incidence est tel que la lumière traverse une portion plus épaisse d'atmosphère avant d'atteindre nos yeux ; la lumière y est alors plus largement dispersée pour offrir une plus grande gamme de couleurs au ciel, et ne laisse au Soleil que les dernières longueurs d'onde, les plus longues, l'orange, puis le rouge.

Vous pourrez noter, d'ailleurs, que le rose ne fait jamais partie de ces couleurs ; ni de celles du ciel, ni de celles du Soleil. C'est parce qu'il y a un problème avec la couleur rose : cette couleur n'existe pas. Elle est, en soi, une illusion. Le rose, c'est de la lumière blanche à laquelle on retire sa composante verte. Le rose, c'est du blanc non vert — du coup, une fleur rose produit un magnifique moyen de se faire remarquer par les insectes pollinisateurs en apparaissant de la couleur la plus différente possible du vert des herbes au sol. Donc le rose ne fait pas partie de ces couleurs, dites « couleurs du spectre visible » et que, couramment, nous appelons les couleurs de l'arc-en-ciel.

13. Qu'est-ce qu'un arc-en-ciel ?

Lorsqu'il pleut, la lumière du Soleil traverse les gouttes d'eau, et les rayons qui traversent ces gouttes vont être réfractés dans l'eau — vous vous rappelez, la réfraction ?[31] Or la lumière blanche du Soleil est composée de toutes les couleurs du spectre visible de la lumière — et de quelques « couleurs » invisibles aussi, mais ce n'est toujours pas le propos ici — et, lorsque cette lumière blanche est réfractée, chacune de ses composantes est réfractée avec un angle légèrement différent, fonction de sa longueur d'onde ; la goutte agit ici comme un prisme — vous vous rappelez la couverture de l'album *Dark side of the Moon* des Pink Floyd ? Bah, c'est pareil.

Ensuite, ces couleurs séparées vont poursuivre leur chemin à travers la goutte, mais selon l'angle d'incidence de la lumière, elles sortiront de la goutte — étant à nouveau réfractées — ou seront réfléchies comme sur la surface d'un miroir et repartiront vers l'arrière. De là, à cause des angles de réfraction, ces couleurs se croiseront et s'inverseront avant de

---

[31]   *Cf.* page 50.

sortir par l'arrière de la goutte — le côté d'où venait la lumière du Soleil à l'origine. Il se trouve que la composition de l'eau est telle que ces couleurs, en sortant de la goutte, s'éloigneront les unes des autres pour former avec la lumière du Soleil un angle allant de 40° à 42°. Ainsi, vous avez — selon Isaac Newton — du rouge, de l'orange, du jaune, du vert, du bleu, de l'indigo et du violet. En réalité, les couleurs varient de façon continue et il existe une multitude de nuances de couleurs — l'intégralité du spectre visible.

Ainsi, depuis les gouttes de pluie qui tombent, des rayons de lumière monochromes — d'une seule couleur, d'une seule longueur d'onde — partent dans une direction donnée à chaque instant, fonction de la position de la goutte — et donc de l'angle de la lumière du Soleil qui vient la frapper. Si ces rayons rencontrent vos yeux, vous distinguez une lumière colorée venant de la pluie. Plus les gouttes seront hautes, plus vous percevrez les couleurs qui sortent au plus bas de la goutte — jusqu'au rouge — plus elles seront basses et plus vous capterez les couleurs qui sortent au plus haut de la goutte — jusqu'au violet.

Ceci vaut pour l'aspect vertical de la chose. Mais la lumière est réfractée dans la goutte de tous les côtés, formant ainsi un cône de lumières colorées. Cela a pour conséquence que, avec le même angle qu'il vous est nécessaire pour percevoir une lumière colorée face à vous, vous percevrez la même lumière colorée sur les côtés. En fait, dans toutes les directions, face à vous, où l'eau peut passer. Dit autrement, vous voyez se former des anneaux parfaitement ronds et concentriques de lumières colorées, et dont les couleurs vont du rouge à l'extérieur au violet à l'intérieur. Bien sûr, comme les gouttes ne peuvent traverser le sol, vous ne voyez qu'une portion de ces anneaux dans le ciel : vous observez littéralement un arc dans le ciel.

Selon les angles, il est bien sûr possible que la lumière ne rebondisse pas une fois dans la goutte mais plusieurs fois, formant ainsi des arcs-en-ciel multiples, les arcs extérieurs étant de plus en plus ténus du fait des réflexions multiples de la lumière — réflexions qui ne sont jamais totales, une partie de la lumière s'échappe toujours.

Ainsi donc, un arc-en-ciel est aussi réel que le bleu du ciel ou le jaune du Soleil, mais n'a pourtant aucune existence propre. Voilà bien une illusion objective tout à fait saisissante : vous la percevez, n'importe quel appareil de mesure adapté la percevrait, et pourtant, elle n'est pas vraiment là. Mais la vision n'est pas le seul de vos sens qui puissent être ainsi trompés, et pour en parler, il faut d'abord préciser une chose qui va peut-être vous surprendre : savez-vous combien de sens nous avons ?

14. Combien l'homme a-t-il de sens ?

Ceux qui, dans leur for intérieur, n'ont pas pu s'empêcher de répondre machinalement « cinq ! » me feront le plaisir de noter deux cents fois « je ne dois pas continuer à propager les âneries d'Aristote, je le sais ». Oui, nous l'avons tous appris à l'école élémentaire, nous avons cinq sens ; pas quatre, pas six : cinq. Je peux même les nommer pour vous : la vue, l'ouïe, le toucher, l'odorat et le goût. D'où nous provient cette liste exhaustive de nos sens ? D'Aristote. Et comment a-t-il abouti à cette liste ? C'est là que ça devient intéressant — pour peu qu'on trouve, comme moi, intéressant de montrer à quel point Aristote, tout philosophe qu'il fut, était quand même souvent à côté de la plaque.

Pour Aristote : « Il ne peut pas y avoir de sens outre les cinq sens connus. » La preuve qu'invoque Aristote pour démontrer que nous n'avons pas plus de cinq sens, si je paraphrase : nous n'avons que cinq sens parce que nous n'en avons pas d'autre. Voilà. Là, je sais, vous allez me dire que, quand je paraphrase, plutôt que paraphraser, je me moque. Alors voici la démonstration d'Aristote dans le *Traité de l'âme* concernant le toucher, je vous laisse juge :

81

« Si tous les objets auxquels s'applique le sens du toucher nous sont perceptibles actuellement, toutes les modifications de l'objet tangible, en tant que tangible, nous devenant sensibles par le toucher, il faut nécessairement, si quelque sensation du toucher nous manque, que quelque moyen de sentir nous manque aussi. Or, **toutes les choses que nous sentons en les touchant directement elles-mêmes, sont sensibles par le sens du toucher tel que nous le possédons** ; et pour les choses que nous ne sentons que par des intermédiaires, et sans pouvoir les toucher elles-mêmes, nous les sentons par des éléments simples, je veux dire par l'air et par l'eau.[32] »

Je résume ce paragraphe : s'il y avait des choses à toucher que nous ne pouvons pas toucher, un sens pour les toucher nous manquerait. Or nous pouvons toucher toutes choses touchables. Donc il ne manque rien au sens du toucher.

Parfait !

Et pourquoi donc ces cinq sens ? Pourquoi pas quatre ou six ? Nous avons, toujours dans le *Traité de l'âme* — notamment à la fin de ma citation précédente — la justification : les cinq sens sont liés aux cinq éléments. Plus précisément : puisqu'il y a cinq éléments, il doit y avoir cinq sens. Ces cinq sens — littéralement la quintessence, ou « quinte essence » — nous viennent de Platon et d'Aristote ; il s'agit de : l'air, la terre, l'eau et le feu qui font les quatre éléments de la matière et qui forment le tout avec le cinquième élément qui comporte tout ce qui n'est pas des quatre autres : l'éther — personnellement, je préfère Lilou ; merci, Luc Besson.

Donc, pour Aristote, nous avons cinq sens parce qu'il existe cinq éléments. On va de suite se permettre une petite parenthèse pour expliquer

---

[32] *Traité de l'âme*, Livre troisième, partie 2, chapitre 1. Trad. Barthélemy-Saint-Hilaire, 1846.

pourquoi il y a cinq éléments, et pas quatre ou six ; Platon a lié directement leur existence au fait qu'il n'existe que cinq polyèdres réguliers qu'on puisse inscrire dans une sphère. Un polyèdre, ou solide, est une figure géométrique, comme un polygone, mais en trois dimensions. Un cube est un polyèdre ; un parallélépipède — comme une boîte de DVD, ou ce livre — en est également un. Ces polyèdres sont réguliers si chacune de leurs faces est la même — c'est également le cas pour chacune de leurs arêtes. On appelle ces cinq polyèdres les *solides platoniciens* — même s'ils n'ont pas été découverts par Platon. Pour ceux qui veulent briller en société, ces cinq solides sont, dans l'ordre croissant du nombre de leur face : le tétraèdre (quatre faces), l'hexaèdre (six faces, c'est un cube), l'octaèdre (huit faces), le dodécaèdre (douze faces) et l'isocaèdre (vingt faces). Si vous coupez les pointes de l'isocaèdre, vous obtenez un ballon de foot — ça, c'est pour l'anecdote après ces noms barbares.

Voilà à quoi ça ressemble, finalement : l'homme a cinq sens parce qu'on ne peut pas faire entrer correctement un décaèdre dans une sphère. Et on nous enseigne toujours ces cinq sens à l'école élémentaire. Depuis 2 500 ans qu'on nous le sort, ce doit être vrai ; ou, du moins, si l'on en a éliminé ou découvert depuis, c'est sans doute suite à des découvertes scientifiques tardives, non ? Euh… non. Afin de déterminer combien nous avons de sens, il faut déjà commencer par se mettre d'accord sur ce qu'est un sens — sinon on voit passer des gens qui nous disent que le sens de l'humour est un sens, ce qui est beau, mais faux. Alors, qu'est-ce qu'un sens ?

Croyez-le ou non, mais il existe encore des désaccords sur la définition d'un sens ; en revanche, il y a quand même un consensus, et c'est de là que nous allons partir. Un sens est un trio comprenant en tout premier lieu des cellules sensitives, ou récepteurs, un ensemble de machins capables de réagir à un stimulus externe — sur ce point là, notamment, il y a des désaccords. Ensuite, le fait de capter ce stimulus doit générer un influx nerveux envoyé au cerveau. On appelle cet influx la *sensation*. Enfin, le cerveau interprète cet influx nerveux pour nous fournir la *perception*. Voilà, en gros, ce sur quoi les scientifiques sont d'accord.

Prenons par exemple la vue : les cônes et les bâtonnets sont des capteurs sensoriels qui captent la luminosité et la couleur de la lumière qui pénètre l'œil ; ces informations captées sont transformées en influx nerveux — donc électrique — *via* le nerf optique, c'est la sensation, et le cerveau récupère ensuite les informations générées par les deux yeux pour recomposer une image en trois dimensions. Voilà, ça, c'est la vue. On pourrait faire la même chose avec l'ouïe, le toucher, le goût et l'odorat — car il est indéniable que ce sont des sens. Mais voyons un peu si, en étudiant les organes du corps humain, on ne pourrait pas trouver d'autres sens — on parlera plus en détail du corps humain plus tard ; considérez que c'est un avant-goût… ce qui n'est pas à proprement parler un sens.

Sous l'oreille — vers l'intérieur du crâne — outre les mécanismes qui permettent d'entendre, on trouve une petite structure de chaque côté appelée *système vestibulaire*, ou oreille interne. Ce système est notamment composé de trois petits tubes formant chacun une boucle, chaque tube étant orienté perpendiculairement aux autres — formant ce qu'en mathématiques on appelle un repère orthogonal ; dans ces tubes, il y a un liquide, appelé *endolymphe*, et sur les parois internes de ces tubes, il y a des cellules ciliées, c'est-à-dire des cellules avec des cils. Voilà comment cela se passe : lorsque vous vous déplacez, ou simplement que vous tournez la tête, l'endolymphe, qui se déplace librement dans les tubes, est entraîné du fait de votre mouvement — accélération, inertie, tout ça, tout ça, un peu comme un niveau à bulle ; le fluide se déplace, ce qui fait qu'il y a des variations de pression sur les cils. Et comme les tubes en question sont dans les trois dimensions, mais également des deux côtés du crâne, l'information perçue par les cellules ciliées, la sensation, peut être transmise au cerveau pour qu'il interprète de façon très fine la position de la tête, et son mouvement, par rapport à notre environnement. En un mot comme en cent, l'interprétation est notre perception de l'équilibre. On a intelligemment appelé ce sens *équilibrioception*. Vous avez sans doute déjà remarqué que lorsque vous êtes allongé sur le côté, vous avez beau voir votre environnement penché à 90°, vous savez pertinemment où se trouve le haut et le bas ; peut-être avez-vous déjà remarqué, en revanche, que si vous filmez en penchant votre caméra à 90°, il vous est impossible de regarder l'image normalement sans pencher la tête mais tout en sachant où se trouve le haut et le bas. Dans le premier cas, votre cerveau vous indique où se trouve le sol ; dans le second cas, il n'y a que la vue qui opère — et si vous regardez votre film en étant vertical, votre cerveau vous dit que, non, le sol est bien en bas. De la même manière, quand vous êtes dans un bateau, dans une cabine, votre vue vous dit que vous êtes dans une pièce, avec des meubles, mais votre équilibrioception vous dit que vous êtes en mouvement du fait de remous du bateau sur la surface de l'eau ; votre cerveau reçoit donc deux informations contradictoires, et le cerveau n'aime pas les contradictions. Quand votre cerveau doit traiter des informations contradictoires, soit il y arrive, d'une manière ou d'une autre, soit il décide qu'il est peut-être temps pour vous de voir de vos yeux ce qu'est devenu votre dernier repas. Pour le dire joliment. C'est d'ailleurs pour cette raison qu'on dit aux passagers souffrant du mal de mer d'aller sur le pont et de regarder au loin : ils peuvent ainsi voir que le bateau bouge, et remettre d'accord les différentes perceptions. L'équilibrioception, le sens de l'équilibre, est donc un sens humain, un sixième — désolé, Aristote. Poursuivons.

Il y a deux sens supplémentaires que les gens prennent souvent pour une particularité du sens du toucher ; d'ailleurs, chaque fois que je parle de l'un de ces deux sens, immanquablement, on me fait remarquer que je ne parle en fait que du toucher et qu'il ne s'agit en aucun cas d'autre sens. Ce préalable étant posé, j'espère vous avoir suffisamment titillé pour que vous hésitiez à me dire que la perception de la chaleur et la perception de la douleur sont en fait des sensations particulières du toucher. Il n'y a rien de bien compliqué à la façon dont ces deux sens fonctionnent. La *thermoception*, ou sens de la chaleur, repose sur des capteurs sensoriels présents sous deux formes chez la plupart des mammifères : des capteurs de chaleur pour le chaud, et des capteurs de « manque de chaleur » pour le froid. Si l'on met de côté les capteurs thermiques « internes » — j'entends par là les capteurs de la température interne du corps — et qu'on se concentre sur les capteurs de chaleur extérieure, on trouve la famille des protéines TRP[33], telles que la vanilloïde ou la mélastatine. Si certains animaux possèdent des détecteurs de rayonnement infrarouge leur permettant littéralement de « voir » la chaleur, ce n'est pas le cas de l'homme, dont les protéines TRP sont activées par des variations de température. Un bon nombre de ces capteurs se situe dans la peau, ce qui explique sans doute pourquoi on considère souvent qu'on perçoit la chaleur par le toucher. Mais il existe une de ces protéines ailleurs que sur la peau, et cet exemple permettra définitivement de distinguer la thermoception du toucher. Il s'agit de la TRPM8.

Pourquoi le menthol est-il si froid ?

La protéine TRPM8, ou *Transient Receptor Potential Melastatin 8*, est un récepteur sensible au froid situé sur la langue. Elle est activée à des températures comprises entre 15 et 28 °C. Cette protéine composée de plus de 1100 acides aminés est également un canal à calcium ; cela signifie qu'elle s'active également lorsque des ions calcium se lient à elle. C'est un détail qui peut sembler sans importance jusqu'à ce qu'on note que le menthol active les ions calcium. Le contact du menthol active donc ces récepteurs qui envoient une sensation au cerveau ; ce dernier, incapable de déterminer la nature de ce qui active les capteurs, se contente simplement d'interpréter l'influx nerveux et vous dit : « froid ». C'est pour cette raison que le menthol est froid. Et vous conviendrez qu'il n'est pas ici question de toucher.

---

33   Transient Receptor Potential.

Les nocicepteurs, quant à eux, permettent de détecter la douleur; leur rôle est primordial car, sans eux, il nous serait absolument impossible de détecter immédiatement des situations dangereuses telles que poser sa main sur une plaque brûlante, par exemple. Certaines personnes souffrent d'insensibilité congénitale à la douleur, ou analgie congénitale; c'est une condition la plupart du temps génétique et qui fait que le sujet est absolument insensible à la douleur sur l'ensemble de son corps, sans pour autant perdre la moindre sensation de toucher — quand je vous dis que ce n'est pas lié. La vie de ces personnes peut sembler attrayante à première vue, mais croyez bien qu'il n'en est rien; leur espérance de vie est bien inférieure à celle des autres personnes car elles s'exposent régulièrement à des dangers avec, potentiellement, d'énormes consé-quences et traumatismes qui peuvent passer inaperçues. Imaginez que vous vous cassiez le bras mais ne le sentiez pas, et que vous continuiez tranquillement la routine de vos journées sans vous préoccuper de votre bras, en continuant à l'utiliser comme d'habitude. Imaginez que vous posiez votre main sur la plaque électrique de votre cuisinière et que, après quelques minutes, vous soyez dérangé par une horrible odeur de chair brûlée sans jamais penser à regarder votre main. Et survivre à l'enfance est d'une difficulté sans nom pour un bébé qui ne fera pas la différence entre sucer son pouce et mordre son pouce. La *nociception*, le sens de la douleur, est une nécessité absolue à la survie de l'espèce humaine, et il se-rait triste de le classer comme un sous-sens du toucher simplement parce que notre peau est recouverte de nocicepteurs — mais pas seulement la peau, évidemment; vous avez déjà eu une rage de dent? Mal à la tête? Au ventre? À un muscle? D'ailleurs, à choisir, on pourrait plutôt lier nociception et thermoception — c'est d'ailleurs ce que je fais ici — car la sensation de brûlure, par exemple, est conjointement une sensation de chaleur ET de douleur.

Pourquoi le piment brûle-t-il ?

Comme pour la chaleur, la grande famille des protéines TRP dispose de membres qui sont également indicateurs de douleur ; c'est par exemple le cas de la protéine TRPV1, ou *Transient Receptor Potential Vanilloid 1*, qui s'active en cas de température supérieure à 44°C ou de pH bas, c'est-à-dire en présence d'acide, raison pour laquelle l'acide, ça « brûle » : en réalité, l'acide et le chaud ne font pas du tout la même chose, mais l'interprétation du cerveau est la même. D'ailleurs, ces protéines TRPV1 s'activent aussi en présence de capsaïcine, et il se trouve qu'on trouve cette molécule dans les piments. Voilà pourquoi les piments, ça brûle !

Si l'on ajoute la nociception et la thermoception comme deux sens distincts — et croyez bien qu'il faut qu'on le fasse — nous arrivons maintenant à huit sens. Cher Aristote, que n'as-tu imaginé deux sens par élément ? Tu aurais aisément pu trouver ces deux derniers, surtout quand on sait que tu t'es effectivement interrogé sur le sens de la chaleur.

Permettez-moi de vous poser une question étonnante : savez-vous, sans les regarder, où se trouvent vos pieds ? Non pas dans l'absolu, je n'attends pas de votre part une réponse du type « au bout de mes jambes », mais bel et bien dans l'espace environnant. Plus précisément, si vous fermez les yeux, seriez-vous capable de désigner de l'index la position de l'un de vos pieds ? Faites l'expérience, allez-y, surtout si personne ne vous regarde — sinon, vous risquez de passer pour quelqu'un qui gronde son pied. Eh bien figurez-vous que savoir situer ses pieds dans l'obscurité — ou n'importe quelle partie de son corps — ça ne va pas tout seul. Ça fait partie des choses auxquelles on ne pense jamais, mais imaginez par exemple que vous soyez incapable de chercher quelque chose dans votre sac simplement au toucher, que vous ne sachiez pas où se trouvent vos membres en permanence dès lors que vous ne les regardez pas. La *proprioception*, ou *kinesthésie*, qui est la perception de la position de votre corps, pour se convaincre que c'est un sens, il faut regarder ce que son absence provoque.

La *déafférentation* est un trouble aussi terrible qu'extrêmement rare — quatre cas référencés au monde actuellement. Une personne déafférentée perd toute sensibilité au niveau des membres — du fait de l'absence d'information provenant des voies nerveuses afférentes, c'est à dire les voies nerveuses responsables de la sensibilité, par opposition aux voies nerveuses efférentes responsables de la motricité ; une telle personne peut se déplacer, elle possède l'usage de l'ensemble de son corps, mais aucune sensibilité. Notamment, elle est totalement dépourvue de proprioception et ne peut user que de la vue pour pallier ce manque. Par exemple, si l'on vous sert un café, votre vue vous permet de situer la tasse de café dans l'espace et, pour l'attraper avec votre main, vous n'avez pas besoin de voir votre main ET la tasse à tout instant. À chaque instant où votre main est dans un mouvement vers la tasse, votre cerveau évalue la position de votre main dans l'espace ; cette évaluation est si rapide qu'elle semble instantanée, mais il y a bien un travail de votre cerveau et des informations nerveuses qu'envoie votre main. Une personne déafférentée n'arrive pas à faire ça : si elle perd un instant sa main des yeux, elle ne sait plus où se trouve sa main ; et si, regardant sa main, elle perd la tasse des yeux, elle est bien incapable de savoir si sa main est sur la bonne trajectoire. N'importe quel geste nécessite l'aide qu'apporte la vue : marcher, s'asseoir, se lever, se brosser les dents, porter la nourriture à sa bouche, se coiffer, s'habiller, etc. Une personne déafférentée, dans l'obscurité, est livrée à elle-même sans aucun moyen de savoir ce qu'elle fait précisément de ses membres.

Ce qui est en jeu, pour la proprioception, on l'a dit, ce sont les voies nerveuses afférentes dans leur ensemble, en tout cas pour la transmission de la sensation ; pour ce qui est des capteurs, tous les capteurs présents sur le corps participent de cette sensation : les capteurs de pression (le toucher), de chaleur, de douleur, d'équilibre, etc. Sans grande surprise, un des sens les plus essentiels à notre « fonctionnement » quotidien est également un des plus méconnus. La proprioception est le neuvième sens de notre liste.

Y en a-t-il d'autres ? D'après certains scientifiques, oui ; qu'il s'agisse du sens de la faim, de chronoception (le temps qui passe), d'électroception ou de magnétoception (sensibilité aux champs électriques ou magnétiques), d'écholocation, etc. Certains scientifiques estiment que l'homme ne possède pas moins de vingt et un sens. Mais il y a loin d'un consensus sur le sujet et, pour la plupart de ces sens « supplémentaires », on ne sait pas précisément aujourd'hui spécifier quels en sont les capteurs, comment ils sont activés, bref on ne comprend pas le fonctionnement du sens. Du coup, je les cite ici pour leur rendre hommage comme on rend hommage à celui qui s'est battu comme il pouvait pour finalement arriver en quatrième place, au pied du podium, à une compétition quelconque, mais je reste, jusqu'à nouvel ordre, sur la liste des neuf sens qu'on connaît et qu'on comprend. Les autres ne sont à ce jour qu'hypothèses.

L'homme possède donc (au moins) neuf sens : la vue, l'ouïe, le toucher, l'odorat, le goût, l'équilibrioception, la thermoception, la nociception et la proprioception. Vous vous souvenez quand je disais que la vision n'était pas le seul sens capable de nous tromper ?[34] Maintenant que nous en savons plus sur les sens, nous allons parler un peu du toucher. Saviez-vous que, malgré tout ce que vous pouvez en penser, vous n'avez jamais touché ni ne toucherez jamais quoi que ce soit de votre vie ?

15. Vous n'avez jamais rien touché de votre vie

Pendant que vous lisez ces lignes, vous reposez quelque part ; que vous soyez assis sur une chaise, installé dans un fauteuil, allongé dans un lit, ou totalement posé dans l'herbe, vous êtes en contact avec quelque chose. On peut estimer que si vous êtes par exemple assis sur une chaise, votre corps est en contact avec la chaise. *A minima*, votre corps est en

---

[34]   *Cf.* page 81.

contaﬅ avec vos vêtements. Mais y a-t-il vraiment contaﬅ ? Si on définit le contaﬅ entre deux corps comme le fait qu'il n'existe, par endroits, aucun espace vide entre ces deux corps, si on examine la situation jusqu'au niveau atomique même, y a-t-il vraiment contaﬅ ? La réponse nous a brillamment été apportée par le rappeur MC Hammer : « U can't touch this ! [35] ».

La réponse est non ; le contaﬅ est tout simplement impossible. Au niveau atomique, rappelez-vous, nous avons vu que les atomes possèdent des éleﬅrons sur leur périphérie ; si nous considérons les atomes comme des petites billes, les éleﬅrons en composent les couches externes. Et ils sont chargés éleﬅriquement négativement. Lorsque votre peau s'approche de votre chaise, les atomes et molécules qui composent la plus externe des couches de votre peau approchent des atomes et molécules qui composent la couche la plus externe de la chaise, éleﬅrons en tête. Passé une certaine distance, les éleﬅrons sont suffisamment proches pour que leur charge éleﬅrique interagisse ; et, on l'a vu, c'est la loi de Coulomb, les éleﬅrons se repoussent. La matière ne peut tout simplement pas permettre les contaﬅs — hormis dans des cas très violents de fission atomique, par exemple ; et encore, dans ce cas, les conditions de contaﬅ ne sont pas à proprement parler remplies.

Il ne peut pas y avoir de contact au niveau atomique ? Vraiment ?

En réalité, les choses sont un poil plus complexes que cela, comme on le verra quand on parlera de mécanique quantique. Le fait est qu'à l'échelle atomique, les éleﬅrons ne peuvent pas être considérés comme des « petites billes » et, du coup, on ne peut pas définir un contaﬅ entre deux éleﬅrons comme on le ferait à notre échelle macroscopique : lorsque mes deux mains sont en contaﬅ, je ne peux pas passer une feuille de papier entre elles. À l'échelle atomique, cela n'a aucun sens. Par ailleurs, du fait du mouvement permanent des éleﬅrons autour des noyaux atomiques, lorsque deux atomes sont « côte à côte », les déplacements

---

[35] « Tu ne peux pas toucher cela ! », *Please Hammer don't hurt'em*, 1990.

des électrons peuvent, par moment, créer de l'attraction entre les atomes — la position de l'électron sur l'un offrant une variation de charge positive du côté où se trouve l'autre atome, ce genre de choses. On peut définir le contact, à l'échelle quantique, comme la distance à laquelle les forces d'attraction et de répulsion entre deux atomes s'équilibrent. Mais en aucun cas cela ne peut s'apparenter à ce qu'on appelle contact à notre échelle. Ce contact là est interdit à l'échelle quantique, comme on le verra quand on parlera de Pauli.

Vous allez me dire que, pourtant, il est possible de forcer de la matière d'un corps dans un autre ; par exemple, je peux planter un crayon dans une feuille de papier et le crayon finit bien par traverser la feuille ; même dans ce cas, aucun contact n'est établi. Ce qui se produit alors, c'est qu'au moment où les électrons du crayon repoussent les électrons du papier, vous forcez les atomes du crayon à avancer ; ce faisant, vous forcez les atomes du papier à s'écarter, de façon plus ou moins régulière.

Cela repose sur un phénomène d'interaction auquel nous avons déjà été confronté dans ce livre mais, surtout, un phénomène auquel nous sommes constamment confrontés. Et croyez bien que quand je dis constamment, cela signifie à chaque fraction d'instant de chaque seconde de notre vie. Cette interaction, c'est l'électromagnétisme.

L'électromagnétisme

On parle bien d'aimants et de coups de foudre.

16. Magnétisme

Dès l'Antiquité, vraisemblablement d'abord en Chine, puis en Grèce, les hommes ont remarqué qu'une pierre mystérieuse avait le talent magique d'attirer ou de repousser le fer. Non seulement ça, mais en plus cette pierre parfois brillante d'un noir profond pouvait transmettre ce pouvoir au fer qui, une fois « ensorcelé » par celle-ci, pouvait à son tour attirer ou repousser du fer. Cette pierre fut appelée pierre d'aimant, puis magnétite — du grec μαγνητ qui signifie depuis « aimant », mais dont le nom dérive d'une province de Grèce appelée Magnisia (Μαγνησία) dans l'actuelle Thessalie. Ce sont les Chinois qui, les premiers, autour de l'an 1000, ont constaté qu'on pouvait utiliser une aiguille de fer « aimantée » pour s'orienter, celle-ci indiquant toujours la même direction. Il faudra bien attendre deux cents ans pour voir la boussole arriver en Europe — de façon indépendante — et encore quelques années pour que Pierre de Maricourt, un savant français, se mette à étudier les aimants, leurs propriétés, leur fonctionnement.

Maricourt rédige un formidable traité sur les aimants intitulé sobrement *Epistola Petri Peregrini de Maricourt ad Sygerum de Foucaucourt, militem, de magnete*[36], mais plus couramment connu sous l'intitulé plus net *De magnete*, qu'il ne faut pas confondre avec le traité *De magnete* de William Gilbert — et Aaron Dowling — qui s'intitule en réalité *De magnete, magneticisque corporibus, et de Magno Magnete Tellure*[37]. Dans ce traité — *De magnete*… celui de Maricourt — l'auteur exprime en tout premier lieu de façon parfaitement construite les lois du magnétisme ✌ mais étudie ensuite la possibilité d'utiliser des aimants pour mettre au point un mouvement perpétuel — ce qui est impossible, je le dis parce qu'il existe beaucoup d'âneries à ce sujet sur internet, nombre d'entre elles se présentent de plus comme étant une invention de Nikola Tesla, ce dernier n'en finissant pas de se retourner dans sa tombe.

On ne peut pas vraiment lui en vouloir de tenter une approche magnétique pour créer un mouvement perpétuel, mais on sait depuis — merci les lois de la thermodynamique — que c'est absolument impossible.

---

[36]   Lettre de Pierre « le pèlerin » de Maricourt à Sygerus de Foucaucourt, soldat, au sujet de l'aimant, 1269.

[37]   *Du magnétisme, des corps magnétiques et du Grand Aimant Terre*, 1600.

Le mouvement perpétuel

Si Newton montre qu'il est théoriquement possible de former un mouvement perpétuel, il s'agit là d'un écart classique entre théorie et pratique. En pratique, un mouvement perpétuel est impossible ; il s'agit de créer un mouvement qui, sans l'aide d'aucune force, ne s'interrompra jamais. De nombreux savants ont tenté, dans l'histoire, de créer un tel mouvement — ils ont évidemment échoué — et il n'était pas déraisonnable de chercher du côté des aimants. En effet, à l'époque, un aimant qui déplaçait une bille de fer, cela ressemblait à un mouvement sans force ou, en tout cas et pour le dire plus précisément, il n'était pas nécessaire d'appliquer une force à un aimant pour qu'il repoussât une bille de fer. Et si vous imaginez une bille de fer sur un rail avec, à chaque extrémité du rail, un aimant qui repousse cette bille, on imagine que la bille sera continuellement repoussée par un aimant, puis par l'autre. Cela ressemble furieusement à un mouvement perpétuel. Ce n'est pas le cas, et pour plusieurs raisons : d'abord, la bille frotte sur les rails et ralentit à chaque trajet jusqu'à trouver un point d'équilibre sur son chemin ; ensuite, un aimant n'est pas éternel et perd son magnétisme au bout de quelques siècles, voire plus tôt, notamment si sa température augmente.

Donc non, les moteurs magnétiques de voitures « que le lobby des constructeurs de voitures et le lobby du pétrole nous cachent », ça n'existe pas.

Les lois fondamentales du magnétisme telles qu'il les présente suivent un ordre logique imparable : partant de la boussole qui indique toujours la position des pôles Nord et Sud de la Terre, il nomme les deux extrémités de l'aiguille qui forme la boussole les pôles des aimants. Déterminant avec deux boussoles que les extrémités qui indiquent le même pôle se repoussent l'une l'autre, mais que les extrémités opposées s'attirent, il en déduit que le pôle Sud de l'aiguille indique le pôle Nord de la Terre, et inversement. Il constate enfin qu'il ne peut pas séparer les deux pôles d'un aimant — par exemple en le brisant — sans que cette séparation ne recrée des pôles au point de séparation.

Maricourt lui-même ne pensera pas que la Terre est elle-même magnétique, et préférera imaginer que le magnétisme provient de la voûte céleste. Il transformera alors la boussole en un aimant sculpté en forme de boule qui, une fois libre de mouvement dans un liquide et ses pôles bien désignés, sera en mesure de suivre la rotation de la Terre ; ses méridiens sont alors toujours alignés avec les méridiens célestes qu'ils représentent. C'est là qu'il pense avoir mis au point un mouvement perpétuel qui, en l'occurrence, est une forme d'horloge. Mais, du coup, si le mouvement perpétuel n'est pas là, il vient quand même d'améliorer la boussole pour mettre au point un compas bien plus précis, et ce compas permettra à Christophe Colomb, quelques années plus tard — deux cent trente ans plus tard, en fait — de s'orienter finement pour rater complètement le Japon et découvrir les Caraïbes — car, oui, il cherchait à rallier le Japon avant d'atteindre les Indes et, non, il n'a pas découvert l'Amérique. Maricourt a compris tout ça, c'est bien gentil, mais ça ne nous dit pas comment fonctionnent les aimants.

17. Les aimants permanents

Le titre en jette, sans aucun doute, mais vous allez voir que ce n'est pas compliqué… tant qu'on ne creuse pas trop. Et on ne va pas trop creuser… pour l'instant. Nous allons simplement partir du principe qu'un électron fonctionne, d'une certaine manière, comme un petit aimant, et qu'un proton fonctionne également comme un petit aimant, mais beaucoup, beaucoup plus faible que l'électron. C'est ainsi pour l'instant — on examinera ça plus sérieusement quand on parlera de mécanique quantique, c'est-à-dire dans le tome II.

Car oui, le magnétisme a cela de particulier que c'est un des rares cas, tout à fait commun qui plus est, où nous pouvons expérimenter à notre échelle des phénomènes de l'échelle quantique ou, comme disait la pub : « ce qui se fait à l'intérieur se voit à l'extérieur ». Donc, les électrons sont comme, entre autres choses, des petits aimants, avec un pôle Nord et un pôle Sud. Selon la configuration de l'atome — précisément, selon son nombre d'électrons et leur répartition dans l'atome — les effets de ces aimants peuvent s'annuler ou pas.

Chaque électron crée autour de lui la « magie magnétique », à savoir un champ magnétique : c'est une région de l'espace — très proche de l'électron, en l'occurrence — dans laquelle on subit l'influence de cet « aimant ». Et l'orientation de chaque électron d'un atome, une fois combinée, peut pour certains atomes former ce qu'on appelle un aimant atomique, c'est-à-dire un petit aimant, mais de la taille de l'atome et non uniquement des électrons cette fois-ci. On peut donc se trouver en présence d'un atome qui crée autour de lui un petit champ magnétique. C'est la première échelle du magnétisme.

Mais lorsqu'on a, comme avec du fer ou de la magnétite, un gros ensemble d'atomes, plusieurs cas peuvent se présenter : les atomes peuvent être magnétiquement orientés de façon tout à fait aléatoire ; ils peuvent également, à l'inverse, être tous parfaitement orientés dans le même sens ; enfin, évidemment, ils peuvent être orientés localement dans le même sens, mais formant des ensembles qui ne sont pas également orientés. Dans ce dernier cas, à l'échelle de la roche, les champs magnétiques s'annulent. Et qu'est-ce qui va déterminer la façon dont l'orientation de ces atomes se fait à plus grande échelle ? Les atomes s'organiseront de façon à ce que la stabilité de leur arrangement nécessite le moins d'énergie possible — la nature étant une effroyable feignasse.

Dans le premier cas, les atomes étant magnétiquement orientés un peu dans tous les sens, l'élément macroscopique que ces atomes forment ne génère quasiment aucun champ magnétique ; le matériau n'est pas magnétique. Dans le deuxième cas — vous apprécierez la logique imparable avec laquelle les différents cas se succèdent — les atomes orientés magnétiquement dans le même sens se comportent comme, à plus grande échelle, le fait de mettre bout à bout des aimants pôle Nord face au pôle Sud. Dans ce cas, le matériau est magnétique. C'est par exemple le cas de la magnétite. Dans le troisième cas, enfin — oui, enfin — l'élément formé par les atomes localement orientés n'est pas magnétique : il ne crée pas de champ magnétique.

Mais, et c'est là que ça devenait magique pour les Anciens, lorsqu'on prend un matériau tel que le fer, on a vu que, non seulement il peut être attiré ou repoussé par des aimants mais que, qui plus est, il peut à son tour devenir aimanté. En réalité, si vous présentez de la magnétite à du fer, il se produit la chose suivante : la magnétite, suffisamment forte, va modifier l'orientation des atomes du matériau. C'est à dire que la magnétite va forcer tous les atomes sous son influence à s'orienter magnétiquement dans le même sens : le fer entre alors dans la deuxième catégorie. Ce matériau peut être magnétisé. Nous avons donc bien à notre échelle macroscopique la manifestation d'un phénomène quantique — comprenez « microscopique et hors de notre portée ». Alors, oui, je comprends bien que je n'ai fait que reporter le problème en présentant l'électron comme un petit aimant sans expliquer pourquoi — mais il ne faut vraiment pas brûler les étapes de la mécanique quantique ✌[38].

Ah, oui, vous pouvez également vous demander pourquoi ce chapitre s'appelle Les aimants permanents. C'est parce qu'il existe deux types d'aimants : ceux qui sont des aimants en toutes circonstances — bah, comme un aimant — et ceux qui ne sont des aimants que quand on les traverse d'un courant électrique : ce sont les électroaimants.

18. L'électricité ?! Mais quel rapport ?

Avant de faire, comme on le fait depuis le début de ce livre, un petit tour par l'histoire de la chose, on va d'abord commencer par expliquer un peu ce qu'est l'électricité. Pourquoi je me permets cette liberté ? Deux

---

[38]   Là, pour le coup, on en parlera, mais dans le tome II.

98

raisons : d'abord, c'est moi qui écris, alors je fais ce que je veux, et ensuite on a déjà fait un peu le tour de l'histoire de l'électricité — rappelez-vous, l'ambre, tout ça…

On va un peu tourner autour du pot, vous allez le voir, puisqu'on va partir de ce qu'on a déjà dit sur les électrons et les protons, à savoir qu'ils sont chargés électriquement, pour expliquer ce qu'est l'électricité. On va définir l'électricité avec l'électricité — comme pour le magnétisme, on détaillera un peu plus l'origine de ces charges électriques quand on parlera de mécanique quantique. Vous vous rappelez quand on a dit que des charges opposées s'attirent et que des charges de même signe se repoussent ? L'électricité est un effet, c'est l'effet du déplacement des particules lorsqu'elles sont chargées — qu'elles s'attirent ou qu'elles se repoussent. Certains matériaux, qui sont dits conducteurs, ont une structure qui permet à des électrons de ses atomes de passer d'un atome à un autre.

Imaginez une chaîne d'atomes qu'on va appeler « conductrice ». Au début de la chaîne, vous ajoutez un électron ; comme il y a un électron de trop au premier atome[39], ce dernier va se débarrasser d'un de ses électrons — pas nécessairement le même — et le confier à l'atome suivant dans la chaîne. Et ainsi de suite. Vu d'un tout petit peu plus loin, un électron de chaque atome se déplace vers l'atome suivant dans la chaîne. Et en bout de chaîne, que se passe-t-il ? Si le dernier atome n'arrive pas à rejeter un électron en trop, c'est que la chaîne est en contact avec un matériau qui n'est pas conducteur, on parle alors de « matériau isolant ». Mais dès l'instant où la chaîne sera proche d'un matériau conducteur, l'électron sera évidemment rejeté et transporté sur le premier atome disponible. De la même manière, on peut imaginer — c'est une vue de l'esprit — que si l'on avait retiré un électron au premier atome, ce dernier en aurait pris

---

[39]   Parce que oui, un atome a toujours un nombre bien défini d'électrons.

un à l'atome suivant, et ainsi de suite. Ce qu'on peut en déduire, c'est que le déplacement des charges peut se faire dans un sens ou dans l'autre dans une chaîne conductrice.

Bon, tout ça, c'est très bien, on peut avoir un flux d'électrons qui se déplacent, un peu comme de l'eau peut s'écouler dans un tuyau; mais quel rapport avec l'électricité et le fait de pouvoir allumer une ampoule? L'utilisation d'un courant électrique peut reposer sur plusieurs phénomènes, mais le plus courant consiste à utiliser la résistance au déplacement. Ainsi, dans une ampoule à incandescence — celle avec un filament, qui chauffe énormément et qui n'a pas été inventée par Thomas Edison, malgré la légende extrêmement tenace — le filament fait partie du circuit électrique, c'est-à-dire que c'est dans ce filament que les électrons vont se déplacer; cependant, le matériau utilisé pour le filament, s'il reste conducteur, est bien moins conducteur que les fils électriques classiques. Du coup, les électrons ont « plus de mal » à traverser le filament et se « cognent » régulièrement contre les atomes qui le composent; en réalité, évidemment, ils ne cognent rien du tout, mais forcent ces atomes à un peu d'agitation, de vibration, ce qui fait chauffer le matériau — une structure agitée est une structure qui chauffe. Le filament va tellement chauffer qu'il va émettre de la lumière — il devient incandescent — et le gaz particulier contenu dans l'ampoule autour du filament va alors diffuser en partie la lumière émise par le filament mais surtout l'empêcher de brûler.

Alessandro Volta, physicien italien, s'intéresse beaucoup à l'électricité, et notamment à une machine qui produit de l'électricité statique[40] en frottant de l'ambre contre de la fourrure, ou de la soie contre du verre — le résultat est le même. Il va améliorer la conception de cette machine en 1775 — la machine originale a été décrite en 1762 par Johan Wilcke,

---

[40] *Cf.* chapitre suivant.

un physicien suédois. Il s'intéresse ensuite aux travaux de Luigi Galvani, physicien italien, qui a découvert en 1781 un phénomène qu'il appelle « électricité animale » : lorsqu'on relie deux disques de métaux différents à l'aide d'une patte de grenouille, celle-ci se contracte, preuve du passage d'un courant électrique. Volta va avoir l'idée de reproduire l'expérience en remplaçant la patte de grenouille par un tissu imbibé d'eau très salée — de la saumure — et va constater qu'il y a un échange de charges entre les deux métaux.

Reproduisant l'expérience avec de nombreux métaux différents, il va déterminer que la tension électrique entre les métaux ne dépend que de la nature des métaux en question et que, par conséquent, il ne se passe rien lorsqu'on fait l'expérience avec le même métal de part et d'autre du tissu. En 1800, il va développer le procédé et, se rendant compte qu'il obtient d'excellents résultats avec le zinc et l'argent, va fabriquer un empilement de plaques de zinc et d'argent, alternativement, chaque paire de plaques successive étant séparée par un carton imbibé de saumure. Une tension électrique stable apparaît aux extrémités de cet empilement, qui n'est rien d'autre que l'ancêtre de la pile électrique : c'est la pile voltaïque, ou pile de Volta. C'est en son hommage que la tension électrique est aujourd'hui mesurée en Volt.

Quelques semaines plus tard, deux chimistes britanniques, William Nicholson et Anthony Carlisle, vont, en reproduisant l'expérience de Volta pour fabriquer une pile, découvrir quelque chose d'assez stupéfiant : en plongeant les extrémités métalliques dans l'eau — on appelle ça aujourd'hui des électrodes — ils constatent que des bulles se forment autour de celles-ci. Les connaissances des chimistes en matière de gaz étant ce qu'elles sont à l'époque, ils sont en mesure de déterminer la composition de ces gaz et constatent que, du côté d'une des électrodes — l'anode, celle qui est reliée au côté positif du générateur de courant — de l'oxygène apparaît, tandis que du côté de l'autre électrode — la cathode

101

— de l'hydrogène apparaît. Ils sont conscients du fait qu'ils viennent de « casser » les molécules d'eau à l'aide d'un courant électrique ; c'est l'électrolyse de l'eau et, incidemment, la preuve qu'on peut transformer de l'énergie électrique en énergie chimique.

19. Électricité statique

On parle d'électricité statique — la première qui a été découverte, historiquement — lorsqu'il n'y a pas de circulation des charges dans un matériau conducteur. C'est ce qui se produit avec l'ambre. Lorsqu'on frotte de l'ambre contre de la fourrure, l'ambre arrache des électrons aux atomes de la fourrure. C'est également ce qui se produit lorsque vous marchez pieds nus sur de la moquette. Votre pied arrache des électrons à la surface de la moquette et votre corps se charge en électricité ; mais la moquette étant un isolant électrique, vous ne pouvez pas renvoyer ces électrons sur la moquette. Cette accumulation de charges attend que vous soyez en contact avec un conducteur pour pouvoir se « décharger » ; c'est ce qui peut se produire lorsque vous touchez ensuite une poignée de porte métallique ou une autre personne. Les électrons vont chercher le chemin le plus court pour passer de votre corps à la poignée de porte, quitte à traverser une portion — courte — d'air libre, provoquant ainsi un petit éclair électrique. D'ailleurs, la foudre elle-même n'est rien d'autre que la manifestation — à plus grande échelle, c'est clair — du même phénomène.

La foudre

Dans un cumulonimbus — un nuage d'orage — il y a de fortes différences de température entre le haut et le bas du nuage ; cela provoque de forts mouvements des masses à l'intérieur même du nuage : ce mouvement s'appelle mouvement de convection. Mais, dans un cumulonimbus, du fait de la basse température par endroits, on trouve des grêlons, du grésil — des tout petits grains de glace —

ainsi que des poussières en suspension dans l'air. Le mouvement de convection fait frotter ces différents éléments les uns contre les autres, provoquant un effet triboélectrique — c'est le nom technique quand on frotte un isolant contre un conducteur, exactement comme l'ambre et la fourrure. Du coup, on se retrouve avec tout un tas de machins bien chargés électriquement dans le nuage. Et sa composition est telle que le nuage va vite se polariser complètement, avec dans 90 % des cas des charges positives en haut et négatives en bas — l'inverse dans les 10 % des cas restants. Il y a alors autour du nuage un fort champ électrique — on va y venir. L'air autour possède, comme tout milieu isolant, une *rigidité diélectrique*, c'est-à-dire un seuil de tolérance aux champs électriques au-delà duquel un arc électrique va se produire, c'est-à-dire que les charges trouvent une voie de passage. Lorsque le nuage est suffisamment chargé et dépasse la limite diélectrique de l'air autour, le nuage se décharge alors dans l'air, vers le sol : tout d'abord, la décharge arrache des électrons des molécules dans l'air avoisinant, créant une espèce de couloir chargé positivement ; une faible partie des charges du nuage se propagent alors à 200 km/s dans ce couloir ; arrivé au bout, le même processus se reproduit, formant çà et là des branches en fonction de la composition locale de l'air — pression, courant, température — et de l'énergie nécessaire à le traverser, la nature choisissant toujours le chemin le moins gourmand en énergie. De la même manière, sous l'orage, près du sol, les charges positives se sont accumulées — principalement à cause de l'approche de celui-ci — et un processus similaire se déclenche, cette fois-ci vers le haut. Lorsque les deux canaux, descendant et ascendant, entrent en contact, les différents « couloirs » permettent la décharge totale à proprement parler et un arc électrique apparaît : c'est la foudre. Le déplacement de charges peut alors atteindre 100 000 km/s. Le canal qui dirige la foudre peut faire jusqu'à 25 km de long, mais seulement 3 cm de diamètre. La décharge produit un plasma qui, en se dissipant, produit de la lumière — c'est l'éclair — et une expansion brutale de l'air — c'est le tonnerre.

Charles Augustin de Coulomb met au point un dispositif assez ingénieux permettant de mesurer précisément avec quelle intensité deux billes métalliques chargées électriquement s'attirent ou se repoussent. Cette machine, appelée *balance de Coulomb*, lui permettra de déterminer de quelle manière les charges interagissent, ainsi que de présenter sa fameuse loi, la loi de Coulomb — celle dont on parle depuis le début de ce livre pour expliquer que des charges de même signe se repoussent tandis que des charges de signes opposés s'attirent.

On l'a vu à plusieurs reprises, déjà, lorsqu'une particule est chargée électriquement, elle va interagir avec une autre particule chargée électriquement, de même signe ou non, pour se repousser ou s'attirer. Cette interaction se fait à distance, ce qui signifie que la charge électrique a, en quelque sorte, une portée. Lorsqu'on est en présence d'électricité, statique ou dynamique, il existe une portion de l'espace autour de cette électricité qui est sous l'influence de celle-ci ; on appelle cet espace *champ électrique*. Lorsque les particules chargées de ce champ sont statiques, on parle de champ électrostatique — et de champ électrodynamique si les particules sont en mouvement.

20. Les champs électriques

On connaît l'existence de champs électriques depuis aussi longtemps qu'on connaît l'électricité statique ; en effet, le côté magique du fait que de l'ambre chargée puisse attirer des petits objets provient du fait que cette attraction se fait à distance, sans contact.

Jusqu'au XVIIIe siècle, nombreux sont les savants qui ont étudié le magnétisme, l'électricité ou les deux. William Gilbert lui-même, et son célèbre *De magnete*, proposa le nom *electrick* pour parler des phénomènes électrostatiques. Mais c'est bien Hans Christian Ørsted qui, le premier, va démontrer le lien existant entre électricité et magnétisme. Il va le faire en 1820 grâce à une expérience très simple sur les champs électriques, aujourd'hui très célèbre, tellement célèbre qu'il existe peu de lycéens à ne pas y avoir été confrontés, et qui porte son nom, l'expérience d'Ørsted. Et ce même si en 1820, ça faisait déjà dix-huit ans que l'expérience avait été réalisée en Italie dans l'indifférence générale.

Ørsted, en avril 1820, décide de faire passer un courant dans un fil électrique et de placer une boussole à proximité — mais pas au contact — dudit fil. Lorsque le courant électrique ne passe pas, la boussole indique normalement l'axe Nord-Sud ; mais lorsque le courant électrique traverse le fil, l'aiguille de la boussole indique une autre direction. Toujours la même direction. L'expérience peut être reproduite, la boussole peut être déplacée par rapport au circuit électrique — elle montre alors une autre direction mais, depuis cette place, toujours la même direction lorsqu'on répète l'expérience. Ørsted lui-même refuse d'y voir un lien entre magnétisme et électricité autre qu'une simple interférence de l'un sur l'autre. La légende veut d'ailleurs que son assistant, lorsque l'expérience fut produite, se sentit déçu pour son professeur, pensant que la déviation de l'aiguille de la boussole prouvait que quelque chose ne fonctionnait pas correctement — et signe qu'une découverte ne peut être faite que par un esprit préparé.

Ørsted publiera quand même ses résultats quelques semaines plus tard, en juillet, dans un article en latin intitulé *Experimenta circa effectum conflictus electrici in acum magneticam*[41]. Ørsted reconnaîtra lui-même que la connaissance des travaux de Romagnosi a participé à la découverte de l'électromagnétisme. Car dix-huit ans plus tôt, en 1802, en Italie, le juriste, philosophe et physicien Gian Domenico Romagnosi a réalisé exactement la même expérience et découvert l'effet magnétique de l'électricité. Il a même publié ses résultats dans un journal local — ce qui passe plutôt inaperçu — et les a envoyés à l'Académie des sciences française — à l'époque, il vit à Trente, sous occupation française napoléonienne — qui a ignoré ces résultats, sans doute parce que Romagnosi était juriste de profession, ce qui, pour les physiciens, est bien pire encore que d'être géologue, n'est-ce pas, monsieur Chancourtois ?

---

[41]   *Expérience sur l'effet du conflit électrique sur l'aiguille aimantée*, juillet 1820.

En résumé, pour percevoir un peu ce qu'est un champ électrique, pour avoir une bonne idée de ce que représente la force électrique, plutôt que d'imaginer une analogie quelconque, je vais me contenter de citer un des plus grands physiciens de l'histoire et sans conteste le meilleur vulgarisateur de science du XXe siècle — sinon de tous les temps — à savoir Richard Feynman :

> « Considérons une force analogue à la gravitation [...] mais qui soit environ un milliard de milliards de milliards de milliards de fois plus intense[42]. Et avec une autre différence. Il y a deux espèces de « matière », que nous pouvons appeler positive et négative. Celles de même espèce se repoussent et celles d'espèces différentes s'attirent. [...] Une telle force existe : c'est la force électrique. [...] L'équilibre est si parfait cependant, que lorsque vous vous tenez près de quelqu'un d'autre, vous ne sentez aucune force. [...] S'il y avait seulement un très léger déséquilibre vous le sauriez. Si vous vous teniez à un bras de distance de quelqu'un et que chacun de vous ait un pour cent d'électrons de plus que de protons, la force de répulsion serait incroyable. De quelle grandeur ? Suffisante pour soulever l'Empire State Building ? Non ! Pour soulever le Mont Everest ? Non ! La répulsion serait suffisante pour soulever un « poids » égal à celui de la Terre entière ! »[43]

Voilà de quelle force on parle. Et voilà qu'on crée des ponts entre électricité et magnétisme ; et il faudra désormais peu de choses, et peu de personnes, pour comprendre qu'électricité et magnétisme ne sont en réalité que les deux facettes d'une même interaction de la nature : l'électromagnétisme.

---

[42] L'échelle de grandeur n'est pas exagérée.
[43] *Le cours de physique de Feynman, Électromagnétisme*, vol. 1, Richard Feynman, 1964.

21. Ampère, Gauss, Faraday et les autres… jusqu'à Maxwell

André-Marie Ampère, mathématicien, physicien, chimiste et philosophe français, étudie de près l'expérience d'Ørsted de 1820 et va, à partir de cette étude mais également des travaux qui ont précédé Ørsted, bâtir une théorie complète de l'électricité dynamique, ou électrodynamique, en plus de ses recherches fécondes sur le magnétisme.

Il va notamment mettre en évidence le courant électrique, sa direction et son sens — c'est lui qui, par ailleurs, va indiquer que le sens du courant est totalement conventionnel et que, lorsqu'un courant électrique existe, il peut s'agir de charges négatives se déplaçant dans un sens aussi bien que de charges positives se déplaçant dans l'autre — et ce n'est pas pour rien si la propriété fondamentale du courant électrique, son intensité, se mesure en Ampère. Il va généraliser les résultats de l'expérience d'Ørsted avec son expérience dite « du bonhomme d'Ampère » ou encore « de la main droite ». Il ne s'agit pas à proprement parler d'une expérience mais plutôt d'une règle qui va permettre de déterminer la direction du courant électrique, du champ magnétique et du mouvement global, deux de ces directions seulement étant connues. Électricité et magnétisme sont déjà liés dans l'esprit de nombreux savants, mais la communauté scientifique n'imagine pas qu'il s'agit de la même chose ; pour elle, l'électricité produit des effets sur le magnétisme, et inversement.

Inversement, oui, car Ampère constate également le fait que lorsqu'on déplace un aimant dans une bobine de cuivre, celle-ci est parcourue d'un courant électrique. Il le constate et découvre par là même le phénomène d'induction électromagnétique, mais ne pousse pas plus avant ce côté-ci de la recherche. Car en matière de magnétisme, il s'intéresse plus à la nature même du magnétisme, convaincu qu'il est que le magnétisme n'est rien d'autre qu'une forme microscopique de l'électricité dynamique. Il imagine ainsi qu'un aimant est en fait traversé, au niveau moléculaire, par un courant électrique ; de très nombreuses particules microscopiques, chargées électriquement, seraient en déplacement au sein de cet aimant. Cette idée est largement rejetée pendant plus de soixante ans, jusqu'à la découverte de l'électron.

Ampère met au point un théorème, dit théorème d'Ampère, qui stipule que

> « En régime quasi statique ou permanent, dans le vide, la circulation, le long d'un circuit fermé, du champ magnétique engendré par une distribution de courant, est égale à la somme algébrique des courants qui traversent la surface définie par le circuit orienté, multipliée par la perméabilité du vide. »

Passons sur le fait que cet énoncé contient, d'une manière ou d'une autre, près d'une quinzaine de locutions nouvelles dans ce livre, et totalement absconses. Que dit ce théorème ? Ce théorème décrit de façon mathématique le lien entre un champ magnétique généré par un courant électrique et ce courant électrique. Ce théorème, qui dissimule derrière une longue phrase une équation mathématique, est le premier des quatre piliers de l'électromagnétisme, dont personne n'a encore compris qu'ils fondent le même bâtiment.

Carl Friedrich Gauss, astronome et physicien allemand — mais surtout un des plus grands mathématiciens de tous les temps — s'intéresse lui aussi à l'électricité et au magnétisme — on aura plus vite fait de dire que l'électricité et le magnétisme intéressent toute la communauté scientifique à cette époque. Avec Wilhelm Weber, ils vont trouver en 1831 des résultats en magnétisme qui vont être à la base de lois en électricité, les lois de Kirchhoff.

Bon, sinon, Gauss va trouver des trucs en magnétisme et en électricité. Des trucs puissants. Il va notamment mettre en place un des quatre piliers de l'électromagnétisme grâce à une loi sur l'électricité.

La loi de Gauss sur l'électricité n'est en fait rien d'autre que la loi de Coulomb, mais formulée un peu différemment. Pour rappel, la loi de Coulomb n'est pas seulement le fait de dire que deux charges de même signe se repoussent et que deux charges de signes opposés s'attirent, elle dit également comment ces charges se repoussent et s'attirent et donne une formule mathématique permettant de calculer cette force d'attraction ou de répulsion. De la loi de Gauss, on peut déduire la loi de Coulomb, et inversement. La seule différence étant que celle de Gauss vaut pour un champ électrique qui varie dans le temps, ce qui en fait une généralisation de la loi de Coulomb.

Voici ce que dit Gauss — et là, pardon aux puristes, mais du fait que je souhaite que les gens apprécient ce livre, je vais devoir simplifier au maximum : si on appelle le flux électrique le « débit » d'un courant électrique, pour reprendre l'analogie de la rivière de tout à l'heure, le flux d'électricité qui traverse une sphère et qui est produit par une charge se situant en son centre est proportionnel à la quantité d'électricité portée par cette charge. Autrement dit, si la charge est plus grande, le « débit » électrique est plus grand. Cette loi est généralisable à un ensemble de charges, y compris de signes opposés, même si le calcul peut s'en trouver largement complexifié si l'ensemble ne possède pas d'axes ou de centres de symétrie. Mais dans des cas classiques — par exemple un fil électrique bien rectiligne assimilable à un long et fin cylindre — les calculs sont relativement aisés dès lors qu'on maîtrise les bons outils mathématiques. Cette loi décrit également comment se forment, géométriquement, les champs électriques, allant des charges positives vers les charges négatives.

Ensuite, il y a Thomson ; vous savez, Lord Kelvin ? Lui va montrer que le champ magnétique n'est pas comme un champ électrique, en ce sens qu'un champ électrique peut être généré par une charge électrique seule, alors qu'un champ magnétique ne peut pas exister de cette manière : il est impossible d'avoir un aimant monopôle. Un aimant possède toujours deux pôles — le fait de le briser ne sépare pas les pôles mais en crée deux nouveaux à la brisure. Les lignes d'un champ magnétique vont toujours d'un pôle à l'autre. C'est la différence fondamentale avec le champ électrique dont les lignes peuvent s'éloigner à l'infini. On représente souvent un champ électrique porté par une charge comme un oursin dont le cœur est la charge et les épines sont les lignes de champ. En matière de magnétisme, cela n'existe pas.

Enfin, Michael Faraday, physicien et chimiste britannique — normalement, pour chaque scientifique précédent, j'aurais dû préciser « électricien » car c'était le terme à l'époque, mais l'époque a changé, et je ne veux pas que vous imaginiez Faraday ou Gauss à quatre pattes sous vos meubles, la raie des fesses visibles, en train de réparer une de vos prises murales — va porter le coup qui n'est pas le coup de grâce mais qui va permettre ensuite celui-là. Faraday est un super saiyan[44] de l'électricité. Parce que Faraday va découvrir l'induction électromagnétique et, à partir de là, tout va changer. Alors je sais ce que vous allez me dire ; vous allez me dire que pas plus tard qu'il y a quelques pages, j'ai indiqué que c'était Ampère qui avait découvert l'induction électromagnétique. Oui, c'est vrai. Mais j'ai aussi dit qu'il n'en avait rien fait du tout ; il a simplement constaté le fait et n'a pas cherché plus loin, occupé qu'il était sur d'autres travaux. Faraday, lui, va creuser ; et il va trouver et même être capable de quantifier, mathématiquement, par une équation, de quelle façon la variation d'un champ magnétique induit un champ électrique.

Le procédé est assez simple : vous avez une bobine — un câble conducteur enroulé sur lui-même à la manière d'un ressort — et dans son cœur vous placez une barre aimantée. Vous connectez la bobine à une ampoule : il ne se passe rien. Vous produisez maintenant des mouvements avec la barre aimantée, et « que la lumière soit ! ». Le procédé est

---

[44] Nom donné aux super guerriers de la planète Vegeta dans le manga *Dragon Ball*, Akira Toriyama, 1984.

simple, je l'ai dit. Sauf qu'en réalité ce n'est pas ce procédé qui a été mis en œuvre en premier.

Faraday dispose un câble électrique dans un bain de mercure au milieu duquel est fixé un aimant permanent. Puis, lorsqu'il fait passer un courant dans le câble, ce dernier se met à tourner autour de l'aimant. Faraday vient d'inventer un moteur électrique, transformant de l'électricité en mouvement circulaire régulier. On est alors en 1821. Et c'est dix ans plus tard, le 29 août 1831, que Faraday découvre l'induction électromagnétique. Jusque là, il y avait déjà du courant dans le câble électrique, mais là, le courant vient bien du mouvement de l'aimant ; c'est un mouvement mécanique dans un champ magnétique qui est transformé en courant électrique. Faraday produit de l'électricité en faisant bouger un aimant !

Force de Lorentz (ou force d'Abraham-Lorentz)

Quelques années plus tard, Hendrik Lorentz, physicien néerlandais, posera une question intéressante : lorsqu'un courant électrique parcourt un câble et que ce dernier tourne autour de l'aimant, les charges électriques sont en mouvement dans le conducteur ; on sait dire d'où vient la force qui fait tourner le câble. Mais lorsque c'est l'aimant qui bouge et qu'aucun courant électrique ne parcourt la bobine, les charges électriques sont au repos. Quelle est la force qui met ces charges en mouvement ?

Il va caractériser cette force, qu'on appelle force de Lorentz, ou d'Abraham-Lorentz. Mais cette force va poser quelques problèmes qui vont trouver leur solution dans le domaine le plus velu de la physique.

En effet, si les équations permettant de calculer cette force sont totalement en accord avec l'observation, il semble bien qu'elles deviennent complètement défaillantes en deçà d'une certaine échelle de taille. En dessous de cette taille, les équations électromagnétiques classiques ne fonctionnent tout simplement plus. Pour expliquer cela plus avant sans trop entrer dans les détails techniques, disons qu'à trop petite échelle, l'objet chargé créerait de l'énergie en quantité illimitée par sa propre interaction avec son propre champ, ce qui est impossible, voire l'objet serait accéléré avant même de subir la force, ce qui violerait totalement le principe de causalité.

Cela va causer des problèmes aux physiciens de la mécanique classique pour qui un électron — seule particule chargée connue alors — est une particule ponctuelle, c'est à dire un point. Ils vont devoir caractériser cette particule par un rayon, transformant le point en bille; on parle de *rayon classique de l'électron*. En dessous de ce rayon, l'électromagnétisme classique ne rend plus compte des réalités. Il faudra attendre la mécanique quantique pour résoudre cette question. Faraday pose donc le troisième pilier de l'électromagnétisme. L'édifice n'est pas encore tout à fait stable; il lui manque le maître, celui qui voit plus loin que tous les autres, à savoir James Clerk Maxwell.

22. Les quatre équations de Maxwell

James Clerk Maxwell, physicien, mathématicien, électricien — vous la voyez, la raie des fesses, là — écossais, ancien étudiant du Trinity College, bref, la routine. Si on faisait la liste des physiciens qui comptent dans l'histoire, en n'en prenant qu'un seul par siècle, Maxwell serait sans conteste le physicien du XIXe siècle au même titre qu'Einstein celui du XXe. Maxwell étudie l'électricité, le magnétisme, l'induction, et perçoit quelque chose que personne n'a vu avant lui. Un lien. Il lui semble seulement qu'il manque quelque chose, comme un chaînon manquant. La vie de Maxwell sera beaucoup consacrée à la découverte de ce lien, à l'unification de l'électricité et du magnétisme, et au fait de simplifier la théorie jusqu'à en fournir une version aussi simple et élégante que possible : quatre équations — en réalité, c'est Oliver Heaviside qui va écrire la version actuelle de ces équations, les passant de huit à quatre, mais c'est Maxwell qui a fait le boulot, il n'y a pas de litige à ce sujet.

J'ai bien conscience que tout ceci peut paraître un peu confus, et ça reflète assez bien l'ambiance d'alors sur le sujet : tout tourne plus ou moins autour de l'électricité et du magnétisme, les gens sentent bien que ce sont deux sujets au moins connexes, mais sans bien comprendre la nature de ce qui les relie. Arrive Maxwell.

Tout d'abord, Maxwell va compléter l'équation d'Ampère qui va devenir l'équation de Maxwell-Ampère. Ampère avait déterminé qu'un courant électrique générait un champ magnétique et l'équation passant de l'un à l'autre. Maxwell complète cette équation en démontrant qu'il en est de même avec les variations d'un champ électrique ; cela n'a l'air de rien, mais on vient de passer d'un état statique à un état qui évolue dans le temps.

Ajoutez à cela l'équation de Faraday, maintenant, qui montre que le déplacement d'un aimant génère un champ électrique, et vous voyez maintenant que les champs électrique et magnétique sont couplés, que la variation de l'un est proportionnelle à l'intensité du champ de l'autre. Ce que montre le couple de ces deux équations, c'est que, d'une certaine manière, les champs électrique et magnétique fonctionnent presque comme un pendule oscillant.

Le pendule oscillant

Imaginez une balançoire. Avant de commencer à vous balancer, vous vous reculez, comme pour prendre de l'élan ; ce faisant, en réalité, ce que vous faites, c'est que vous prenez de la hauteur : le siège de la balançoire est désormais plus haut qu'au repos. Si vous lâchiez tout, vous savez bien que le siège redescendrait à cause de la pesanteur, mais, pour l'instant, vous l'en empêchez. La balançoire a accumulé de l'énergie potentielle de pesanteur qui ne demande qu'à être libérée. Vous levez maintenant vos pieds, le mouvement commence : cette énergie potentielle de pesanteur est convertie progressivement en énergie cinétique, c'est à dire en énergie de mouvement. Une fois que la balançoire passe son axe vertical au repos, le mouvement continue du fait de son élan, mais ralentit ; le siège s'élève à nouveau par rapport à son point le plus bas : vous convertissez désormais de l'énergie cinétique en énergie potentielle de pesanteur. Une fois la balançoire arrêtée en haut, le mouvement inverse peut commencer.

Ce mouvement pendulaire — oui, car il fonctionne de la même manière avec un pendule qu'avec une balançoire, dès lors que vous n'effectuez pas de mouvement particulier pour entretenir ce mouvement — est un mouvement oscillant, allant d'avant en arrière puis d'arrière en avant. S'il n'y avait aucun frottement de l'air et aucune perte d'énergie sous forme de chaleur, ce qui est impossible, ce mouvement serait perpétuel.

Ce que disent ces deux équations, c'est que la composante magnétique d'une onde électromagnétique peut se convertir en composante électrique, et inversement.

Comment ça, onde électromagnétique ? D'où ça sort, ça, maintenant ?

On va y venir.

Mais d'abord, reprenons les deux autres équations, celle de Gauss et celle de Thomson. La première indique comment un champ électrique est formé autour d'une ou de plusieurs charges électriques, tandis que la seconde indique comment un champ magnétique est formé autour d'un aimant.

À l'origine, Maxwell met au point une vingtaine d'équations, mais il passera plusieurs années à les triturer afin de démontrer que certaines se déduisent naturellement d'autres, que certaines ne sont qu'une nouvelle formulation d'autres ; bref, il va chercher à apporter de l'élégance dans sa théorie de l'électricité et du magnétisme pour en faire une théorie unifiée appelée *électromagnétisme*[45] ; et si, comme je l'ai déjà dit, c'est Heaviside qui écrira les quatre équations finales — Maxwell avait déjà réduit l'ensemble à huit — c'est bel et bien Maxwell qui en est le principal responsable. Il réussit à coupler deux phénomènes, qu'on pensait liés par une relation de causalité, pour montrer qu'il ne s'agit, en fait, que du même phénomène dans tous les cas. Mais il va aller encore plus loin.

Pourquoi je parle alors des ondes électromagnétiques ? Parce que les ondes électromagnétiques sont définies justement comme les variations — du moins à l'échelle macroscopique — des champs électrique et magnétique ; c'est, en quelque sorte, une vague à la surface des champs électromagnétiques[46]. Et ce que permettent de déduire les équations de

---

[45] Et pour qui sait lire ces équations, elles sont d'une élégance à tomber !
[46] Pas en quelque sorte, c'est totalement ça, en fait.

Maxwell, c'est qu'une onde électromagnétique se contente d'un champ électromagnétique pour se propager et n'a donc pas besoin, comme les ondes sonores, d'un milieu dans lequel se propager ; elle peut se propager dans le vide — ce sera une découverte cruciale pour la conception de la théorie de la relativité restreinte. Maxwell va même mesurer expérimentalement la vitesse de propagation de ces ondes, et trouve un résultat approximatif de 310 740 km/s. Il va alors proposer en 1864 que la lumière elle-même n'est rien d'autre qu'une onde électromagnétique :

> « L'accord des résultats semble montrer que la lumière et le magnétisme sont deux phénomènes de même nature et que la lumière est une perturbation électromagnétique se propageant dans l'espace suivant les lois de l'électromagnétisme.[47] »

Maxwell vient d'unifier électromagnétisme et optique, ce qui décrit toutes les interactions physiques à notre échelle qui ne sont pas liées à la gravitation.

Les quatre interactions

Il existe dans l'Univers quatre types d'interactions, quatre cadres permettant de décrire les lois de la physique : la gravitation, l'électromagnétisme, les interactions nucléaires faibles et les interactions nucléaires fortes. La gravitation — qui est, même si c'est contre-intuitif, et de loin, la plus faible de ces interactions — décrit comment les corps possédant une masse s'attirent ; la deuxième, on vient de se faire un pavé sur le sujet, je ne vais pas épiloguer ; enfin les deux dernières précisent, pour l'interaction faible, comment fonctionne la radioactivité et, pour l'interaction forte, comment des protons chargés positivement peuvent tenir en place côte à côte dans les noyaux d'atome.

---

[47] In *A Dynamical Theory of the Electromagnetic Field*, 1864.

À notre échelle, on voit donc désormais que l'électromagnétisme permet de convertir de l'énergie électrique ou magnétique :

- en énergie cinétique — créer du mouvement avec un moteur électrique ;

- en énergie calorifique — créer de la chaleur en faisant passer de l'électricité dans un conducteur résistant ;

- en énergie chimique — l'électricité permettant de séparer l'oxygène et l'hydrogène de l'eau.

Il devient dès lors beaucoup plus aisé de comprendre comment la boussole est affectée par le champ magnétique terrestre, la magnétosphère, véritable bouclier de protection contre les émissions permanentes du Soleil ✌.

Le Système Solaire

Un endroit unique comme tant d'autres.

Système: n. m. Ensemble d'éléments considérés dans leur relation à l'intérieur d'un tout fonctionnant de façon unitaire: *Le système nerveux. Les différents systèmes politiques.*

Solaire: adj. Qui est propre au Soleil: *Rayonnement solaire. Énergie solaire.*

Le système solaire est l'ensemble de tous les corps qui subissent l'influence gravitationnelle du Soleil, plus le Soleil, bien sûr. Cela inclut notamment les planètes, leurs satellites, les astéroïdes, les comètes et tous les gaz, débris et poussières qu'on trouve un peu partout entre eux. Mais au milieu de tout ça et avant tout, bien sûr, le Soleil.

23. Le Soleil

Durant l'Antiquité, lorsque les philosophes levaient les yeux au ciel, ils pouvaient distinguer de nombreuses lumières célestes qui, sur un temps court, semblaient immobiles mais qui, alors que la nuit suivait son cours, se déplaçaient d'un bloc dans le ciel, du Levant vers le Couchant. Quelques objets, en revanche, ne suivaient pas le même cours : le Soleil, la Lune et cinq petites lumières indistinctes des autres. Les Grecs appelèrent ces objets errants des « planètes[48] ». Il faudra attendre des siècles pour que cela change et que la hiérarchie spatiale reprenne ses droits — ne serait-ce que pour ne pas placer la Lune, le Soleil et Jupiter dans la même catégorie. Nous le savons, aujourd'hui, le Soleil n'est pas une planète, c'est une étoile. Mais qu'est-ce qu'une étoile ?

Une étoile est une seule masse compacte de gaz opaque, en équilibre hydrostatique et dont le cœur combine des éléments par fusion thermonucléaire. Bon appétit.

Détaillons un peu, vous voulez bien ? C'est une seule masse : c'est bête à dire, mais une étoile n'existe qu'en un seul morceau ; même lorsque deux étoiles cohabitent et échangent de la matière, il s'agit bien de deux étoiles distinctes ; compacte : c'est à dire qu'une étoile est délimitée de façon nette, au contraire des nébuleuses, par exemple, qui sont entre autres choses de gigantesques nuages diffus de gaz ; opaque : aucun rayonnement électromagnétique ne peut la traverser, on ne peut pas voir au travers, ni en infrarouge, ni en ultraviolet, ni en micro-ondes, etc. ; en équilibre hydrostatique : on détaille juste après, mais ce que ça

---

[48]   Du grec πλανήτης qui signifie « errant ».

signifie, c'est que sa masse suffit à ce que sa gravitation maintienne sa forme — en l'occurrence, une boule — et que, dans le même temps, autre chose l'empêche de s'effondrer sur elle-même, la plaçant ainsi en état d'équilibre dit hydrostatique ; fusion nucléaire : sa pression interne est telle qu'elle peut forcer littéralement des particules à se coller les unes aux autres pour former des atomes.

L'équilibre hydrostatique

L'hydrostatique est la branche de la mécanique des fluides qui étudie les fluides — gaz ou liquides — immobiles. On parle d'équilibre hydrostatique lorsqu'un gradient de pression vient contrebalancer les forces de gravitation. Sur Terre, par exemple, l'atmosphère a une pression plus grande à mesure qu'on s'approche du sol ; ce gradient de pression empêche la gravitation de compresser l'atmosphère terrestre et, inversement, la pesanteur empêche l'atmosphère de se diffuser dans l'espace. Équilibre.

Du fait que, dans l'espace, il n'y a ni haut, ni bas, ni côté, la gravitation s'exerce de façon identique dans toutes les directions ; cela a pour conséquence que lorsqu'un corps céleste est en équilibre hydrostatique, sa gravitation lui confère la forme d'une boule, parce qu'une boule a la même forme quel que soit l'angle duquel on l'observe.

Notre Soleil est, pour le dire assez simplement, une étoile *comme les autres*. Il en existe des plus petits et il en existe des bien plus gros ; mais la masse moyenne d'une étoile est tout à fait similaire à celle du Soleil. Je ne vais pas plus parler de sa masse tellement les chiffres deviennent grotesques à cette échelle, mais disons simplement que son diamètre est plus de cent fois (109 fois) le diamètre de la Terre.

On pourra penser que la surface du Soleil est chaude avec ses 5 778 K[49] (environ 5 500 °C), mais le fait est que c'est le froid glacial comparé au cœur du Soleil et ses — accrochez-vous bien — quinze millions de

---

[49] K pour Kelvin — vous vous rappelez ? Lord Kelvin ? C'est bien la température absolue qui est mesurée ici et qui diffère de la température en degrés Celsius de 276,15 °C.

degrés — Kelvin ou Celsius, à ces températures, il n'y a pas vraiment de différence. Et le cœur du Soleil représente une boule dont le diamètre est environ son quart. Et dans ce cœur, la température provient de la pression immense qu'opère la gravitation du Soleil sur lui-même ; cette pression est telle qu'elle permet la nucléosynthèse stellaire.

24. Nucléosynthèse stellaire

J'adore ce titre : *nucléosynthèse stellaire*. Il y a une dimension épique là-dedans, alors qu'il s'agit simplement de décrire la « fabrique à atomes ». La nucléosynthèse stellaire est littéralement la fabrication de noyaux atomiques dans les étoiles. C'est dans ce chapitre que nous allons prendre conscience de l'intuition phénoménale de Dmitri Mendeleïev lorsqu'il indique que les éléments les plus légers sont les plus abondants de l'Univers, les trois exceptions notables étant le lithium, le béryllium et le bore. Et justement, vous vous rappelez quand on a parlé de Mendeleïev, j'ai fait une petite parenthèse page 27 pour parler de la spectroscopie.

Jusqu'à l'invention de la spectroscopie, on n'avait globalement aucune idée de comment se formaient les atomes, d'où se situait leur genèse. Du coup, une fois le procédé inventé, les astrophysiciens ont utilisé des spectromètres pour déterminer la composition chimique du Soleil, ne serait-ce que pour la comparer à ce qu'on connaissait déjà, à savoir : la Terre et les météorites. Le Soleil est composé principalement d'Hydrogène (92,1 %), d'Hélium (7,8 %), puis par ordre décroissant de présence : Oxygène, Carbone, Azote, Néon, Fer, Silicium, Magnésium et enfin des traces d'autres éléments. Oui, on a bien les éléments les plus légers qui sont les plus abondants. Comment expliquer cela ?

En 1942, George Gamow, astronome et physicien d'abord russe puis américain — il se barre définitivement de l'Union soviétique en 1933 lorsqu'il part au congrès de Solvay, faisant passer sa femme pour sa secrétaire, mais on s'en fout, ce n'est pas le sujet — est le premier à imaginer que toute la matière présente dans l'Univers a été créée au moment du Big Bang — on en parlera, bien sûr, mais vous avez une petite idée de ce qu'est le Big Bang, la création de l'Univers tel qu'on le connaît, il y a 13,8 milliards d'années ; eh bien, il se trouve que Gamow a fait partie de l'élaboration de cette théorie. Il imagine alors que les différents éléments ont été créés après le Big Bang par agrégations de neutrons suivies de désintégrations β — on en parlera plus en détail, mais la désintégration β est un type de désintégration radioactive au cours de laquelle un neutron peut être désintégré en un proton et un électron, ça fait partie de l'interaction nucléaire faible. Mais si les atomes avaient été créés ainsi, au rythme auquel l'Univers se refroidit depuis le Big Bang, rien de plus complexe que le Lithium n'aurait pu être créé.

Parallèlement à ça — ou presque — en 1939, Hans Bethe, physicien et astrophysicien allemand devenu américain — il a fui l'Allemagne en 1933 — publie un article intitulé *Energy production in stars*, dans lequel il analyse par quels moyens l'Hydrogène d'une étoile peut être transformé en Hélium.

Dans une étoile, au commencement, il y a une masse d'Hydrogène, une énorme masse d'Hydrogène. Celle-ci va se contracter sur elle-même du fait de sa propre masse, c'est la gravitation qui agit. Mais, ce faisant, la pression de l'Hydrogène va augmenter et, avec elle, sa température. Si cette température dépasse les dix millions de degrés, les noyaux d'Hydrogène ont assez d'énergie pour franchir ce qu'on appelle la barrière coulombienne. Vous vous rappelez que la loi de Coulomb stipule que deux charges électriques de même signe se repoussent ; il y a un certain niveau d'énergie à cette répulsion et, si l'on dépasse cette énergie, on peut forcer des charges de même signe à se coller ; c'est très exactement ce qui se passe dans l'étoile à ce moment. En collant des protons par deux, un cycle de transformations va s'opérer pour finalement produire de l'Hélium dont le noyau contient deux protons et deux neutrons. Cette fusion libère une quantité phénoménale d'énergie depuis le cœur de l'étoile vers l'extérieur, contrebalançant la gravitation ; l'étoile atteint son premier équilibre et mérite son titre d'étoile.

Donc l'étoile transforme de l'Hydrogène en Hélium, produit une quantité folle d'énergie, rayonne dans toutes les directions de l'espace et est en équilibre. C'est l'état dans lequel se trouve actuellement le Soleil. Et si vous vous demandez d'où provient l'Hydrogène en tout premier lieu, il a été fabriqué lors du Big Bang.

Au bout d'un long moment — de quelques millions à quelques centaines de milliards d'années selon la masse de l'étoile, une petite douzaine de milliards d'années pour le Soleil — l'Hydrogène commence à manquer, et sa fusion en Hélium ne suffit plus à maintenir l'équilibre avec la gravitation. Cette dernière prend alors à nouveau le dessus. Si l'étoile est suffisamment grosse — plus d'un tiers de la masse du Soleil — elle va à nouveau se contracter sur elle-même, provoquant une plus grande pression de l'Hélium contenu dans l'étoile, et donc une plus grande température. À environ cent millions de degrés, c'est l'Hélium, cette fois-ci, qui a suffisamment d'énergie pour fusionner et lancer un nouveau cycle de transformations aboutissant à des atomes plus lourds : du Carbone et de l'Oxygène. Une fois encore, l'énergie dégagée par ce processus de fusion contrebalance la gravitation, et l'étoile trouve son deuxième équilibre. Concernant le Soleil, ce sera son dernier équilibre car il n'est pas assez massif pour ce qui vient ensuite.

À nouveau, lorsqu'il n'y a plus suffisamment d'Hélium pour produire suffisamment d'énergie pour maintenir l'équilibre, l'étoile se contracte sous sa propre masse, comprime le Carbone et l'Oxygène qu'elle contient jusqu'à une température de l'ordre du milliard de degrés ; à cette température, le Carbone lui-même est fusionné et produit du Sodium, du Néon et du Magnésium dans un nouvel équilibre de l'étoile — pour une étoile d'une masse de vingt-cinq soleils, cet équilibre dure environ deux cents ans. Puis c'est au tour du Néon d'être fusionné, sous 1,2 milliard de degrés, en plus de Magnésium et d'Oxygène, mais également et en plus petites quantités des atomes plus lourds, pouvant aller jusqu'au Bismuth, au Polonium et au Plomb ; ce quatrième équilibre est encore plus bref que les précédents — un an environ pour une étoile d'une masse de vingt-cinq soleils. À deux milliards de degrés, l'Oxygène est fusionné pour produire du Silicium, du Phosphore et du Soufre ; ces transformations dégagent, outre énormément d'énergie, des protons, des neutrons et autres particules qui permettent la formation d'autres éléments comme le Chlore, le Potassium, l'Argon, le Calcium, etc. Cette phase dure, pour une étoile d'une masse de vingt-cinq soleils, cinq mois environ. La fin de l'étoile est proche. Une fois l'équilibre rompu, nouvelle contraction, la température atteint les trois milliards de degrés et la dernière fusion démarre, la fusion du Silicium. Tous les éléments jusqu'au Fer vont être fabriqués pendant cette période de quelques heures du dernier jour de la vie de l'étoile.

Le Fer est l'élément le plus stable de tous les éléments ; il ne fusionnera pas. Avec aucun autre élément — rien à… « faire »[50]. Lorsqu'il n'y a plus assez de combustible à fusionner, l'étoile s'effondre rapidement sur son propre cœur de Fer et implose. La pression de la gravitation contracte tout le matériel de l'étoile jusqu'à atteindre la même densité que celle d'un noyau atomique. Plus rien ne peut s'approcher. La moindre particule qui vient frapper ce cœur rebondit immédiatement.

Une onde de choc balaie alors l'étoile, du centre vers l'extérieur, rallumant au passage pendant une courte période le processus de fusion sur les couches extérieures de ce qui reste de l'étoile. C'est dans cette période explosive que sont synthétisés tous les éléments plus lourds que le Fer,

---

[50]   Pardon.

par addition rapide de protons et de neutrons. De nombreuses collisions libèrent énormément d'énergie, provoquent une nouvelle onde de choc, et transforment l'étoile en supernova. La matière synthétisée dans l'étoile pendant des milliards d'années est maintenant éjectée dans toutes les directions de l'espace. Le cœur est tellement dense que les électrons qui en approchent pénètrent son noyau, transformant les protons qui s'y trouvent en neutrons. Cette transformation provoque un rayonnement phénoménal aux pôles de ce qui est maintenant une étoile à neutrons, ou pulsar, un cœur de quelques milliers de kilomètres seulement et qui peut tourner sur lui-même, avec une parfaite régularité, jusqu'à plusieurs milliers de fois par seconde!

Tout ce qui compose le lecteur que vous êtes, mais également ce livre, l'air que vous respirez, tout ceci est composé de Carbone, d'Oxygène, de Fer, de Plomb, de Magnésium, de Calcium, d'Uranium, de Soufre, de Cobalt, etc. Tous ces éléments sont uniquement l'héritage de générations entières d'étoiles mortes. Nous sommes tous des poussières d'étoiles.

25. Formation du Système Solaire

Bref, dans l'espace, on trouve de l'Hydrogène en grande quantité, ainsi que d'autres éléments plus lourds que sont les résidus, les restes d'étoiles ayant explosé. Tous ces machins dérivent tranquillement dans l'espace, comme un nuage de débris, des gaz, des poussières, jusqu'au moment où un tel nuage est suffisamment gros et dense à la fois pour permettre au moins la formation de dihydrogène. On appelle un tel nuage un nuage moléculaire. À notre connaissance, il y a environ 4,5 milliards d'années, un nuage moléculaire dérivait tranquillement dans notre galaxie, d'une taille comprise entre sept mille et vingt mille unités astronomiques — une unité astronomique est la distance moyenne Terre-Soleil, précisément la moitié de la distance entre le point où la Terre est au plus loin du

Soleil et le point où elle en est le plus proche, soit environ 149 millions de kilomètres[51] — et d'une masse à peine supérieure à la masse de notre Soleil. Ce nuage allait bientôt devenir notre système solaire.

Ce nuage est suffisamment gros et dense pour commencer à s'effondrer, doucement, sur lui-même, sous l'effet de sa propre gravitation : un tout petit peu plus de masse quelque part vers le milieu, et c'est parti. Par ailleurs, on peut noter que si toutes les particules qui composent ce nuage se déplacent un peu comme elles veulent, dans toutes les directions, l'ensemble du nuage, lui, a un mouvement global moyen : on peut en quelque sorte dire que le nuage « tourne » globalement sur lui-même. C'est important parce que les lois de la mécanique nous disent que ce mouvement de rotation n'a aucune raison de s'arrêter dans l'espace et alors qu'aucune force ne vient le modifier : en pratique, on appelle ça la conservation du moment cinétique[52]. C'est à cause de cela que le Système Solaire va être plat.

En concentrant sa masse tout en poursuivant sa rotation, le nuage va finir par créer ce qu'on appelle un disque d'accrétion ; plus le nuage s'effondre, plus ce dernier va tourner vite et former une espèce de large galette, comme un vieux disque 33 tours, dont le centre sera plus dense et, du fait de la pression qui augmente avec la densité, plus chaud. Au centre de ce disque, on trouve une masse compacte et brûlante mais qui n'a pas encore enclenché son réacteur de fusion thermonucléaire. Le Soleil est sur le point de naître, il s'est écoulé environ cent mille ans. Pendant cinquante millions d'années environ, le Soleil en gestation du fait de sa gravitation continue à aspirer la matière du disque, gaz et poussières, jusqu'au moment où sa pression interne lui permet de fusionner de

---

[51] Sa valeur exacte, par définition, est : 149 597 870 700 m.
[52] Voir la mécanique newtonienne, page 185.

l'Hydrogène et de synthétiser de l'Hélium. Il trouve alors son premier équilibre hydrostatique : le Soleil vient de naître.

Dès lors, et pendant toute la durée de cet équilibre — qui dure encore aujourd'hui — la matière autour du Soleil peut tourner plus sereinement autour de lui. Parmi cette matière qui tourne, les différentes poussières et gaz vont se rencontrer et s'agréger, puis de désagréger et se réagréger un peu comme ils peuvent ; mais il va apparaître, en plusieurs endroits du disque, que certains blocs se forment, ayant eu la chance de ne pas être détruits par collision avec d'autres blocs et, passé une certaine taille, ils deviennent trop gros pour être simplement détruits au contact d'un caillou. Ce qui fait que quand un caillou leur rentre dedans, la gravitation du gros bloc maintient le caillou en place ; les blocs grossissent. On appelle ce phénomène l'accrétion, et c'est ainsi que notre Soleil voit se former ses différentes planètes qui, pour l'instant, sont au pire des grosses roches et au mieux des *planétésimaux*[53].

À noter quand même : près du Soleil, la température est extrêmement élevée et ne permet pas aux gaz de s'y condenser et de s'y maintenir sous forme solide. Du coup, sur cette proche distance d'environ quatre unités astronomiques — quatre fois la distance Terre-Soleil — seuls les composants s'évaporant à très haute température participent à la création de planètes, tels que le Fer ou l'Aluminium — qui, par ailleurs, sont les composants les plus rares dans l'espace, limitant du coup la croissance de ces planètes — alors que les gaz participeront à la création de planètes au-delà de cette distance. Cette frontière virtuelle va délimiter les planètes telluriques — à terme : Mercure, Vénus, la Terre et Mars — des planètes gazeuses — à terme : Jupiter, Saturne, Uranus et Neptune.

Vous avez vu comment j'ai bien précisé la liste des planètes « à terme » ? Ce n'est pas parce que j'ai la nostalgie de Pluton en tant que planète,

---

[53]   Toutes petites planètes.

mais plutôt parce que lors de la formation des planètes telluriques, le Soleil en comptait entre cinquante et cent et que, pendant encore cent millions d'années, ces planètes ont pu entrer en collision les unes avec les autres, permettant de poursuivre la croissance des plus grosses planètes telluriques et rejetant des débris qui, par suite, ont pu à leur tour s'agréger à celles-ci plus calmement, voire en devenir des satellites — c'est sans doute ainsi qu'est née la Lune, celle avec un L majuscule, la nôtre. Pour les planètes gazeuses, c'est un peu différent : les scientifiques ne comprennent pas encore bien comment Uranus et Neptune ont pu se former à une distance telle que sans doute trop peu de gaz était disponible pour leur formation, et préfèrent imaginer qu'elles ont été formées plus proche de leur orbite actuelle pour ensuite y migrer. Cette théorie est celle de la migration des planètes, ou modèle de Nice.

Le modèle de Nice

Appelé ainsi parce qu'il a été développé à l'Observatoire de la Côte d'Azur, à Nice, ce modèle propose qu'une fois le disque d'accrétion dissipé, les planètes géantes se sont éloignées du Soleil. Je ne vais pas rentrer dans le détail des résonances orbitales et autres complexités mathématiques, mais disons simplement que ce modèle permet d'expliquer bon nombre de phénomènes avec lesquels les modèles précédents de systèmes solaires étaient en contradiction, notamment le bombardement tardif, la formation du nuage d'Oort, de la ceinture de Kuiper, l'existence des troyens de Jupiter et de Neptune, etc.

---

26. Mercure

La planète la plus proche du Soleil est, bien évidemment, celle qui en a subi le plus la violence ; d'un volume et d'une masse d'environ 5 % de celles de la Terre, sa superficie totale de soixante-quinze millions de kilomètres carrés couvre l'Asie et l'Afrique. Elle n'a pas d'atmosphère, ou presque ; en effet, la moindre bulle de gaz à sa surface est quasi immédiatement arrachée par les vents solaires ; en réalité, son « atmosphère » est si ténue que les molécules qui la composent n'entrent quasiment jamais en collision et n'offrent presque aucune pression atmosphérique — la pression atmosphérique sur Mercure est environ deux cents milliardièmes de la pression sur Terre au niveau de la mer.

Si cette planète est suffisamment proche et grosse — par rapport à sa distance, en tout cas — pour être visible à l'œil nu, elle ne l'est quasiment jamais du fait qu'elle est toujours relativement dans l'axe du Soleil, dont la luminosité l'éclipse complètement. Il y a sans doute des spécialistes de la planète Mercure qui auraient énormément de choses à dire à son sujet, sa formation, sa géologie, sa position, etc. Pour ma part, je me contenterai simplement de spécifier quelques points concernant son orbite, car cela se révélera d'une importance cruciale pour un certain Albert Einstein dans les années 1910.

Au sujet des orbites

Le sujet est connu de la plupart, mais il n'est sans doute pas inutile de poser quelques lignes au sujet des orbites, ne serait-ce que pour nommer quelques-unes de leurs caractéristiques. Classiquement — je devrais dire « en mécanique classique », mais on y viendra — on désigne par orbite le mouvement courbe, fermé et périodique d'un objet, dans l'espace, autour d'un objet plus massif. Par exemple, la Lune est en orbite autour de la Terre, la Terre est en orbite autour du Soleil.

La courbe en question est une ellipse dont l'objet plus massif — en réalité, le centre de gravité de l'ensemble, mais pour les planètes autour du Soleil, c'est le Soleil — est un des foyers. Le point de l'orbite le plus éloigné de ce foyer est appelé *apoapside* ; dans le cas des orbites autour de la Terre, il s'appelle *apogée* et, pour les orbites autour du Soleil, *aphélie*. Il existe ainsi des terminologie d'apoapsides pour quasiment tous les objets célestes (apomélasme autour d'un trou noir, apocythère autour de Vénus, aposélène autour de la Lune, etc.). Le point de l'orbite le plus proche de ce foyer est appelé, quant à lui, périapside — et, de la même manière, périgée, périhélie, périmélasme, etc.

Le périhélie de Mercure — le point de son orbite le plus proche du Soleil — change à chaque orbite ; en d'autres termes, chaque fois que Mercure passe par le périhélie de son orbite, celle-ci se déplace un peu, on parle de précession du périhélie de Mercure. Ce phénomène, qui a une périodicité de deux cent vingt-cinq mille ans — c'est à dire que l'orbite revient au même état tous les 225 000 ans — a été observé au XIXe siècle sans pour autant pouvoir être expliqué. En effet, la mécanique classique, la mécanique newtonienne, celle qui explique alors depuis près de deux cents ans les mouvements des astres avec une précision remarquable, la mécanique classique, donc, ne permet pas de justifier d'un tel mouvement.

Après, ce mouvement de précession n'a pas empêché grand monde de dormir parce qu'il est quand même relativement ténu. La variation de l'orbite de Mercure est de l'ordre de quarante-deux secondes d'arc par siècle, ce qui équivaut à peu de choses près à l'angle de vision nécessaire pour voir ce livre à un kilomètre de distance. Eh bien, si vous arriviez à voir ainsi, Mercure semblerait, pour vous, passer du haut au bas du livre en un siècle. C'est quand même peu.

Degré, minutes et secondes d'arc

Depuis la Terre, on utilise les angles pour définir des distances relatives — c'est de la trigonométrie et, comme je sais que nombre d'entre vous se sont évanouis à la simple lecture du mot, je ne vais pas aller plus avant dans les explications. Simplement, notons qu'un tour complet est composé de 360° : un angle droit, qui est un quart de tour, vaut 90° ; un angle plat, qui est la moitié d'un tour, vaut 180°, etc.

Chaque degré peut, comme une heure, être divisé en soixante sous-angles égaux, qu'on appelle des minutes d'arc. Et chaque minute d'arc peut, à son tour, être divisée en soixante sections égales, qu'on appelle des secondes d'arc.

Une seconde d'arc, c'est donc le soixantième du soixantième d'un degré et vaut : 0,000277° — bah oui ! il en faut trois mille six cents pour faire un degré, comme le nombre de secondes dans une heure.

C'est peu de chose, en effet, donc ça n'empêche pas de prendre des mesures correctes des déplacements de la Lune, de Jupiter, etc. Mais quand on veut être rigoureux, ou simplement quand on veut étudier les mouvements de Mercure, c'est un problème.

Urbain Le Verrier, astronome français, va tenter d'élucider le mystère en calculant de manière classique le mouvement de Mercure autour du Soleil, mais en prenant en compte l'influence de toutes les planètes connues alors du Système Solaire, pensant que l'influence de grosses planètes comme Jupiter pourrait suffire à justifier la variation d'orbite de Mercure. En septembre 1859, il présente ses résultats qui sont en désaccord avec les observations — en 1882, Simon Newcomb, astronome américain, affinera encore ce résultat en prenant en compte le fait que le Soleil, puisqu'il tourne sur lui-même, s'affaisse légèrement au niveau de ses pôles et s'étire tout aussi légèrement au niveau de son équateur, mais rien n'y fait, ça ne colle toujours pas. En 1860, Le Verrier tente une nouvelle approche, en s'inspirant d'une récente découverte, celle de Neptune. Découverte en 1846, Neptune est le résultat d'une belle performance intellectuelle au cours de laquelle les astronomes se sont imaginés que les perturbations de l'orbite d'Uranus qu'ils ne comprenaient pas étaient dues à l'existence d'une planète plus lointaine qu'on ne connaissait pas encore — plus de détail dans le chapitre sur la planète Neptune, page 170.

Le Verrier se met donc en quête d'une planète inconnue, entre le Soleil et Mercure, et qui s'appelle déjà Vulcain. Après énormément de calculs permettant de déterminer exactement où devrait se situer une telle planète, les astronomes pointent leurs télescopes, et ne trouvent rien. Vulcain n'existe pas. Il faudra attendre Albert Einstein et sa relativité générale pour pouvoir comprendre l'avance du périhélie de Mercure dans le temps.

27. La preuve par vieux : Guillaume Le Gentil

La deuxième planète du Système Solaire, en s'éloignant du Soleil, est Vénus — oui, je sais que le chapitre s'intitule Guillaume Le Gentil, en plein milieu d'une section sur le Système Solaire, mais, pas d'inquiétude, j'ai un plan.

Vénus est une planète particulière ; immédiatement identifiable dans le ciel, dès le crépuscule, et à l'œil nu, également appelée « étoile du berger », c'est le corps céleste le plus lumineux du ciel après le Soleil et la Lune. C'est sans doute sa brillance[54] qui lui a valu le nom de la déesse romaine de la beauté, ce qui serait certainement très poétique si celle-ci n'était pas due à une épaisse couche de nuages de dioxyde de carbone et d'acide sulfurique. Vénus, donc, est particulière, et ce pour plusieurs raisons : tout d'abord, c'est la seule planète, avec Uranus, dont la révolution est rétrograde, c'est-à-dire qu'elle tourne sur elle-même dans le sens inverse du sens de sa rotation autour du Soleil. C'est également la seule planète du Système Solaire dont le jour — un tour complet sur elle-même — est plus long qu'une année — un tour complet autour du Soleil. Quasiment de la taille de la Terre, affichant fièrement 95 % de son diamètre, sa rotation lente fait qu'elle n'est presque pas déformée par sa rotation sur elle-même. C'est le corps le plus rond du Système Solaire. En outre, sa surface relativement jeune — quelques centaines de millions d'années — semble être renouvelée régulièrement par une activité volcanique ponctuelle intense, bien que ses volcans ne semblent pas rejeter de coulées de lave, ce qui est aussi unique dans le Système Solaire que totalement incompris à ce jour. Enfin, son orbite est quasiment circulaire[55].

---

[54] Son albédo, en fait : sa capacité à réfléchir la lumière.
[55] Les autres orbites étant elliptiques, mais plus excentrées.

Vénus fait presque la taille de la Terre, je l'ai dit, mais son atmosphère est presque cent fois plus massive que celle de la Terre : c'est l'atmosphère la plus épaisse de toutes les planètes telluriques ; elle a d'ailleurs sa propre dynamique et tourne dans le sens inverse de la rotation de Vénus à une vitesse lui permettant de faire un tour complet de la planète en moins d'une centaine d'heures. Les vents les plus hauts dans cette atmosphère se déplacent, par rapport au sol, à plus de 360 km/h. Du fait de sa composition à 96 % de dioxyde de carbone — d'une densité telle qu'il existe presque sous forme liquide dans l'atmosphère — la planète subit un énorme effet de serre, causant à sa surface des températures plus chaudes que sur Mercure, pourtant deux fois plus proche du Soleil et quasiment dénuée d'atmosphère — les températures sur Vénus tournent autour de 460 °C. Vénus, c'est littéralement la planète-enfer du Système Solaire — je dis « planète » parce qu'il y a quelques lunes, également, qui ne sont pas à piquer des hannetons.

Et dans l'histoire de l'astronomie, il va de soi que Vénus a immédiatement intéressé les savants puisque, après la Lune, c'est l'objet céleste le plus facilement identifiable. Vénus a notamment permis de mesurer précisément la distance Terre-Soleil en 1769, en utilisant la méthode dite des *parallaxes* décrite par James Gregory, astronome et mathématicien écossais, en 1663, quelque cent six ans plus tôt.

Parallaxe

Techniquement, la parallaxe est la variation de l'angle par lequel un observateur voit un objet lorsqu'il se déplace — « il » pouvant désigner aussi bien l'observateur que l'objet.

En pratique, la parallaxe, c'est ce qui fait que quand vous êtes assis dans un train côté fenêtre, si vous regardez au-dehors, plus le décor que vous observez est éloigné et moins il semble se déplacer vite. C'est ce phénomène qui fait que lorsque vous roulez la nuit, la Lune semble vous suivre sur votre trajet.

Pour les astronomes, le fait de comparer les déplacements dans le ciel de deux objets distincts permet de déterminer avec précision leur distance à l'outil d'observation, en général un télescope. C'est justement cette pratique qui va nous intéresser avec Vénus.

Il y a un très beau phénomène qui s'appelle le *transit de Vénus*. Périodiquement, Vénus se retrouve précisément traverser l'axe Terre-Soleil, ce qui fait que vue de la Terre, elle éclipse partiellement le Soleil — vraiment partiellement, sa taille apparente étant plus de trente fois plus petite que celle du Soleil. À l'aide d'un télescope adapté pour ne pas être ébloui par le Soleil, on peut alors distinguer un petit disque noir traverser la largeur du Soleil. Ce disque noir, c'est Vénus que l'on observe littéralement à contre-jour. Avec la méthode des parallaxes, les astronomes sont en mesure, en étudiant de plusieurs endroits du monde le transit de Vénus, de déterminer avec précision la distance Terre-Soleil au moment de la mesure.

Le protocole de cette observation va être donné par Edmund Halley, astronome britannique, célèbre par la comète qui porte son nom — il ne l'a pas découverte, mais il en a déterminé la périodicité ce qui, lorsqu'elle réapparut quelque seize ans après sa mort et au moment qu'il avait prédit, lui valut le nommage de la comète en son hommage. Mais c'est seulement vingt ans après sa mort que l'observation est mise en place, grâce à Mikhaïl Lomonossov, brillant physicien, astronome, chimiste, historien, poète — et j'en passe — russe, qui organise une observation commune du prochain transit de Vénus par cent astronomes distincts d'un peu partout dans le monde.

Parmi ces cent astronomes choisis, il y en a un, français, très prometteur : Guillaume Joseph Hyacinthe Jean-Baptiste Le Gentil de la Galaisière, ou plus simplement Guillaume Le Gentil que, tant par souci de simplicité qu'afin de vous permettre de vous identifier à lui par un ingénieux mécanisme de familiarisation, je nommerai désormais Guigui. Parce que Guigui va avoir un destin tout à fait hors du commun. Il est le Pierre Richard de l'astronomie, le Jacques Villeret de la science ; il est sans conteste un des plus grands poissards de la triste et longue histoire des poissards. D'ailleurs, je n'hésiterai pas à marquer d'un « FAIL[56]! » les étapes de sa vie auxquelles, vraisemblablement, son karma aura décidé de lui faire payer les fautes de toutes ses vies antérieures en seulement quelques années, parce que, oui, *karma is a bitch*[57].

Guigui décide de partir faire son observation à Pondichéry, à l'époque comptoir de la Compagnie française des Indes orientales — une sorte de colonie française, si vous voulez. Pondichéry se trouve à l'extrême Est des Indes et, vu que le canal de Suez n'a pas encore été construit, il est nécessaire, pour l'atteindre en bateau, de contourner intégralement l'Afrique. Guigui souhaite observer le transit de Vénus qui est prévu en juin 1761, alors il part en mars 1760, se laissant près de seize mois pour atteindre sa destination, ce qui est largement suffisant. Il embrasse sa femme une dernière fois, lui dit sans doute un « à bientôt » ainsi qu'un « je t'écrirai », totalement aveugle au destin qui l'attend en quittant Paris. Quatre mois plus tard, en juillet, il atteint déjà l'île de France — c'est l'île Maurice, qui, à cette époque, s'appelait l'île de France. Jusqu'ici, tout va bien, et tout se passe comme prévu. Il va y rester jusqu'en mars 1761, à préparer son prochain périple, à organiser à l'avance de quelle façon il observera le transit de Vénus, quelles mesures il prendra, comment il les prendra, etc. Il écrit une lettre à sa femme, une autre à l'Académie royale, mais pour des raisons que l'on ignore, naufrage, attaque de bateau ou autre, aucun de ces courriers n'atteint sa destination — FAIL !

En mars 1761, il embarque sur une frégate rapide, la *Sylphide*, destination Pondichéry. Lorsque celle-ci approche finalement du terme de son

---

[56]   « ÉCHEC » en anglais.
[57]   In *Entourage*, épisode « the abyss », 2005.

voyage, son équipage apprend que la guerre qui avait éclaté notamment entre le royaume de France et le royaume de Grande-Bretagne, la guerre des Sept Ans, a atteint Pondichéry et qu'après un siège de plusieurs mois, la ville est tombée le 15 janvier. Pondichéry n'est plus sûre pour un Français, qui plus est envoyé sur ordre du Roi, fût-il astronome. Le bateau fait demi-tour — FAIL!

Guigui espère pouvoir rentrer à toute blinde pour effectuer son observation depuis l'île de France, ce qui serait déjà mieux que rien. Lorsque Vénus traverse le disque solaire, le 6 juin 1761, le temps est clair, idéal pour l'observation, mais la *Sylphide* est encore en mer; Guigui tente comme il peut de prendre des mesures aussi précises que possible, mais avec la houle et les mouvements du bateau, c'est tout bonnement impossible. Après un voyage au bout du monte de plus de seize mois, Guigui doit bien se rendre à l'évidence: échec total de sa mission — FAIL!

Petite parenthèse au sujet de la périodicité du transit de Vénus; c'est un phénomène rare, qui se produit environ deux fois tous les cent cinquante ans. Mais qui se produit toujours par « paire » de transits; le transit se produit toujours d'abord une fois, puis une seconde fois huit ans plus tard, et c'est seulement ensuite qu'il faut attendre plus de cent ans, et parfois plus de cent trente ans, pour observer de nouveau le phénomène. Le 6 juin 1761 a eu lieu le premier des deux transits de Vénus; le second est prévu pour le 3 juin 1769 — celui d'après pour le 9 décembre 1874. Guigui décide de rester sur place et d'attendre le prochain transit. Il écrit une lettre à sa femme et une autre à l'Académie royale pour les prévenir que son périple durera désormais quelque huit ans de plus; vous l'avez deviné, ces courriers n'arriveront jamais à leur destinataire — FAIL!

Il va, pendant un temps, étudier la côte est de Madagascar afin d'en décrire une meilleure géographie que celle connue alors et, après quelques mois, décide de se diriger vers Manille, d'où il a désormais choisi de faire son observation. Pour information, Manille, l'actuelle capitale des

Philippines, a été fondée au XVIᵉ siècle par les conquistadors, et c'est totalement une province espagnole. Lorsque Guigui arrive à Manille, autant le royaume d'Espagne et le royaume de France sont alliés dans ce qui constitue la guerre de Sept Ans, autant un certain nombre d'intérêts, parfois concurrents, en Europe ou en Amérique, crée une certaine tension et méfiance. Et le gouvernement espagnol en place à Manille se méfie de Guigui, envoyé par l'Académie royale, et donc par ordre du roi Louis XV. Guigui est suspecté d'espionnage et il lui est gentiment suggéré de décarrer aussi prestement qu'il lui est possible — FAIL!

Entre-temps, on est déjà en 1768 et la guerre de Sept Ans est finie ; la France a récupéré la pleine possession de Pondichéry et Guigui peut tranquillement y accoster. Le sort semble avoir fini de s'acharner sur son cas. Guigui écrit une lettre à sa femme et une autre à l'Académie pour les prévenir qu'il va pouvoir commencer à préparer l'observation pour le prochain transit de Vénus. Aucune de ces lettres n'arrive à sa destination — FAIL!

Guigui, qui veut être absolument certain de ne pas rater son coup — je rappelle que le transit de Vénus suivant sera en 1874, et alors que Guigui sera mort depuis longtemps — décide de faire construire, à Pondichéry, un véritable observatoire ; pas question de poser simplement un télescope sur le toit d'un bâtiment. Il fera une mesure parfaite et honorera ainsi tant l'Académie royale que le roi lui-même, tout en permettant à la communauté scientifique de déterminer la distance Terre-Soleil avec plus de précision.

L'observatoire construit sur les ruines de l'ancien fort de Pondichéry, Guigui commence par déterminer précisément les latitude et longitude de son observation. Tout est fin prêt. Le transit aura lieu le 3 juin 1769 et durera près de six heures et demie. Durant tout le mois de mai, le temps est particulièrement clair, les observations que Guigui réalise en préparation du 3 juin sont fantastiques, et les notables locaux le félicitent déjà en prévision de l'exceptionnelle mesure qu'il prendra. Le 3 juin, alors que le transit de Vénus débute, un nuage vient se placer devant le Soleil dans le ciel de Pondichéry et y restera jusqu'à une demi-heure après la fin du transit, après quoi le ciel sera à nouveau exceptionnellement dégagé — FAIL!Guigui n'a pu relever aucune observation. On peut noter que, pendant ce temps, à Manille, il a fait un temps magnifique pendant toute la durée du transit — FAIL!

L'histoire pourrait s'arrêter là et concernant Vénus, c'est bel et bien le cas, mais le fait est que la chance n'a pas fini de sourire à Guigui, de ce sourire de lion affamé qui vient de remarquer un zèbre bien dodu avec une patte cassée, si les lions étaient capables de sourire.

Vous imaginez bien qu'après autant de mésaventures, Guigui est malheureux, il sombre dans la dépression. Cela fait neuf ans qu'il n'a pas vu sa femme. Après quelques mois, il décide de rentrer en France, mais son départ est retardé par une dysenterie particulièrement incommodante — FAIL! Après avoir failli en mourir, il finit par quitter Pondichéry en mars 1770, direction l'île de France. La maladie l'y rattrape — FAIL! — et il restera coincé sur l'île pendant encore sept mois ; il ne supporte plus l'île de France et n'a plus qu'une idée en tête, rentrer à Paris. Il arrive finalement à partir, mais son navire essuie une tempête après seulement deux semaines, et il est contraint de revenir — FAIL! Il lui faudra patienter jusqu'en mars 1771 pour qu'un navire espagnol qui passait par là accepte de le ramener en Europe. Il débarquera à Cadix et arrivera à Paris en octobre 1771, plus de onze ans après son départ.

Là, il découvre une terrible vérité : cela fait plusieurs années qu'il a été déclaré mort — FAIL! — sa femme s'est remariée — FAIL! — son poste à l'Académie devenu vacant a été investi par quelqu'un d'autre — FAIL! — et son héritage est sur le point d'être partagé entre ses héritiers — COMBO FAIL!

Il demande à son fondé de pouvoir de lui remettre ce qu'il lui reste d'argent, mais celui-ci se fait dérober les restes de sa fortune avant de pouvoir les lui remettre — FAIL! Guigui intente alors un procès à ses héritiers, demandant à ce que son héritage lui soit rendu, et il perd ce procès — en plus d'un magnifique « FAIL! », permettez-moi d'insister sur ce fait : il perd le procès pour récupérer son héritage, attendu qu'il n'est pas du tout mort. Il faudra l'intervention du roi en personne pour qu'il puisse simplement retrouver une place à l'Académie royale. Il finira, au prix de multiples démarches juridiques coûteuses, par récupérer ses biens auprès de ses héritiers.

Il va rencontrer une riche héritière dont il tombera éperdument amoureux, l'épousera, ils auront une fille qu'il adorera et vivront heureux jusqu'à la mort de Guigui en 1792. À aucun moment, Guigui n'aura à subir les tourments de la Révolution française malgré la concentration de particules dans son nom de famille.

Nouvelle parenthèse pour conclure cette histoire incroyable qu'est la vie de Guillaume Le Gentil, simplement pour rendre hommage à tous les scientifiques qui ne trouvent pas ; tout le monde connaît — même sans nécessairement connaître leur œuvre — Albert Einstein, Marie Curie, Isaac Newton, Galilée, Copernic, etc. Mais pour chaque Albert Einstein, il y a des centaines, des milliers de scientifiques qui dédient leur vie entière à la recherche, à l'étude, à la compréhension de notre monde. Et il n'est sans doute pas inutile d'avoir, de temps à autres, une pensée pour ces scientifiques dont le travail, même apparemment vain, est presque toujours utile aux grandes découvertes.

28. La Terre, boucle d'or du Système Solaire

Si l'on ne retenait qu'une seule information concernant la Terre, avant même de parler de ses océans, de son atmosphère, de sa température, de son satellite, il faudrait noter que la Terre est, à notre connaissance, la seule planète du Système Solaire à abriter la vie. Du moins, la vie telle qu'on la connaît. Ne vous y trompez surtout pas : dans ce paragraphe, les mots importants sont « à notre connaissance » et « telle qu'on la connaît ». Bien malin celui qui peut prétendre qu'il n'existe pas d'autre forme de vie possible qu'une vie à base de carbone nécessitant de l'eau liquide, et bien malin celui qui peut prétendre qu'il n'existe aucune autre vie, mettons, sous la surface du Soleil, par exemple. Bien sûr, cela semble plus qu'improbable, mais improbable n'est pas une preuve et lorsque certaines civilisations considèrent qu'une roche est déjà de la vie, comment ne pas accepter alors que, selon leur définition, il y a de la vie partout dans l'Univers, y compris dans l'espace même.

Là, je sais ce que vous vous dites : bordel, mais de quoi il parle ? Ou alors, selon que votre éducation vous entraîne vers un langage plus convention- nel : de quoi diable parle-t-il ? Oui, je sais, le chapitre s'intitule *La Terre, boucle d'or du Système Solaire*, et là je parle de rochers vivants disséminés dans l'Univers. Mais croyez bien que je sais où je vais... à peu près. Car la chose essentielle, sur Terre... c'est nous. Alors pas le « nous » qu'est l'humanité — l'espèce, pas le journal — non ! Nous, les vivants : les humains, certes, mais également tous les mammifères, les animaux dans leur ensemble, les plantes, les bactéries, les champignons, les lombrics... même les moustiques ! Oui, j'ai bien dit « même les moustiques », je n'hésite pas à le dire, malgré l'agacement quasi universel à l'encontre de ces insectes responsables, quasiment à eux seuls, de la moitié de la mortalité humaine sur Terre depuis qu'il y a des humains[58].

Du coup, concentrons-nous quelques instants sur la vie « telle qu'on la connaît » et tentons de comprendre ce qui l'a rendue possible. La vie sur

---

[58]   Les moustiques véhiculent la malaria, maladie responsable d'environ 50 % des décès hu- mains dans l'histoire de l'humanité — l'espèce, pas le journal — d'après une étude de l'AAAS, l'Agence Américaine pour l'Avancement des Sciences.

Terre est basée sur la prééminence de composés organiques, eux-mêmes composés d'Azote, d'Oxygène, d'Hydrogène et de Carbone. Il fallait la présence de ces éléments pour permettre la vie sur Terre, mais ce n'était pas tout. Afin de permettre les différentes réactions chimiques qui ont sans doute permis l'émergence de la vie sur Terre, il fallait une source de chaleur ni trop forte, ni trop faible : juste ce qu'il fallait de chaleur. Mais ce n'était pas tout. Il fallait un milieu propice à l'émergence de la vie, de l'eau liquide : ni trop froide — de la glace — ni trop chaude — de la vapeur. L'histoire de la vie sur Terre, sans rentrer plus avant dans les détails à ce stade du livre, c'est l'histoire de Boucle d'or et les trois ours. Vous connaissez bien sûr ce conte dans lequel la petite Boucle d'or entre dans la maison des ours et y trouve trois chaises, une trop grande, une trop petite et une « juste de la bonne taille », s'y assoit pour manger un des trois bols de soupe présents, un trop chaud, un trop froid et un « juste à la bonne température », puis va enfin se coucher dans le lit « juste comme il faut » parmi les trois lits présents ; l'apparition de la vie, c'est Boucle d'or qui effectue des milliards de choix « juste parfaits » et sans lesquels la vie, telle qu'on la connaît, n'aurait pas pu exister sur Terre.

29. La Terre est ronde

Oui, bon, là, je ne vous apprends rien. En revanche, je pourrais bien vous en apprendre au sujet de la connaissance des humains à ce sujet. Malgré l'idée largement répandue selon laquelle l'humanité — l'espèce, pas le journal — a cru à une Terre plate jusqu'à relativement récemment, il n'en est rien. Dès l'Antiquité, déjà, l'homme était persuadé de la rotondité de la Terre. D'ailleurs, la statue dite *Atlas Farnèse*, statue du IIe siècle en marbre, et copie romaine d'une statue grecque, la plus ancienne statue encore existante représentant le titan Atlas qui « porte la voûte céleste », cette statue ne représente pas un titan transportant un plateau dans ses mains, mais bien une boule. La voûte céleste, certes, mais une boule, au centre de laquelle se trouve la Terre.

140

Comment les hommes ont-ils déterminé que la Terre était ronde? Au début, c'était une simple supposition. La Terre aurait, pour eux, tout aussi bien pu être un plateau dont la partie supérieure était bombée. Alors comment en sont-ils venus à s'imaginer la Terre ronde alors que l'observation ne semble jamais laisser entrevoir une courbure à la Terre? Si l'on considère souvent que Pythagore est le premier dont on est sûr qu'il a pensé la Terre sphérique, Parménide d'Élée, qui est un de ses contemporains, enseignait que la Terre était sphérique et isolée dans l'espace, se soutenant simplement parce qu'elle « n'a aucune raison de tomber d'un côté plutôt que de l'autre[59] ». À la même époque — au Ve siècle avant notre ère — Anaxagore dit de Clazomènes affirme que la Lune n'est pas un simple disque changeant, mais une sphère, et professe une théorie tout à fait exacte des éclipses — et on a pu voir qu'Anaxagore dit de Clazomènes est le genre de gars qui a de bonnes intuitions sur le monde[60]. Ceci nous amène à Aristote qui, une fois n'est pas coutume, va avoir une fulgurance.

Aristote va déduire la sphéricité de la Terre de la forme ronde de l'ombre de la Terre sur la Lune durant une éclipse, ce qui doit sans aucun doute être porté à son crédit. Cela va d'ailleurs lui permettre de conclure — comment? Personne ne le sait vraiment — que la circonférence de la Terre est de quatre cent mille stades[61], un peu plus de 63 000 km, ce qui est absolument faux; mais bel effort. Un des principaux indices de la sphéricité, ou au moins du caractère courbe de la surface terrestre, vient du fait qu'à Alexandrie, lorsqu'un bateau quittait le port, à mesure qu'il s'éloignait, on voyait la coque disparaître avant le haut du mât, signe que le niveau de la mer, au loin, était plus bas que l'horizon. À Alexandrie, justement, un bibliothécaire du nom d'Ératosthène — je dis ça un peu

---

[59] Remarquable observation pour l'époque.
[60] *Cf.* page 24.
[61] Un stade est la longueur du stade d'Olympie, soit environ 158 m.

comme si c'était le gars de la librairie de quartier, mais c'est quand même le directeur de la grande Bibliothèque d'Alexandrie — va mettre au point un protocole plus précis pour mesurer la circonférence de la Terre. Outre son esprit, il lui faudra simplement un bâton... et un chameau.

30. La preuve par vieux : Ératosthène

Ératosthène est, entre - 230 et - 193, le directeur, ou grand bibliothécaire, de la Bibliothèque d'Alexandrie, la plus grande bibliothèque de l'Antiquité, regroupant plus de sept cent mille volumes à sa grande époque, au temps de César. Tout ce qui pouvait se trouver d'écrit sur la philosophie, la musique, la géométrie, l'astronomie, la poésie, le théâtre, tout, ou presque, était disponible à la Bibliothèque d'Alexandrie.

Comme je l'ai déjà dit, à l'époque d'Ératosthène, l'hypothèse de la sphéricité de la Terre est largement admise par les savants : pour Platon, Aristote et tant d'autres, c'était un fait admis. Mais, en réalité, personne ne le sait, et cela reste une hypothèse. Ératosthène, qui s'y connaît en géométrie, décide qu'il va mesurer précisément la circonférence de la Terre, et s'il se lance ce défi, c'est parce qu'il a une intuition géniale pour l'époque : il considère que le Soleil est suffisamment loin pour qu'on puisse considérer que ses rayons frappent la Terre de façon parallèle. Cela n'a l'air de rien — et sans doute ne voyez-vous pas le rapport avec la circonférence de la Terre — mais c'est cette intuition qui va lui permettre de mettre en œuvre sa solution.

Ératosthène connaît bien la ville de Syène[62], même s'il habite la ville d'Alexandrie[63], et il se souvient qu'à Syène il y a un puits et qu'au fond de ce puits, lors du solstice d'été — le 21 juin — et à l'heure où le Soleil

---

[62] Syène est l'actuelle Assouan.
[63] Alexandrie est l'actuelle... Alexandrie.

est au plus haut dans le ciel, la lumière du Soleil n'y projette aucune ombre. Il en conclut qu'à ce moment précis, le Soleil est exactement à la verticale du puits. Par ailleurs, il constate bien qu'à Alexandrie, au même moment, le Soleil projette des ombres sur toute la ville, signe qu'il n'est à la verticale d'aucune de ses places. Il va alors justement partir de son intuition de dingue — le parallélisme des rayons du Soleil — et faire placer à Alexandrie, au solstice d'été, et lorsque le Soleil est au plus haut dans le ciel, un gnomon bien vertical au sol.

Gnomon

Un gnomon est un bâton parfaitement droit, d'une longueur fixe et déterminée. Il sert à prendre des mesures ainsi qu'à transmettre ces mesures, dès lors que les personnes avec qui on communique utilisent un gnomon de même taille.

Il demande à un ami, un disciple — bref, à quelqu'un — de relever la longueur de l'ombre du gnomon projetée au sol à ce moment de l'année. Une fois ce relevé effectué, Ératosthène va faire le raisonnement suivant : puisque les rayons du Soleil sont parallèles, le rayon qui frappe le puits à Syène est à la verticale du puits, et traverse donc la Terre perpendiculairement à sa surface ; la Terre étant ronde par hypothèse, il s'ensuit que le rayon du Soleil, si on le prolonge, se dirige vers le centre de la Terre. Mais par ailleurs, le rayon du Soleil qui vient frapper le gnomon ne le frappe pas verticalement puisqu'il projette une ombre. En revanche, le gnomon lui-même, placé verticalement par rapport au sol, indique la direction du centre de la Terre. Par conséquent, la configuration est telle qu'on est en présence d'angles alterne-interne congrus, et l'angle formé par le gnomon et le rayon du Soleil qui frappe sa pointe est le même angle formé par le rayon du Soleil qui frappe le puits et la droite portée par le gnomon.

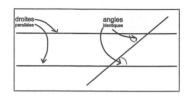

angles alterne-interne congrus

Et de conclure : si Ératosthène sait combien de fois il peut reporter cet angle pour faire un tour complet et si, d'autre part, il connaît la distance qui sépare Syène d'Alexandrie, il lui suffira de reporter cette distance autant de fois qu'on doit reporter l'angle et le total sera un tour complet de la Terre. QED[64] !

Le hic — car il y a un léger hic — c'est que le trajet Syène-Alexandrie, ça fait une sacrée trotte, et Ératosthène va devoir faire appel à des professionnels de la distance, les grands arpenteurs égyptiens, les bématistes.

Bématiste

Un bématiste est un arpenteur de la Grèce Antique dont le travail consiste à parcourir une distance donnée à dos de chameau et à en estimer la longueur en comptant les pas de son chameau — un pas est un bêma. Oui, j'ai bien dit en **comptant les pas de son chameau**. Parce qu'il paraît que le pas du chameau est extrêmement régulier. Toujours est-il que compter les pas de son chameau sur des centaines de kilomètres est un métier… comment dire… original.

Les bématistes vont faire leur travail et donner à Eratosthène leur estimation : la distance Syène-Alexandrie est de cinq mille stades, soit environ 790 km. Par ailleurs, en reportant à plat un segment représentant le gnomon et un autre, perpendiculaire, représentant l'ombre du gnomon projetée, il arrive à représenter l'angle d'incidence du Soleil par rapport au gnomon et détermine que, pour faire un tour complet, il faut repor-

---

[64]   *Quod Erat Demonstrandum*, ou « ce qu'il fallait démontrer ».

ter cet angle précisément cinquante fois — l'angle mesuré était de 7,2° même s'ils ne comptaient pas du tout en degrés à l'époque, et il faut donc reporter cinquante fois cet angle pour faire les 360° d'un tour complet.

Ératosthène a son résultat : la circonférence de la Terre est de cinquante fois cinq mille stades, soit deux cent cinquante mille stades, ce qui fait approximativement 39 500 km.

La Terre, nous le savons aujourd'hui, du fait de sa rotation sur elle-même, n'a pas exactement la forme d'une boule ; elle est légèrement écrasée au niveau des pôles et légèrement étirée au niveau de l'équateur. Mesurer la circonférence de la Terre en mesurant son équateur ou un de ses méridiens — qui passent par les pôles — ne donne donc pas le même résultat. Or, l'axe Syène-Alexandrie est plus proche de l'axe d'un méridien que de l'axe de l'équateur. Et il se trouve qu'avec nos instruments modernes de mesure, nous avons pu déterminer que la longueur moyenne d'un méridien, la circonférence de la Terre, passant par les pôles, est en réalité de 40 007 km. Les résultats d'Ératosthène sont donc corrects avec un taux d'erreur d'environ 1,3 %, ce qui est totalement remarquable pour l'époque.

Cela étant, il faut tout de même modérer ce résultat car il est sans conteste la somme de nombreuses approximations dont certaines ont pu altérer le résultat final de façon favorable ; en effet, reprenons : déterminer le moment exact auquel le Soleil est au Zénith le jour du solstice d'été, c'est relativement facile ; il suffit de mesurer l'ombre du gnomon à tout instant et de prendre comme valeur l'ombre la plus courte ; reporter la longueur de l'ombre, c'est une première approximation ; en déterminer l'angle, c'en est une deuxième ; trouver le nombre de fois qu'un tour complet contient cet angle, troisième approximation ; déterminer la distance Syène-Alexandrie à dos de chameau, en n'allant pas en ligne droite, c'est encore une approximation — sans doute la plus grande. Mais le résultat reste tout à fait exceptionnel et il n'est absolument pas surprenant qu'il ait traversé les âges. D'ailleurs, en parlant d'âge, une question me vient soudainement — formule de transition facile, vous pensez bien que la question était prévue de longue date et que tout ceci n'est là que pour donner l'illusion que ce livre est une conversation en temps réel, ce que ma remarque actuelle vient rompre sans aucune raison… désolé… continuons — une question me vient soudain, donc : la Terre, on connaît sa forme, on connaît sa taille, on pourrait même parler de la composition de son atmosphère, du fait que les océans d'eau liquide couvrent plus de 70 % de sa surface, mais quel est son âge ?

31. L'âge de la Terre

La Terre a 4,54 milliards d'années, à 1 % près. Voilà, c'est dit ! Je pourrais en rester là mais, comme vous l'avez maintenant compris, l'essentiel, la plupart du temps, n'est pas tant la solution que le cheminement, et déterminer l'âge de la Terre fut un parcours du combattant tout à fait particulier pour Clair Cameron « Pat » Patterson, géochimiste américain du XXe siècle — oui, il a fallu attendre 1955 pour disposer d'un âge de la Terre relativement précis, et 2012 pour une précision plus grande encore. La solution n'était pas simple à trouver, et ce à cause d'une chose : la tectonique des plaques. Mais je vais un peu vite, reprenons depuis le début.

Aristote pense que la Terre a toujours existé ; pour lui, la Terre est le centre de tout et il n'est pas totalement illégitime d'imaginer que ce centre de tout a toujours été là ; il y a par ailleurs les mythologies et religions, qui posent l'idée d'une création du monde, parfois quasi instantanée, et permettent même de calculer, pour qui comprend l'Ancien Testament comme un document historique à prendre à la lettre, que la Terre doit dater d'environ l'an 4 000 avant notre ère. Nombreux furent les savants qui se basèrent sur les Saintes Écritures pour tenter de déterminer la date précise de la Création. Il faut reconnaître que les premiers millénaires de l'Ancien Testament sont, pour ce qui est de la chronologie, tout à fait détaillés : sept jours pour la création du monde, puis Adam enfanta Seth à l'âge de 130 ans, qui lui-même enfanta Énoch à l'âge de 105 ans, qui enfanta à son tour, etc. Du coup, la naissance de Noé peut très facilement être datée : 1 056 ans après la Création. Le Déluge arrive 600 ans plus tard, et Abraham naît 292 ans après celui-ci. La Terre est alors prétendument âgée de 1948 ans. On peut ainsi progresser, avec certaines zones moins nettes, toutefois, jusqu'à reboucler sur l'Histoire telle que la connaissent les historiens, avec Nabuchodonosor II qui détruit le premier Temple de Jérusalem en 586 avant notre ère.

Jusqu'au xviie siècle, il n'est naturel pour personne, fût-il scientifique, d'imaginer contester la véracité de la Bible. Et nombreux sont les scientifiques, y compris les plus illustres, qui tentent de faire coïncider la Bible avec leurs connaissances en astronomie ou en physique — dater le Déluge, trouver l'étoile des Rois mages, expliquer scientifiquement la séparation de la Mer rouge, nombreux s'y essaient encore aujourd'hui. Ainsi, Kepler propose que la naissance de la Terre date de l'an - 3 993, alors que Newton propose - 3 998. Ce n'est qu'à partir de Descartes qu'une idée, aussi folle alors qu'elle est banale aujourd'hui, va faire son chemin : les lois de la physique d'aujourd'hui sont non seulement universelles mais également immuables dans le temps, et donc les lois d'aujourd'hui étaient valables hier et le seront demain. Descartes imagine un dieu créant la Terre, certes, mais laissant ensuite celle-ci subir dans le temps les lois de la physique telles que, par exemple, l'érosion — Pascal va un peu gueuler après cette idée selon laquelle Descartes veut bien d'un dieu, mais seulement quand il le souhaite[65].

À partir de là, le tournant du xviie au xviiie siècle va voir se développer plusieurs théories pour déterminer l'âge de la Terre. Par exemple, cela

---

[65] « Après ça, il n'a plus que faire de Dieu », Blaise Pascal, *Pensées*, 194 (p.1137 in *La Pléiade*).

fait plusieurs décennies que l'on sait déterminer, en étudiant les strates, les couches sédimentaires de roches — qui se déposent très lentement — la concomitance d'événements ou l'antériorité d'événements par rapport à d'autres, un peu comme on peut parcourir la vie d'un arbre en étudiant les cernes de son tronc. Mais à la différence des arbres, dont on peut connaître le cycle de vie et la période que couvre chaque cerne, il est extrêmement difficile à l'époque de connaître la durée d'une strate rocheuse. Il devient cependant évident que les couches sédimentaires ne peuvent pas s'être formées en quelques milliers d'années mais plutôt en centaines de milliers d'années, voire des millions d'années.

Benoist de Maillet, consul de France en Égypte, va, quant à lui, partir de l'hypothèse que la mer a d'abord recouvert toutes les terres pour s'en retirer graduellement. En essayant de déterminer la vitesse de retrait de la mer, il conclut que l'âge de la Terre est de deux milliards d'années — mais bon, histoire d'éviter un certain nombre d'ennuis avec l'Église encore puissante, il fera attention à ce que, d'une part, ses travaux ne soient publiés qu'après sa mort, à ce que, d'autre part, ils ne soient publiés qu'aux Pays-Bas, territoire sur lequel l'Église n'a pas de contrôle, et, enfin, va de toute façon publier sous le pseudonyme Telliamed, qui est tout simplement « de Maillet » à l'envers ; le gars était sans conteste beaucoup plus performant en étude de l'histoire de la Terre qu'en cryptologie ; je connais des enfants de 12 ans qui utilisent ce système pour se « garantir » l'anonymat sur internet. Buffon arrive ensuite, s'inspirera des travaux de De Maillet et, étudiant conjointement les couches sédimentaires dans les Alpes et la vitesse de dépôt — donc de fabrication d'une couche de sédiments — au fond des mers, aboutira à la conclusion que la Terre pourrait bien avoir 75 000 ans. D'après certaines sources, il aurait penché pour un âge pouvant aller jusqu'à trois milliards d'années mais se serait interdit « prudemment » de publier ces résultats[66].

---

66 *Histoire de l'âge de la Terre*, article d'Hubert Krivine, publication du CNRS.

Bref, l'étude des couches sédimentaires — et celle des fossiles — permet de placer les éléments les uns par rapport aux autres, mais en aucun cas de déterminer un âge absolu de la Terre. D'autres projets permettront de faire avancer la science, comme l'étude de l'évolution de la salinité des océans, l'étude des variations de la distance Terre-Lune, mais il faudra attendre Clair « Pat » Patterson pour déterminer plus précisément, dans les années 1950, l'âge de la Terre. Clair Patterson est un géochimiste américain diplômé en spectroscopie moléculaire et qui a, durant la Deuxième Guerre mondiale, travaillé, comme sa femme, au désormais célèbre mais alors secret Projet Manhattan[67], où il a été initié à la spectrométrie de masse — champ d'étude qui permet de déterminer précisément la composition isotopique des éléments présents dans un matériau donné. Après la guerre, il reprend ses études pour passer son doctorat sous la direction de Harrison Brown, géochimiste et chimiste nucléaire américain. Ce dernier va demander à Clair de mettre au point une méthode de datation de la Terre. Ni plus ni moins.

Le problème majeur que rencontre Patterson est posé par la tectonique des plaques et l'activité volcanique terrestre, qui fait que la Terre recompose sa couche rocheuse plus ou moins en permanence. Du coup, dater les roches même les plus anciennes avec les méthodes connues ne permet en aucun cas de garantir que ces roches datent de l'origine de la Terre. En revanche, en utilisant les connaissances issues du domaine d'études de la radioactivité, il est possible, grâce à la spectrométrie, de déterminer la composition isotopique des météorites, c'est à dire les proportions des différents isotopes d'un élément donné au sein des météorites. Patterson va étudier la composition isotopique du plomb dans des météorites — dont on est convaincu qu'ils datent de la création du

---

[67]   Le Projet Manhattan est le projet américain tenu secret pendant la Deuxième Guerre mondiale et dont le but était la fabrication de la première bombe atomique ; ce projet fut, du point de vue de ses objectifs, un succès.

Système Solaire — et va, en 1955, déterminer que la Terre et les météorites sont contemporains et ont été créés il y a 4,55 milliards d'années, à partir d'une même source matérielle.

Croyez bien que ma volonté de rendre aussi simple que possible la découverte de Patterson est une insulte à la qualité exceptionnelle de ses travaux ; il lui aura fallu deux ans d'analyse spectrométrique pour disposer de suffisamment d'éléments et conclure sur l'âge de la Terre. Mais il y a tout de même un point sur lequel je ne me pardonnerais pas de ne pas suffisamment lui rendre hommage : en étudiant d'aussi près la composition isotopique du plomb sur Terre, « Pat » Patterson réalise que la concentration en plomb à la surface de la Terre et dans l'atmosphère a redoutablement augmenté avec l'essor des environnements industriels. Il passera le reste de sa vie à mettre en garde le public contre les dangers du plomb, notamment dans un article de 1965 intitulé *Environnements de l'Homme contaminés et Plomb naturel*[68] dans lequel il note que cette concentration en plomb atteint jusqu'à la chaîne alimentaire. Il cherche à faire disparaître le plomb de l'industrie, principalement dans l'essence. Il va alors se heurter au lobby d'une société spécialisée dans l'ajout d'additifs dans l'essence, Ethyl corporation — je rassure les adeptes de complots, il s'agit ici de lobbys tout ce qu'il y a de plus classique, c'est à dire de groupes militants pour une cause… en l'occurrence l'économie des additifs dans l'essence — qui engage ses propres experts pour certifier qu'aucune preuve ne montre que le plomb dans l'essence peut représenter le moindre danger. En étudiant des squelettes vieux de plus de mille cinq cents ans et en comparant leur concentration en plomb avec des squelettes actuels, il conclut que la concentration en plomb chez l'homme moderne a été multipliée par mille en mille cinq cents ans. Pour lui, le danger est certain — je précise que la toxicité elle-même du plomb est connue depuis l'Antiquité.

---

[68]   *Contaminated and Natural Lead Environments of Man.*

Après de nombreuses années de lutte— il est en 1971 injustement exclu d'un panel de recherche sur la pollution atmosphérique par le plomb, alors qu'il est sans doute un des plus grands experts au monde — il finira par avoir gain de cause lorsqu'en 1973, l'EPA, l'Agence de Protection de l'Environnement, recommandera une réduction globale de 60 % du plomb dans l'essence, puis sa disparition totale avant fin 1986. En 1978, il est enfin admis dans un panel du National Research Council et participera à faire disparaître le plomb des peintures, des vernis, des conserves, des systèmes de distribution d'eau, et, aujourd'hui, ses recommandations ont quasiment toutes été prises en compte.

32. Mars

Connue aussi sous le nom de *planète rouge* — même si, en réalité, elle est plutôt orangée — Mars fascine depuis qu'on sait l'observer à cause de ses nombreuses ressemblances avec la Terre — ce qui est tout à fait caustique quand on sait à quel point Vénus, sous son épaisse couche nuageuse, ressemble bien plus à la Terre, en fait, mais passons. En réalité, ce qui a surtout fasciné concernant Mars, en tout cas ce qui a rendu cette planète particulièrement populaire, ce n'est pas tant sa géologie, son atmosphère ou ses calottes de glace: ce sont les martiens. Car préparez-vous à apprendre enfin la vérité que les gouvernements tentent de vous cacher depuis plus de cent cinquante ans: une civilisation — non, je plaisante; désolé, c'était facile, je sais.

Après quelques siècles d'observations de Mars — la première au télescope étant due à Galilée lui-même en 1610 — les astronomes commencent à avoir une vision assez précise des zones de formations d'albédo de la planète.

Formations d'albédo

L'albédo est la capacité réfléchissante d'une surface. Cela va d'une surface qui ne réfléchirait aucun rayon de lumière, avec un albédo de 0, à un miroir parfait qui réfléchirait absolument tous les rayons de lumière, avec un albédo de 1. Il va de soi que les valeurs 0 et 1 sont des valeurs idéales qu'on ne rencontre pas dans l'Univers à tous les coins de rue. Pour le dire simplement, l'albédo désigne le caractère potentiellement brillant d'un objet, et les formations d'albédo sont, par conséquent, des zones lumineuses qui contrastent avec les zones environnantes. Lorsqu'on étudie la surface d'un corps dans l'espace — l'exogéologie — ces formations sont celles qui sont les plus faciles à détecter. Les « mers » lunaires, véritables taches sur la surface de la Lune, en sont de bons exemples.

Au XIXᵉ siècle, les astronomes se font une idée assez précise de ce qui brille ou pas sur Mars et commencent à rêver de mers d'eau liquide sur Mars. Lorsque, après une erreur, ils pensent avoir détecté la signature spectroscopique de l'eau dans l'atmosphère même de Mars, l'hypothèse de la vie martienne prend de l'ampleur et se popularise jusqu'auprès du grand public. D'autant que Percival Lowell, astronome américain qui a permis la découverte de Pluton, la planète qui n'en est pas une — on va y venir — Percival Lowell, donc, pense pouvoir montrer qu'une civilisation martienne existe, se basant sur l'observation de canaux artificiels sur la planète rouge — en réalité, ces canaux observés en tout premier lieu par Schiaparelli en 1877 se sont révélés par la suite n'être qu'une simple illusion d'optique.

Mais l'être humain voit ce qu'il a envie de voir, et quand, le 25 juillet 1976, la sonde spatiale *Viking 1*, qui orbite autour de Mars depuis plus d'un mois, survole Cydonia Mensae, un massif rocheux de son hémisphère Nord, le cliché qu'elle prend surprend la communauté scientifique, en premier lieu, puis le public dans son ensemble. Un visage. Indéniablement. Marqué dans la roche, de plus de deux kilomètres de long et de quatre cents mètres de haut. Une telle structure ne peut être qu'artificielle. Pourtant, quelques années plus tard, de meilleurs clichés de la zone montreront clairement que ce visage n'était qu'un simple jeu

d'ombre et de lumière sur un relief qui, lorsqu'il est correctement éclairé, n'a rien d'un visage. Alors pourquoi y a-t-on vu un visage ? Est-ce
que, réellement, l'être humain voit ce qu'il a envie de voir ? En quelque
sorte, oui ; à cause d'un phénomène parfaitement identifié, même si son
mécanisme est encore mal compris : la paréidolie.

Paréidolie

Une paréidolie est avant tout une illusion d'optique, mais qui ne trompe pas
tant l'œil que le cerveau. Elle consiste à interpréter une image souvent floue ou
ambiguë comme étant une forme claire et parfaitement définie — en général un
visage, une personne ou un être vivant. Le fait de reconnaître un lapin dans un
nuage est une paréidolie. Le cerveau humain, au fil des générations, des siècles
et des millénaires, a évolué de façon à pouvoir percevoir le moindre danger, se
créant de multiples moyens de défense. Un de ces moyens est justement le fait
de pouvoir rapidement identifier, dans un environnement donné, ce qui peut
potentiellement représenter un danger, ce qui peut être animé, ce qui est animal.
De la même manière, savoir reconnaître l'expression d'un visage rapidement
permet de distinguer un comportement agressif, donc un danger.
Ainsi, et même si le processus complet nous échappe encore en partie, lorsque
notre cerveau est confronté à une perception qu'il ne connaît pas, sa première
réaction va être de tenter quand même de l'assimiler à une perception connue
— pour ce qui concerne les formes, la zone concernée est le lobe temporal. C'est
ce mécanisme qui fait qu'on peut voir dans un double-point et une parenthèse
un visage qui sourit :)
Et c'est ce mécanisme qui fait qu'une montagne baignée partiellement de
lumière sur une autre planète ressemble à un visage.

Du coup, pas de vie sur Mars ? Très vraisemblablement pas ; c'est la planète la mieux connue aujourd'hui du Système Solaire après la Terre. Des
centaines, des milliers de kilomètres carrés de sa surface ont été étudiés,
que ce soit par des sondes orbitales ou des rovers foulant son sol, et rien
ne permet d'imaginer une vie possible actuellement sur Mars. Rien, ou
presque.

En 1965, la sonde *Mariner 4* est la première à orbiter autour de notre voisine rouge et ses premières observations semblent sans appel : pas d'océan, pas de rivière, pas de liquide, la planète est totalement aride. De plus, elle est dénuée de magnétosphère — elle ne produit aucun champ magnétique — ce qui la rend sans défense contre les rayons cosmiques et les vents solaires. Enfin, son atmosphère très peu dense avec une pression atmosphérique près de cent soixante-dix fois plus faible que celle de la Terre interdit la présence d'eau liquide. Par conséquent, notre connaissance du vivant nous impose d'imaginer que s'il existe de la vie sur Mars, cela ne peut être que sous forme bactérienne ou, plus généralement, sous forme d'organismes unicellulaires. Trouver ces organismes sera l'objectif principal du programme Viking dans les années 70. Et parmi les expériences embarquées dans les sondes *Viking*, une seule va sembler fournir un résultat positif, l'expérience *Labeled release*.

Labeled release

L'expérience consiste à prélever un échantillon de sol, à le placer dans un milieu favorable au développement bactérien — riche en eau et en nutriments — et à surveiller une éventuelle prolifération. Lorsque cette expérience fut tentée, on constata une augmentation de la production de dioxyde de carbone, ce qui peut être interprété comme le résultat d'une respiration, malgré le fait qu'aucune molécule organique n'a été détectée.

Il y a aujourd'hui un consensus scientifique autour du fait que cette production de dioxyde de carbone peut s'expliquer par des processus non biologiques, mais il reste encore diverses interprétations sur le sujet.

Après Mercure, Vénus, notre bonne vieille Terre et Mars, mais avant les géantes gazeuses, on trouve un large domaine sur lequel on a longtemps pensé avoir trouvé une planète, puis quatre, avant de se rendre compte que, d'une, ce ne sont pas des planètes et que, de deux, il y en a plus que quatre. Carrément plus !

33. La planète manquante

En 1766, l'astronome allemand Johann Daniel Titius découvre une curiosité mathématique au sujet des planètes du Système Solaire ; il constate en effet que leur distance au Soleil semble respecter une règle mathématique relativement simple : si on compte les distances en unités astronomiques (ua) — la distance moyenne Terre-Soleil — la n-ième planète du Système Solaire se trouvera à la distance moyenne du Soleil : 0,4 ua + 0,3 x (2n-1). En fixant pour Mercure la distance à 0,4 ua, on trouve pour les planètes suivantes :

- Vénus (n = 1) : 0,4 + 0,3 = 0,7 ua

- Terre (n = 2) : 0,4 + (0,3 x 2) = 1 ua ;

- Mars (n = 3) : 0,4 + (0,3 x 2 x 2) = 1,6 ua ;

- Jupiter (n = 5) 0,4 + (0,3 x 2 x 2 x 2 x 2) = 5,2 ua ;

- Saturne (n = 6) : 0,4 + (0,3 x 2 x 2 x 2 x 2 x 2) = 10 ua ;

- etc[69].

Précisons qu'avant Titius, le philosophe polonais Christian Wolff avait déjà noté en 1724 cette suite de nombres, sans pour autant la formuler. Lui-même, d'ailleurs, n'avait fait que citer le mathématicien écossais David Gregory qui, a priori, fut le premier à en parler en 1702. Pourtant c'est bien à Johann Elert Bode, astronome allemand également, qu'on attribue cette loi lorsqu'il en rédige la formule en 1772 dans son *Instruction pour la connaissance du ciel étoilé*[70]. Cette loi est d'ailleurs le plus souvent connue sous le nom de *loi de Titius-Bode*. Et cette loi pose un problème.

---

[69] La suite peut s'exprimer plus simplement si l'on compte en dixième d'unités astronomique ; les termes successifs sont alors la suite 0, 3, 6, 12, 24, 48, 96… auxquels on ajoute 4 : 4, 7, 10, 16, 28, 52, 100…

[70] *Anleitung zur Kenntniß des gestirnten Himmels.*

Les plus observateurs parmi vous auront en effet remarqué que dans la suite de nombres présentés plus haut, on passe directement du rang 3 (Mars) au rang 5 (Jupiter), alors qu'aucune planète connue ne se situe entre Mars et Jupiter. Mais en 1781, William Herschel, astronome et compositeur — oui — germano-britannique, découvre une nouvelle planète, Uranus. Et « Bim ! » Uranus se trouve à une distance moyenne de 19,2 ua, pile ce que prévoit la loi de Titius-Bode pour le rang 7. Du coup, Bode prend la confiance et va suggérer qu'il existe une planète, entre Mars et Jupiter, qui ne demande qu'à être découverte. Il mesure même sa distance moyenne au Soleil en appliquant sa formule et déduit qu'elle doit se situer à environ 2,8 ua du Soleil.

En 1800, des astronomes se réunissent en Allemagne, à Lilenthal, sous la direction de Franz Xaver von Zach, et se mettent d'accord pour traquer et trouver cette planète inconnue ; ils savent à quelle distance chercher, il ne reste « plus » qu'à scruter le ciel. Ils ne la trouveront pas. Mais en 1801, Giuseppe Piazzi, astronome sicilien et directeur de l'observatoire astronomique de Palerme, étudie le ciel pour observer une étoile en particulier, la 84e du catalogue d'étoiles zodiacales de Nicolas Louis de La Caille. Mais, à sa place, il découvre un objet qui ne suit pas le cours des autres étoiles et, ayant rapidement écarté l'hypothèse d'une comète — en effectuant vingt-quatre observations entre le 1 janvier et le 11 février — il annonce qu'il a découvert une comète, mais complète :

> « Puisque son mouvement est lent et uniforme, il m'a semblé à plusieurs reprises qu'il pourrait s'agir de quelque chose de mieux qu'une comète.[71] »

Piazzi lui donna le nom de Cérès, la déesse de l'agriculture dans la mythologie romaine — Demeter ou Demetra, chez les Grecs — qui se trouve également être la déesse protectrice de la Sicile.

---

[71] *Gauss and the discovery of Ceres*, E.G. Forbes, *Journal for the history of astronomy*, vol.2.

Mais avant que d'autres astronomes aient pu confirmer l'existence de Cérès, l'orbite de cette dernière l'amena dans un axe proche de celui du Soleil, rendant son observation impossible. Il faudrait attendre plusieurs mois pour avoir la confirmation. Avec un problème supplémentaire qui est qu'après ces longs mois, il est difficile de déterminer où se situera ce corps céleste dont, je le rappelle, il n'a pu être découvert que par hasard du fait de sa petite taille. Ce problème pouvant être tout à fait envisagé d'un point de vue mathématique — déterminer, à partir des observations déjà faites, l'orbite de Cérès — Carl Friedrich Gauss — qu'on a déjà rencontré en électromagnétisme[72] — va s'y coller et développer une méthode permettant, sur la base de seulement trois observations, de déterminer l'orbite d'un corps. On se retrouve donc à chercher un corps dont on ne sait pas s'il existe vraiment à un endroit, dont on ne sait pas si son calcul est correct — même si, bon, c'est quand même Gauss, quoi. Gauss fait ses prédictions et les transmet à von Zach ; ce dernier, ainsi que Heinrich Olbers, trouveront bien Cérès à l'endroit prévu le 31 décembre 1801, confirmant conjointement la méthode de Gauss et l'existence de Cérès, dont la découverte aura pris, jour pour jour, un an.

Cérès est désormais considérée comme une planète, voire la fameuse « planète manquante », et elle fait son entrée dans les manuels d'astronomie. Le Système Solaire enseigné est donc composé, en s'éloignant du Soleil, de Mercure, Vénus, Terre, Mars, Cérès, Jupiter, Saturne et Uranus.

34. Pallas, Junon, Vesta et tout l'orchestre

Quelques mois après la confirmation de l'existence de Cérès, le 28 mars 1802, Olbers tente une nouvelle observation mais, fortuitement, un autre corps passe devant — coucou — qui se déplace également dans la voûte

---

72   *Cf.* page 108.

céleste. Et là, les astronomes furent, comment dire, dubitatifs. Autant ils comprenaient la logique permettant d'imaginer l'existence d'une planète entre Mars et Jupiter, autant deux, c'est curieux. On peut noter que Pallas — car c'est son nom — avait déjà été découverte en 1779, mais comme il s'agissait d'une observation simple, elle avait été prise alors par Charles Messier, astronome et chasseur de comètes français, pour une étoile — il voit rapidement que ce n'est pas une comète, donc il s'en fout et passe à autre chose. Bon, du coup, le Système Solaire, je reprends : Mercure, Vénus, Terre, Mars, Pallas, Cérès, Jupiter, Saturne et Uranus.

En 1804, le 1 septembre, Karl Ludwig Harding, astronome allemand, découvre une nouvelle planète dans la zone, qu'il appelle Junon. Là, ça commence à faire beaucoup pour tout le monde. Mais bon, Système Solaire : Mercure, Vénus, Terre, Mars, Junon, Pallas, Cérès, Jupiter, Saturne et Uranus. Puis en 1807, le 29 mars, Olbers découvre une quatrième planète pas loin, Vesta. On récapitule le Système Solaire tel qu'il est alors enseigné : Mercure, Vénus, Terre, Mars, Vesta, Junon, Pallas, Cérès, Jupiter, Saturne et Uranus. Onze planètes. Les quatre dernières découvertes sont petites, légères, mais ce sont bel et bien des planètes. Aucun problème. Jusqu'à Astrée.

En 1845, Karl Ludwig Hencke — oui, « Karl Ludwig » était un prénom visiblement couru, en Allemagne, c'était un peu le « Kévin » de l'époque, apparemment — Hencke, donc, est un astronome amateur travaillant dans un bureau de poste ; en cherchant Vesta, comme des astronomes professionnels avant lui, il se plante et découvre un nouveau corps : Astrée.

Et en 1847, la liste s'allonge : Hebe, Iris, Flora ; et Metis en 1848 ; et Hygeia en 1849. Rien ne va plus dans la communauté scientifique, il faut désormais trancher ; il y a visiblement bien plus de corps qu'on ne le pensait entre Mars et Jupiter, et il faut à la fois comprendre ce que sont ces corps, d'où ils viennent, et savoir les qualifier correctement — je précise par ailleurs qu'on a découvert Neptune en 1846, je n'en ai pas parlé plus tôt parce que ce n'est pas tellement le propos dans ce chapitre.

Déjà, les quatre premières « planètes » découvertes entre Mars et Jupiter n'étaient pas correctement positionnées par rapport à ce qu'aurait dû être l'orbite de la planète manquante. Mais là, de plus, on commence à trouver des rochers — désolé, mais il n'y a pas d'autre mot, en tout cas pas encore — par dizaines. William Herschel, dès 1802, avait proposé le terme « astéroïde » — littéralement « en forme d'étoile » — en raison de leur ressemblance, à l'observation, aux étoiles. On voit apparaître dès 1850 la notion de ceinture d'astéroïdes. Et, dans les décennies qui suivent, on découvre de plus en plus d'astéroïdes sur une bande de cent quatre-vingts millions de kilomètres entre Mars et Jupiter. Vesta, Junon, Pallas et enfin Cérès — pourtant la plus large astéroïde connue — seront progressivement déclassifiées de leur statut de planète — on verra, quand on parlera de Pluton, que la question s'est à nouveau posée en 2006.

Un parcours d'obstacles ahurissant… ou pas
Contrairement à ce qu'on peut voir dans les films, la ceinture d'astéroïdes n'est pas une zone dont le franchissement nécessite l'attention d'un chevalier Jedi ; en effet, en son sein, les astéroïdes sont généralement séparés les uns des autres de plusieurs centaines de milliers, voire de millions de kilomètres. À notre échelle, c'est une zone plutôt peu dense.

Découvrir aujourd'hui un nouvel astéroïde est un non-événement ; en effet, on en découvrait des dizaines quasiment tous les jours entre 1995 et 2005, et le compte actuel des astéroïdes recensés — parce qu'il y a les non-recensables, les plus petits faisant la taille d'un grain de sable — s'élève à plus de 580 000 astéroïdes en 2015, sans doute parmi des millions existants.

S'il reste des incertitudes quant à la formation de la ceinture d'astéroïdes, il y a globalement deux écoles : l'école des scientifiques et l'école des lampadaires — j'emploie ici le terme de lampadaire afin de m'assurer de n'être ni insultant ni moqueur envers ses partisans. Les scientifiques considèrent que la ceinture d'astéroïdes a été formée en même temps que le Système Solaire, comme une large bande de poussières et de roches disséminées sur une orbite — exactement comme ce fut le cas pour les planètes telluriques — mais la présence de la très massive Jupiter, et son influence gravitationnelle, a empêché une éventuelle planète de se former normalement, provoquant des collisions et arrachant de la matière à la planète en formation. Il est vraisemblable que Cérès, avec son millier de kilomètres de diamètre, a été une protoplanète de ce système et qu'elle aurait pu, par accrétion avec d'autres roches, devenir une planète à part entière — qui aurait pris la place de la fameuse planète manquante. Les lampadaires, quant à eux, pensent qu'une telle planète a existé, qu'elle a été détruite par collisions et par arrachement à cause de la présence de Jupiter, et que la ceinture d'astéroïdes est constituée des débris de cette planète.

Ce n'est pas cette idée qui leur vaut le sobriquet de lampadaires. En effet, si la masse totale de la ceinture d'astéroïdes est bien trop faible pour pouvoir correspondre à une planète correctement formée, on peut arguer du fait qu'une grande partie de ces astéroïdes ont été éjectés, que ce soit par les vents solaires ou par l'influence gravitationnelle de Jupiter. Non, ce qui me pousse à traiter ces gens de lampadaires, c'est qu'il est du coup « nécessaire » pour eux de considérer plusieurs faits qui tombent littéralement de nulle part : tout d'abord, la vie a existé sur cette planète et elle était intelligente. Suffisamment intelligente pour maîtriser l'énergie atomique et détruire son propre sol par des bombes atomiques. Ensuite, il est vraisemblable, selon eux, que cette planète a détruit ou projeté au loin une autre planète, Nibiru, planète inconnue prétendument en orbite actuellement au-delà de Pluton — la fameuse planète X dont on parlera en même temps que Pluton — mais qui s'approche de la Terre tous les trois mille six cents ans. La vie à la surface de cette planète aurait alors émigré sur Terre pour devenir nos ancêtres, ou les atlantes, ou les habitants de Mu[73]. Ces thèses sont largement répandues sur internet et il est d'usage, pour les présenter, d'utiliser la police de caractères *Comic Sans MS* qui, comme chacun sait, est de loin la police de caractères la plus sérieuse de l'histoire de la typographie[74].

Au-delà de la ceinture d'astéroïdes, on trouve les grandes planètes gazeuses, ou géantes gazeuses, à commencer par la plus grande de toutes : Jupiter.

35. Jupiter

D'un diamètre de plus de onze fois celui de la Terre, Jupiter est la plus grosse planète du Système Solaire : la plus grande et la plus massive ; elle est d'ailleurs plus volumineuse et plus massive — environ deux fois et demie plus massive — que l'ensemble des autres planètes du Système Solaire réunies. Elle est si massive que le centre de gravité du couple Soleil-Jupiter, c'est-à-dire le point autour duquel elle orbite, est à l'extérieur du Soleil, à peine, mais tout de même ; dit autrement, elle est si massive qu'elle fait orbiter le Soleil autour de ce centre de gravité. Elle déplace le Soleil, dont le diamètre est pourtant dix fois plus grand et dont la masse est mille fois plus grande, et avec elle l'ensemble du Système Solaire.

Quiconque a déjà vu une photo de Jupiter, si on lui demande de la dessiner, marquera de larges bandes plus ou moins rougeâtres et une énorme tache, comme un œil astronomique ; c'est la fameuse tache de Jupiter. Il s'agit du plus grand et du plus pérenne des cyclones du Système

---

[73] Il est fascinant de noter que pour eux, le fait que personne n'a trouvé la planète Nibiru est en soi la preuve qu'elle existe.

[74] Il existe de nombreux sites, des pétitions, divers règlements dont le but est de faire disparaître cette police considérée largement comme la plus moche et la moins sérieuse de toutes les polices de caractères.

Solaire — techniquement, c'est d'ailleurs un anticyclone — d'une taille nettement supérieure à la taille de la planète Terre. Les vents y soufflent à 700 km/h et elle a été découverte en 1665 par Giovanni Domenico Cassini, astronome italien naturalisé français. Il deviendra alors Jean-Dominique Cassini.

Jupiter, quant à elle, a été découverte, selon la formule consacrée, en « des temps immémoriaux ». Les Babyloniens la connaissaient ainsi que les Chinois, et, bien évidemment, les Égyptiens et les Grecs. Il faut dire que Jupiter est visible à l'œil nu. C'est un des sept corps astronomiques visibles à l'œil nu qui ne tournent pas avec la voûte céleste — le Soleil et la Lune, Mercure, Vénus, Mars, Jupiter et Saturne. Il faudra attendre 1610 pour que Jupiter soit, pour la première fois, observée à la lunette astronomique par Galilée lui-même. Il découvrira quatre des satellites de Jupiter — les satellites galiléens — et ce sera cette observation, la première montrant un corps céleste tournant autour d'un autre qui n'est pas la Terre, qui achèvera de le convaincre que la Terre n'est pas au centre de l'Univers, mais qu'elle tourne autour du Soleil.

Même si elle est loin d'éclipser Saturne sur ce sujet, Jupiter est dotée d'anneaux, observés pour la première fois par la sonde *Voyager I* en 1979 — anneaux que, par ailleurs, New Horizons a pu photographier en 2007, quelque sept ans avant de survoler Pluton. Sa composition rappelle celle du Soleil et des étoiles en général : beaucoup d'hydrogène (75 %), moins d'hélium (24 %) et encore moins d'éléments plus lourds (1 %). Mais Jupiter n'est pas assez massive pour que sa propre gravitation déclenche des processus de fusion thermonucléaire ; Jupiter ne restera que « presque » une étoile. Cela étant, on peut noter que des études récentes laissent entendre que lors d'orages violents fréquents en haute altitude, ceux-ci peuvent casser les molécules de méthanes pour laisser pleuvoir des atomes de carbone qui, en tombant subiraient de plus en plus de pression jusqu'à composer du graphite puis des diamants solides. Littéralement des pluies de diamants. En tout cas jusqu'à une altitude suffisamment basse pour que la pression fasse chauffer ces diamants au-delà de leur température de fusion et les fasse fondre. Saturne dispose sans doute également de ces pluies hors de prix.

Mais le plus intéressant avec Jupiter, c'est le fait qu'elle compose, avec ses satellites, un système à part entière : le système jovien.

36. Le système jovien

Quatre satellites furent découverts par Galilée autour de Jupiter ; on les appelle les satellites galiléens. Il s'agit d'Io, Ganymède, Callisto et Europe. Io est la plus proche des lunes de Jupiter ; elle en fait le tour complet en seulement quarante heures. Elle a beau faire environ la taille de la Lune — 5 % plus grande, mais 20 % plus lourde — Io est l'objet le plus actif du Système Solaire, après le Soleil. Sa proximité avec Jupiter et son champ gravitationnel, ainsi que sa vitesse de rotation autour de la planète provoquent, par des forces de marée, la plus grande activité volcanique du Système Solaire.

Forces de marée

La force de gravitation qu'exerce la Lune sur la Terre attire non seulement la terre mais également les mers ; celles-ci étant mobiles, cela crée une fluctuation de leur hauteur, dont le rythme dépend de la rotation de la Terre sur elle-même ainsi que de la rotation de la Lune autour d'elle. D'une manière plus générale, tous les corps massifs exercent une attraction gravitationnelle pouvant provoquer des marées sur des océans comme sur du magma en fusion, provoquant ainsi une activité volcanique plus ou moins violente. C'est le cas des satellites autour de Jupiter, notamment Io.

Plus de quatre cents volcans en activité, rejetant des composés de soufre jusqu'à cinq cents kilomètres d'altitude. Ce soufre explique, en se reposant sur le sol du satellite, sa couleur jaune orangé. L'activité volcanique permanente permet également d'expliquer pour quelles raisons la surface du sol semble jeune : elle est continuellement recouverte — ou alors, elle est tout simplement jeune, c'est également une hypothèse valable.

Ganymède fut le deuxième satellite de Jupiter découvert par Galilée, le même jour qu'Io, le 7 janvier 1610. Ganymède est le seul satellite du Système Solaire disposant d'une magnétosphère — elle fabrique son propre champ magnétique — qui est évidemment incluse et intriquée dans la magnétosphère de Jupiter. Cela est dû au fait que Ganymède est une planète totalement différenciée et possédant un noyau liquide non seulement riche en fer mais en mouvement permanent de convection — c'est ce mouvement du noyau qui génère le champ magnétique.

Différenciation planétaire

Lorsque, durant la formation d'une planète — ou d'un corps céleste quelconque — l'intérieur de son corps fond, les éléments les plus denses qui la composent vont chuter vers son centre, tandis que les éléments moins denses vont « flotter » vers sa périphérie. Lorsque la planète refroidit, cette structure sera conservée, avec au cœur de la planète un noyau entouré d'un manteau et enfin d'une croûte. Lorsque cette structure est nette, on parle de planète différenciée. Pour les corps rocheux, il faut en général une température relativement élevée — de l'ordre du millier de degrés — pour atteindre cette fusion centrale. Pour les corps constitués de glace, en revanche, il suffit d'atteindre la température de fusion de l'eau.

Callisto, découverte également en janvier 1610 — toujours par Galilée, même s'il est possible qu'elle ait été identifiée par l'astronome chinois Gan De en - 362 ce qui, si c'est vrai, est un bel exploit — est la plus éloignée de Jupiter des quatre satellites galiléens. Ce qui fait qu'elle subit moins les forces de marée joviennes et que, par conséquent, il est possible qu'elle ne soit qu'en partie différenciée. Cela étant, la sonde *Galileo* a pu montrer qu'elle possède vraisemblablement un noyau de silicates ainsi qu'un océan d'eau liquide à cent kilomètres sous sa surface, faite de roches et de glace. Et qui dit « eau liquide » — et là, soyons clair, si cet océan existe, il contient plus d'eau que toute la planète Terre, malgré le fait que Callisto a un diamètre d'environ un tiers de celui de la Terre — qui dit « eau liquide », donc, dit qu'il existe peut-être dans cet océan de la vie « telle qu'on la connaît ». Mais à cent kilomètres sous sa surface. Donc on n'est pas prêt d'aller s'y baigner. Callisto reste, à ce jour, le satellite de Jupiter le plus adapté à une éventuelle base humaine pour aller explorer le système jovien. À la différence d'Io, sa surface est constellée de cratères, ce qui montre à la fois qu'elle ne dispose sans doute d'aucune activité tectonique, mais également qu'elle est très vieille — elle pourrait bien dater de la formation même du Système Solaire, il y a 4,5 milliards d'années.

Enfin — je la gardais pour la fin car c'est ma préférée — Europe est un satellite particulier à plusieurs égards. Sa surface faite de glace en fait le satellite le plus lisse du Système Solaire. Des geysers d'eau liquide ont été détectés à sa surface, et on suppose qu'elle cache un océan planétaire de quatre-vingt-dix kilomètres de profondeur. Si vous deviez parier de l'argent pour déterminer sur quelle planète on est le plus susceptible de découvrir de la vie « telle qu'on la connaît », pariez sur Europe. La NASA projette d'ailleurs d'y envoyer une sonde, dans les prochaines années, afin d'en avoir le cœur aussi net que possible.

L'odyssée de l'espace

Arthur C. Clarke, auteur de best-sellers de science-fiction, a écrit une des plus belles épopées de la littérature de science-fiction sous la forme d'une tétralogie dont le premier tome a été adapté par Stanley Kubrick en un film considéré comme un des meilleurs de tous les temps — il ne s'agit pas tant d'ailleurs d'une adaptation que d'une écriture de livre parallèlement à l'écriture du scénario du film — *2001, l'Odyssée de l'espace*. Dans les second, troisième et quatrième tomes, le satellite *Europe* joue un rôle prépondérant et il est aujourd'hui éternellement lié à la mise en garde qui conclut *2010 : Odyssée deux*, le deuxième volet de l'histoire : *All these worlds are yours — except Europa. Attempt no landing there.*[75]

Outre les quatre satellites galiléens, Jupiter compte à ce jour[76] soixante-trois satellites supplémentaires, portant le système jovien à la planète Jupiter, un total de soixante-sept satellites et un système d'anneau. Je l'ai dit, c'est un système à part entière.

37. Saturne

Immédiatement reconnaissable à ses anneaux, Saturne est la deuxième plus grosse planète du Système Solaire. Elle pèse quatre-vingt-quinze fois la masse de la Terre, mais occupe neuf cents fois son volume. Elle fait partie des planètes visibles à l'œil nu et son observation est attestée depuis la préhistoire. En 1610, Galilée, qui est très chaud depuis qu'il a sérieusement amélioré le principe de la lunette astronomique, passe son temps à observer tout ce qu'il peut et prend des notes ; lorsqu'il observe Saturne, il ne distingue pas suffisamment ce que sont les anneaux et décrit que la planète possède comme des « oreilles ». De plus, durant sa période d'observation, la Terre passe par le plan de ces anneaux. Or, si ceux-ci sont très larges, ils ne sont que très peu épais — quelques dizaines de kilomètres pour les anneaux visibles à l'œil nu. Du coup, pendant toute une période, les anneaux de Saturne disparaissent pour réapparaître quelques mois plus tard. Inutile de dire que Galilée, qui n'a aucune idée de ce qu'il observe, en reste — pardonnez ma légèreté — un peu con.

Du fait de sa grande rotation sur elle-même, Saturne est 10 % plus large que haute — pour peu que « large » et « haut » signifient quoi que ce

---

[75] Tous ces mondes sont à vous — excepté Europe. Ne tentez pas d'y atterrir.
[76] Le dernier compte date de 2014, mais on n'est pas à l'abri d'en détecter de nouveaux.

soit dans l'espace ; disons simplement que je note les pôles comme l'axe vertical de la planète — on trouve à sa surface des vents se déplaçant jusqu'à 1 800 km/h, faisant passer Jupiter pour un paisible terrain vague. Au niveau de son pôle Nord, deux phénomènes se produisent : tout d'abord, un cyclone permanent particulier, appelé vortex polaire, chaud, qui est inédit dans le Système Solaire. Ensuite, il semble y avoir une structure abstraite hexagonale au pôle Nord — je dis abstraite en ce sens qu'elle n'est pas justifiée par un relief quelconque — et si sa formation laisse encore perplexe, on peut noter que les masses de gaz tournant au pôle ne font pas tourner cette « structure ». Il s'agit vraisemblablement d'une illusion causée par des ondes statiques, ou dont le déplacement se propage de façon à contrebalancer les vents, laissant aux perturbations ondulatoires une impression d'immobilité.

Dernier point concernant Saturne, un point peu important mais qui est souvent mal interprété : la densité moyenne de Saturne est inférieure à celle de l'eau liquide ; on résume souvent cela en disant que Saturne flotterait sur l'eau. À ce sujet, deux choses : d'abord, il s'agit de densité moyenne, et si la densité à sa surface est très nettement inférieure à celle de l'eau, sa densité en profondeur est bien plus grande. Ensuite, si l'on s'amusait à vouloir poser Saturne sur un océan terrien, notre planète entière s'effondrerait sur Saturne du fait de sa grande force gravitationnelle — je rappelle qu'elle est 95 fois plus massive que la Terre. Ce qu'il faut entendre est plutôt : si l'on pouvait disposer d'un océan liquide suffisamment grand et qu'on arrivait à déposer Saturne à la surface de cet océan sans que l'océan ne soit happé par la gravitation de Saturne, alors cette dernière flotterait. C'est une vue de l'esprit. C'est tout.

C'était le dernier point concernant Saturne, mais il faut quand même parler de ses satellites ; pour dire à quel point on n'est pas fixé, sur les soixante-cinq observés, on n'a pu à ce jour confirmer l'existence que de cinquante-trois d'entre eux. La plupart sont très petits, de dix à cinquante kilomètres de diamètre seulement. Mais sept d'entre eux sortent du lot et, parmi ces sept — Titan, Mimas, Téthys, Encelade, Dioné, Hypérion et Phœbé — il y en a trois dont je souhaite parler plus particulièrement, deux d'entre eux parce qu'ils sont intéressants d'un point de vue scientifique, et le troisième pour une raison idiote, mais je fais ce que je veux, c'est mon livre[77].

38. Mimas, Encelade et Titan

Commençons par le sujet idiot, Mimas. Découvert en 1789 par William Herschel, ce satellite de Saturne de près de quatre cents kilomètres de diamètre est principalement composé de glace d'eau et d'un peu de roche. Il est remarquable à cause d'un immense cratère — proportionnellement à sa taille — qui permet de bien identifier les caractéristiques classiques d'un cratère : il est rond, délimité par un bord surélevé de près de cinq kilomètres de haut, et on trouve en son centre un pic central légèrement plus haut que les bords — environ six kilomètres de haut. On voit bien là qu'un cratère ressemble à s'y méprendre à ce qui se produit lorsqu'on fait tomber une goutte d'eau sur un plan d'eau parfaitement calme. Mais, ce qui me fascine avec Mimas, c'est sa ressemblance frappante avec l'Étoile Noire de la saga *Star Wars*[78]. Voilà, c'était tout ce que j'avais à dire au sujet de Mimas.

Encelade est sérieusement beaucoup plus intéressant. C'est la lune la plus intrigante de Saturne avec Titan. D'une taille tout à fait modeste, avec un diamètre de cinq cents kilomètres, personne ne sait encore vraiment expliquer son activité interne. Toujours est-il qu'Encelade est à Saturne ce qu'Europe est à Jupiter, et peut-être plus encore. Il est démontré

---

77 Na !

78 *La Guerre des étoiles*, était-il vraiment besoin de le préciser ?

qu'Encelade possède un océan liquide sous sa surface de glace, et la présence de geysers montre à la fois l'existence d'une activité manifeste — et manifestement chaude — ainsi que, par les composés qu'ils libèrent, la présence de molécules organiques. Peut-être plus encore que pour Europe, on peut espérer : chaleur + eau liquide + molécules organiques = les ingrédients nécessaires à la vie « telle qu'on la connaît ». Hormis une surface de glace, Encelade semble posséder une couche de neige d'eau d'une centaine de mètres, signe qu'il neige sur Encelade depuis au moins cent millions d'années, et donc que la source de chaleur qui produit ses geysers est active depuis au moins aussi longtemps. Encelade est, après le Soleil, à cause de sa surface couverte de glace « propre », l'objet le plus brillant du Système Solaire — précisément, celui dont l'albédo est le plus élevé, Encelade étant trop petit pour être brillant depuis la Terre. Enfin, Encelade possède une atmosphère, certes ténue, et principalement limitée aux zones polaires, mais une atmosphère tout de même, constituée majoritairement de vapeur d'eau.

Titan, en revanche, niveau atmosphère, c'est une autre histoire. Première lune observée autour de Saturne — par Huygens en 1655 — c'est le deuxième plus gros satellite du Système Solaire après Ganymède. Il est un peu plus grand que Mercure, composé à moitié d'eau et à moitié de roches. Ce qui est unique avec Titan, c'est qu'il s'agit de la seule lune du Système Solaire possédant une réelle atmosphère dense. D'une épaisseur allant de deux cents à huit cents kilomètres d'altitude — là où celle de la Terre fait globalement une centaine de kilomètres d'épaisseur — l'atmosphère de Titan est trop opaque pour pouvoir étudier correctement son sol. Sa densité au sol est d'environ une fois et demie celle de la Terre et elle est composée à plus de 98 % de diazote — c'est le seul corps du Système Solaire à disposer d'une atmosphère majoritairement diazotée, avec la Terre. En 2005, la sonde *Cassini* largue sur Titan le module atterrisseur *Huygens* qui, une fois au sol, prend des clichés de son environnement. Si on remplace l'eau par le méthane, l'environnement de

Titan n'est pas tellement différent de l'environnement terrestre. Il peut pleuvoir ou souffler du méthane à la surface de Titan et l'activité cryo-volcanique — activité volcanique comme on en a sur Terre mais dont les éruptions sont composées d'eau, d'ammoniac ou de méthane — montre la présence conséquente d'eau sur Titan.

Inutile de dire qu'on est loin d'avoir découvert tout ce qu'il y a à découvrir dans notre Système Solaire, entre les planètes et les satellites, la vie, notamment « telle qu'on la connaît », est à rechercher un peu partout. Et il en reste encore.

39. Uranus et Neptune

Uranus fut la première planète non visible à l'œil nu qui, quand elle fut découverte, étendit d'un coup la taille de notre Système Solaire. Au moment de sa découverte, on avait déjà découvert des satellites à Jupiter et à Saturne, on va découvrir des astéroïdes qu'on prendra alors pour des planètes, mais Uranus est plus loin. Uranus change la perspective de l'humanité — l'espèce, pas le journal — sur l'Univers qui nous entoure, et, en tout premier lieu, le Système Solaire. Et si je lie dans le même chapitre Uranus et Neptune, c'est que l'histoire de l'une est indissociable de l'histoire de l'autre.

Uranus a été découverte par William Herschel en 1781 — vous vous rappelez, je l'ai déjà dit page 156 — mais elle avait déjà été régulière-ment observée avant le XVIIIe siècle par des astronomes qui la prenaient pour une étoile ; il faut dire que sa faible luminosité et son déplacement particulièrement lent — du moins en apparence — rendaient difficile son identification en tant que planète. John Flamsteed, par exemple, est un astronome anglais qui observa Uranus plusieurs fois en 1690 et la catalogua pourtant comme une étoile qu'il nomma « 34 Tauri ». Pierre Charles Le Monnier, astronome français, l'observa quant à lui régulièrement dans les années 1750 et 1760, période trop courte pour distinguer un mouvement de l'astre dans la voûte étoilée. Mais au final, c'est bien William Herschel qui l'a trouvée et identifiée, même s'il ne la cherchait pas. On commence à avoir l'habitude : la sérendipité[79] est reine en astronomie, apparemment.

Le truc d'Herschel, c'était les étoiles doubles. Il en cherchait partout.

Étoiles doubles

Une étoile double, ou « système binaire », est un ensemble composé de deux étoiles — sans blague !! — suffisamment proches pour que chacune d'elles se trouve sous l'influence gravitationnelle de l'autre. C'est un schéma on ne peut plus courant dans l'Univers. Il existe également des systèmes triples, voire quadruples, quintuples et même sextuples — par exemple Castor.

Il cherchait à mesurer la parallaxe des étoiles[80] en modifiant l'oculaire, et donc le grossissement de son télescope. Lors de l'une de ses observations, il remarque une petite tache qui semble émerger de derrière Saturne. Du coup, il va changer plusieurs fois l'oculaire de son télescope. Les étoiles, lointaines, ne sont pas affectées et leur taille apparente ne change pas. En revanche, la tache grossit à chaque modification, signe d'une réelle proximité. Dès lors, il ne peut pas s'agir d'une étoile. Il note donc son observation dans son journal : il s'agit d'un curieux objet, une nébuleuse ou peut-être une comète. Il prévient alors la communauté scientifique de sa découverte d'une nouvelle comète, vraisemblablement.

Tandis qu'Herschel reste particulièrement prudent quant à la nature de l'objet, certains astronomes commencent à penser à une planète ; c'est notamment le cas de Bode, qui trouve que s'il s'agit d'une planète, elle

---

79 Découverte inattendue.
80 *Cf.* page 132.

est tout à fait correctement positionnée par rapport à sa fameuse loi[81] ; c'est également le cas de l'astronome russe Anders Lexell pour qui une comète ne peut pas avoir un périhélie aussi loin que celui qu'il calcule pour cet objet. Pour trancher, les astronomes vont calculer la trajectoire de cette comète, comme ils savent le faire ; mais rien n'y fait, les calculs ne correspondent pas aux observations. Charles Messier — vous vous rappelez ? Le spécialiste des comètes — trouve qu'à l'observation, cet objet ressemble beaucoup plus à un disque, comme Jupiter, plutôt qu'à une comète, et il s'y connaît. Du coup, Lexell décide de calculer la trajectoire de cet objet en partant du principe qu'il s'agit d'une planète, et là : miracle ! Les calculs et les observations concordent à merveille. Il faudra dès lors très peu de temps pour que la communauté scientifique reconnaisse officiellement cet objet comme étant une nouvelle planète. On découvrira plus tard, bien plus tard, le 10 mars 1977 — à titre anecdotique, votre serviteur est alors âgé de 9 jours — qu'Uranus a des anneaux, elle aussi.

Une petite parenthèse à propos du nom de la planète — on me reprocherait de ne pas en parler. Herschel reçoit, suite à sa découverte, une rente annuelle du roi de Grande-Bretagne George III, à condition qu'il vienne vivre à Windsor pour que la famille royale puisse observer le ciel avec ses télescopes, ce qu'il accepte bien volontiers. Du coup, lorsqu'il lui est demandé de choisir le nom de la planète, Herschel souhaite la nommer « Georgium Sidus[82] » ou « Georgian Planet[83] ». Étonnamment, ce nom reçoit un accueil mitigé hors de Grande-Bretagne. Du coup, l'astronome suédois Erik Prosperin propose le nom de Neptune, et Bode celui d'Uranus, version latine du nom du dieu grec du ciel, Ouranos. Pour Bode, ce nom est une évidence car Saturne est le père de Jupiter et

---

[81] *Cf.* page 155.
[82] L'étoile de George.
[83] La planète de George.

Ouranos le père de Saturne. C'est finalement, en 1850, le nom d'Uranus qui devient le seul nom officiel de cette planète — et tant pis si, en anglais, une seconde d'inattention concernant son accent transforme ce Uranus en *your anus*[84], cela fait aussi partie de la légende.

L'étude d'Uranus va toutefois poser un problème et, comme souvent en science, qui dit problème dit découverte possible. Car Uranus sur son orbite fait, semble-t-il, n'importe quoi. Déjà, son axe de rotation interne est complètement incliné ; ses pôles — qui définissent l'axe autour duquel Uranus tourne sur elle-même — sont quasiment sur le même plan que l'orbite elle-même. Pour l'imager simplement, la plupart des planètes sont comme des toupies tournant sur elles-mêmes sur une table qu'on pourrait appeler le plan de l'écliptique, et Uranus roule sur ce plan comme une roue.

Si Galilée a remarqué Neptune en 1612 lors d'une observation de Jupiter, il la considéra comme une étoile et en resta là. Plus tard, en 1796, elle est également observée par Joseph Jérôme Lefrançois de Lalande et par John Herschel — le fils de William, parce que parfois, oui, c'est dans les gènes — mais ils n'en tirent aucune conclusion. La découverte de Neptune ne sera pas le résultat du travail d'astronomes. Dès 1788, il y a des problèmes avec l'orbite d'Uranus, et plus le temps passe, plus l'écart entre les prévisions et les observations se creuse. Plusieurs astronomes vont tenter d'expliquer ce phénomène, imaginant un effet de la gravitation de Saturne et de Jupiter, mais tous vont s'y casser les dents. L'astronome français Alexis Bouvard lui-même échouera en proposant une table de prévision de la localisation d'Uranus. Il imaginera alors l'influence d'une planète inconnue par-delà Uranus.

---

[84] « Ton anus. » Imaginez un peu : « Jupiter, Saturne, ton anus » ou encore « Ton anus est à trois milliards de kilomètres de la Terre. » Pour beaucoup, c'est un moyen mnémotechnique qui a fait ses preuves.

Chacun de leur côté, les mathématiciens John Couch Adams, anglais, et Urbain Le Verrier, français, tentent de calculer les caractéristiques de cette éventuelle planète et d'en déterminer la position probable. Malgré diverses erreurs dans leurs calculs, ils finissent par proposer, chacun de son côté, un emplacement. Johann Gottfried Galle, astronome prussien et ami de Le Verrier, reçoit le 23 septembre 1846 le résultat du calcul de Le Verrier, et pointe son télescope dans la direction proposée. Après plusieurs heures de recherche, il finit par trouver Neptune, quasiment à l'endroit prédit. La huitième planète du Système Solaire a été découverte sur une feuille de papier et par un mathématicien : c'est une première. Mais alors qu'on commence à étudier un peu Neptune, voilà qu'on se rend compte que cette planète relativement similaire à Uranus semble également faire un peu n'importe quoi sur son orbite — on parle de perturbations neptuniennes. Moins qu'Uranus, mais quand même.

Du coup, les astronomes, là, ils sont « chauds vénères »[85] ; pour eux, il y a évidemment une nouvelle planète à découvrir et les Américains, qui sont un peu à la traîne côté découverte de planètes, vont se ruer sur la question. À commencer par Percival Lowell.

40. Pluton, planète déchue

Percival Lowell, qui s'est déjà intéressé aux canaux artificiels de Mars et s'était donné pour mission de prouver l'existence des martiens[86], décide qu'il va résoudre le problème des perturbations de l'orbite de Neptune. Il présume que les raisons de ces perturbations sont les mêmes que pour Uranus ; il doit y avoir, au-delà de Neptune, une planète encore inconnue et qu'il appelle planète X. Il va la chercher longtemps, cette planète, et

---

[85] Terme technique actuellement en vigueur et désignant une exaltation non feinte.
[86] *Cf.* page 152.

ne la trouvera pas — et pour cause, elle n'existe pas[87]. Lorsqu'il meurt, en 1916, une partie conséquente de son héritage doit être offerte à celui qui reprendra ses recherches.

Son frère Abbott fait construire avec l'argent un télescope de treize pouces à 10 000 $, télescope qui sera piloté par un astronome américain nommé Clyde William Tombaugh. Ce dernier va prendre énormément de clichés et, le 15 février 1930, à force d'efforts, il finit par trouver un point sur ses clichés qui ne se déplace pas avec les autres étoiles. Un Américain vient enfin de découvrir une planète.

Mais cette planète est bien trop petite et trop légère pour expliquer les perturbations de l'orbite de Neptune. Tombaugh conclut donc que s'il a bel et bien trouvé une planète, il n'a pas trouvé la planète X. Il décide d'appeler cette planète Pluton — Disney en profitera du coup pour renommer *Rover*, un chien qui accompagne Mickey et Minnie Mouse, *Pluto*, en hommage à cette découverte. Tombaugh va donc poursuivre sa recherche de la planète X, et il ne la trouvera évidemment pas, puisqu'elle n'existe pas.

En revanche, durant le XXᵉ siècle, plus de mille objets relativement similaires à Pluton, que ce soit en termes de distance, de masse, de taille, etc. vont être découverts. Et chez les astronomes, un doute s'installe ; d'abord quelque chose de ténu — « ça commence à faire beaucoup, là, non ? » — puis de plus familier — « on n'a pas déjà eu la même avec Cérès, Pallas et toute la clique ? » — et enfin de global. La situation n'est pas tenable ; on ne peut pas risquer à nouveau d'avoir une planète, puis plein pour, au final, ne plus en avoir du tout. À ce stade, les astronomes sont un peu en mode mikado — le premier qui bouge a perdu — et le

---

[87]   Même si, on l'a dit, pour certains — que j'ai appelés les lampadaires, page 160 — le fait qu'on n'a pas encore trouvé la planète X est en soi la preuve qu'elle existe et qu'il s'agit en fait de la planète Nibiru.

Système Solaire qu'on enseigne à l'école est le suivant : Mercure, Vénus, Terre, Mars, Jupiter, Saturne, Uranus, Neptune et Pluton. Neuf planètes. D'abord quatre telluriques, puis quatre gazeuses, puis… puis une à nouveau tellurique et qui, après les quatre géantes du Système Solaire, est si petite qu'elle ne recouvrirait pas totalement l'Asie. On tient comme on peut malgré le paquet de voisins, qu'il s'agisse de Makémaké, Orcus, Sedna, etc. D'ailleurs l'Union Astronomique Internationale (UAI), qui est la seule à pouvoir organiser officiellement les corps célestes, ne s'intéresse pas à cette question et ne se sent pas le besoin de trancher sur le statut de Pluton — sujet éminemment politique, de plus, attendu que Pluton est la seule planète jamais découverte par un Américain.

En 2003, en revanche, plus personne ne pourra se cacher derrière son petit doigt car en 2003, on découvre un nouvel objet au-delà de Neptune, Eris. Il semble qu'Eris soit plus grande que Pluton ; pas beaucoup, mais quand même — on sait, depuis le passage de *New Horizons* dans la région, que c'est faux, mais Eris et Pluton sont relativement de même taille. Ce qui fait que si Pluton est une planète, alors Eris doit être une planète aussi. Il faut que l'UAI intervienne, désormais ; elle n'a plus le choix, et elle va en profiter pour définir clairement le statut d'un paquet d'objets du Système Solaire.

Le 19 janvier 2006, la NASA lance *New Horizons* dans l'espace, direction Pluton ; cette sonde sera la première à aller étudier la dernière planète du Système Solaire, la plus lointaine et la plus « américaine ». *New Horizons* passera près de Jupiter en 2007 et profitera de sa gravitation pour littéralement se propulser vers Pluton qu'elle atteindra, avec succès, en juillet 2015. Mais quelques mois après le décollage de la sonde, l'UAI annonce qu'elle soumettra au vote une définition formelle et officielle de ce qu'est une planète lors de son prochain congrès, à Prague, en août 2006.

Et effectivement, le 24 août 2006, l'UAI propose la définition suivante d'une planète qui tient en trois points : un corps céleste est une planète *si et seulement si*[88] :

- il a atteint un équilibre hydrostatique sans enclencher de processus de fusion thermonucléaire ;

- il tourne en orbite autour du Soleil ;

- il a fait le ménage dans son voisinage proche.

J'ai déjà parlé de l'équilibre hydrostatique page 119. Ce que cela signifie, c'est que sa masse est suffisamment conséquente pour que sa propre gravitation le maintienne de façon compacte et sous forme de boule. Et il est essentiel qu'aucun processus de fusion thermonucléaire ne soit enclenché dans son noyau, sinon, il s'agit d'une étoile. Ensuite, le corps doit orbiter autour du Soleil ; cette partie de la définition a posé des problèmes car si l'on comprend bien que cela permet d'éviter de considérer la Lune comme une planète, cela pose néanmoins la question du statut des exoplanètes[89] — certains auraient préféré qu'on indiquât que le corps doit tourner en orbite autour d'une étoile. Enfin, le corps doit avoir « fait le ménage » dans son voisinage proche, c'est à dire qu'il doit, par sa propre gravitation, avoir agrégé les roches, glaces et poussières, ou les avoir dégagées de son orbite.

Et c'est là que Pluton pose problème. Car Pluton est loin d'avoir fait le ménage dans son entourage proche. En réalité, Pluton orbite dans une zone qui contient des centaines de milliers de corps ; elle en est certes le plus gros connu à ce jour, mais on peut difficilement parler de « ménage dans son voisinage ». Du coup, le 24 août 2006, un vote de l'UAI permet

---

[88] « Si et seulement si » indique qu'il s'agit d'une caractérisation : si toutes les conditions sont remplies, c'est une planète, et ce n'est une planète que si toutes les conditions sont remplies.
[89] Planètes d'autres systèmes solaires.

l'adoption de cette définition et, dans le même temps, déchoit Pluton de son statut de planète. Elle devient alors officiellement une *planète naine*, tout comme Cérès, d'ailleurs. Les astronomes américains vont tenter par de nombreux moyens de reclasser Pluton en planète, mais sans succès — ils iront même jusqu'à simplement continuer de l'appeler planète parce que… voilà… on ne sait jamais, peut-être que ça passera.

Indépendamment du fait que la définition donnée par l'UAI, objectivement, fait plutôt sens, on est en droit de se poser la question de la façon dont le vote a été organisé, tout de même, et qui sent très fort des effluves de politique : en 2006, l'UAI compte environ 9 000 membres ; parmi ces membres, seuls 2 700 se sont déplacés à Prague pour les festivités ; le vote en question a eu lieu le dernier des dix jours du congrès, et beaucoup de gens sont déjà rentrés chez eux ; il reste alors un millier de personnes seulement dans la salle au moment du vote. Parmi ceux qui sont encore là, certains n'approuvent pas la tenue de ce vote important — quand même, la définition de ce qu'est une planète — devant si peu de monde et décident de s'abstenir, espérant que le quorum minimum ne sera pas atteint et que les résultats du vote seront par nature invalides. 424 personnes votent, ce qui est suffisant. Le vote sur la définition d'une planète et qui fait déclasser Pluton de planète en planète naine a été effectué par moins de 5 % des votants. On comprend que certains remettent en cause sa validité.

Le problème, donc, on l'a dit, c'est que Pluton n'est pas seule. Et cela va nous permettre de parler de ce que l'on trouve au-delà de Neptune, et de finir ainsi notre tour du Système Solaire.

41. Ceinture de Kuiper et nuage d'Oort

Il est convenu d'appeler aujourd'hui l'ensemble des corps situés entre trente et cinquante-cinq unités astronomiques du Soleil[90] ceinture d'Edgeworth-Kuiper ou, plus simplement, ceinture de Kuiper — prononcez « Cueille-peur ». Cette large bande du Système Solaire est assez similaire à la ceinture d'astéroïdes, mais vingt fois plus grande et vingt à deux cents fois plus massive. On y trouve au moins trois planètes naines, Pluton, Makémaké et Hauméa — Eris se trouve au-delà de la ceinture de Kuiper. Mais là où les astéroïdes sont principalement rocheux, les objets de la ceinture de Kuiper sont principalement composés de glace, au sens astronomique de la glace, c'est à dire d'eau, d'ammoniac ou de méthane. On trouve dans cette ceinture plus de soixante-dix mille corps de plus de cent kilomètres de large, et elle est vraisemblablement un des réservoirs naturels des comètes du Système Solaire.

Comète

Une comète est un petit corps de glace et de poussière orbitant autour d'une étoile — dans notre cas, le Soleil. Lorsque son orbite est très excentrique — au sens mathématique, c'est à dire qu'elle forme une ellipse très allongée — elle s'approche parfois beaucoup du Soleil ; les vents solaires soufflent alors une partie de son corps, lui donnant une espèce d'atmosphère qu'on nomme *chevelure* et provoquant, dans le sens de ces vents, une longue traînée de poussière et de glace qu'on nomme la *queue*. Du fait de sa composition principalement faite de glace, une comète possède un albédo élevé qui la rend si brillante qu'on peut parfois l'observer à l'œil nu, y compris de jour.

Dans le Système Solaire, les comètes proviennent principalement de la ceinture de Kuiper et du nuage d'Oort ; une collision ou un déplacement trop proche d'un corps bien plus massif les fait sortir de leur orbite stable et les précipite vers le cœur du Système Solaire.

---

[90]   De 4,5 à 8,2 milliards de kilomètres du Soleil.

Au-delà de la ceinture de Kuiper, peut-être — je dis bien « peut-être » car il reste hypothétique — on trouve le nuage d'Oort, mille fois plus loin. S'il existe, il constitue le plus large réservoir de comètes du Système Solaire, est composé de milliards de corps s'étendant de vingt mille à cent mille unités astronomiques du Soleil[91]. Cette sphère hypothétique délimite définitivement la sphère d'influence gravitationnelle du Soleil. Au-delà, nous ne sommes plus, quel que soit le critère, dans le Système Solaire.

Vous avez vu comment, d'un coup, les échelles se sont étendues ? On passe de Pluton, qui est quand même la « planète » la plus lointaine de notre Système Solaire, à un nuage mille fois plus éloigné. Il est difficile de prendre la mesure de ces distances sans faire un peu d'analogie, et il n'est clairement pas inutile d'y consacrer un petit chapitre. Avant de plonger dans le vertige de ces distances astronomiques, rappelez-vous que le Système Solaire dans son ensemble, quelque grand qu'il nous semble, est ridiculement petit à l'échelle de ce que l'on trouve dans l'Univers. Si petit qu'il y est même totalement insignifiant, pas comme une goutte d'eau dans l'océan, mais comme une goutte d'eau dans le Système Solaire.

42. Les dimensions du Système Solaire

Il y a toujours quelque chose de délicat à vouloir parler des dimensions du Système Solaire, parce qu'il combine deux démesures, celle des distances et celle des tailles. Vouloir faire une analogie conjointe risque vite de nous amener à des échelles qui n'ont aucun sens, comme imaginer dans le même temps un melon au pied de la tour Eiffel et un petit pois en Australie. Du coup, je vais séparément vous parler de ces deux échelles de dimension.

---

[91] De 3 000 à 15 000 milliards de kilomètres du Soleil, soit pour la limite externe 1,5 année-lumière.

Pour ce qui est de la taille, on va se concentrer sur le Soleil et les planètes, ainsi que sur le satellite qui nous est le plus familier, la Lune. De tous ces objets, le plus gros est le Soleil, que nous allons nous représenter de 100 m de diamètre, soit de la taille d'un terrain de football. Juste après, on trouve Jupiter qui, avec ses 10 m de diamètre, n'arrive pas tout à fait à lier le but du point de penalty. Saturne, ensuite, et ses 8,30 m de diamètre, entre largement dans le rond central, à condition de se séparer de ses anneaux. Avec ses anneaux — les anneaux bien visibles, en tout cas — Saturne ferait la même taille que Jupiter. Uranus est une Twingo de 3,60 m sur le terrain de foot et, à ses côtés, Neptune est une autre Twingo qui a perdu un pare-choc et qui ne fait plus que 3,50 m. À ce stade, nous avons fait le tour des gros corps du Système Solaire. La Terre vient ensuite : c'est un fauteuil de 90 cm de large ; elle est suivie de près par Vénus qui fait sensiblement la même taille — 86 cm en fait — puis par Mars qui est large comme un lave-vaisselle encastrable — 50 cm. Mercure est aussi large (35 cm), sur ce terrain de foot, qu'un ordinateur portable avec un écran de 15 pouces, et enfin la Lune est aussi longue qu'une tablette numérique (25 cm). Là, vous vous dites peut-être que j'ai un peu exagéré, que les écarts, au final, ne sont pas si grands. Vous avez raison, mais uniquement parce que j'ai omis de parler des distances ; à cette échelle, la distance entre le Soleil et Neptune correspond à peu près à la distance Paris-Londres. Et à cette échelle, toujours, le nuage d'Oort se trouve quasiment sur la Lune.

Du coup, parlons des distances calmement, maintenant, et oublions les tailles des différents corps du Système Solaire. Laissons de côté le nuage d'Oort pour l'instant car sa distance au Soleil est mille fois plus grande que le reste et il constitue à lui seul une échelle différente. Prenons comme étalon de la mesure la distance Terre-Lune, qui est une distance que l'on peut appréhender, et que l'homme a déjà parcourue, à plusieurs reprises. La distance Terre-Lune est d'environ 350 000 km. Ramenons cette distance à 1 mètre. Aux extrémités de ce mètre, placez une bille bleue, c'est la Terre, et une bille grise, c'est la Lune. Le Soleil se trouve à 500 m de là — et à cette échelle, il mesure plus de 9 m de diamètre. Rejoignez le Soleil et, de là, parcourons ensemble le Système Solaire à l'échelle. Après 190 m, vous rencontrez Mercure ; 170 m de plus et c'est Vénus que vous croisez, vous êtes maintenant à 360 m du « Soleil ». À 500 m, on repasse devant la Terre et, 260m plus loin vous arrivez sur Mars. À un kilomètre du Soleil, à 500 m de la Terre, vous commencez à éviter des astéroïdes, vous êtes dans la ceinture ; il faudra 750 m supplémentaires — soit approximativement la distance du Soleil jusqu'à Mars — pour en sortir. À 2 600 m du Soleil, voici Jupiter qui, à cette échelle, mesure environ 90 cm, dont environ 10 cm de tache rouge. 2 150 m plus loin, vous atteignez enfin Saturne et ses anneaux. Vous êtes à 4 750 m du Soleil. Doublez cette distance et vous serez presque arrivé sur Uranus qui est en réalité à 9 600 m du Soleil. Près de cinq kilomètres plus loin, à 15 000 m du Soleil, vous touchez Neptune en même temps, quasiment, que vous entrez dans la ceinture de Kuiper. Si vous avez placé le Soleil au pied de la tour Eiffel, vous êtes désormais dans les jardins du château de Versailles. 12 500 m plus loin, vous sortez enfin de la ceinture de Kuiper. Il vous faudra parcourir ensuite vingt-cinq mille kilomètres pour atteindre le nuage d'Oort, soit environ le centre de l'Australie, mais en passant par l'ouest. Il n'existe pas sur Terre deux points dont la distance minimale est de 25 000 km.

Voilà le Système Solaire dans lequel nous vivons. Notre plus proche étoile voisine, Proxima du Centaure, est à plus de six fois la distance qui sépare le Soleil du nuage d'Oort — avec une distance Terre-Lune de 1 mètre, cela fait presque la moitié de la distance réelle Terre-Lune — et il n'est pas impossible que, d'ici à là-bas, il y ait une continuité d'échange de matière, faisant de Proxima du Centaure un peu plus que notre simple voisine. Et Proxima du Centaure n'est qu'une simple étoile parmi des centaines de milliards dans notre galaxie qui, elle-même, n'est qu'une simple galaxie parmi des… je m'égare. Il est encore un peu tôt pour présenter le vrai vertige de l'immense.

Après ce tour du Système Solaire, il est intéressant de comprendre comment tout ceci tient en place car, après tout, pour quelles raisons les planètes devaient-elles tourner autour d'une étoile? Comment tout cela ne s'effondre-t-il pas sur lui-même? Vous allez voir que les réponses apportées sont incroyablement simples, compte tenu de la complexité de ce qui en découle. Ces réponses simples sont fausses, certes, mais elles sont d'une part souvent suffisamment proches d'être exactes pour être utiles et, d'autre part, elles sont une étape nécessaire à une meilleure compréhension, plus complexe[92] mais plus correcte, de comment les corps se déplacent les uns par rapport aux autres. La branche de la science qui s'occupe d'expliquer les mouvements des corps, c'est la mécanique. Et la version qui nous intéresse maintenant est celle que l'on nomme la mécanique classique.

---

[92]   Oh oui, bien plus complexe! Mais n'ayez pas peur, on va y venir tranquillement.

La mécanique classique

Même l'histoire de la pomme est fausse

Avant toute chose, soyons clair sur deux points qui, une fois qu'on les a dits, sont une évidence : la mécanique *classique* n'a acquis cet adjectif qu'une fois mise au point la théorie de la relativité ; à l'époque où elle a été bâtie, la mécanique classique s'appelle simplement les *lois de la mécanique*. Et le second point, c'est que la mécanique — classique ou non — est la branche des sciences qui s'intéresse aux mouvements des corps — en science, n'importe quel objet, une voiture, un caillou, une planète, vous ou mes cheveux, ce sont des corps. Peu à voir, donc, avec ce qu'on appelle communément la mécanique, à savoir le fonctionnement d'une voiture — mais l'origine est la même, et la première mécanique consiste autant à comprendre les mouvements qu'à pouvoir fabriquer des machines transformant du mouvement. Ah, dernière chose, on appelle aussi souvent la mécanique classique la *mécanique newtonienne*, même si ces deux mécaniques ne sont pas rigoureusement les mêmes. Mais avant même de penser à parler d'Isaac Newton, bien sûr : Aristote.

43. La grande question sur la Vie, l'Univers et le Reste

Selon *Le Guide du voyageur galactique*, des chercheurs d'une race hyper-intelligente et pan-dimensionnelle construisirent le deuxième plus grand ordinateur de tous les temps, Pensées Profondes, pour calculer la réponse à la grande question sur la Vie, l'Univers et le Reste. Après sept millions et demi d'années à réfléchir à la question, Pensées Profondes fournit enfin la réponse : « quarante-deux ».

> « Quarante-deux ! cria Loonquawl. Et c'est tout ce que t'as à nous montrer au bout de sept millions et demi d'années de boulot ?
> — J'ai vérifié très soigneusement, dit l'ordinateur, et c'est incontestablement la réponse exacte. Je crois que le problème, pour être tout à fait franc avec vous, est que vous n'avez jamais vraiment bien saisi la question. »[93]

---

[93] *Hitch Hiker's Guide to the Galaxy*, Tome 1. Et merci à Douglas Adams pour le poisson.

44. Aristote et l'impetus

Si depuis bien avant l'Antiquité, les hommes avaient déjà constaté la régularité des mouvements célestes[94], laissant imaginer qu'il y avait, derrière ceux-ci, une machinerie cosmique responsable de l'ordre, il faudra attendre l'Antiquité pour que l'humanité — l'espèce, pas le journal — s'intéresse de près à ce qui meut les corps. Et Aristote, qui s'intéresse largement à chaque chose, s'interroge sur la nature des mouvements. Il voit bien qu'il existe deux types de mouvements différents, qu'on pourrait qualifier de naturel ou d'artificiel, mais qu'il qualifie plutôt de naturel ou de violent.

Pour Aristote, un mouvement naturel est un mouvement qui cherche à diriger un corps vers son milieu naturel. Je rappelle que, pour lui, la matière est composée de quinte essence, à savoir d'Eau, de Terre, d'Air, de Feu et, pour tout ce qui est immatériel, d'Éther. Ainsi, lorsqu'on lâche un caillou, celui-ci cherche naturellement à rejoindre son milieu naturel qui est la Terre. Une flamme, en revanche, va monter pour rejoindre son milieu naturel qui est l'Air. Si la quinte essence est vraiment une théorie de la matière totalement moisie, il faut au moins reconnaître à Aristote sa recherche d'expliquer, par cette théorie, ce qui constituerait aujourd'hui une observation simple.

Ensuite, il y a le mouvement violent ; c'est tout ce qui n'est pas naturel comme mouvement. Par exemple, le fait de lancer un caillou le fait avancer dans une direction qu'il n'aurait pas prise de lui-même : c'est un mouvement violent. Aristote est persuadé qu'un mouvement violent ne peut s'exercer qu'en présence d'une force ; en effet, son instinct et ses habitudes lui montrent bien qu'un caillou, quand on lui fout la paix, ne se met pas à voler dans telle ou telle direction par lui-même. Tant qu'on ne lui imprime aucune force, il va rester où il est ou poursuivre son

---

[94]   En Écosse, des archéologues ont découvert un calendrier lunaire vieux de 10 000 ans.

mouvement naturel. Il faut reconnaître ici à Aristote — promis, c'est la dernière fois que je lui reconnais quelque chose — le fait que sa propre explication lui posait problème. En effet, lorsque vous lancez un caillou en l'air, dès lors que vous n'êtes plus en contact avec lui, plus aucune force ne lui est appliquée et il devrait immédiatement cesser son mouvement violent et se contenter de tomber — ce qui est son mouvement naturel. Pourtant il poursuit sa course un temps. Faute d'une meilleure explication, Aristote explique que lorsque le caillou avance, il laisse un vide derrière lui, que ce vide est immédiatement rempli par l'Air — ce qui est son mouvement naturel — et que c'est l'Air qui, du coup, continue d'imprimer une force violente audit caillou, lui permettant de poursuivre sa course sur quelques mètres.

Ce problème est connu sous le nom de problème de la flèche : lorsqu'un archer tire sa flèche, dès l'instant où la flèche a quitté l'arc, plus aucune force de lui est appliquée. Et, pour le coup, une flèche bien tirée ne part pas sur quelques mètres mais sur des dizaines de mètres. Toujours est-il que, faute d'une meilleure idée, la conception d'Aristote va perdurer et dominer la manière de concevoir les mouvements, dans le monde occidental, jusqu'au début du VIᵉ siècle, soit pendant près de mille ans. En 517, le grammairien et philosophe Jean Philopon d'Alexandrie, fut le premier — en tout cas dans un document écrit — à explorer une idée différente selon laquelle un projectile continue d'avancer non par la poussée de l'air mais par une force motrice qui est transmise par le lanceur au moment du lancement. Cette théorie est connue sous le nom latin d'*impetus*[95].

L'idée de l'impetus est que, lorsqu'un archer tire une flèche, il transmet au moment du tir une force, ou peut-être plus précisément une réserve de force, qui permet de maintenir le mouvement de la flèche. Cette réserve

---

[95] *Attaque*, en latin.

188

s'épuise plus ou moins rapidement selon la quantité transmise du fait que l'air s'oppose au mouvement du projectile — ce qui est également en contradiction avec les idées originelles d'Aristote — et, lorsque cette réserve est épuisée, la flèche n'est plus mue que par son mouvement naturel, vers la terre.

Cette idée d'impetus se répand et on s'imagine, jusqu'aux environs de l'an 1500, que lorsqu'on tire un projectile, il poursuit une trajectoire rectiligne tant qu'il dispose d'impetus pour ensuite adopter une trajectoire rectiligne aussi, certes, mais verticale, dès lors qu'il entre dans son mouvement naturel. On commence alors à parler d'impetus violent et d'impetus naturel car rien ne permettait d'expliquer ce qui provoquait le mouvement naturel d'un corps. Petit à petit, à force de réflexion, d'intuition et peut-être un peu d'observation, l'idée va germer selon laquelle l'impetus violent transmis par l'archer va peu à peu, sous l'effet de la résistance de l'air au mouvement, se transformer à son tour en impetus naturel, ce qui permet finalement, au tout début du XVIIe siècle, d'expliquer la nature courbe de la trajectoire d'un projectile. C'est bien sûr inexact, mais on ne peut pas nier le fait que dans cette théorie germe l'idée de l'inertie, qui va permettre de développer une théorie plus sérieuse de la mécanique.

45. Archimède et la première mécanique

Avant d'être une branche des sciences physiques, la mécanique était avant tout une branche des mathématiques. Jusqu'au XVIIIe siècle, le domaine d'application naturel des mathématiques est la mécanique et les problèmes de la mécanique sont naturellement traduits en problèmes géométriques et, plus largement, mathématiques.

Du coup, né plus de cinquante ans après le décès d'Aristote, et bien avant qu'on commence à parler d'impetus, le plus brillant mathématicien de l'Antiquité, Archimède de Syracuse, va devenir le père de la mécanique statique, la branche de la mécanique qui s'intéresse à l'équilibre, donc à ce qui se produit lorsqu'aucune force ne joue, ou lorsque l'ensemble des forces se compensent.

Archimède va étudier, sans pour autant les avoir inventés, le levier, la poulie, la vis sans fin, l'engrenage, bref d'une manière générale ce qu'il est convenu aujourd'hui d'appeler les machines simples. Il va montrer qu'avec un système ingénieux de poulies, il est possible à un homme de soulever des charges bien plus importantes que son propre poids, et va donc inventer des machines de traction ; il va également montrer qu'il est possible de décupler du mouvement, notamment avec le principe du levier, et inventer des machines de guerre, qu'elles soient de simples inventions, comme la meurtrière, ou de nature plus complexe, comme la catapulte[96].

Si la distinction avait existé à l'époque, on aurait dit d'Archimède qu'il était un inventeur plutôt qu'un scientifique. Comprendre pour quelle raison la catapulte imprimait une force ne faisait, pour lui, que partie du constat, et pas de la question. On dirait aujourd'hui qu'il était doué d'une immense intuition et qu'il disposait d'un esprit tout à fait ingénieux. Le principe qui porte son nom en est tout à fait l'exemple type.

Principe d'Archimède

Tout corps plongé dans l'eau ressort mouillé. Non, ce n'est pas ça.
Archimède s'est intéressé, dans son *Traité des corps flottants*, à la branche de la mécanique qu'on appelle aujourd'hui l'hydrostatique. Il y exprima ce fameux principe, qu'on appelle indifféremment principe ou poussée d'Archimède, qui dit la chose suivante :

---

[96]   « Est-ce qu'on peut s'en servir pour donner de l'élan à un pigeon ? », *Kaamelott*, Livre III, ép. 95, Yvain, 2006.

« Tout corps plongé dans un fluide au repos, entièrement mouillé par celui-ci ou traversant sa surface libre, subit une force verticale, dirigée de bas en haut et opposée au poids du volume de fluide déplacé. »

En d'autres termes, lorsque vous plongez un corps, par exemple dans l'eau, cela déplace une certaine quantité d'eau, et cette quantité d'eau constitue un volume d'eau ; le corps plongé subit une force s'opposant à sa descente — une poussée qui cherche à le faire remonter — et l'intensité de cette force est égale au poids du volume d'eau déplacé.

La raison pour laquelle on appelle cela principe[97] d'Archimède est que ce dernier n'a pas démontré cet effet autrement que par le fait que ça marchait ; la raison pour laquelle on appelle ça poussée d'Archimède est qu'on l'a démontré depuis longtemps, maintenant.

Cette poussée d'Archimède va lui permettre d'inventer, puis de faire construire par Archias de Corinthe, le plus gros navire de l'Antiquité, le *Syracusia*, dirigé par le tyran Hiéron II lui-même. Hiéron II et Aristote ont d'ailleurs d'autres morceaux d'histoire en commun, notamment une certaine histoire de couronne.

46. Eurêka, ou la couronne d'or du tyran Hiéron II de Syracuse

Marcus Vitruvius Pollio, architecte du Ier siècle avant notre ère — né plus de cent vingt ans après la mort d'Archimède — rapporte cette célèbre histoire. Hiéron II, tyran de Syracuse, a fourni une quantité d'or à un orfèvre pour lui réaliser une couronne d'or massif. Mais voilà, Hiéron est d'un naturel plutôt méfiant et se dit qu'il est bien possible que l'orfèvre ait essayé de la lui faire à l'envers, en se contentant simplement de couvrir d'or une couronne d'un autre métal, par exemple de l'argent, bien moins cher, et de garder le reste de l'or pour sa fortune personnelle.

---

[97] En sciences physiques, un *principe* est une loi admise mais qui n'a jamais été démontrée théoriquement.

Mais comment s'en assurer? Il ne souhaite ni briser ni fondre sa couronne pour vérifier qu'elle ne contient bien que de l'or.

Il demande alors à son ami Archimède de résoudre ce problème et de confirmer si oui ou non sa couronne n'est faite que d'or, sans l'abîmer. S'il s'avère que l'orfèvre s'est joué de lui, il lui en coûtera certainement la vie. S'il va de soi qu'Archimède ne met pas sa vie en jeu sur cette question, il reste toujours de bon ton de satisfaire son tyran quand on veut pouvoir continuer d'exercer sa science tranquillement.

La solution vient rapidement, mais c'est sa mise en œuvre qui pose problème; en effet, Archimède sait que s'il peut mesurer la densité[98] de la couronne, il saura rapidement si celle-ci est la même que la densité de l'or massif. Il commence par tenter de géométriser la couronne, mais celle-ci contient trop de détails, d'angles, de courbes, de pointes, de creux et de reliefs pour pouvoir mesurer son volume de façon précise. Or une approximation de son volume empêchera de s'assurer qu'elle ne contient que de l'or. Comment faire?

Alors qu'il entre, un jour, dans un bain, Archimède constate que le niveau de l'eau monte subitement, et un déclic s'opère dans son esprit brillant; il vient tout simplement de réaliser le lien entre un corps plongé dans l'eau et l'effet que cela opère; il est sur le point de découvrir son célèbre principe. Convaincu qu'il tient là la première pièce de la solution au problème, il sort immédiatement de la baignoire et rentre chez lui, sans même prendre la peine de s'habiller, courant nu dans les rues en criant « ηὕρηκα[99] ».

De retour chez lui, il commence des expériences afin de déterminer précisément, numériquement, ce qui se produit lorsqu'un corps est

---

[98] La densité est la quantité de matière par unité de volume. On parle aussi de masse volumique.

[99] *Eurêka*, en grec : « j'ai trouvé ! »

plongé dans l'eau. Il finit par trouver le lien entre le volume déplacé et la densité du corps plongé. Il tient enfin un moyen de mesurer la densité de la couronne sans l'abîmer.

Il met sa solution en œuvre : tout d'abord, il pèse la couronne à l'aide d'une balance, puis fait fondre un lingot d'or pur pesant la même masse. Les deux objets étant également lourds, ils sont censés contenir la même quantité d'or et par conséquent, être aussi denses l'un que l'autre. Il pèse alors cette fois-ci la couronne à l'aide d'une balance, mais alors que celle-ci baigne intégralement dans une bassine d'eau, puis fait de même avec le lingot. Il peut alors comparer leur densité et déterminer si la couronne est intégralement d'or pur.

Ce n'est pas le cas. La couronne est bel et bien composée d'or, certes, mais également d'un autre métal, vraisemblablement de l'argent. Hiéron est furieux et fait exécuter l'orfèvre, tout en étant bien sûr satisfait du travail d'Archimède.

Cette histoire est si légendaire qu'elle n'est peut-être rien d'autre qu'une légende ; en effet, seul Vitruve relate cette histoire, alors qu'il n'a été contemporain ni d'Archimède ni de Hiéron II. Les historiens s'accordent aujourd'hui pour dire qu'Archimède n'aurait sans doute eu aucune difficulté à résoudre ce problème, mais que l'anecdote elle-même est vraisemblablement fausse. Dommage, c'était une belle histoire.

47. La preuve par vieux : Galilée – partie 1

Galileo Galilei — pardon de remettre ça sur le tapis, mais imaginez aujourd'hui si le plus brillant scientifique actuel s'appelait Albert Bébert — est sans conteste le père de la science moderne. Il va non seulement poser les bases de la mécanique classique, mais il va également mettre en place une série d'étapes connue aujourd'hui sous le nom de méthode scientifique.

Né à Pise en 1564 et aîné d'une fratrie de sept enfants, Galilée est voué à un avenir ecclésiastique par ses maîtres du couvent de Santa Maria de Vallombrosa, ce qui ne l'enchante guère. Du coup, son père profite du fait que le jeune Galilée a une maladie aux yeux pour l'inscrire à l'université de Pise où il suit des cours de médecine, ce qui ne l'intéresse pas. Son père l'y avait inscrit pour le placer sur les traces de son ancêtre Galilaeus Galilaeis — sérieusement, les gens, il y a d'autres prénoms — parce qu'il décèle très tôt chez son fils de grandes capacités intellectuelles.

Il va cependant être initié aux mathématiques par Ostilio Ricci qui avait l'excellente habitude de lier théorie et pratique, notamment par le biais d'expériences et, en 1584, à dix-neuf ans, il mesure les mouvements d'oscillations des lustres de la cathédrale de Pise en se basant sur la mesure de son propre pouls. Il travaille à l'isochronisme des pendules bien avant Huygens qui trouvera la formule de l'isochronisme en décembre 1659.

Isochronisme des pendules cycloïdaux

L'isochronisme des pendules cycloïdaux, découvert par Huygens, est le fait que la période d'oscillations de ces pendules — le temps qu'il faut à ces pendules pour que leur masse fasse un aller-retour complet — est constante quelle que soit l'amplitude du mouvement d'oscillation. Pas besoin ici de rentrer dans le détail de ce qu'est un pendule cycloïdal; c'est un pendule classique — corde attachée à un point fixe et au bout de laquelle est suspendue une masse — mais dont la trajectoire de la masse est contrainte pour suivre une certaine courbe.

Cela étant, le travail que va fournir Galilée sur le sujet va être la première pierre d'un nouvel édifice, la mécanique galiléenne. À force d'observations et d'expériences, Galilée va montrer que la période d'oscillation d'un pendule simple ne dépend que de la longueur de la corde, c'est la loi sur les périodes.

En 1585, Galilée en a — pour le dire simplement — soupé de l'université, il n'est intéressé ni par la médecine ni par les idées aristotéliciennes, il abandonne ses études et rentre à Florence sans diplôme. Il va alors fréquenter un temps les cercles intellectuels, des musiciens et artistes de Florence dans lesquels baigne son père, et époustouflé par les travaux d'Euclide, va se revendiquer de son héritage ainsi que de celui de Platon, de Pythagore et d'Archimède. Il commence également à rejeter l'idée géocentrique d'Aristote.

La Terre au centre de tout, par Aristote

Aristote considère que la Terre est immobile. Point. Il lui suffit de regarder autour de lui pour être convaincu que la Terre ne bouge pas. Ne reste plus qu'à le prouver. La preuve d'Aristote de l'immobilité de la Terre montre dans le même temps à quel point ce dernier cherchait à prouver les choses par des arguments, mais également à quel point ceux-ci contenaient déjà leur conclusion dans leur propre assertion. Aristote dit la chose suivante : si vous lâchez un objet, celui-ci tombe verticalement vers le sol. Si la Terre était en mouvement, elle se déplacerait pendant la durée de la chute de l'objet et on ne le verrait pas tomber verticalement. Preuve que la Terre est immobile.

Du coup, si la Terre est immobile, et alors qu'on constate bien le mouvement de la Lune, du Soleil et de la voûte céleste, c'est donc que ceux-ci tournent autour de la Terre. Preuve que la Terre est au centre de tout. Voilà. Giordano Bruno se fera un plaisir de le remettre à sa place.

Grâce à une recommandation, Galilée se fait nommer à la chaire de mathématiques de l'université de Pise en 1589. Il repart à Pise mais, avec cette fois, des mathématiques en tête. Il va s'intéresser à une idée d'Aristote qui lui pose problème, celle selon laquelle les objets tombent naturellement plus vite s'ils sont plus lourds.

Galilée tient le raisonnement suivant : je lâche de la même hauteur une bille en plomb et une bille en liège. La bille en plomb, plus lourde, va tomber plus vite. Soit. Si maintenant j'attache les deux billes à l'aide d'une corde, que se passe-t-il ? La bille en plomb, en chutant plus vite, va « attirer » la bille en liège. Mais, dans le même temps, la bille en liège, tombant moins vite, va « retenir » la bille en plomb. Comment se peut-il que l'ensemble tombe à la fois plus vite et moins vite que dans le cas où les billes ne sont pas jointes ? La seule réponse possible est que les deux billes doivent tomber, dans tous les cas, à la même vitesse.

Cela étant, l'observation commune semble effectivement donner raison à Aristote et tout le monde sait bien qu'un objet plus lourd tombe plus vite. Galilée suppose que c'est en fait l'air qui empêche les objets plus légers de tomber à la même vitesse que les objets lourds. Il a sans doute le principe d'Archimède ancré dans un coin de sa tête et décide de valider son hypothèse. Comment va-t-il faire ? Il va faire quelque chose de révolutionnaire, il va faire des *expériences*.

Afin de limiter au maximum les effets de l'air, il va prendre des objets ayant la même forme, mais pas la même masse : une bille en plomb et une bille en liège, de même taille. Il va demander à des assistants de les lâcher en même temps par la fenêtre et va constater, ou pas, si les objets touchent effectivement le sol au même moment. Et c'est ce qu'ils font. Il répète l'expérience, prend des boules plus grandes ou plus petites — mais toujours toutes deux de même taille — et fait inlassablement le même constat. La vitesse de la chute d'un objet ne dépend visiblement pas de sa masse. Merci d'avoir joué, Aristote !

Les historiens sont aujourd'hui tous à peu près d'accord pour dire que Galilée n'a vraisemblablement pas fait cette expérience. Certains pensent simplement qu'il ne l'a pas faite à Pise, mais à Padoue, d'autres encore pensent qu'il l'a simplement réalisée chez lui. Difficile à dire. Mais s'il n'a effectivement pas du tout réalisé l'expérience, cela signifie quand même qu'il a suffisamment confiance dans son intuition et dans le paradoxe qu'il soulève avec les deux billes attachées ensemble.

Ouvrons néanmoins une parenthèse de quelques lignes pour nous poser la question nous-mêmes : après tout, quand un objet a une masse plus grande, son poids, c'est-à-dire la force qui l'attire vers le sol, est plus grand, c'est un fait. Du coup, il semble naturel de penser qu'il tombera plus vite. Pourtant il ne le fait pas. Comment l'expliquer ? Cela est dû à une propriété des corps dont on n'a pas encore vraiment parlé, mais qui est essentielle à la compréhension des lois de la mécanique : l'inertie.

L'inertie

L'inertie est une propriété des corps, au même titre que la masse. D'ailleurs, très souvent, l'inertie est synonyme de masse — mais on y viendra. L'inertie peut se définir comme la résistance d'un corps à se mettre en mouvement s'il est au repos, ou à modifier son mouvement s'il est déjà en déplacement. C'est quelque chose d'assez naturel quand on y pense. Imaginez un ballon de foot et une voiture en roues libres — sans frein à main — tous deux sur un terrain parfaitement plat. Vous pouvez pousser la balle comme vous pouvez pousser la voiture. Il est beaucoup plus facile de déplacer la balle que de déplacer la voiture, comme il est beaucoup plus facile d'arrêter la balle que d'arrêter la voiture. Notre intuition nous dit que c'est parce que la voiture est plus lourde, que sa masse est plus grande et, dans une certaine mesure, c'est exact. Mais en réalité, c'est parce que l'inertie de la voiture est beaucoup plus grande que l'inertie de la balle. Et l'inertie est totalement proportionnelle à la masse.

Lorsqu'on lâche deux objets de la même hauteur — imaginons qu'on le fasse sous vide, donc sans aucune résistance de l'air — admettons qu'un de ces objets soit une boule de démolition de plusieurs centaines de kilogrammes et l'autre une balle de ping-pong. L'inertie de la boule de démolition est telle qu'il faut énormément de force simplement pour la mettre en mouvement — et le fait que la gravité la fait tomber naturellement n'y change rien — tout se passe comme si une partie de la force de gravité ne servait « qu'à » mettre la boule en mouvement — ce qui est faux, mais ça donne une bonne idée — tandis que concernant la balle de ping-pong, il faut nettement moins de force pour la mettre en mouvement de chute du fait que sa masse est nettement moindre. Il se trouve, l'inertie étant proportionnelle à la masse, que cette différence de force correspond très exactement à la différence de masse. Du coup, plus un objet est lourd et plus il est difficile à mettre en mouvement de chute, ces deux « plus » étant d'égale intensité. Ce que cela signifie, c'est que le surplus d'inertie compense le surplus de poids et que l'objet, quelle que soit sa masse, tombera toujours à la même vitesse — dès lors que la résistance de l'air n'entre pas en jeu. Fin de la parenthèse.

En 1592, Galilée part à Padoue pour enseigner à l'université. Il y restera dix-huit ans. Padoue se situe dans la République de Venise et donc quasiment hors de portée de l'Inquisition ; il va donc y jouir d'une grande liberté intellectuelle. Il met en place des partenariats avec les fondeurs et menuisiers locaux, ce qui lui permettra de mettre au point diverses expériences avec ses étudiants. S'il a déjà personnellement adopté le modèle héliocentrique de Copernic, il continue, prudemment, d'enseigner le modèle de Ptolémée en attendant d'avoir les preuves suffisantes pour en finir une bonne fois pour toutes avec le modèle aristotélicien d'une Terre au centre de l'Univers et de voûtes célestes de cristal transparent. Il enseigne l'astronomie, la mécanique, les mathématiques. D'un autre côté, il s'endette énormément depuis la mort de son père en 1591, alors qu'il se retrouve en charge de famille. Il va améliorer divers instruments militaires, des instruments de mesure et poursuivre son enseignement jusqu'à son *annus mirabilis*[100], en 1604.

En juillet, il va mettre au point une pompe à eau qu'il installera dans les jardins de Padoue — il constatera des années plus tard qu'il est impossible de pomper de l'eau à plus de dix mètres, sans pour autant pouvoir l'expliquer, mais c'est une autre histoire, qui fera également intervenir Evangelista Torricelli. En décembre, il va observer une nova qui entre en totale contradiction avec l'immuabilité du ciel présentée par Aristote ; Galilée va cependant rester encore publiquement aristotélicien, estimant

---

[100] *Année miraculeuse.*

qu'il n'a pas encore suffisamment de preuves — notamment parce que la nova a repris son aspect classique.

Nova

Sans entrer dans les détails, une nova est une étoile qui, brutalement, se met à briller de façon nettement plus intense avant de reprendre, quelques jours plus tard, son aspect usuel. Ce phénomène peut être récurrent et régulier. Ou pas.

En réalité, c'est le mois d'octobre 1604 qui m'intéresse le plus, car c'est durant ce mois que Galilée va découvrir la loi du mouvement uniformément accéléré, qui est l'aboutissement de ses travaux sur la chute des corps. Il montre qu'une chute de deux objets dans les mêmes conditions — dès lors que les objets ne sont soumis qu'à leur seul poids, les autres forces, comme la résistance de l'air, étant négligeables — ne dépend pas de leur masse, trouvant une compensation exacte entre leur masse inerte — leur inertie — et leur masse grave — ce qu'on appelle classiquement la masse, c'est à dire la quantité de matière. Afin de le démontrer, outre les chutes libres, Galilée provoque des chutes « ralenties » en faisant glisser des palets de masses différentes sur des plans inclinés verglacés — le verglas permettant de rendre négligeable les frottements entre les palets et le plan.

Après cette année, Galilée entre dans sa grande période astronomique. En 1609, il reçoit d'un de ses anciens étudiants une lettre de Paris lui indiquant que l'opticien hollandais Hans Lippershey a mis au point une longue-vue permettant de voir des objets éloignés, les grossissant jusqu'à sept fois. Relativement inutile à cause de ses nombreuses aberrations optiques, Galilée y voit quand même une source de progrès et construit sa première lunette. En 1609, il termine la deuxième version de sa lunette et la présente au Sénat de Venise. Les spectateurs sont enthousiasmés par la précision de l'image et le fait que, notamment, l'île de Murano semble huit fois plus proche qu'elle ne l'est vraiment. Galilée offre son instrument et ses droits d'inventeur à la République de Venise qui double alors ses gages et garantit son poste à vie. Il respire enfin financièrement. Il va ensuite améliorer sa conception pour grossir les objets plus de trente fois et utiliser intelligemment une lentille divergente afin de corriger les aberrations — mais n'étant pas particulièrement ingénieur dans l'âme, les lunettes qu'il construit sont plus ou moins efficaces et, si leur conception reste excellente, leur réalisation laisse parfois à désirer.

Galilée se met à observer les cieux et, rapidement, de nouveaux indices vont affluer contre les préceptes aristotéliciens. En effet, d'après Aristote, on peut distinguer deux mondes : le *monde sublunaire* qui comprend la Terre et tout ce que l'on trouve jusqu'à la Lune, et le *monde supra-lunaire* qui comprend tout ce qui est au-delà, qui est nécessairement géométriquement parfait — des sphères — immuable et régulier dans ses mouvements. Galilée observe la Lune et constate que le terminateur — la ligne qui marque la frontière entre la lumière et l'obscurité — n'est pas régulier et que la surface de la Lune est parsemée de montagnes. En quelques semaines, il va découvrir la nature de la Voie Lactée, celle des taches solaires, il va découvrir que certaines étoiles sont en fait des amas d'étoiles, que Jupiter a des satellites. Afin de flatter ses protecteurs, la famille des Médicis, il va appeler ces satellites les *étoiles médicées*.

La découverte de ces satellites est un vrai problème pour les aristotéliciens d'après qui tout tourne autour de la Terre ; or le fait que ces satellites accompagnent Jupiter en se déplaçant autour d'elle semble infirmer ce principe. De plus, Galilée y voit volontiers un « modèle » de Système Solaire tel que l'a conçu Copernic — avec une différence, toutefois, qui est que Copernic pensait que tout tournait autour du Soleil à l'exception de la Lune. Lorsque Galilée publie ses résultats concernant ces satellites, les exemplaires du *Messager céleste*[101] sont épuisés en quelques jours à peine.

---

[101] *Sidereus Nuncius.*

C'est un succès. Johannes Kepler, astronome impérial allemand, apportera son soutien à cette découverte, malgré le fait qu'il ne dispose pas de lunette astronomique, par le biais d'un ouvrage intitulé *Discussion avec le messager céleste*[102]. Il y note le remarquable impact d'une telle découverte et s'interroge sur ses conséquences en astrologie. En septembre 1610, il publie un *narratio* qui relate sa propre observation des compagnons joviens et crée le mot *satellite* qui signifie « garde du corps » en latin. En effet, selon ses propres théories, le Système Solaire se doit d'être un système de cinq solides et ne pas comporter plus de planètes. Kepler, on ne le sait pas toujours, était tout à fait féru d'astrologie, ce que déplorait Galilée, parfois de façon trop radicale — c'est par exemple pour cette raison que Galilée se moquera ouvertement de l'idée keplérienne selon laquelle la Lune influence les marées sur Terre.

Galilée découvre ensuite les anneaux de Saturne sans les comprendre[103] puis les différentes phases de Vénus — là encore un coup dur pour les aristotéliciens car ce phénomène est assez inexplicable pour un géocentriste. Galilée s'expose de plus en plus car, si l'on n'en a pas encore parlé, il y a un problème bien plus important que la portée des paroles d'Aristote, mort depuis bien longtemps et se retournant perpétuellement dans sa tombe d'entendre ce qui peut être proféré en son nom. Ce problème, c'est le Psaume 93 : « Tu as fixé la Terre ferme et immobile.[104] » L'Église commence sérieusement à s'intéresser aux propos de Galilée qui rencontre décidément de plus en plus de succès avec ses théories héliocentristes. Et Galilée sait bien qu'il doit être prudent, un nom résonne encore dans un coin de son esprit, celui de Bruno. Giordano Bruno.

---

[102] *Dissertatio cum Nuncio Sidereo.*

[103] *Cf.* page 166.

[104] « אַף-תִּכּוֹן תֵּבֵל בַּל-תִּמּוֹט ». Dans une traduction plus récente : « Le monde est ferme et inébranlable ».

48. Giordano Bruno, génie punk et père de la relativité

Galilée n'est pas le premier à s'interroger sur la qualité des théories aristotéliciennes et Giordano Bruno sera moins, bien moins prudent que Galilée pour les démonter une à une. Vous vous rappelez comment Aristote a démontré que la Terre était immobile et que, par suite, tout devait tourner autour d'elle puisque tout tourne ? Aristote utilisait l'argument consistant à dire que si vous lâchez une pierre du haut d'un arbre, elle tombe verticalement, preuve que la Terre est immobile, faute de quoi elle tournerait pendant la chute de la pierre qui, par conséquent, ne tomberait plus verticalement. Giordano Bruno se demande : « Tiens, mais dans ce cas, si je jette une pierre du haut du mât d'un bateau en mouvement, la pierre ne devrait pas tomber verticalement » et décide de tenter l'expérience.

Depuis le haut du mât d'un bateau en mouvement, il va lâcher une pierre et constater qu'elle tombe bien verticalement, que le bateau soit en mouvement ou non par rapport à la rive. Il en conclut la chose suivante :

> « Toutes choses qui se trouvent sur la Terre se meuvent avec la Terre. La pierre jetée du haut du mât reviendra en bas, de quelque façon que le navire se meuve.[105] »

Ce que découvre Bruno, c'est qu'il n'existe pas de mouvement qu'on puisse qualifier d'absolu et que le bateau est fixe pour ses occupants mais mobile depuis la rive. Ce qu'il découvre, c'est que le mouvement est avant tout relatif.

De cette expérience, Bruno va pouvoir démonter le premier argument d'Aristote et dérouler ensuite le fil des arguments pour montrer que plus aucun ne tient et qu'il n'existe plus de raison de considérer que tout

---

[105] *La Cena de le ceneri*, en français « Le banquet des cendres », Giordano Bruno, 1584.

tourne autour de la Terre. La première pierre du bâtiment « théorie de la relativité restreinte » vient d'être posée, brutalement, et en travers de la gueule des aristotéliciens.

Bruno avait tenté de rester en Italie aussi longtemps que possible, mais une instruction à son encontre pour hérésie est ouverte en 1576 — il faut dire qu'il était entré chez les dominicains onze ans plus tôt mais rejetait les dogmes, s'intéressait à l'hermétisme et à la magie, bref, avait tout fait pour se faire virer — et il dut fuir. Il erra de ville en ville jusqu'à intégrer, à Genève, une communauté évangélique dont il se fit excommunier en 1578. Il partit alors pour Lyon puis Toulouse et y rédigea un ouvrage de mnémotechnique intitulé *Clavis Magna*, qui impressionna énormément Henri III qui appela Bruno à sa cour et se fit son protecteur. Bruno peut respirer.

Il va, dès lors, aller plus loin que n'importe qui avant lui ; il adopte rapidement le modèle héliocentrique de Copernic, mais cela ne suffit pas ; il ne voit pas, dès lors que les planètes tournent autour du Soleil, pour quelles raisons le Système Solaire aurait une place particulière ; il met un terme à l'idée de ciel en indiquant que, pour lui, ce dernier s'étend dans toutes les directions, à l'infini, et qu'il est parsemé d'étoiles ; on commence à parler d'espace, auquel Bruno vient de donner une profondeur sans précédent. Il poursuit : si le Soleil est une étoile comme les autres, alors des planètes doivent orbiter autour de ces étoiles ; et si parmi les planètes de notre système il en est une, la Terre, qui abrite la vie, alors il doit y avoir de la vie sur d'autres planètes, dans d'autres systèmes. Pour Giordano Bruno, l'Univers est composé d'une infinité d'étoiles autour desquelles orbitent des planètes pouvant abriter la vie : il doit y avoir des formes de vies partout dans l'Univers.

« Nous affirmons qu'il existe une infinité de terres, une infinité de soleils et un éther infini.[106] »

Ou encore

« Car il est impossible qu'un être rationnel suffisamment vigilant puisse imaginer que ces mondes innombrables, aussi magnifiques qu'est le nôtre ou encore plus magnifiques, soient dépourvus d'habitants semblables et même supérieurs.[107] »

Il va présenter sa vision cosmogonique un peu partout en Europe, avec plus ou moins de succès — en Angleterre, à Oxford, par exemple, sa vision froisse l'Église anglicane — et il entame, en 1585, la rédaction d'une critique détaillée des idées scientifiques d'Aristote, *Figuratio Aristotelici Physici auditus*[108]. Pour des raisons politico-religieuses, Henri III ne peut plus se permettre de protéger Bruno et ce dernier quitte la France pour s'exiler en Allemagne en 1586 ; il entre dans la communauté luthérienne. C'est donc sans grande surprise qu'en 1588, il est excommunié de l'Église luthérienne.

Bruno, qui a le mal du pays, accepte en 1591 de rentrer à Venise — où, je le rappelle, l'Inquisition n'a que très peu de pouvoir du fait de la République de Venise — invité par Giovanni Mocenigo. Les deux hommes ne s'entendent pas : Bruno espère être nommé à la chaire de mathématiques de l'université de Padoue — un an avant que Galilée vienne y enseigner — alors que Mocenigo escompte recevoir une instruction personnelle sur la mnémotechnique. Aussi Mocenigo trouve qu'il n'en a pas pour son pognon, tandis que Bruno ne se trouve pas assez considéré, pensant

---

[106] *De l'infinito, universo e mondi*, « De l'infini, de l'univers et des mondes », Giordano Bruno, 1584.

[107] *De l'infinito, universo e mondi*, « De l'infini, de l'univers et des mondes », Giordano Bruno, 1584.

[108] *Esquisse de la physique aristotélicienne*, Giordano Bruno, 1585.

que c'est déjà un honneur pour Mocenigo d'avoir accepté son invitation. Bruno tente de partir, Mocenigo le retient prisonnier, mais n'arrivant pas à le soumettre — d'autres s'y sont cassé les dents avant lui — le dénonce à l'inquisition vénitienne le 23 mai 1592. C'est le début de la fin.

Alors que Bruno est blanchi par les autorités vénitiennes, le pape Clément VIII lui-même demande l'extradition de Bruno auprès du doge qui ne peut qu'accepter. Bruno est désormais prisonnier du Saint-Siège, sous la juridiction de la Grande Inquisition. Son procès va durer huit ans, et les charges retenues contre lui vont évoluer. D'abord, ses positions théologiques qualifiées d'hérétiques : rejet des dogmes, qu'il s'agisse de la Trinité, de la virginité de Marie, de la transsubstantiation ; puis ses activités plus ou moins divinatoires : l'hermétisme, la magie, sa foi en la métempsycose — la capacité de déplacer son âme dans un autre corps — et, enfin, sa vision cosmologique. Les mois passent et le dossier se charge.

Ce procès va révéler la vraie nature punk de Giordano Bruno ; car Bruno est incassable. Il aura longtemps la possibilité d'arranger sa situation, d'abjurer, de reconnaître les dogmes de l'Église et ses erreurs, de sauver sa peau. Il ne le fera pas. Ses inquisiteurs baissent les bras les uns après les autres ; personne ne semble pouvoir venir à bout de sa volonté. Il rédige avec plusieurs d'entre eux des actes de rétractation, il en conduit la rédaction, c'est lui qui force les modifications, les corrections, les variations ; cela prend à chaque fois plusieurs mois — pendant lesquels il est torturé en plus d'être mal nourri — mais les inquisiteurs veulent que cela cesse. Lorsque l'acte de rétractation est finalisé, selon les termes de Bruno qu'il a validés pendant de longs mois un par un, et alors qu'il n'a plus, pour le dire grossièrement, qu'à les signer, il se ravise et les rejette globalement :

> « Je ne recule point devant le trépas et mon cœur ne se soumettra à nul mortel. »

Le pape Clément VIII entre lui-même dans la danse et somme Bruno de se soumettre une dernière fois :

> « Je ne crains rien et je ne rétracte rien, il n'y a rien à rétracter et je ne sais pas ce que j'aurais à rétracter. »

Cette fois, c'en est trop et cela n'a que trop duré ; Clément VIII demande au tribunal d'inquisition de prononcer son jugement et ce dernier le condamne, le 20 janvier 1600, au bûcher. À la lecture de la condamnation, Bruno déclare à son juge :

> « Vous éprouvez sans doute plus de crainte à rendre cette sentence que moi à la recevoir. »

Il est exécuté le 17 février 1600 sur la place Campo de' Fiori, à Rome, où est aujourd'hui érigée une statue à son effigie. À ce jour, le Vatican n'a jamais remis en cause ce jugement et au XXe siècle, le pape Pie XI béatifie, puis canonise et enfin déclare Docteur de l'Église le cardinal Robert Bellarmin qui fut chargé de l'instruction du procès de Bruno, validant de manière quasi définitive sa position à ce sujet — Jean-Paul II réaffirmera d'ailleurs cette position lorsqu'il révisera celle concernant Galilée en 1981.

Donc vous imaginez bien que Galilée, s'il tient à sa peau manifestement plus que Bruno à la sienne, doit être prudent.

49. La preuve par vieux : Galilée – partie 2

Previously, dans « La preuve par vieux »…

Galilée a attaqué durement les principes aristotéliciens et est en passe de faire passer pour ridicule le modèle géocentrique. Il subit de plus en plus les attaques des géocentristes mais, et c'est là la nouvelle donne, de plus en plus ces attaques proviennent également de gens de l'Église. Galilée connaît bien les théories de Giordano Bruno et ce que celles-ci lui ont coûté, et sait qu'il doit faire un peu attention désormais...[109]

Comme Galilée maîtrise clairement les sujets astronomiques, ses opposants vont l'attaquer sur un autre sujet, à savoir les corps flottants. Galilée prétend que la glace flotte sur l'eau parce qu'elle est plus légère — d'un point de vue volumique, c'est à dire moins dense — alors qu'Aristote explique qu'il est de la nature même de la glace de flotter. Galilée démontre ses dires et sort victorieux de cette affaire, connue sous le nom de « bataille des corps flottants ».

Ensuite, en 1612, un astronome allemand jésuite, Christoph Scheiner, s'en prend aux théories de Galilée sur les taches solaires. D'après celui-ci, le Soleil est par nature incorruptible et ne saurait avoir des taches ; il ne peut dès lors que s'agir d'amas d'étoiles entre le Soleil et la Terre. Galilée démontre brillamment que ces taches ne peuvent être qu'à la surface du Soleil, ou du moins tellement proche de sa surface qu'on ne peut en déterminer une altitude précise. Leur correspondance est publiée en 1613 sous le titre « Histoire et démonstrations au sujet des taches solaires et de leurs accidents[110] » — Scheiner finira par adhérer aux conceptions galiléennes, il faut bien reconnaître qu'il y a le *beau geste*, là.

Dès le mois de novembre 1612, la position de l'Église au sujet du modèle héliocentrique, d'une part, et du fait de la rotation de la Terre sur elle-même, d'autre part, se raffermit, marquée par un discours du professeur d'histoire ecclésiastique de Florence et dominicain Niccolo Lorini, qui s'attaque violemment à ces thèses. Il cite notamment les Écritures pour prouver que ce sont bien le Soleil et la Lune qui tournent :

---

[109] Si vraiment ça vous échappe, c'était page 193.
[110] *Storia e dimostrazioni intorno alle macchie solari e loro accidenti.*

« Alors Josué parla à l'Éternel, le jour où l'Éternel livra l'Amorrhéen aux enfants d'Israël, et dit en la présence d'Israël : **Soleil, arrête-toi sur Gabaon, et toi Lune, sur la vallée d'Ajalon.**[111] »

S'il est possible de dire au Soleil et à la Lune d'interrompre leur course, c'est bien que les deux astres étaient en mouvement, et donc la preuve que ce sont bel et bien le Soleil et la Lune qui tournent autour de la Terre.

Le 6 janvier 1615, Paolo Antonio Foscarini, copernicien, publie une lettre dans laquelle, non content de défendre les thèses coperniciennes de l'héliocentrisme, il tente de les promouvoir en réalité physique. L'affaire est si scandaleuse que le cardinal Bellarmin lui-même — oui, le même Bellarmin qui a instruit le procès de Giordano Bruno, mais qui, par ailleurs, est un ami de Galilée — est obligé d'intervenir ; il écrit une lettre à Foscarini dans laquelle il le somme d'arrêter immédiatement les conneries — pardon — sauf s'il présente une preuve irréfutable qui vienne confirmer la thèse héliocentrique ou, *a minima*, qui vienne invalider la thèse géocentrique.

Prenons un paragraphe ou deux pour signaler quelques informations importantes et sans doute éclairantes. D'abord, quoi qu'on puisse penser de l'Église au Moyen Âge, elle n'est pas fermée aux nouvelles théories. Mais le dogme impose la règle selon laquelle les Saintes Écritures sont toujours justes et vraies. L'Église admet que les interprétations qu'on en fait peuvent parfois être erronées, mais c'est tout. Cela explique en partie la réponse de Bellarmin qui, pour le coup, est quand même mesurée : si la preuve est faite, de façon irréfutable, de l'héliocentrisme, l'Église admettra que certaines interprétations des Textes saints sont à revoir, et on en restera là.

---

[111] Josué, 10 :12. Traduction de la Bible Martin, ultérieure mais conforme à la version italienne de Malermi en usage à l'époque.

Le deuxième point à signaler est que l'Église n'est pas fermée au sens pratique et, effectivement, depuis un certain temps tout le monde a bien compris que le système héliocentrique permet de calculer les positions des astres de façon bien plus simple que le système géocentrique. Mais il est essentiel que le modèle héliocentrique ne soit rien de plus, jusqu'à preuve du contraire, qu'une théorie pratique facilitant les calculs. Ceci explique pourquoi la lettre de Foscarini provoque un tel scandale.

En avril 1615, Galilée entre dans la danse en écrivant une longue lettre à Christine de Lorraine — fille aînée de Charles III, duc de Lorraine, et petite fille de Catherine de Médicis — dans laquelle il défend l'orthodoxie du modèle copernicien — il cherche à montrer que ce modèle n'est pas en contradiction avec les Écritures. Il l'écrit pour défendre cette position et tenter d'interdire la censure pure et simple du modèle, mais il est furieux de devoir accepter ce glissement du débat scientifique sur le terrain de la foi.

Galilée va à Rome pour empêcher cette censure dont l'affaire est déjà en cours d'instruction, mais échoue à démontrer la mobilité de la Terre — il tente de le faire à l'aide des marées. Galilée refuse de considérer également les hypothèses ptoléméenne — géocentrique et aristotélicienne — et copernicienne. Après des mois passés à tenter un certain nombre de transactions, la censure est ratifiée par le pape Paul V et l'Inquisition en février 1616. On prie Galilée de ne pas enseigner les théories coperniciennes autrement que comme des théories pratiques bien qu'infondées. L'héliocentrisme est déclaré contraire aux Saintes Écritures. Sous l'effet d'une rumeur persistante selon laquelle Galilée aurait été sévèrement puni par l'Inquisition, ce dernier demande à Bellarmin une attestation prouvant le contraire, attestation qui lui est remise en mai 1616. L'affaire se tasse.

En 1619, le père jésuite Orazio Grassi publie un traité sur les mouvements elliptiques des comètes. Galilée s'y opposera par le biais d'un de ses élèves qui défendra une théorie tombée de nulle part expliquant les comètes comme n'étant rien d'autre qu'une illusion d'optique. Orazio Grassi n'est pas dupe de l'origine de la manœuvre et attaque directement Galilée dans un pamphlet assez fourbe mêlant astucieusement des considérations scientifiques et des insinuations religieuses.

Poussé par son ami le cardinal Maffeo Barberini — qui sera le prochain pape, quand même — Galilée y répond de façon ironique dans un ouvrage considéré encore aujourd'hui comme un « chef-d'œuvre de l'art polémique[112] », *L'Essayeur*[113]. Grassi, humilié, envoie une lettre anonyme pour le dénoncer à l'Inquisition, qui conclut à un non-lieu. Galilée n'est pas inquiété. En 1623, le cardinal Maffeo Barberini est élu pape Urbain VIII, et Galilée est autorisé à publier son *Essayeur*, qu'il lui dédiera. Il devient, rapidement et malgré lui, le porte-parole des intellectuels qui luttent contre les théories scientifiques défendues par les jésuites.

Dans cet ouvrage, Galilée propose que les mathématiques soient le langage de la science :

> « La philosophie est écrite dans cet immense livre qui se tient toujours ouvert devant nos yeux, je veux dire l'univers, mais on ne peut le comprendre si l'on ne s'applique d'abord à en comprendre la langue et à connaitre les caractères dans lesquels il est écrit. Il est écrit en langue mathématique, et ses caractères sont des triangles, des cercles et autres figures géométriques, sans le moyen desquels il est humainement impossible d'en comprendre un mot.[114] »

---

[112] *Galilée : 4. Le drame final et le couronnement de l'œuvre*, Pierre Costabel, *Encyclopædia Universalis*.
[113] *Il Saggiatore*.
[114] *L'Essayeur*, Galilée, page 141, éditions Les Belles Lettres.

Les années qui suivent, Galilée poursuit sa vie malgré une vue qui baisse et des attaques quasi continues d'aristotéliciens. Ces derniers tenteront même de lui faire perdre son allocation de l'Université de Padoue, mais en vain.

Suite à la censure des thèses coperniciennes, Galilée est reçu régulièrement à Rome par le pape qui lui commande un ouvrage présentant les avantages et les inconvénients des thèses géocentriques et héliocentriques. Il souhaite ardemment que le livre en question présente les deux thèses sans parti pris, de façon totalement neutre — Urbain VIII se rappelle notamment de l'échec de sa présentation sur les marées et souhaite vivement que Galilée ne présente pas ce genre d'idées.

L'ouvrage est achevé d'imprimer en 1632 ; il sera le triomphe des idées de Galilée et mettra un terme à la censure. C'est du moins ce qu'il souhaite. Il fait publier le livre avec l'imprimatur, l'approbation de l'Église, qu'il obtient en piégeant monseigneur Riccardi, ne lui présentant lors de l'inspection que la préface et la conclusion du livre, toutes deux parfaitement neutres, ce qui n'est pas l'intention du livre, dans lequel il se moque ouvertement des thèses ptoléméennes et aristotéliciennes.

Ce livre, *Dialogue sur les deux grands systèmes du monde*[115], ne sera pas le triomphe de Galilée, il sera sa perte. Il présente un dialogue entre trois personnages au sujet de la nature du monde : Filippo Salviati, copernicien, Giovan Francesco Sagredo, vénitien intelligent et sans *a priori*, et Simplicio, défenseur des positions aristotéliciennes. Ce dernier porte bien son nom : il est stupide, ne pose que des questions idiotes et ne sait absolument pas défendre ses positions autrement que sur la base de la foi, ce qui ne manque pas d'agacer les gens de l'Église.

---

[115] *Dialogo sopra i due massimi sistemi del mondo.*

Un tour en bateau, tout comme Bruno

Dans son *Dialogo*, Galilée présente une expérience qui ressemble fort à l'expérience en bateau réalisée par Giordano Bruno, mais qui va poser un fait plus important. En effet, il indique que si l'on s'enferme dans la cabine d'un bateau, sans fenêtre ni hublot, et qu'on y réalise diverses expériences mécaniques — par exemple, le fait de faire tomber au goutte à goutte du liquide d'une bouteille dans un récipient placé verticalement en dessous, ou alors le fait de sauter sur place — il est impossible de déterminer si le bateau est en mouvement ou pas dès lors que le bateau, s'il se déplace, ne change ni de vitesse, ni de trajectoire.

Ce que dit Galilée, et qui est essentiel, c'est :

- d'une part, un tel déplacement — rectiligne et uniforme — ou pas de déplacement du tout, c'est la même chose ;

- par ailleurs, les lois de la physique sont les mêmes que l'on soit en mouvement ou pas ;

- enfin, aucune expérience ne permet de déterminer, dans ce cas, si l'on se déplace ou pas, signifiant ainsi qu'il n'existe pas de mouvement absolu, mais toujours par rapport à autre chose.

Galilée vient d'inventer les référentiels inertiels et de poser les premières briques de la relativité.

L'Église, injuriée, se doit de réagir pour au moins deux raisons : d'abord, elle a le sentiment — justifié — que Galilée a biaisé pour obtenir l'imprimatur en ne présentant pas le livre pour ce qu'il était et, d'autre part, le fait que le livre soit publié en italien — et pas en latin, comme n'importe quel ouvrage scientifique de l'époque — démontrent la volonté de Galilée de toucher le plus large public possible. Le pape, quant à lui, se sent personnellement trahi pour deux raisons : d'abord parce que Galilée n'a pas respecté sa volonté de présenter les deux thèses de façon neutre, mais aussi parce qu'il n'apporte aucune preuve permettant de valider la thèse copernicienne qu'il défend si violemment.

Le pape doit agir, et vite — le livre est un succès — mais il tente quand même d'éviter à Galilée de comparaître devant les juges, ce que la Commission d'Inquisition refuse. Galilée est donc convoqué à Rome, par le Saint-Office, en octobre 1632. Pour des raisons de santé, il ne pourra s'y rendre qu'en février 1633. Sa thèse elle-même ne lui est pas reprochée, mais, ce qui est en cause c'est, d'une part, le détournement de la commande faite par le pape et, d'autre part, le fait de soutenir une thèse interdite par la censure. Il subit des interrogatoires et le pape le menace même de torture afin qu'il cède, ce qu'il fait le 22 juin 1633. Il est condamné.

La sentence :

> « Il est paru à Florence un livre intitulé *Dialogue de Galileo Galilei, des deux principaux systèmes du Monde, de Ptolémée et de Copernic* dans lequel tu défends l'opinion de Copernic. Par sentence, nous déclarons que toi, Galilée, t'es rendu fort suspect d'hérésie pour avoir tenu cette fausse doctrine du mouvement de la Terre et repos du Soleil. Conséquemment, avec un cœur sincère, il faut que tu abjures et maudisses devant nous ces erreurs et ces hérésies contraires à l'Église. Et afin que ta grande faute ne demeure impunie, nous ordonnons que ce *Dialogue* soit interdit par édit public, et que tu sois emprisonné dans les prisons du Saint-Office. »

Et s'ensuit la célèbre abjuration, préparée par le Saint-Office :

> « Moi, Galileo, fils de feu Vincenzo Galilei de Florence, âgé de soixante dix ans, ici traduit pour y être jugé, agenouillé devant les très éminents et révérés cardinaux inquisiteurs généraux contre toute hérésie dans la chrétienté, ayant devant les yeux et touchant de ma main les Saints Évangiles, jure que j'ai toujours tenu pour vrai, et tiens encore pour vrai, et avec l'aide de Dieu tiendrai pour vrai dans le futur, tout ce que la Sainte Église catholique et apostolique affirme, présente et enseigne. Cependant, alors que j'avais été condamné par injonction du Saint-Office

d'abandonner complètement la croyance fausse que le Soleil est au centre du monde et ne se déplace pas, et que la Terre n'est pas au centre du monde et se déplace, et de ne pas défendre ni enseigner cette doctrine erronée de quelque manière que ce soit, par oral ou par écrit ; et après avoir été averti que cette doctrine n'est pas conforme à ce que disent les Saintes Écritures, j'ai écrit et publié un livre dans lequel je traite de cette doctrine condamnée et la présente par des arguments très pressants, sans la réfuter en aucune manière ; ce pour quoi j'ai été tenu pour hautement suspect d'hérésie, pour avoir professé et cru que le Soleil est le centre du monde, et est sans mouvement, et que la Terre n'est pas le centre, et se meut. **J'abjure et maudis d'un cœur sincère et d'une foi non feinte mes erreurs.** »

Le pape commuera immédiatement la sanction en résidence surveillée et Galilée n'ira pas en prison. Il sera d'abord résident chez l'archevêque Piccolomini à Sienne, avant de pouvoir obtenir d'être relégué chez lui, à Florence, où il finira sa vie, aveugle. Toutefois, quelques mois avant de perdre définitivement la vue, il rédige un *Discours sur deux sciences nouvelles*, qui sera son dernier livre. Il y pose les bases de la mécanique en tant que science et achève ainsi la physique aristotélicienne. Il meurt le 8 janvier 1642, chez lui.

Et pourtant, elle tourne…

Après sa rétractation, Galilée aurait dit *Eppur, si muove*[116] comme un dernier sursaut de volonté de lutter. Il est vraisemblable que ce soit faux. En effet, si Galilée avait effectivement prononcé ces mots, il aurait vraisemblablement fini sur le bûcher. La seule possibilité restante est qu'il a prononcé ces mots, chez lui, dans sa barbe, hors du regard — et de l'ouïe — de ses inquisiteurs.

---

116   Et pourtant, elle tourne.

Galilée sera réhabilité par la suite, d'abord partiellement puis totalement. En 1728, James Bradley prouve la rotation de la Terre autour du Soleil, suite à quoi le pape Benoît XIV fait donner l'Imprimatur à la première édition des œuvres complètes de Galilée, stipulant toutefois — par ajout aux textes — que le mouvement de la Terre est uniquement supposé. Les condamnations de 1616 et de 1633 ne sont pas abrogées. En 1757, les livres de Galilée sortent définitivement de la liste des ouvrages interdits par l'Église.

Si le pape Jean-Paul II, au xxᵉ siècle, n'abroge pas les condamnations du fait que le tribunal en question n'existe plus, il soulignera quand même le génie de Galilée et dira, en 1992 :

> « Galilée, croyant sincère, s'est montré plus perspicace sur ce point que ses adversaires théologiens : *"Si l'écriture ne peut errer* [lettre écrite à Benedetto Castelli], *certains de ses interprètes et commentateurs le peuvent, et de plusieurs façons."* »

Mieux vaut tard que jamais, comme on dit ; même si, sincèrement, tôt, c'est mieux.

Au stade où nous en sommes, on en a enfin fini avec la philosophie naturelle traditionnelle d'Aristote, Giordano Bruno a secoué les idées reçues sur le monde — mais sans quasiment rien prouver, on peut simplement conclure de ses travaux qu'il avait des intuitions géniales, même s'il restera toujours pour moi le vrai père de la relativité — et Galilée a réussi tant bien que mal à imposer les bases de la mécanique. Ce qui manque, désormais, c'est un esprit aussi vif que fin, capable de voir ce que personne d'autre ne voit, capable de faire preuve d'une abstraction sans précédent, capable de révolutionner la façon dont on a compris le monde et l'Univers jusque là. Cet esprit est en marche, et son histoire va traverser une épidémie de peste pour être éternellement associée à une pomme.

50. La preuve par vieux : Isaac Newton

Dire qu'Isaac Newton était un génie serait une paresse d'écrivain ; il y a tant à dire à son sujet que ce livre ne pourrait prétendre couvrir l'étendue de ses travaux, de ses connaissances, de son extrême persévérance. Il va s'agir ici de parler des travaux de Newton dans le domaine de la mécanique, mais ne perdons pas de vue qu'il fut aussi spécialiste en alchimie, en théologie, en exégèse des Textes saints, j'en passe et des meilleures. Et même en me concentrant uniquement sur ses travaux en mécanique, j'affirme d'ores et déjà qu'à la fin de ce chapitre, je n'en aurai pas fait le tour.

Isaac Archibald[117] Newton est né en janvier 1643 — ou le 25 décembre 1642 selon le calendrier Julien en vigueur à l'époque, joyeux Noël — soit environ un an après le décès de Galilée. Son père est mort quelques semaines avant sa naissance et sa mère se remarie quand il a trois ans. Il est alors envoyé chez sa grand-mère. Son enfance n'est pas très heureuse et il fréquente l'école locale jusqu'à ses seize ans, quand sa mère le rappelle auprès d'elle afin qu'il devienne fermier et administre son domaine. Fort heureusement, elle va déceler chez lui de bien meilleures aptitudes en mécanique qu'en agriculture et elle accepte qu'il retourne à l'école et plus tard, pourquoi pas, à l'université.

Il entre à dix-huit ans au Trinity College[118] de Cambridge et s'il y étudie énormément de mathématiques — géométrie, arithmétique —, il s'intéresse beaucoup à l'astronomie. En 1665, et alors qu'il est âgé de vingt-deux ans, la peste s'abat sur la ville et Newton rentre chez lui pendant deux ans, le temps d'en finir avec l'épidémie. Ces deux ans seront les années les plus fécondes pour l'esprit de Newton. Il progresse fortement en mathématiques, en physique et en optique. C'est durant cette période, notamment, qu'il va comprendre — et se démontrer — que la lumière

---

[117] Il ne s'appelait absolument pas Archibald, c'est juste que j'aime bien l'idée.
[118] Évidemment.

blanche n'est pas blanche, mais la superposition de lumières de toutes les couleurs. Il va également fonder, en toute simplicité, l'analyse mathématique moderne, qui est la branche des mathématiques qui, partant du calcul infinitésimal, s'occupe des limites, continuité, dérivations et intégrations de fonctions.

En 1669, il retourne enfin au Trinity College, mais, cette fois-ci, pour reprendre le poste de son maître à la chaire de professeur lucasien[119] de mathématiques. En 1672 — il a seulement vingt-neuf ans — il entre à la Royal Society de Londres. Il réussit alors à fabriquer un télescope à miroir sphérique qui ne produit pas d'aberration chromatique, ce qui est inédit. Il décide, l'année suivante, de communiquer ses travaux sur la lumière, ce qui le rend d'un coup très célèbre et l'expose du même coup à de nombreuses controverses.

Il faut savoir qu'Isaac Newton n'est pas un grand communicant ; il passe le plus clair de son temps absolument seul, travaille quasi exclusivement seul, jour et nuit, parfois sans même s'arrêter pour manger, sans construire de vie sociale — il est resté célibataire toute sa vie — et rechigne énormément à publier ses travaux. Même quand il rédige un ouvrage, celui-ci peut n'être publié que des années plus tard. C'est le cas par exemple de son traité de l'optique *Opticks* qui, bien que rédigé en 1675, ne sera publié qu'en 1704, près de trente ans plus tard. Il y démontre, à l'aide d'un prisme, la composition de la lumière blanche. C'est également dans cet ouvrage qu'il présente sa théorie corpusculaire de la lumière[120].

Dans son coin, Newton travaille également sur la chute des corps depuis longtemps — vous vous rappelez ? L'épidémie de peste ? — et une idée

---

[119] Du nom de Henry Lucas qui fit un don au College pour financer un poste de professeur de maths appliquées.

[120] *Cf.* page 56.

lui est venue alors qu'il était tranquillement posé, dans le jardin de la maison de sa mère, près du verger, à observer la Lune. Un phénomène inouï se produisit : une pomme, mûre, tomba de son pommier. Malgré ce qu'en disent parfois certains manuels — et notamment nombre de bandes dessinées de Gotlib que je ne saurais trop vous conseiller de lire — Newton ne prit pas la pomme sur la tête. Non. Il la vit simplement tomber. Et une question traversa son esprit : une pomme, lorsqu'elle n'est plus tenue par une branche, tombe à terre. La Lune, quant à elle, n'est tenue par rien ; alors pourquoi ne tombe-t-elle pas aussi ? Fin de l'anecdote qui tombait de nulle part mais qui, dans les paragraphes suivants, sera d'une grande importance.

En 1684, Edmond Halley — celui de la comète — prend contact avec Newton pour connaître ses réflexions sur le modèle de Kepler du mouvement elliptique des planètes. Newton lui fait part de ce qu'il en pense et où en sont ses travaux à ce sujet. Comment vous expliquer à quel point Halley est enthousiasmé par ce qu'il entend ? Ah oui, je sais : il tanne tellement Newton pour qu'il publie ses travaux qu'il est prêt à prendre en charge le financement de la publication. Voilà. Donc, en 1687, Newton publie son petit ouvrage — ironie — celui qui va révolutionner les sciences pendant plus de deux siècles, *Philosophiae naturalis principia mathematica*[121]. Je sais que, jusqu'à présent, j'ai plutôt mis le titre en français dans le texte, et le titre original en note de bas de page ; mais cet ouvrage est tellement important qu'on le connaît partout dans le monde sous son nom latin — on le réduit parfois familièrement simplement à *Principia mathematica* ou encore *Principia*.

On va détailler un peu — mais vraiment juste un peu — l'ensemble des théories développées dans cet œuvre majeure des sciences. D'abord, comme son nom l'indique, le premier objet de ce livre est de mathéma-

---

[121] *Principes mathématiques de la philosophie naturelle.*

tiser la physique — la « philosophie naturelle » est le nom antique des sciences physiques. Newton va présenter des théories, des principes, mais sous forme d'équations, et notamment ce qu'il est convenu d'appeler aujourd'hui les *lois du mouvement* — même si, plus exactement, ce sont des principes.

La première loi du mouvement, également appelée *principe d'inertie*, est la suivante :

> « Tout corps persévère dans l'état de repos ou de mouvement uniforme en ligne droite dans lequel il se trouve, à moins que quelque force n'agisse sur lui, et ne le contraigne à changer d'état. »

Ce que raconte cette loi, c'est une généralisation de ce que Galilée avait observé dans son expérience du bateau, à savoir qu'il n'existe pas de différence entre un corps au repos et un corps en mouvement inertiel — c'est-à-dire qui se déplace à vitesse constante et en ligne droite — mais de plus, ce qu'apporte cette loi, ce qui en fait véritablement le principe d'inertie, c'est que lorsqu'un corps est au repos — ou s'il est en mouvement rectiligne uniforme — il ne changera pas du tout d'état tant qu'aucune force ne lui sera appliquée. Autrement dit, si un objet est immobile et que vous lui foutez la paix, il ne se mettra pas spontanément à bouger et, de la même manière, si un corps dérive dans l'espace, loin de l'influence gravitationnelle d'un autre corps et sans air pour venir freiner son mouvement, il poursuivra sa course sans ralentir ni changer de trajectoire. Ce principe est à la base du *principe fondamental de la statique* qui énonce que si des forces sont appliquées à un tel corps mais qu'elles s'annulent entre elles, tout se passe comme si aucune force ne lui était appliquée. Cette première loi du mouvement va également permettre de définir ce qu'est un référentiel galiléen, à savoir un référentiel dans lequel cette loi est valide.

La deuxième loi du mouvement, également appelée *principe fondamental de la dynamique*, est la suivante :

> « Les changements qui arrivent dans le mouvement sont proportionnels à la force motrice et se font dans la ligne droite dans laquelle cette force a été imprimée. »

En tout premier lieu, cette loi introduit la notion d'accélération. Alors je n'ai aucun doute sur le fait que vous savez ce qu'est l'accélération, mais il n'est pas inutile de préciser ce que l'on entend par accélération en physique : l'accélération est la variation de la vitesse au cours du temps, notamment cela signifie qu'une décélération, en physique, est une accélération, il se trouve simplement que sa valeur est négative, la vitesse étant la variation de la position d'un corps au cours du temps. C'est facile quand on sait qu'une vitesse est calculée en mètres par seconde ou en kilomètres par heure, cela montre bien qu'une vitesse détermine un nombre de mètres parcourus en 1 seconde ou de kilomètres en 1 heure. Ce que dit cette loi, c'est qu'un corps auquel est appliqué un ensemble de forces est accéléré proportionnellement à la résultante de ces forces. Pour le dire plus simplement, si vous appliquez conjointement une force vers l'avant et une force vers la gauche à un corps — mettons une boule — ce dernier subira une accélération vers l'avant et la gauche. Ça donne un peu l'impression d'enfoncer furieusement une porte ouverte — et je donne sans doute l'impression de trouver cet enfoncement génial sans aucune raison — mais le fait est que c'est ainsi que Newton expliquera comment la Lune tourne sans tomber autour de la Terre. Bientôt. Promis.

Notez quand même que les deux premières lois de Newton s'appellent, dans leur version moderne, *Principe fondamental de la statique* et *Principe fondamental de la dynamique* ou parfois *Relation fondamentale de la dynamique*, c'est dire si je ne me suis pas foutu de vous en posant que ce livre allait révolutionner les sciences physiques.

La troisième loi du mouvement, également appelée *Principe des actions réciproques*, est la suivante :

> « L'action est toujours égale à la réaction, c'est-à-dire que les actions de deux corps l'un sur l'autre sont toujours égales et dans des directions contraires. »

Ce que dit cette loi, c'est que lorsque vous appliquez une force à un corps — action — cette force applique dans le même temps une force sur vous, d'égale intensité et dans la direction opposée — réaction. C'est ce principe qui fonde les mouvements des navettes dans l'espace. Dans l'espace, quand vous voulez avancer dans une direction, vous projetez du gaz dans la direction opposée ; alors que vous appliquez une force pour pousser le gaz, celui-ci applique sur votre navette la même force, dans la direction contraire, et vous avancez — c'est ainsi que le robot Wall-E[122] et, plus récemment, Sandra Bullock[123], se déplacent avec un extincteur.

---

[122] Dans le film *Wall-E*, des studios Disney-Pixar.
[123] Dans le film *Gravity*, du réalisateur Alfonso Cuarón.

À elles trois, ces lois suffisent à expliquer beaucoup de choses sur les mouvements de corps, mais pas sur le plus commun, la chute des corps. Newton est sur le point de devenir immortel.

La loi universelle de la gravitation, ou de l'attraction, est la suivante :

> « Deux corps massifs s'attirent en raison directe de leur masse et en raison inverse du carré de leur distance. »

Ce que dit cette loi, c'est que deux corps qui ont une masse s'attirent. Point. D'où qu'ils viennent et où qu'ils soient. Votre propre corps, à l'instant où vous lisez ces lignes, attire la galaxie d'Andromède tout entière. Ce n'est pas rien. C'est vraiment très peu si l'on calcule cette attraction, mais ce n'est pas rien. Tous les corps qui ont une masse s'attirent les uns les autres. Et ce que dit cette loi, c'est que l'intensité de cette attraction est proportionnelle aux masses — si vous êtes deux fois plus lourd, vous attirez deux fois plus — mais inversement proportionnelle au carré de la distance — si vous vous éloignez, l'intensité de l'attraction baisse ; doublez la distance et vous divisez cette intensité par quatre ; triplez-la et vous divisez l'intensité par neuf. L'attraction de deux corps s'estompe donc extrêmement rapidement.

Et Hooke, dans tout ça ?

Il existe un vieux litige entre Newton et Hooke, du genre de litiges dont les internautes raffolent, avides d'histoires secrètes et de complots qu'ils sont — il y a d'ailleurs le même genre de problème concernant Einstein et Poincaré. Le litige, quel est-il ? Selon certains, Robert Hooke, secrétaire de la Royal Society, a présenté la loi universelle de la gravitation avant Newton, et n'en tire absolument aucun crédit.

Déjà, il faut savoir que ces deux là ne s'aiment pas, mais alors pas du tout. Ils s'opposent régulièrement au sujet de la lumière et de la gravitation. D'ailleurs Newton attendra la mort de Hooke pour publier son *Opticks*. De plus, Hooke reprochera à Newton de travailler sur la gravitation de son côté sans rien en dire et en parallèle à ses propres travaux sur le sujet ; il en sera fou de rage. Hooke accuse Newton de plagier sa théorie des inverses carrés, et Newton niera en bloc avoir eu connaissance des travaux de Hooke. On sait aujourd'hui que c'est faux, comme on sait aujourd'hui qu'il a menti à ce sujet non pour masquer une éventuelle culpabilité, mais simplement parce qu'il détestait Hooke.

En réalité, en effet, Hooke formule dès 1674 une loi de l'attraction tout à fait correctement, similaire à celle que présentera Newton quelque dix ans plus tard. Mais voilà, Hooke n'a rien établi et n'a jamais pu valider son hypothèse de l'inverse carré. Pour pouvoir valider ce point, il faudra attendre que les lois de la force centrifuge soient publiées par Huygens. Newton, quant à lui, trouvera la loi de l'inverse carré en appliquant la troisième loi de Kepler — comme le lui a montré Halley en 1684.

Cela étant, il faut quand même rendre à Newton le fait qu'il avait voulu valider, dès 1666 — rappelez-vous, l'épidémie de peste — par l'expérience, ses études avant tout mathématiques pour confirmer le caractère universel de la gravitation, en mesurant l'attraction que la Terre exerçait sur la Lune. Ne trouvant pas de résultat probant, il mit sa théorie entre parenthèses jusqu'à ce que, en 1682, il apprenne la valeur du rayon terrestre calculée plus finement par Jean Picard en France. Avec cette meilleure valeur, il trouva des résultats conformes avec sa théorie, ce qui valida sa théorie universelle de la gravitation.

Pourquoi la Lune ne tombe-t-elle donc pas sur la Terre ? Après tout, Newton a bien démontré qu'il existe une force qui attire la Lune vers la Terre — autant que la Terre vers la Lune — alors pourquoi ne tombe-t-elle pas ? Pour répondre à cette question, Newton va utiliser l'analogie dite du canon. Si vous tirez un boulet de canon, mettons vers l'est, ce boulet va faire quelques mètres vers l'est avant de venir s'écraser au sol. Si vous tirez plus fort, il ira plus loin. Si vous tirez plus fort et de plus haut, il ira encore plus loin. Et si, maintenant, vous tirez de si haut et de si loin qu'au moment où le boulet commence à retomber vers le sol, la courbure même de la Terre se dérobe sous celui-ci, que se passe-t-il ? Il va encore plus loin et ce jusqu'à ce que le boulet finisse par rattraper le sol. Mais avec une vitesse et une altitude suffisantes, le boulet pourrait continuellement tourner en tombant et sans jamais rattraper le sol. C'est très exactement ce que fait la Lune autour de la Terre. Elle tombe continuellement, ce qui accélère son mouvement, tout en s'éloignant du sol du fait de sa vitesse latérale, ce qui fait qu'au final elle tourne continuellement autour de la Terre. Et c'est très exactement ce que fait la Terre autour du Soleil, et toutes les planètes autour du Soleil, et tous les satellites autour de leur planète. C'est ainsi que les corps célestes se déplacent : ils tombent tous continuellement quelque part.

Et bien sûr les lois de Newton permettent de retrouver les résultats expérimentaux de Kepler, ce qui les valide autant que possible, et placera les travaux de Newton, dans l'esprit des gens, comme un aboutissement des sciences. Personne ne remettra en cause les travaux de Newton pendant plus de deux cents ans. Et il faudra alors au moins un Maxwell ou un Einstein pour parvenir à faire vaciller la foi aveugle dans les lois de Newton. Ce n'est vraiment pas un hasard si l'on appelle encore communément la mécanique classique « mécanique newtonienne ».

51. Force, couple, moment et travail

« La Force donne au Chevalier Jedi son pouvoir. C'est une sorte de fluide créé par tout être vivant, une énergie qui entoure et nous pénètre, et qui maintient la galaxie en un tout unique.[124] »

Bon, une force, ça n'a rien à voir. Voilà, c'est dit. On peut évacuer immédiatement cette idée — séduisante, certes — parce que ce n'est pas de ça qu'on parle. Voilà plusieurs chapitres que nous parlons de forces, de vitesses, d'accélérations, d'influences, de mouvements, mais on n'a pas pris ne serait-ce que quelques lignes pour définir ces choses, convaincu que ce sont des choses évidentes. Pas tout à fait. Si l'on se fait en général une bonne idée de ce qu'est une force, on a souvent tendance à en avoir une définition bien trop large, qui recouvre également d'autres choses. Alors lisons les quelques lignes suivantes.

---

[124] *La Guerre des étoiles*, épisode IV, 1977.

Une force, en mécanique, est une interaction entre plusieurs corps. Un corps va exercer une force sur un autre dès lors qu'il agit sur celui-ci, que ce soit pour le déformer, l'attirer, le pousser, etc. On représente classiquement une force par un vecteur — c'est un objet mathématique très utile et qui semble avoir été créé pour l'occasion, d'ailleurs c'est quasiment le cas : Newton a posé dans son *Principia* les bases du calcul vectoriel, et un vecteur est défini par quatre caractéristiques : un point d'application, une direction, un sens[125] et une intensité. Cette représentation est parfaite pour un modèle, mais dans la réalité, cela ne correspond à rien. Même lorsque vous frappez une balle avec une batte de base-ball, il n'existe pas de point d'application au sens mathématique du point ; le contact entre la batte et la balle se fait en réalité sur une zone diffuse — qui plus est, la balle comme la batte se déforment au moment du contact. Mais la modélisation en mécanique possède cette élégance qui permet d'utiliser des outils mathématiques relativement simples pour décrire des interactions qui sont en réalité extrêmement complexes.

On notera cependant immédiatement qu'il existe du coup, évidemment, de grandes différences entre la mécanique des corps solides indéformables — ou considérés comme indéformables — et celle des corps souples — vous comprenez bien que frapper dans une balle n'est pas la même chose que frapper dans un torchon. De même, il existe une mécanique des fluides — liquides et gaz — qui se comportent par nature selon leurs propres règles, mais qui respectent quand même les lois de Newton.

Lorsque plusieurs forces entrent en jeu, on peut simplement les ajouter pour calculer ce que l'on appelle la force résultante — en représentant les forces par des flèches qui sont la représentation classique des vecteurs, il suffit de mettre bout à bout toutes les flèches pour connaître la force résultante ; je vous l'ai dit, les vecteurs sont un outil pratique.

---

[125] La direction est un axe — par exemple vertical — et le sens est le sens sur cet axe — par exemple vers le bas.

Et, la plupart du temps, lorsqu'un corps subit une force, disons vers la droite, cela lui imprime un mouvement vers la droite. Une force vers la gauche? Un mouvement vers la gauche, et ainsi de suite. Je dis « la plupart du temps » car, parfois, une contrainte peut empêcher le corps de se déplacer. Imaginez une porte à tambour face à vous. Vous poussez cette porte en lui imprimant une force vers l'avant. Pourtant, la porte n'avance pas : elle tourne. On peut bien sûr l'expliquer avec ce que l'on sait déjà, à savoir qu'en même temps que la porte avance, son axe central empêche le tout d'avancer et que, à chaque instant, la force va faire avancer le côté mobile de la porte, transformant ainsi un mouvement vers l'avant en mouvement de rotation. Et cette transformation, de translation en rotation, permet d'appréhender deux nouveaux concepts, qui sont le couple et le moment.

Un *couple* est, comme son nom l'indique, constitué de deux forces — on généralise ensuite à plus de forces que deux, mais cela s'appelle toujours un couple — d'égale intensité mais de sens opposés, et s'applique à un même corps. D'un certain point de vue, la résultante de ces deux forces est nulle — lorsqu'il y a plus que deux forces, c'est tout ce qu'on en attend, en plus d'un mouvement de rotation. Si vous avez devant vous, par exemple, un cylindre pouvant tourner sur un axe vertical — comme les rouleaux de prières en Extrême-Orient — vous pouvez faire tourner ce cylindre avec vos deux mains, votre main gauche poussant le côté gauche du cylindre vers l'avant et votre main droite le côté droit vers l'arrière. La résultante de ces deux forces, appliquées par vos mains, est nulle ; pourtant le cylindre acquiert un mouvement de rotation. Comment des forces qui s'annulent provoquent-elles un mouvement? La raison en est que ces forces s'appliquent autour d'un axe de rotation et, ce faisant, produisent un *moment*.

Le *moment* d'une force par rapport à un point — un moment de force est toujours par rapport à un point — traduit l'aptitude de cette force à mettre un corps en rotation autour de ce point. L'intensité du moment est proportionnelle à la distance à ce point. Par exemple, si vous avez devant vous une porte — classique — ouverte. Essayez de la fermer en poussant le côté de la porte le plus éloigné des gonds, la porte se ferme sans aucune difficulté. Essayez maintenant de fermer la porte en la poussant très près des gonds, c'est beaucoup plus difficile. Le moment que vous appliquez par rapport à l'axe de rotation de la porte — le côté avec les gonds — sera d'autant plus grand que la force sera appliquée loin de cet axe. Sans l'avoir indiqué de cette façon, Archimède l'avait déjà compris en expliquant le principe du levier : plus le bras de levier est long, plus vous appliquez une force loin du pivot du levier, plus votre pression sera efficace.

On appelle *travail* d'une force l'énergie fournie par cette force pendant un déplacement. Lorsque cette force se fait dans le même sens que le déplacement, on parle de *travail moteur* — par exemple si vous poussez une voiture dans une pente. Lorsqu'elle se fait dans le sens contraire du déplacement, on parle de *travail résistant* — par exemple si vous poussez un vélo dans une côte. Enfin, si la force ne se fait ni dans le sens du mouvement, ni dans le sens contraire, même partiellement, on parle alors de *travail nul* — par exemple si vous appuyez sur une voiture électrique d'enfant en déplacement sur un sol plat. Il ne faut bien sûr pas confondre un travail nul et une force sans effet. En effet, la Lune qui tourne autour de la Terre subit constamment, dans son déplacement toujours tangent à la Terre, la force de gravitation qui s'applique du centre de la Lune vers le centre de la Terre, donc toujours perpendiculairement à son mouvement. Cette force — la gravitation — a alors un travail nul. Pourtant elle n'est pas sans effet puisque sans elle, la Lune n'orbiterait pas autour de la Terre.

52. Quantité de mouvement et collisions

On est un peu dans les définitions chiantes de ce qui constitue la mécanique, mais il est important de prendre le temps de les comprendre car ces concepts, une fois saisis, donnent une vision bien plus claire non seulement de la mécanique classique, mais également par la suite de la mécanique quantique — et, sincèrement, concernant la mécanique quantique, croyez-moi, toute aide est bonne à prendre.

Ce qu'on appelle quantité de mouvement s'entend assez bien car les mots choisis sont bien trouvés. La quantité de mouvement, c'est la quantité de mouvement. Bon, pour être un peu plus formel que ça, il va falloir creuser un peu le concept. Et prendre un exemple parmi les exemples les plus « *in* », les plus « *hype* », les plus « *à la mode* » : la pétanque. Si vous tirez une boule de pétanque et qu'elle vient frapper directement une autre boule de pétanque — vous faites un carreau — la première boule, celle que vous avez lancée, s'arrête net dans son mouvement tandis que la seconde, qui était à l'arrêt, part d'un coup et semble poursuivre le mouvement de la première. On comprend bien que quelque chose s'est transmis de la première boule à la seconde. Que peut-on dire de ce « quelque chose » ? On peut dire qu'il dépend de la vitesse de l'objet lancé ; on imagine bien que si la boule avait été lancée deux fois plus vite ou, au contraire, bien plus lentement, la seconde boule serait partie plus ou moins vite selon le cas. On peut également dire qu'il dépend de la masse de la boule lancée : si on lance une boule de bowling ou, au contraire, une balle de ping-pong, sur la seconde boule, on voit bien que la seconde boule sera projetée d'autant plus vite et plus fort qu'elle l'est par une boule plus lourde.

Ce « quelque chose », c'est la *quantité de mouvement*. Elle correspond très exactement au produit de la masse d'un corps par sa vitesse — la vitesse étant caractérisable par un vecteur, avec une intensité et un sens, la quantité de mouvement l'est aussi. Dans la plupart des cas, la quantité de mouvement se confond avec la notion d'impulsion. Si vous prenez un pendule de Newton — vous savez ? Les cinq billes métalliques suspendues côte à côte qu'on trouve souvent dans les bureaux de direction dans les films et qui font un bruit insupportable de « tic » - « tic » - « tic » — Si vous éloignez la bille de gauche et que vous la lâchez, dès l'instant où elle entre en contact avec la bille suivante, elle s'arrête net et la bille la plus à droite reprend le mouvement, avant à son tour de revenir vers la gauche, transmettant ainsi son mouvement à la bille la plus à gauche. La quantité de mouvement se transmet, dans ce cas, de bille en bille. La quantité de mouvement est une propriété d'un corps particulièrement utile pour étudier les collisions. Car quand il y a collision, il y a transfert de quantité de mouvement. Mais « pas que ».

En physique, la théorie des collisions est une branche importante de la mécanique, et on distingue plusieurs types de collisions — une collision étant définie comme un choc direct entre deux corps — dont on va parler : les *collisions élastiques*, les *collisions inélastiques*, aussi appelées *collisions partiellement élastiques*, et enfin les collisions totalement « pas élastiques », qu'on appelle aussi de manière élégante[126] *collisions parfaitement inélastiques*.

Jusqu'à maintenant, on a toujours parlé de situations idéales, ou parfaites, dans lesquelles un corps peut être assimilé à un point, l'air environnant

---

[126] « Quand vous dites que c'est une manière élégante, est-ce que ça a un rapport avec la coupe de cheveux ? » *Kaamelott*, Livre III, ép. 24, Yvain, 2006.

n'affecte jamais les mouvements, pas plus que la résistance du sol, etc. Dans la réalité, évidemment, il n'en est rien ; bien sûr, dans bon nombre de cas, on pourra considérer certains effets comme négligeables — par exemple la résistance de l'air à la chute d'une petite bille — et se donner ainsi l'impression d'une situation parfaite, mais gardez en tête que ce n'est jamais le cas. Par exemple, une collision élastique, ça n'existe pas. Jamais. Sauf peut-être à l'échelle atomique, mais c'est un cas à part et qui sort totalement du cadre de la mécanique classique.

Une collision élastique, c'est une collision au cours de laquelle toute la quantité de mouvement va être transférée entre les corps sans aucune perte, et aucune énergie ne sera perdue lors du choc. Tout d'abord, pour qu'un choc puisse être totalement élastique, il faut que l'on puisse considérer les corps en action comme étant un système isolé car dans un système isolé, en effet, il y a conservation de la quantité de mouvement.

Système isolé

Un système isolé est un système physique — par exemple un ensemble de billes — qui n'interagit **pas du tout** avec son environnement. Dans la réalité, un système isolé n'existe pas puisque toute masse dans l'Univers exerce une force gravitationnelle, même infime, sur tous les corps massifs de l'Univers. Ainsi, on ne peut pas considérer la Terre comme système isolé du fait de l'influence du Soleil, ni le Système Solaire du fait de l'influence des étoiles de notre Galaxie, ni notre Galaxie du fait de l'influence des autres. Il est possible — cela reste à prouver — que notre Univers **dans son ensemble** constitue un système isolé. Si tel est le cas, ce sera bien le seul.

Toutefois, il est classique, en physique, de simplifier les situations afin de pouvoir les modéliser et ainsi, par exemple, de considérer une bille qui roule sur un plan incliné comme un système isolé constitué de la bille et du plan.

Ensuite, il faut pouvoir considérer également que, lors du choc, toute l'énergie se transmet uniquement sous forme d'énergie cinétique — d'énergie de mouvement. Dans la réalité, ce n'est jamais le cas. Lors d'un choc, dans la réalité, l'impact lui-même génère de la chaleur, et cette chaleur provient des énergies cinétiques des corps avant le choc. Il y a donc, normalement, de l'énergie qui se transforme en chaleur — on dit qu'elle se dissipe; il y a dissipation en chaleur — au moins en partie. Mais, dans un choc totalement élastique, aucune énergie cinétique n'est dissipée, et lorsque deux corps en mouvement, de même masse, provoquent un choc frontal élastique — ils se dirigent très exactement l'un contre l'autre — chacun repart de son côté et, fait amusant, repart de son côté avec la vitesse de l'autre corps avant le choc. Ce dernier point est dû au fait que les deux corps ont la même masse. Car, rappelez-vous, la quantité de mouvement dépend de la masse. De la même manière, toujours avec les deux corps de même masse, si un des corps est immobile au moment du choc, il va stopper le mouvement de l'autre et poursuivre son mouvement dans la même direction et avec la même vitesse qu'avant le choc. C'est ce que l'on peut observer localement — avant que les frottements du tapis n'entrent en jeu — sur une table de billard.

Les chocs inélastiques, ou partiellement élastiques, sont plus conformes à la réalité. En effet, lorsque deux voitures se percutent, une partie de l'énergie du choc est dissipée en chaleur, une autre en bruit — oui, il faut de l'énergie pour produire un son — une autre encore déforme les carrosseries en contact, et, enfin, le reste est transféré en énergie cinétique, déplaçant plus ou moins les voitures selon la masse et la vitesse de chacune ainsi que l'angle et la violence du choc. Ce cas est plus conforme à la réalité, mais il est du coup bien plus complexe à modéliser, ne serait-ce que du fait de la déformation possible des corps — vous n'imaginez pas le travail et la réflexion d'ingénieurs — barbus et à lunettes ou pas, mais toujours avec des stylos dans la poche de chemise — derrière la conception d'un pare-choc ou d'un amortisseur.

Prenez un ballon de basket — mentalement; n'allez pas chercher un ballon de basket... ou alors, si, pourquoi pas? Allez en prendre un et mettez deux ou trois paniers histoire de faire du sport, c'est bon pour la santé — bref, prenez un ballon de basket, et lâchez-le d'une hauteur donnée, en plaçant une de vos mains en contact juste au-dessus avant de le lâcher. Ne bougez plus cette main et lâchez le ballon. Il ne rebondira jamais jusqu'à toucher votre main. En fait, à chaque rebond, il rebondira moins haut. Parce que le choc entre le ballon et le sol est inélastique. À chaque contact, le ballon va se déformer un peu, comprimer l'air qu'il contient, donc chauffer un peu cet air; la chaleur et la pression de cet air vont repousser la paroi du ballon, ce qui va l'aider — partiellement — à rebondir.

Enfin, les collisions parfaitement inélastiques. Là, c'est l'inverse du cas parfaitement élastique. Dans ce cas, le maximum d'énergie qu'il est possible de perdre par dissipation est effectivement perdu. De plus, lors d'une collision parfaitement inélastique, les corps restent liés après le choc, ce qui lui vaut aussi le nom de « choc mou ». Le système étant isolé, la quantité de mouvement totale est conservée, mais tout ce qui peut être dissipé d'énergie — en chaleur, en son et en déformation — l'est effectivement. L'énergie cinétique de l'ensemble, après le choc, est donc moindre. Souvent, lors d'un choc frontal entre deux voitures, celles-ci restent collées l'une à l'autre après le choc. C'est un exemple de collision parfaitement inélastique. Et dans le cas où deux corps de même masse m, l'un se déplaçant vers l'autre à la vitesse v, l'autre étant immobile, entrent en collision parfaitement inélastique, l'ensemble poursuit la trajectoire du corps qui était en mouvement, mais à la moitié de la vitesse initiale.

Il reste, après tout ça, à parler du moment cinétique et de sa conservation — qui fait que le Système Solaire est plat et que les cascadeurs qui font décoller leur voiture arrivent à la reposer sur ses roues… oui — et on aura globalement fait le tour de la mécanique classique — bon, on n'aura pas parlé de la mécanique des fluides ni de la thermodynamique, mais ce sont vraiment des sujets à part entière.

53. Moment cinétique ou angulaire

Bon, on ne va pas se mentir, le moment cinétique, c'est chaud. Mathématiquement, c'est un outil puissant — un torseur — mais la réalité de ce qu'est le moment cinétique, c'est un poil complexe, quand même. Du coup, n'en déplaise aux mathématiciens et aux physiciens qui risquent de se faire quelques poils blancs à la lecture des prochaines lignes, je vais tenter de simplifier le problème. Et, pour commencer, on va déjà se mettre d'accord sur le fait que moment cinétique ou moment angulaire, c'est la même chose.

Quand un corps se déplace en ligne droite, il a une quantité de mouvement. Eh bien lorsqu'un corps est en rotation autour d'un axe, de la même manière qu'il peut être soumis à un couple qui produit un moment de force, sa quantité de mouvement produit un moment, cinétique cette fois-ci. Le moment cinétique est, en quelque sorte, une forme de quantité de mouvement, mais en rotation. Du moins, ce moment cinétique va « se comporter » dans une rotation comme « se comporte » la quantité de mouvement dans une translation. Notamment, pour un système isolé, il y a conservation du moment cinétique — comme il y a conservation de la quantité de mouvement. Simplement, pour un peu plus de précision, on parle du moment cinétique d'un point — du corps en rotation — par rapport à un autre — l'axe de rotation, ou le pivot.

Sans trop piger ce qu'est le moment cinétique, sa conservation nous permet de mieux sentir de quoi il s'agit, notamment concernant la platitude de notre Système Solaire. Comme on en a déjà parlé[127], à l'origine de la formation de notre Système Solaire, il y a une nébuleuse ou, plus précisément, un nuage moléculaire. Celui-ci contient énormément de particules, de gaz, de glaces et de poussières, qui bougent un peu comme elles veulent, comme elles peuvent, entrant régulièrement en collision

---

[127] *Cf.* page 124.

les unes avec les autres, se tournant autour. Tout ce mouvement diffus, si on le modélisait particule par particule, on se rendrait compte qu'il a quand même un mouvement global. Il tourne globalement sur lui-même. Considérant — ce qu'on peut raisonnablement faire — ce nuage moléculaire comme un système isolé, ce mouvement de rotation produit un moment cinétique qui va se conserver tant que ce système restera isolé — il est donc aujourd'hui, 4,5 milliards d'années plus tard, encore conservé. Lorsque les particules vont commencer à s'agréger par gravitation, la partie « centrale », celle qui grossit, se dégage et deviendra un jour notre Soleil, tourne de plus en plus vite et, faisant tourner le reste du nuage, celui-ci s'étire de plus en plus et s'aplatit, comme un large disque — ce qui permet la conservation du moment cinétique de l'ensemble. C'est ainsi que l'on peut constater, quelque 4,5 milliards d'années plus tard, que notre Système Solaire est — globalement — plat.

Un exemple frappant et plus immédiatement identifiable est celui du cascadeur. Vous avez sans doute déjà vu dans un film une voiture qui, du fait d'une courbe sur la route — ou d'un tremplin mal dissimulé par le cadre — décolle littéralement du sol, parfois de quelques mètres, toujours sur quelques mètres. Ce que nous disent les lois de la physique, c'est que lorsque la voiture décolle, le capot orienté vers le haut, elle devrait, au mieux, retomber avec le capot toujours orienté vers le haut ou, au pire, accentuer son angle par rapport au sol jusqu'à potentiellement retomber verticalement, voire totalement à l'envers. Pourtant, souvent, dans les films, car cela est plus photogénique mais également plus pratique, la voiture retombe au sol à plat, voire capot incliné légèrement vers le sol. Comment est-ce possible? La conservation du moment cinétique permet cet exploit. Lorsque la voiture décolle, elle devient un système isolé, notamment isolé du sol. Ses roues tournent et cette rotation produit un moment cinétique. Une fois en l'air, le cascadeur freine pour bloquer les roues. Dès lors, celles-ci ne produisent plus de moment cinétique.

234

Pourtant, il faut bien que celui-ci se conserve. Alors que se passe-t-il? La voiture entière entame un mouvement de rotation — bien moins rapide que les roues, puisqu'elle est globalement bien plus lourde et possède donc une bien plus grande inertie — qui permet la conservation dudit moment cinétique. Les lois de la physique sont respectées, et Michael Bay est à une ou deux explosions d'être complètement satisfait par ce qu'il voit. « C'est dans la boîte! ».

Ça y est! Là, on a vraiment fait le tour de la mécanique classique, et je pense avoir fait de mon mieux pour rendre hommage à Giordano Bruno, Galilée et Isaac Newton. On pourra bien sûr me dire que j'aurais dû m'appesantir sur Nicolas Copernic, ne serait-ce que pour rappeler qu'il a prudemment attendu d'être sur son lit de mort pour publier ses travaux sur l'héliocentrisme, s'évitant ainsi les foudres de l'Église ; j'aurais également pu insister sur Kepler. Je sais qu'il m'est tout à fait reprochable de n'avoir quasiment pas parlé de Descartes, de Voltaire, de Leibniz, mais comme il peut m'être reproché, plus généralement, de n'avoir cité ni Euclide, ni Pythagore, ni Thalès, ni Euler — il faudrait un livre complet sur les mathématiques pour simplement entrevoir l'immensité de leurs travaux. J'aurais aussi sans doute pu voyager un peu plus, sortir de l'Europe et parler des sciences chinoises, indiennes et arabes. Tellement de pages en perspective, tant d'histoires à raconter, certaines sont émouvantes, d'autres étonnantes, d'autres encore montrent, par les échecs cuisants et parfois successifs de leurs protagonistes, que l'échec n'est pas une fin, mais une étape vers le progrès — Winston Churchill a dit lui-même que le succès est d'aller d'échec en échec sans perdre son enthousiasme, et il s'y connaissait en matière de succès.

Mais bon, il a fallu faire des choix, limiter ses sujets, au moins pour l'instant, et avancer dans l'ouvrage. Maintenant que la mécanique classique est derrière nous, les pièces sont en place pour parler de relativité.

Mais avant cela, en guise d'entracte — ou d'interlude — passons un peu de temps à parler d'une autre forme de mécanique, peut-être plus passionnante encore, celle de l'être humain. Et promis, après, on se fait les théories d'Einstein.

La vie

Nous ne sommes jamais que la version bêta 1000000000.1rc

Avant même de chercher à comprendre ce qui fait de nous des êtres pensants, qu'est-ce qui fait de nous des êtres vivants? Je suis vivant — enfin, au moment où j'écris cette phrase, je suis vivant; au moment où vous la lisez, je n'en sais rien... aïe... — vous êtes vivant, là, maintenant, je le sais et vous le savez. Mais qu'est-ce que ça signifie d'être vivant? Pouvez-vous prouver — et si oui, comment — que les personnes qui vous entourent, votre famille, vos amis, vos voisins, votre boulanger, moi, Robert Hue, pouvez-vous prouver que tous, nous ne sommes pas simplement le produit de votre imagination?[128] Ensuite, bon, admettons — parce que, franchement, c'est tout ce que nous pouvons faire — nous sommes vivants ; qu'est-ce qui nous donne la conscience d'être vivants ? Votre chien, l'araignée planquée en haut de votre armoire et qui, discrètement, vous débarrasse des moustiques qui, sans elle, vous offriraient une analyse de sang quotidienne, ces moustiques en question, le ver de terre que j'ai un jour empalé sur un hameçon, le poisson qui a bouffé ce ver, tous ces animaux, quels qu'ils soient, ont-ils conscience eux aussi d'être vivants ? Enfin, la vie n'est-elle rien d'autre que cela ? Peut-elle exister autrement ? Quelle que soit la réponse à cette dernière question, la vie peut-elle exister ailleurs ?

Soyez les bienvenus dans la section du livre qui pose énormément de questions, surtout au regard du nombre ridicule de réponses qu'elle va apporter.

54. Vous êtes un être vivant

Vous le savez, pas besoin d'y revenir. Mais qu'est-ce qui fait de vous un être vivant ? Vous pourrez me répondre que vous avez une conscience, que vous avez un pouls, votre sang circule dans vos veines, vous respirez, vous vous nourrissez, vous digérez, vous grandissez, vous êtes né et vous allez mourir, vous pouvez vous reproduire. Toutes ces choses sont sans doute vraies, mais suffisent-elles à définir ce qu'est un être vivant ? Faut-il l'ensemble de ces critères ? Par exemple, un humain stérile ne peut pas se reproduire, il n'en est pas moins vivant. Les arbres, même s'ils respirent — sans poumon — n'ont pas de cœur, ils n'en sont pas moins des êtres vivants. Les moustiques ont-ils une conscience ?

---

[128]   Si vous êtes Robert Hue, il va de soi qu'il vous faut prendre une autre personnalité en exemple.

La réalité est que la définition d'un être vivant est avant tout empirique pour la plupart d'entre nous, et nous sommes tous plus ou moins capables d'identifier autour de nous ce qui est vivant — le chien, le chat, le poisson rouge, la vieille tata qui radote aux dîners de famille — et ce qui ne l'est pas — la fourchette, la chaise, l'ampoule de la lampe de chevet, le vieux chien empaillé et moisi de la vieille tata, vous savez, celle qui radote aux dîners de famille. C'est une question très ancienne, qui a intéressé les philosophes grecs, bien sûr, mais également les savants de toutes les époques, de Claude Bernard à Erwin Schrödinger[129] en passant par Kant ou Descartes.

Afin de peut-être mieux toucher du doigt le sujet, de façon un peu plus formelle, dirons-nous, on pourrait passer en revue les différentes définitions qui ont pu être données au cours des siècles à ce qu'on appelle la vie, notamment en prenant en compte les découvertes scientifiques qui nous permettent, quasiment chaque jour, de mieux percevoir le sujet. Mais un tel projet pourrait, en soi, faire l'objet d'un livre à part entière, mêlant philosophie, théologie, science et intuition. Afin de restreindre un peu le périmètre du sujet, je propose d'ores et déjà qu'on ne pose ni la question du *souffle de vie* ni celle de l'*âme* — pardon, Aristote ; une autre fois, peut-être — pour se concentrer uniquement sur l'aspect scientifique de la vie.

Sans entrer dans un formalisme académique, on sait que s'il est possible de donner une définition précise de ce qu'est la vie, elle va tourner autour des points suivants : un être vivant commence par naître, d'une manière ou d'une autre, dispose d'une organisation interne complexe qui lui permet de se maintenir, ou éventuellement de se transformer, mais de façon contrôlée, il forme lui-même sa propre substance, éventuellement en puisant de la substance autour de lui, il peut se reproduire, et enfin

---

129   Rendu célèbre notamment pour une histoire de chat, dont on parlera…

il finit par mourir. Une fois mort — pour le coup, on ne va vraiment pas rentrer dans la définition de ce qu'est la mort — il ne fait plus rien de tout ça. Quelque part, on sent bien qu'avec ce paragraphe, on a une vision relativement claire, en creux, de ce qu'est un être vivant.

Un des points essentiels qui caractérisent les êtres vivants est qu'ils ne semblent pas respecter le second principe de la thermodynamique[130], et ça c'est intéressant pour nous, parce que c'est quelque chose de formalisable. Schrödinger a, outre le fait de vouloir torturer des chats à la fois vivants et morts — on y viendra dans le tome II —, cherché à donner une définition formelle et scientifique de ce qu'est la vie. Sa question n'était pas du tout anodine, il cherchait à savoir si la vie respecte les mêmes lois de la physique que le reste de l'Univers. Cela peut sembler étrange comme questionnement, mais il n'en est rien ; en effet, bien sûr, un être vivant sur Terre est soumis à la gravitation terrestre de la même manière qu'un caillou, mais il y a des lois de la physique, plus subtiles, qui semblent ne pas avoir prise sur les vivants, et c'est notamment le cas des lois de la thermodynamique.

Équilibre thermodynamique

L'équilibre thermodynamique est une des notions fondamentales de la thermodynamique, branche de la physique qui étudie la chaleur et les échanges thermiques. L'équilibre thermodynamique en est une notion fondamentale car il définit ce qui finit par arriver à tout système isolé. Si vous mettez des glaçons dans de l'eau chaude, les glaçons vont fondre, l'eau chaude va refroidir et, au bout d'un temps « suffisamment long[131] » l'ensemble sera en équilibre thermodynamique, ce qui signifie qu'il ne se passera globalement plus rien en terme d'échanges de chaleur — le tout sera à la même température — en terme mécanique — le tout sera à la même pression — ou en terme chimique. Un

---

[130] Plus d'informations sur la thermodynamique page 303.
[131] Ce « suffisamment long » ne plaît pas car il n'est pas précis, mais il fait bien partie de la définition.

système isolé — à qui on fout la paix — finit toujours par être en équilibre. C'est une des lois fondamentales de la nature même.

Les êtres vivants s'éloignent de l'équilibre thermodynamique, ce qui faisait dire à Schrödinger que :

> « [...] le domaine du vivant, sans échapper aux « lois de la physique » telles qu'elles sont aujourd'hui établies, est susceptible d'impliquer « d'autres lois de la physique » jusqu'ici inconnues et qui pourtant, une fois révélées, deviendront partie intégrante de la science tout autant que les précédentes.[132] »

Prenons simplement le cas de la seconde loi de la thermodynamique, celle de l'*entropie*. Cette loi précise que dans un système isolé, l'entropie ne peut qu'augmenter.

Entropie

On reparlera bien sûr plus en détail de l'entropie, mais il est important, à ce stade, d'ouvrir une parenthèse, fût-elle petite, pour *sentir* de quoi il s'agit. Prenez un étudiant, ou un lycéen, et décidez que sa chambre sera désormais définie comme un système isolé. Vous n'y intervenez pas, vous n'y contrôlez rien. Le premier jour de l'expérience, toutefois, vous avez bien fait le ménage dans la pièce, il n'y a pas de poussière sur les meubles, les vêtements sont pliés et convenablement rangés, il n'y a pas de nourriture dans la pièce. Laissez agir pendant un mois — selon l'étudiant ou le lycéen, quelques jours seulement suffiront — et revenez dans la pièce. La poussière s'est largement accumulée sur toutes les portions de meubles qui ne sont pas recouverts de chaussettes — je mets « chaussettes » au pluriel parce qu'il y en a plusieurs, mais entendez bien qu'aucune n'est assortie aux autres — la nourriture abonde sur le sol, si tant est qu'on puisse encore l'appeler nourriture dès lors qu'elle se déplace de façon autonome, et une odeur étrange sature l'air de la pièce, une odeur indéfinissable mais qui, même si vous n'y êtes jamais allé, vous donne à penser

---

[132] *Qu'est-ce que la vie*, Erwin Schrödinger, 1944, traduction Léon Keffler, Seuil, 1993.

que c'est certainement l'odeur que doit émettre un zèbre mort en plein soleil dans la savane.

L'entropie, quelque part, c'est un peu ça ; c'est l'idée que lorsqu'aucun mécanisme ne permet de contrôler l'organisation d'un système, celui-ci ne peut que se désorganiser de façon croissante. Une autre façon de le dire est de dire que si vous plongez un glaçon dans un café brûlant, vous finissez par avoir un café allongé tiède, mais que ce café allongé tiède ne se changera jamais spontanément en café brûlant et glaçon.

Schrödinger remarque qu'un être vivant, en tant que système isolé, ne respecte pas ce principe pourtant fondamental de la nature. Et, s'il est convenu d'appeler ce phénomène le *paradoxe de Schrödinger*, le fait est que c'est un paradoxe facilement soluble. En effet, Schrödinger conclut rapidement que la seule possibilité de résoudre ce problème et qui ne viole aucune loi de la nature est qu'un être vivant ne peut pas être considéré comme un système isolé. Ça n'a sans doute l'air de rien, mais cela signifie que la notion d'être vivant est indissociable d'un environnement.

Bon, tout ceci c'est bien gentil, mais notre « définition » initiale qui parle de respiration, de sang, de reproduction, d'alimentation, de digestion, etc. Est-elle valable ? Et si oui, que vaut-elle ?

55. Les invraisemblables autoroutes du corps

La respiration est sans conteste une des premières idées qui vient à l'esprit des gens quand on parle de vivant, sans doute parce que les morts de la littérature, du théâtre et du cinéma se reconnaissent à ce qu'ils ne respirent plus. De fait, la respiration est le moyen le plus répandu dans la grande famille des êtres vivants pour bénéficier de l'énergie que procure l'oxygène. Chez les humains par exemple — tout comme chez les mammifères et les oiseaux — la respiration passe par le remplissage et le vidage des poumons, ce qu'on appelle la ventilation pulmonaire, et peut être décomposée, comme chacun sait, en deux mouvements, qui sont l'inspiration et l'expiration. Lors de l'inspiration, un mouvement d'aspiration de l'air, provoqué par les muscles respiratoires tels que le diaphragme, vient gonfler l'intérieur des poumons d'air riche en oxygène — environ 21% dans l'air ambiant. Que se passe-t-il ensuite ? Les poumons sont une énorme membrane repliée sur elle-même selon un maximum de circonvolutions, et dont la forme n'est pas sans rappeler celle d'un arbre à l'envers ; d'abord un large tronc duquel partent des grosses branches, desquelles partent des plus petites branches, desquelles partent d'encore plus petites branches, jusqu'aux feuilles — que, dans un poumon, on appelle respectivement trachée, bronches, bronchioles et enfin alvéoles pulmonaires.

Ce n'est absolument pas un hasard si les arbres et les poumons ont des structures similaires puisque les arbres respirent par leurs feuilles ; en effet, cette mise en place en arborescence, avec les nombreux plis qu'elle contient pour les poumons, est la meilleure façon de contraindre, dans un espace limité — la cage thoracique — la plus grande surface possible ; il existe une branche des mathématiques, appelée *théorie des fractales*, dont l'objet est précisément de comprendre comment il est théoriquement possible de contraindre une surface infiniment grande dans un volume fini. En l'occurrence, nos poumons n'ont pas une surface infinie ; elle est en moyenne de cinquante mètres carrés, soit un peu moins qu'un court de squash. Toute cette surface, lorsque les poumons sont pleins d'air, est en contact avec l'air et donc avec l'oxygène qu'il contient. D'un seul côté. Celui qu'on va appeler l'extérieur du corps — en ce sens qu'il n'existe pas de paroi entre l'extérieur du corps et ce côté de la membrane pulmonaire. De l'autre côté de cette membrane, des vaisseaux sanguins, beaucoup de vaisseaux sanguins.

Il se produit alors un phénomène tout à fait naturel et totalement passif : lorsqu'une membrane perméable sépare deux milieux dont l'un est plus concentré — par exemple en oxygène — que l'autre, un échange va se produire et des éléments du milieu le plus concentré vont traverser la paroi — s'ils sont suffisamment petits — vers l'autre milieu, jusqu'à ce qu'il y ait un équilibre de part et d'autre. Ce phénomène, connu sous le nom tout à fait explicite de *diffusion*, est aussi naturel que passif et ne nécessite aucune action particulière de notre corps. Ainsi, la concentration du sang en oxygène étant bien moindre que celle de l'oxygène dans l'air, et la membrane pulmonaire permettant le passage des molécules de dioxygène contenues dans l'air, celles-ci traversent spontanément la paroi pulmonaire pour rejoindre le sang.

Principe de Le Chatelier

Henry Le Chatelier, chimiste français à cheval entre le XIXe et le XXe siècle, doit sa modeste renommée à un principe qu'il a établi en 1884, résultat de multiples observations. Ce principe qui porte son nom, mais qui est également connu sous le nom de *loi générale de modération*, dit la chose suivante :

> « Lorsque les modifications extérieures apportées à un système physico-chimique en équilibre provoquent une évolution vers un nouvel état d'équilibre, l'évolution s'oppose aux perturbations qui l'ont engendrée et en modère l'effet. »

Autrement dit, lorsqu'un changement extérieur à un système provoque un déséquilibre, ce système va spontanément chercher à retrouver son équilibre initial. Dans notre cas, si on ajoute de l'oxygène dans les alvéoles pulmonaires, cela crée un déséquilibre de concentration en oxygène de part et d'autre de la paroi pulmonaire. Le système « air dans les poumons » – paroi pulmonaire – sang va spontanément rechercher l'équilibre initial en laissant l'oxygène traverser la paroi.

Une fois dans le sang, que fait cet oxygène[133] ? Pour répondre à cette question, il faut — un peu — discuter de la composition du sang. Comme vous le savez si vous vous êtes déjà coupé, blessé, tailladé — il ne faut pas faire ça, c'est mal — ou tout simplement si vous êtes une

---

[133] Oui, on parle souvent indistinctement d'oxygène ou de dioxygène. C'est une erreur, mais c'est ainsi.

femme en âge de procréer et disposant ainsi de la joie mensuelle d'être rappelée à la nature biologique de votre corps, votre sang est liquide. Et ce liquide est rouge. Votre sang est liquide parce qu'il est principalement composé de plasma, qui est un liquide composé à plus de 90 % d'eau. La couleur naturelle du plasma est jaunâtre, du fait des 10 % restants de sa composition — oligoéléments, nutriments, déchets métaboliques, hormones, etc. Le plasma constitue environ 55 % du sang ; il en est donc le constituant principal, mais pas de beaucoup. Le reste du sang — qui va notamment lui donner sa couleur rouge — est constitué de ce qu'on appelle les *éléments figurés du sang*, ou *globules*[134]. On y trouve les globules rouges, les globules blancs et les plaquettes. Ceux qui nous intéressent directement ici sont les globules rouges, qu'on appelle également hématies, ou encore érythrocytes[135].

Lorsque l'oxygène passe dans le sang, une partie — négligeable — va tout simplement se dissoudre dans le plasma ; mais l'essentiel de l'oxygène va rester là, tranquillement, jusqu'au passage — immédiat — d'une hématie à proximité.

On parlera dans le tome II des cellules un peu plus dans le détail, mais ce qu'on peut d'ores et déjà dire de l'hématie, c'est qu'elle ne contient pas de noyau bien qu'elle en ait possédé un aux premiers instants de son existence[136] ; plus précisément, elle est le résultat de la *différenciation d'érythroblaste*, cellule qui possède un noyau ; c'est important parce que dans les cellules qui ont un noyau, c'est là que se trouve l'ADN ; ayant perdu son noyau, elle n'a plus d'ADN, et sans ADN, elle ne peut donc pas se diviser pour se dupliquer. Elle ne contient que ce qu'on trouve

---

[134] Quand, dans une série télé médicale, vous entendez parler de NFS, à savoir « Numération Formule Sanguine », il s'agit de déterminer la quantité de ces éléments dans le sang.

[135] Littéralement « cellules rouges », qui donnent sa couleur rouge au sang.

[136] On dit que c'est une cellule anucléée.

normalement autour du noyau, le cytoplasme, qui — dans son cas — est riche en hémoglobine.

Hémoglobine

L'hémoglobine est une protéine[137] — pour l'instant, contentons-nous de nous dire que c'est une grosse molécule — qui est constituée de quatre chaînes moléculaires identiques deux à deux, chacune étant ce qu'on appelle un hème — qui est, vous l'avez compris, à l'origine du nom hémoglobine. Un hème est une molécule dont une des particularités est d'être entre autres choses constituée d'un atome de métal — dans le cas de l'hémoglobine, du Fer — au centre d'une structure cyclique appelée *porphyrine*. Cet atome de métal permet de fixer ou d'accrocher une molécule d'un gaz diatomique — dans notre cas, le dioxygène. Ainsi, la molécule d'hémoglobine composée de quatre hèmes peut fixer, à elle seule, quatre molécules de dioxygène. Notons que cette liaison entre dioxygène et hémoglobine est suffisamment forte pour que l'oxygène accompagne naturellement l'hémoglobine, mais pas assez pour empêcher un autre phénomène de le décrocher. De fait, plus on trouve d'oxygène autour de la molécule, moins le dioxygène fixé va avoir tendance à se détacher, et inversement.

L'hémoglobine contenue dans les hématies va alors fixer le dioxygène qui vient des poumons[138] — je précise, bien sûr, que l'oxygène n'a aucune difficulté particulière à traverser la paroi cellulaire des hématies, ce qu'il fait spontanément. L'oxygène est maintenant le passager des hématies.

Le sang circule dans le corps à travers un réseau phénoménal de tuyaux — les vaisseaux sanguins — qu'on appelle le *système cardiovasculaire* : « cardio » car il nécessite l'usage du cœur pour faire circuler le sang et « vasculaire » car celui-ci navigue au sein de ces vaisseaux. Ces derniers sont organisés de la même manière qu'un réseau routier : de larges autoroutes pour les grandes distances, puis des réseaux de plus en plus fins pour atteindre telles ou telles cellules du corps. Et quand je dis

---

[137] *Cf.* tome II.
[138] Et devenir techniquement de l'oxyhémoglobine.

que ce réseau est « phénoménal », je pèse mes mots : entre 120 000 et 150 000 km de routes, oui, j'ai bien dit entre cent vingt et cent cinquante mille **kilomètres**, soit entre trois et quatre fois le tour de la Terre par l'équateur ! Dans chaque corps humain.

Le corps humain — comme tout animal doté d'un système vasculaire transportant l'oxygène dans le sang — a su résoudre intelligemment, au fil des générations et de l'évolution, un problème complexe : comment transporter rapidement l'oxygène pompé par les poumons jusqu'aux cellules qui en ont besoin, mais suffisamment lentement pour que l'oxygène, une fois proche de ces cellules, puisse se détacher et s'extraire des hématies ? Le fait de disposer d'un réseau vasculaire de plus en plus fin oblige les globules à ralentir, comme les voitures sur une route de moins en moins large, jusqu'aux vaisseaux les plus fins qui sont à peine plus larges que les globules en question. Il est possible, à ce stade, que vous vous interrogiez sur l'origine d'une telle complexité — comment en est-on arrivé à une machinerie si complexe et, dans le même temps, si efficace — je ne vais pas vous spoiler la fin de l'affaire, mais disons simplement que, bien qu'on en parlera[139], on ne connaît toujours pas le fin mot de l'histoire.

Bref, nous avons maintenant des hématies qui circulent sur un vaisseau extrêmement fin, donc bien plus lentement que sur les grandes autoroutes artérielles. Et de fait, le vaisseau est si fin que traverser sa paroi ne sera pas un problème pour l'oxygène s'il devait le faire. De l'autre côté de cette paroi, les cellules — du foie, du cœur, d'un muscle donné, tout dépend de l'endroit — baignent dans un liquide appelé lymphe. Or ce milieu est d'une faible concentration en oxygène, et c'est donc tout naturellement qu'un processus de diffusion va à nouveau s'enclencher et détacher des molécules de dioxygène des hémoglobines, puis laisser

---

[139] *Cf.* tome II.

l'oxygène traverser la paroi du vaisseau sanguin jusqu'à entrer dans une des cellules — pour l'exemple, mettons qu'il s'agit d'une cellule de muscle. On appelle l'étape durant laquelle l'hémoglobine se sépare de l'oxygène fixé la *désaturation*[140]. Elle n'est jamais totale, et de l'oxygène reste toujours collé à son hémoglobine.

L'oxygène, entrant dans la cellule, se fixe à une protéine tout à fait analogue de l'hémoglobine, la myoglobine — dans le cas d'une cellule de muscle.

Myoglobine

La myoglobine est une protéine qui, comme l'hémoglobine, peut fixer de l'oxygène mais, à la différence de cette dernière, elle ne contient qu'un seul hème, et ne peut donc fixer qu'une seule molécule de dioxygène. Ce hème contient bien sûr un noyau porphyrique avec, en son centre, un atome de Fer. La myoglobine est rouge également, comme l'hémoglobine, et c'est sa concentration dans les muscles d'un animal qui va permettre de différencier l'apparence de la viande blanche de celle de la viande rouge.

On trouvera également des neuroglobines dans les cellules nerveuses et, dans le cas des autres cellules, de façon plus générale, des cytoglobines. Leur rôle est tout à fait similaire.

Ce qui se produit ensuite dans la cellule fait l'objet du chapitre suivant. Disons simplement qu'une fois que la cellule a fait ce qu'elle devait faire de tout cet oxygène, le résultat des différentes réactions chimiques est la production de molécules de dioxyde de carbone — composées d'un atome de carbone en plus des deux atomes d'oxygène. Le milieu cellulaire ayant une concentration en dioxyde de carbone plus grande que le milieu vasculaire, un nouveau processus de diffusion fait traverser ces molécules vers le sang. Une partie négligeable va se dissoudre dans le plasma et le

---

[140] Dans le domaine médical, on appelle la mesure de la concentration d'oxygène dans le sang la « sat » pour *saturation*.

reste va venir gentiment se fixer sur les hèmes libres de l'hémoglobine des hématies. Le trajet est de plus en plus rapide jusqu'à arriver à nouveau aux alvéoles des poumons. Cette fois-ci, en revanche, le sang contient plus de dioxyde de carbone que l'air dans les poumons, du coup « rebelote », la diffusion fait traverser les molécules de dioxyde de carbone vers les poumons, à l'extérieur du corps — les hémoglobines alors libérées peuvent à nouveau se charger en dioxygène et le cycle recommence. Il n'y a plus alors qu'à expirer l'air des poumons.

Et quand on n'a pas de poumons ?

Les poissons n'ont pas de poumons mais des branchies. D'une certaine manière, celles-ci fonctionnent un peu comme les poumons en ce qu'elles constituent une grande surface d'échange avec l'extérieur du corps, repliée sur elle-même pour être contenue dans un volume restreint. Alors que l'eau circule le long des branchies — parce que le poisson bouge ou parce qu'il pompe de l'eau par la bouche — des processus de diffusion similaires se produisent et la membrane des branchies laisse entrer l'oxygène dissous dans l'eau en même temps qu'elle laisse échapper le dioxyde de carbone contenu dans le sang.

Pour les insectes, c'est encore plus simple. Un réseau de trachées se divisant en trachéoles — plus petites — amène directement l'air jusqu'aux organes et c'est directement au niveau des organes que se fait l'échange oxygène et dioxyde de carbone.

---

56. Dans une cellule

Nous sommes donc maintenant en présence de cellules qui possèdent des protéines qui ont fixé de l'oxygène. Cet oxygène, à quoi va-t-il servir ? Pour répondre à cette question, il faut d'abord faire un rapide tour du propriétaire pour comprendre ce qu'est une cellule et à quoi elle sert.

La cellule est la plus petite brique élémentaire de ce qui constitue le règne du vivant, et le plus petit être vivant est constitué d'une seule cellule. Elle est à la vie ce que l'atome est à la matière, en quelque sorte — et l'analogie est valable puisque, comme l'atome, la cellule est composite et constituée d'autres choses. Ce qui lui vaut son nom — du latin *cellula* qui désignait la cellule d'un moine — est avant tout le fait qu'elle est parfaitement délimitée par une membrane, dite *membrane plasmique*, à l'intérieur de laquelle on trouve le protoplasme qui, lui-même, peut être constitué du cytoplasme seul — le « liquide » de la cellule — ou du cytoplasme et du noyau cellulaire, selon que la cellule a un noyau ou non.

Procaryotes et eucaryotes

Les procaryotes et les eucaryotes sont des familles[141] d'êtres vivants qui se distinguent par le fait que les procaryotes sont constitués de cellules sans noyau, tandis que les eucaryotes sont constitués de cellules avec un noyau.
Étymologiquement, procaryote signifie « avant le noyau » et eucaryote « possède un noyau ». Dans la classification traditionnelle de toutes les familles des êtres vivants, les procaryotes et les eucaryotes sont le tout premier critère distinctif — qui permet de distinguer les membres des *six règnes du vivant*.

Le cytoplasme — qu'on trouve donc chez les eucaryotes comme chez les procaryotes — est constitué d'une solution aqueuse contenant des sels minéraux et divers composés organiques. Dans le cas des eucaryotes, on trouve ce qu'on appelle des organites, qui sont des structures organiques dont on va détailler, pour certaines, ce qu'elles y font. Sauf exception, les procaryotes ne contiennent pas d'organites — mais surtout des ribosomes, des plasmides — l'ADN — et un chromosome circulaire — exceptionnellement linéaire... Voilà ! Comme c'est souvent le cas en biologie, on se rend vite compte que si on rentre dans le détail, on n'y pige absolument plus rien. Alors inutile de vous dire qu'on ne fera pas le tour complet de la chose dans ce livre qui, entre autres choses, est quand même plus censé vous satisfaire que vous faire vous sentir

---

[141]   Que les biologistes se calment ! J'utilise le mot « famille » de façon impropre, quand on parle de classification des êtres vivants mais, une bonne fois pour toutes, c'est mon livre. Pas d'offense.

absolument inculte, et je prie les lecteurs férus de microbiologie de bien vouloir m'en excuser.

Revenons à notre molécule de dioxygène fixée sur une myoglobine, ou une neuroglobine, ou une cytoglobine. Cet oxygène va être acheminé — encore une fois, tout à fait spontanément — vers une mitochondrie, qui sera sa destination finale.

La mitochondrie — environ un millième de millimètre de long — est l'usine à énergie de la cellule. Il s'y produit une chaîne de réactions d'oxydation — qui nécessite de l'oxygène, comme son nom l'indique — dont la finalité est d'oxyder des atomes de carbone pour fabriquer du dioxyde de carbone. Cette série d'opérations va libérer de l'énergie — chimiquement, en cassant successivement des molécules et en recombinant différents éléments — et c'est cette énergie qui va permettre à la cellule de fonctionner.

Cycle de Krebs

Le cycle de Krebs est l'ensemble de ces réactions d'oxydation. C'est un processus incroyablement complexe — dont, je le rappelle, toutes les étapes se produisent spontanément... la machinerie est vraiment bien faite — qui commence avec du glucose qui est apporté à la mitochondrie comme tout le reste par des processus de diffusion — ce glucose étant issu de la digestion... il provient des sucres, les glucides, que vous mangez — et finit avec, on l'a dit, du dioxyde de carbone, d'une part, de l'énergie libérée, d'autre part, mais également une molécule appelée *oxaloacétate*, un métabolite[142] qui déclenche la première étape de cette chaîne de réactions, et donc réenclenche la machine — c'est pour cette raison qu'on appelle ce processus un cycle... quand je vous disais que la machinerie était bien faite.

À titre d'information, les mitochondries étaient autrefois des bactéries autonomes et totalement indépendantes de notre ancêtre de l'époque,

---

[142] Petite molécule produite par un être vivant, donc issue d'un métabolisme.

mais dont le rôle était si pratique qu'elles ont fini par vivre en symbiose totale avec les cellules au sein desquelles elles pouvaient se reproduire, pour finir par en faire intégralement partie — faute de quoi, on ne serait sûrement pas là. Il en est de même pour les chloroplastes[143] avec les plantes. Après, il n'est pas rare — loin de là — que des organismes externes au corps humain participent à son fonctionnement. Ainsi, si un être humain compte environ cent mille milliards de cellules, il porte dix fois plus de bactéries — dans les gencives, la salive, les intestins, etc. — qui lui permettent de fonctionner efficacement.

À ce stade, on a expliqué avec autant de détails que possible sans être des experts en biologie à quoi sert la respiration. Il y a encore de nombreux sujets sur la question que nous n'avons pas abordés ; le premier, qui est de comment l'énergie libérée par les mitochondries devient, par exemple, de l'énergie musculaire mécanique — le fait de marcher, par exemple — et le second, qui est de détailler un peu ce qui se passe dans le noyau de la cellule. Mais même en restant hors du noyau de la cellule, on pourrait parler des pages entières de l'*appareil de Golgi*, du *reticulum endoplasmique* ou encore des *ribosomes*.

Mais si l'on veut y voir un peu plus clair, il faut à un moment savoir raison garder et accepter de changer d'échelle, radicalement, et en venir à la plus incroyable des machineries du corps humain, le cerveau. De la même manière que précédemment, il serait illusoire de croire qu'on peut faire le tour complet du cerveau en quelques chapitres, sans prérequis anatomiques, neurologiques ou biochimiques. Du coup, nous allons simplement nous focaliser sur quelques points qui démontrent comment notre cerveau, de façon tout à fait autonome et sans aucune volonté de notre part, est capable de faire des choses incroyables.

---

[143] Responsables, dans les cellules des plantes, de la photosynthèse.

57. Des choses incroyables que votre cerveau sait faire par lui-même

Avant même d'entrer dans le détail du sujet, il est essentiel de parler, en tout premier lieu, d'un point concernant le cerveau, et plus précisément la capacité du cerveau humain. Il existe une idée très tenace selon laquelle le cerveau humain permettrait à l'humanité — l'espèce, pas le journal — de disposer d'un potentiel phénoménal tenant presque du super héros. Cette idée que nous ne sommes que l'esquisse de ce qu'un humain accompli pourrait être, que l'épure de ce que deviendra, à terme, l'espèce humaine. Cette idée, c'est celle des 10 %.

---

10 % de notre cerveau

L'idée que nous n'utilisons que 10 % de notre cerveau est totalement erronée. Nos capacités actuelles technologiques en matière d'imagerie médicale permettent de garantir sans le moindre doute que nous utilisons tout notre cerveau — ne serait-ce que du simple fait qu'on sait aujourd'hui que la moindre lésion cérébrale peut causer des dommages aussi graves qu'irréversibles. Ce qui est exact, en revanche, c'est que nous n'utilisons qu'une partie de notre cerveau au même moment. Alors, vous me direz que, peut-être, si nous utilisions la totalité de notre cerveau en permanence, nous serions capable de choses qui nous semblent aujourd'hui impossibles, que cela aille simplement d'une réflexion plus rapide à des pouvoirs de télékinésie. Non. Notre cerveau occupe environ 2 % de notre masse mais consomme 20 % de l'énergie que nous produisons — jusqu'à 60 % chez les nourrissons. Cette énergie permet d'activer, à un moment donné, entre 1 et 15 % de nos neurones. Il est vraisemblable que si nous utilisions l'intégralité de nos neurones en même temps, notre cerveau chaufferait littéralement jusqu'à cuire.

On a souvent attribué cette idée des 10 % à Albert Einstein, sans aucune raison valable de le faire. C'est aujourd'hui surtout un lieu commun de la science-fiction pour servir de base à l'idée d'un super humain — pardon, Luc Besson.

Cela étant dit, plus que la vision, l'ouïe ou le langage, la mémoire est sans conteste l'outil le plus important que le cerveau a dû développer, simplement parce que sans elle quasiment aucune de ses facultés n'est envisageable. Et si l'on a pris l'habitude de parler de LA mémoire, vous allez vite constater qu'il en existe plusieurs, toutes plus utiles les unes que les autres.

La mémoire

La toute première mémoire est la *mémoire sensorielle*; c'est elle qui est responsable de notre sentiment de continuité du présent. C'est grâce à elle que lorsqu'on vous parle et qu'on vous dit un mot, vous avez encore en mémoire le début du mot lorsque celui-ci est achevé de prononcer. Sans cette mémoire, communiquer serait impossible, même avant de faire intervenir les zones du cerveau responsables du langage. Cette mémoire est dite sensorielle car, bien entendu, elle est directement liée à nos sens et à nos perceptions du monde extérieur. La durée de conservation de l'information y est extrêmement courte : de quelques centièmes de secondes jusqu'à deux secondes maximum. Et parmi toute l'information récoltée en permanence par cette mémoire sensorielle, et il y en a : tout ce qu'on voit — y compris le tableau au mur depuis dix ans du coin de l'œil et auquel on ne prête jamais aucune attention — tout ce qu'on entend — y compris le bruit constant des canalisations et auquel on ne prête jamais aucune attention — tout ce qu'on touche en permanence sans s'en rendre compte — ses propres vêtements, l'air, le dossier de son siège — tout ce qu'on hume et tout ce qu'on goûte tout le temps — l'air, notre salive — et notre équilibre, et notre sensation de chaud ou de froid sur chaque centimètre carré de notre corps, bref parmi toute l'information récoltée en permanence par cette mémoire sensorielle, seule une infime partie va être dirigée vers notre mémoire à court terme, c'est celle qui fait l'objet de notre attention.

Surcharge sensorielle

Il arrive, pour diverses raisons, que le cerveau se trouve trop sollicité en un seul moment par trop d'afflux nerveux, trop d'informations sensorielles.

254

Selon l'individu et la nature de la surcharge, plusieurs réactions sont possibles, allant de l'irritabilité à la crise d'épilepsie en passant par la panique ou encore le développement de diverses phobies. Cette surcharge peut être provoquée expérimentalement et on a pu observer des réactions telles que des évanouissements, de l'excitation extrême, de l'agressivité, des hallucinations, etc.

Bref, ce n'est jamais vraiment bon, et c'est bien la preuve que notre cerveau, lorsqu'il fait une rigoureuse sélection des informations à traiter, le fait toujours, sinon bien, au moins pour notre bien.

Les informations sélectionnées, celles que notre cerveau estime dignes d'attention, entrent ensuite dans la *mémoire de travail,* ou mémoire à court terme. La mémoire à court terme, c'est un peu l'équivalent de la mémoire vive dans un ordinateur. C'est elle qui nous permet de suivre une conversation, elle stocke les informations qui doivent être immédiatement accessibles. Et de la même manière que sur un ordinateur, où la mémoire vive est plus coûteuse en énergie à faire tourner qu'un disque dur, notre mémoire à court terme nécessite suffisamment d'énergie pour qu'elle soit limitée. On a coutume de dire qu'il nous est possible de stocker sept informations distinctes dans notre mémoire à court terme. C'est inexact. En réalité, chaque individu étant unique, il nous est possible, en moyenne, de stocker entre cinq et neuf informations distinctes et en même temps dans notre mémoire à court terme. Si j'insiste sur la notion d'information « distincte », c'est parce qu'il est possible, lorsque des informations sont liées entre elles, de les stocker « au même endroit » de notre mémoire à court terme. Ainsi, par exemple, les mots « bateau », « voiture » et « moto » peuvent être stockés dans la même « case » de la mémoire à court terme. Du coup, celle-ci se retrouve pouvoir stocker bien plus d'informations que simplement sept — chacune des cinq à neuf cases pouvant être occupée par tout un ensemble d'informations liées entre elles. Cette mémoire à court terme fonctionne, au niveau du cerveau, grâce à trois composants qui sont la *boucle phonologique,* le *calepin visuo-spatial* et l'*administrateur central.*

La boucle phonologique vous permet d'enregistrer temporairement — à court terme — des informations verbales et sonores. Lorsqu'on vous dicte un numéro de téléphone et que vous n'avez pas immédiatement de quoi noter, c'est cette boucle qui vous permet de retenir l'information. D'ailleurs, la durée de vie d'une information y est d'environ deux secondes, raison pour laquelle vous vous répétez le numéro le temps de pouvoir le noter : vous réactivez continuellement la boucle tant que vous en avez besoin. Après ces deux secondes, l'information est prête à être écrasée par une nouvelle information jugée plus immédiatement importante par votre cerveau, que vous le vouliez ou non.

Le calepin visuo-spatial fonctionne un peu de la même manière que la boucle phonologique, mais cette fois-ci et comme son nom l'indique pour stocker principalement des informations visuelles ou liées à une situation spatiale — au sens de l'espace autour de vous, pas au sens de « l'espace, frontière de l'infini[144] ». C'est votre calepin visuo-spatial qui vous permet de suivre quelque chose des yeux, notamment, même si cette chose disparaît temporairement de votre champ de vision. Il vous permet également de construire des images mentales et, en ce sens, travaille énormément — tout comme la boucle phonologique, d'ailleurs — avec la mémoire à court terme. Si je vous demande de décrire physiquement une personne que vous connaissez bien mais qui n'est pas devant vous — un parent, un ami — vous allez mentalement construire une image mentale de cette personne ; vous allez rechercher des informations visuelles concernant cette personne dans votre mémoire à long terme et en reconstituer, dans votre calepin visuo-spatial, une image composite. Ce travail ne peut se faire qu'à l'aide du troisième composant de la mémoire à court terme.

---

[144] « Space : the final frontier », James Tiberius Kirk, *Star Trek*, 1966.

L'activité de l'administrateur central est aussi simple à décrire qu'elle est complexe à expliquer : il organise les données issues de la boucle phonologique et du calepin visuo-spatial, et tient à disposition les données nécessaires, dans la mémoire à long terme, pour vous permettre de disposer d'une mémoire à court terme efficace. Comment le fait-il ? C'est encore un mystère ; on sait dire quelles zones du cerveau sont affectées, on sait dire quand il travaille et quand il ne travaille pas — c'est simple, il fonctionne tout le temps — mais on est encore aussi bien incapable d'en expliquer les mécanismes que la chimie. Le cerveau reste, encore à ce jour, une terre majoritairement inconnue de l'homme.

Enfin, la *mémoire à long terme* est le disque dur du cerveau. C'est dans la mémoire à long terme que se trouvent stockés les souvenirs, qu'ils datent d'il y a seulement quelques heures ou de nombreuses années. Tout ce qui remonte à plus de deux secondes environ et auquel vous pouvez penser se trouve dans votre mémoire à long terme. Elle fonctionne, parallèlement, de deux façons distinctes selon le souvenir que vous souhaitez faire remonter, et qui constituent la mémoire déclarative, ou *explicite*, et la mémoire non-déclarative, ou *procédurale*. La mémoire explicite est, comme son nom l'indique, celle à laquelle vous faites appel explicitement. C'est par exemple le cas de toute la connaissance que vous avez accumulée avec les années ; quand vous vous dites que 1515, c'est Marignan, c'est dans votre mémoire explicite. C'est également le cas des informations sensitives, bien sûr ; si vous recherchez mentalement une odeur, ou une musique, c'est dans votre mémoire explicite. Attention, toutefois, vous faites parfois remonter un souvenir de façon explicite sans vous en rendre compte ; j'ai bien conscience que ça peut paraître surprenant comme formulation, mais laissez-moi vous expliquer : vous entrez dans une pièce, chez un ami, et d'un coup un parfum vous renvoie à votre premier baiser ; vous ne pensez pas avoir cherché à faire remonter ce souvenir, mais c'est pourtant bien ce qui s'est produit ; votre nez, ou plus précisément la perception de l'odeur du parfum, a poussé votre cerveau, depuis la mémoire à court terme, à trouver une correspondance dans la mémoire à long terme. L'intensité du souvenir — premier baiser — a ouvert en grand la porte de ce dernier, qui a bien été explicitement « appelé » sans que vous l'ayez voulu.

Réminiscences et perceptions

Lorsqu'un tel souvenir vous explose au visage, vous avez parfois l'impression de revivre le souvenir, du moins partiellement. C'est une expérience fascinante que de se rendre compte qu'on ne vit un événement qu'avec ses sens et que, par conséquent, si on reproduit les perceptions au niveau cérébral, il est théoriquement impossible de distinguer le souvenir de la réalité.

À une moindre échelle, le fait d'entendre dans sa tête une chanson, par exemple lorsqu'on en cherche le titre ou les paroles, active les mêmes zones du cerveau que lorsqu'on écoute réellement la chanson en question. Hormis le fait que les nerfs auditifs sont au repos, il n'y a aucune différence.

Le stockage de la mémoire déclarative, dans le cerveau, est réparti entre plusieurs zones : qu'il s'agisse du lobe frontal pour la connaissance apprise et stockée, du lobe temporal qui stocke les informations factuelles, ou des différentes zones liées aux sens pour les souvenirs dits *épisodiques* — relatifs à des souvenirs réels et datés — l'aire visuelle pour les images, le cortex auditif pour les sons, etc. mais également l'hippocampe qui est la zone qui convertit des événements en souvenirs et le lobe frontal qui garantit que le souvenir est réel et non fantasmé.

La mémoire procédurale, c'est une autre affaire. C'est la mémoire qu'on pourrait qualifier d'*inconsciente*. C'est grâce à cette mémoire que « le vélo, ça ne s'oublie pas ». Très bel exemple que le vélo, par ailleurs car, en effet, faire du vélo, une fois qu'on connaît, on connaît. Et si l'on ne pratique pas pendant plus de vingt ans — et je parle d'expérience — il suffit de se remettre en selle et, après seulement quelques minutes, on est à nouveau lancé. Mais faire du vélo n'est pas qu'une question de péda-lage : il y a l'équilibre constant, le regard porté dans les bonnes directions, les déplacements infimes de son corps pour peser plutôt vers l'avant, ou plutôt vers la droite, et la coordination de tout ce qui est nécessaire. On ne pense jamais à tout ça. On fait du vélo, c'est tout. Pourtant, il a bien fallu apprendre. Et cet apprentissage est enregistré dans la mémoire procédurale. Les automatismes provoquent également des enregistrements dans cette mémoire; vous avez sûrement déjà remarqué que lorsque vous effectuez le même trajet tous les jours, il vous arrive de l'emprunter et d'arriver chez vous parfois sans même vous être rendu compte que vous rentriez. Les fumeurs connaissent aussi la sensation d'écraser une cigarette dont ils n'avaient même pas réalisé qu'elle était allumée. La mémoire non déclarative est stockée dans le cerveau principalement à trois endroits : tout d'abord le *cervelet*, qui est entre autres choses responsable de la coordination des mouvements, puis le *noyau caudé*, responsable des gestes instinctifs, et enfin le *putamen* qui enregistre les compétences acquises, comme le fait de faire du vélo ou de savoir nager.

Pour qu'un geste, ou une action, soit enregistré dans la mémoire procédurale, il est nécessaire de répéter ce geste, car la répétition va permettre ce qu'on appelle un automatisme, c'est à dire que le cerveau va créer des connexions neuronales permanentes pour l'exécution de ce geste afin que celles-ci consomment le minimum d'énergie possible. Du coup, le geste devient automatique, ce qui est excellent quand on est un violoniste ou un golfeur, mais beaucoup moins lorsqu'on se ronge les ongles ou qu'on fume des cigarettes — l'automatisme n'est bien sûr pas la seule raison pour laquelle il est difficile d'arrêter de fumer, ne nous leurrons pas.

Il arrive parfois, cependant, que la mémoire déclarative ait du mal à retrouver le titre d'un film, le nom d'un acteur, ce synonyme de « contrainte » dont vous êtes absolument certain qu'il commence par « ré », et alors que vous demandez autour de vous, tout le monde trouve « contrainte », puis d'autres synonymes, ou des expressions analogues; mais personne ne trouve le fameux « restreinte » que vous cherchez tant

— et qui n'est pas du tout un synonyme de « contrainte », qui plus est. On appelle ça avoir un mot *sur le bout de la langue*.

Sur le bout de la langue

Il faut bien comprendre qu'avoir un mot sur le bout de la langue est un phénomène exceptionnel, et il faut s'en rendre compte pour le comprendre ; imaginez que chaque mot que vous prononcez, que chaque mot auquel vous pensez, est le résultat d'un mécanisme aussi complexe qu'efficace de votre cerveau pour aller puiser des mots dans votre vocabulaire, dans votre mémoire, et vous permettre de faire sens dans un ensemble de règles extrêmement fournies qu'on appelle le langage. Cela fonctionne presque tout le temps ; il est exceptionnel que cela coince, au regard du nombre de mots pour lesquels cela ne coince pas. Mais que se passe-t-il quand justement cela coince ? Tout d'abord, et ce ne sera sûrement pas une surprise, cela arrive plus fréquemment avec des mots que vous employez peu ; ceux-ci sont littéralement enfouis dans votre mémoire à long terme et les déterrer peut parfois relever de l'exploit. Mais le vrai problème, c'est que, parfois, exceptionnellement, et alors que vous cherchez ce mot sans y penser, d'autres prennent sa place dans la boucle phonologique parce qu'ils commencent de la même manière même s'ils ne signifient pas du tout la même chose, ou encore parce qu'ils sont du même champ lexical même s'ils ne se ressemblent pas du tout, ou tout simplement parce que votre histoire personnelle a créé des liens entre ce mot et d'autres.

Une fois votre boucle phonologique pleine, aucun nouveau mot ne peut s'y dupliquer tant que vous n'y libérez pas de place et, alors que vous cherchez désespérément ce mot, vous tentez de le retrouver parmi les mots qui se sont déjà retrouvés dans la boucle phonologique, qui parce qu'ils lui ressemblent, qui parce qu'ils signifient la même chose, etc. Le fait est que vous cherchez à utiliser ces mots pour retrouver celui qui manque, et c'est bien là le problème : la boucle phonologique est pleine, et vous continuez d'en stimuler le contenu qui, par conséquent, reste actif et ne libère aucune place pour votre objectif. Fait étonnant, il est tout à fait courant, durant cette période de recherche, que les personnes autour de vous — votre famille, vos amis — bloquent également. Le mot sur le bout de la langue est extrêmement contagieux.

Pour le retrouver, il y a deux stratégies qui fonctionnent globalement : la première consiste à laisser vagabonder votre esprit et à prononcer chaque mot qui apparaîtra, en laissant votre cerveau libre d'associer ce qu'il veut avec ce qu'il veut. Pour mettre en œuvre la seconde stratégie, il faut libérer la boucle phonologique — c'est la raison pour laquelle ce mot surgit souvent d'un coup dès que vous ne le cherchez plus, parfois simplement quelques secondes après avoir décidé que « c'est bon ! » et que vous en avez assez de chercher — et que votre boucle phonologique s'est purgée. Quant à la contagion du truc, c'est à rapprocher du bâillement car, vous l'ignorez peut-être, mais bâiller est contagieux. Lorsque quelqu'un bâille dans votre champ de vision, vous vous mettez rapidement à bâiller ; et il est même possible que la simple lecture de cette phrase vous fasse bâiller — mais prenez votre mal en patience, le bâillement est pour plus tard[145].

La voix intérieure

Vous vous rappelez quand je disais, quelques lignes plus haut, que le fait de penser à une chanson activait les mêmes zones de votre cerveau que lorsque vous écoutez réellement cette chanson ? Figurez-vous qu'il en est de même pour votre voix intérieure. Vous savez, lorsque vous réfléchissez, vous entendez votre propre voix dans votre tête qui prononce les mots que vous pensez ; des études ont démontré que cette voix est aussi réelle qu'il lui est possible de l'être ; en effet, lorsque vous pensez, votre cerveau active, entre autres choses, les mêmes zones de votre cerveau que si vous pensez à voix haute. Ce qui se produit, c'est que votre cerveau,

---

[145] *Cf.* page 282.

d'une certaine manière, anticipe le son de votre propre voix et vous fait l'entendre dans votre tête. Le fait est que, mis à part les nerfs auditifs qui, bien sûr, n'enregistrent pas votre voix, tout se passe exactement comme si les mots étaient effectivement perçus de façon audible. Si, comme le disait Hegel, « c'est dans les mots que nous pensons »[146], on est en droit de se demander de quelle manière pensent les sourds ou les muets de naissance qui n'ont jamais entendu leur propre voix, puisqu'on sait bien aujourd'hui — ça n'a pas toujours été le cas, malheureusement[147] — que les sourds et les muets sont tout aussi capables de penser que les autres.

Sourd ou muet de naissance

Les sourds de naissance, évidemment, ont du développer d'autres moyens de penser, les mots étant pour eux totalement inaudibles. Des études ont montré que les sourds pensent de façon visuelle, que ce soit en visualisant simplement des images, dans certains cas des mots, et même, lorsque leur connaissance du langage des signes est suffisamment précoce pour en faire leur langue maternelle, en langage des signes.

Pour les muets, il faut distinguer deux cas ; dans le premier, une voix de substitution pourra remplacer sa propre voix manquante, généralement la voix d'une figure paternelle ou maternelle ; dans le second, comme les sourds, les muets développeront une pensée visuelle.

Notez bien que, selon le cas, l'étude de l'activité du cerveau montre bien les zones effectivement actives pendant une réflexion, ce qui met bien en évidence la façon dont une personne pense.

Notre cerveau sait très bien faire le nécessaire pour nous permettre de nous rattacher en permanence à une situation classique, connue ; c'est pour cette raison que nous pensons de façon audible ou visuelle dans notre tête. Mais parfois, il lui arrive d'aller encore plus loin et nous le lui devons grâce à notre instinct de survie, originellement.

---

146 *La Philosophie de l'esprit*, Georg Hegel, 1817.

147 Le mot *dumb* en anglais signifie aussi bien « muet » que « stupide » (*sic*).

Perception et reconnaissance des visages

Nous avons déjà brièvement parlé de paréidolie[148], cette illusion qui nous fait voir des objets connus, des formes animales, humaines, ou encore des visages là où il n'y en a pas — la végétation, les nuages, les voitures, etc. Concernant les visages, notre cerveau dispose de deux armes redoutablement efficaces, si efficaces qu'il suffit qu'elles ne fonctionnent plus correctement pour qu'on se rende très vite compte à quel point elles sont continuellement utiles. Ces armes sont la *perception des visages* et la *reconnaissance des visages*.

La perception des visages est quelque chose de très ancestral chez l'humain comme chez les primates, et une bonne partie de cette aptitude est innée, les nourrissons savent dès la naissance percevoir un visage — notez bien la différence entre *percevoir un visage*, qui signifie reconnaître qu'il s'agit d'un visage, et *reconnaître un visage*, qui signifie reconnaître une personne donnée. Cette capacité résulte d'une *pression évolutionnaire*, et plus précisément d'une *pression biotique*.

Pression biotique

C'est un phénomène naturel qui se traduit par l'évolution d'une espèce lorsqu'elle est soumise à une contrainte exercée par d'autres êtres vivants, qu'ils soient de la même espèce ou pas. Ainsi, nos ancêtres ont dû, pour survivre, apprendre à déceler rapidement le moindre danger, qu'il vienne d'un prédateur animal ou d'un autre préhumain belliqueux.

Il existe également des *pressions abiotiques*, plutôt liées aux conditions environnementales, comme le fait de vivre en région polaire ou, au contraire, en région désertique.

De nombreuses zones du cerveau sont engagées dans la perception des visages, mais en 1986, Dame Victoria Geraldine Bruce[149], psychologue

---

[148] *Cf.* page 153.
[149] Aucun lien.

britannique souvent connue sous le nom de Vicky Bruce, et Andrew Young, psychologue américain souvent connu sous le nom d'Andy Young, mettent au point un modèle théorique décrivant les processus cognitifs de perception des visages. Ce modèle fait encore largement référence sous le nom de modèle de Bruce et Young.

Processus cognitif

Le cerveau est une machine incroyablement complexe dont les mécanismes nous sont encore, pour beaucoup, totalement inconnus. Mais il existe une méthode scientifique permettant de simplifier son fonctionnement, méthode qu'on utilise également en programmation informatique sous le nom d'encapsulation. L'encapsulation consiste, en informatique, à *encapsuler* — comme son nom l'indique — une complexité inutile derrière une interface. Un exemple classique est celui du démarrage d'une voiture. Vous vous doutez bien qu'il se passe un certain nombre de choses relativement complexes lorsque vous tournez la clé de contact de votre voiture pour la démarrer ; pourtant, la connaissance de cette complexité est totalement inutile pour vous permettre de conduire, et celle-ci est donc totalement masquée par une interface simple : tourner une clé. De la même manière, en informatique, vous n'imaginez pas ce que le fait de taper la touche « A » de votre clavier déclenche comme opérations — littéralement des centaines — avant que ce A n'apparaisse sur votre écran ; cette complexité est masquée par une interface qu'on appelle *clavier*. Les processus cognitifs sont un peu le pendant de ces interfaces en ce qui concerne le fonctionnement du cerveau. Ainsi, votre cerveau, lorsque vous percevez un son, active un nombre phénoménal de mécanismes pour percevoir puis identifier ce son ; et selon le champ de votre étude, vous pouvez ne pas vous intéresser du tout à cette complexité et simplement vouloir déterminer que le processus se déroule en trois étapes majeures : la sensation, la perception et enfin la reconnaissance du son. Ces étapes — ici très simplifiées — sont précisément ce qu'on appelle des processus cognitifs.

Bruce et Young cherchent donc à décrire fonctionnellement comment un cerveau perçoit — puis reconnaît, ça fait partie de leur étude — un visage. Et voici les conclusions de leurs travaux. La perception et la reconnaissance d'un visage se déroulent en sept étapes majeures dont le fonctionnement interne est, encore à ce jour, très mal compris ; les cinq premières étapes permettent la perception d'un visage et les trois dernières, la reconnaissance. Oui, j'ai bien conscience que ça semble faire huit au total, mais le fait est que la cinquième étape, comme nous allons le voir, est à cheval entre perception et reconnaissance. C'est cette étape qui permettra de déterminer s'il y a lieu ou non de mettre en marche le processus de reconnaissance — vous allez voir, c'est vraiment bien foutu.

La première étape, dite d'*encodage pictural*, consiste à analyser les informations purement visuelles, de contraste, de luminosité, de couleur, etc. afin de déterminer si une forme cohérente émerge de l'image perçue par les yeux, et si cette forme possède les caractéristiques générales d'un visage. Le cerveau fait appel à différentes représentations génériques de ce qu'est un visage, qu'il soit vu de face, de profil, de dos, du dessus ou du dessous. C'est à cette étape que le cerveau peut vous faire voir un visage souriant dans l'avant d'une voiture, entre les phares et la calandre, tout comme c'est à cette étape qu'un cercle, deux points et une courbe peuvent ressembler à un visage souriant, un *smiley*. Cette étape est continuellement en activité, quoi que vous regardiez, c'est en ce qui concerne votre cerveau une question de survie. À chaque mot que vous lisez, l'image formée par votre perception passe par cette machinerie pour y déceler un visage.

La deuxième étape, dite d'*encodage structural*, correspond à l'extraction des invariants du visage : position et écartement des yeux, forme du nez, etc. Cette étape, totalement indépendante de l'expression du visage perçu, aboutit à une représentation mentale du visage en trois dimensions. À ce stade, d'une certaine manière, la perception du visage est déjà terminée. Mais votre cerveau va chercher plus avant, et avant même de chercher à reconnaître le visage, s'il y a lieu de s'inquiéter ou non. Il va, pour la première fois depuis le début du processus, s'intéresser au contexte de votre perception.

La troisième étape est l'*encodage de l'expression faciale* ; c'est maintenant que votre cerveau va puiser dans son catalogue d'expressions connues pour comprendre l'état émotionnel du visage perçu, et notamment déterminer rapidement si le visage semble agressif, effrayé, triste, heureux, serein, etc. Cette étape est primordiale car, selon la réponse, le cerveau peut, s'il décèle un danger, démarrer une procédure d'urgence, celle qu'on appelle assez intelligemment le *flight or fight*[150].

Flight or fight

Walter Bradford Cannon, psychologue américain, a mis au point en 1929 un modèle permettant de décrire la réponse d'un animal — et en particulier de l'humain — face à une menace directe et imminente. Son modèle un peu simpliste a depuis été complété, mais reste une référence en la matière. Lorsqu'une menace est imminente, le corps doit se préparer principalement à deux réponses possibles : fuir la menace ou la combattre. À cet effet et quelle que soit la réponse apportée, plusieurs mécanismes se déclenchent automatiquement : une sécrétion de *cathécolamines* — par exemple l'adrénaline — facilite la préparation à une action musculaire violente et la dépense d'énergie qui va l'accompagner.

Cette énergie va nécessiter de l'oxygène, donc il y a augmentation du rythme cardiaque, mais également ralentissement, voire arrêt complet du processus de digestion, afin de rediriger au maximum l'énergie vers les muscles — à ce stade, votre respiration s'accélère, vous haletez et vous commencez à avoir la nausée et des « papillons dans le ventre » — hormis vers les muscles et les organes vitaux, il y a constriction de vos vaisseaux sanguins dans plusieurs parties du corps, ce qui permet au sang d'être dirigé plus efficacement vers les muscles, du coup l'augmentation du rythme cardiaque vous chauffe et vous fait transpirer — vous avez alors la chair de poule pour réguler votre température — alors que, dans le même temps, vos doigts, vos orteils et votre nez refroidissent ; votre corps se contracte pour se mettre en position de combat ou de fuite, et le fait de combattre cette contraction vous fait trembler. Enfin, votre audition baisse, tout comme votre vision périphérique pour accroître votre vision de face : c'est la *vision tunnélisée*. Tout ceci se fait malgré vous, *via* le *système nerveux*

---

[150]   Littéralement « envol ou combat », mais qu'on traduira classiquement « réponse combat-fuite ».

sympathique. Il y a trois grands morceaux dans votre système nerveux : le système nerveux sympathique, le système nerveux entérique et le système nerveux parasympathique. Le premier contrôle les activités inconscientes de votre corps, par exemple le rythme cardiaque, le deuxième contrôle le système digestif, et le troisième contrôle, avec le système nerveux sympathique — notamment pour le réguler — les activités involontaires des organes.

Et pour savoir si vous allez effectivement fuir ou combattre, j'ai presque envie de vous dire que ça ne dépend pas de vous ; selon le contexte, votre cerveau choisira pour vous. Dans les métiers où l'on est confronté à des dangers — armée, groupes d'interventions, police, pompiers, etc. — un entraînement est nécessaire pour habituer le cerveau aux situations de stress.

La quatrième étape est l'*encodage facial de la parole*, qui vous permet de saisir ce que dit une personne par les mouvements de sa bouche et de son visage. Cette étape participe également à l'analyse que fait votre cerveau pour évaluer une éventuelle menace.

Le doublage de film

Lorsqu'un film est traduit dans une autre langue, deux stratégies sont possibles : le doublage ou le sous-titrage. L'intérêt du sous-titrage est de conserver intact la bande sonore du film, mais possède l'inconvénient majeur qui est que lorsqu'un dialogue est dense et rapide, le sous-titrage doit être simplifié pour tenir le rythme ; en effet, nous ne lisons pas aussi vite que nous entendons. Le doublage, quant à lui, consiste à faire prononcer les phrases traduites par d'autres acteurs et à remplacer les voix originales par les voix doublées. Mais cela produit ce qu'on appelle une *dissonance cognitive*, c'est à dire une contradiction entre deux informations que le cerveau doit traiter — on va en parler par la suite, mais d'une manière générale, le cerveau n'aime pas les contradictions. En effet, les mots prononcés ne s'accordent pas avec les mouvements des lèvres des personnages à l'écran. Dans certaines cultures, par exemple en France, une habitude du doublage s'est installée de telle sorte que ces dissonances ne sont quasiment plus perçues, mais uniquement parce que les sociétés de doublage font un travail énorme de recherche de sonorités et de longueurs de phrases compatibles avec les phrases originales. C'est moins le cas pour ce qui concerne les publicités — moins de budget — dont on peut souvent être choqué par l'écart manifeste entre ce qu'on voit dire et ce qu'on entend. Une combine largement utilisée dans les documentaires, lorsqu'on ne souhaite pas dépenser la moitié de son budget dans le doublage, consiste à laisser audible, faiblement, la voix originale.

La cinquième étape est une étape charnière entre la perception et la reconnaissance d'un visage. On peut du coup la scinder en deux parties ; tout d'abord l'*encodage des informations sémantiques* dérivées du traitement visuel, qui consiste à assigner au visage qu'on perçoit un ensemble de significations contextuelles générales telles que l'âge, le sexe, l'origine ethnique, etc. Les deux étapes précédentes et la première partie de celle-ci vont possiblement activer une *unité de reconnaissance faciale* dans la mémoire à long terme afin de rechercher une ressemblance entre toutes les informations traitées — visuelles ou non — et un visage familier. Cette unité de reconnaissance faciale constitue la seconde partie de cette étape. Elle va déployer encore deux étapes de reconnaissance du visage.

La sixième étape est une étape de traitement de l'identité de la personne, d'un point de vue sémantique ; cette étape est différente de la précédente en ce que les informations qu'elle traite sont totalement dénuées du contexte dans lequel le visage est perçu. Par exemple, vous êtes en vacances à la plage et vous croisez le type qui vous sert normalement un kebab au coin de votre rue, votre cerveau peut vous faire remonter le goût de votre kebab. Les associations semblent totalement arbitraires en ce qu'elles sont tout à fait inconscientes, mais elles permettent de situer le visage perçu dans un contexte familier et mémorisé.

Enfin, la septième étape, celle qu'on pourrait qualifier d'identification formelle, est l'étape au cours de laquelle votre cerveau a reconnu le visage et va chercher, dans votre mémoire à long terme, le nom de cette personne ainsi que la biographie dont vous disposez à son sujet. À ce stade, l'identification est totalement terminée. La prochaine fois que vous voyez un ami ou un parent, tentez de noter à quel point l'identification de cette personne vous semble instantanée, ça vous donnera une mesure de la puissance de votre cerveau.

En 1988, Andy Ellis, psychologue britannique, va avec Andy Young mettre au point un nouveau modèle spécifique à la reconnaissance des visages, en basant leurs travaux sur l'étude de deux syndromes pathologiques distincts liés à cette reconnaissance, la *prosopagnosie* et le *syndrome de Capgras*.

Prosopagnosie et syndrome de Capgras

D'après Ellis et Young, on peut considérer qu'une fois un visage reconnu comme étant un visage, deux processus parallèles sont mis en œuvre afin d'identifier le visage en question : la *reconnaissance formelle* et la *reconnaissance affective* du visage. Comme leur nom l'indique bien, la reconnaissance formelle du visage est le processus qui va permettre à votre cerveau d'aller rechercher, dans votre mémoire à long terme, les informations factuelles relatives au visage dont les traits sont reconnus : nom, éléments biographiques, images mentales de la personne concernée, etc. La reconnaissance affective va, quant à elle, permettre de retrouver le lien avec cette personne, très fort lorsqu'il s'agit d'un parent proche par exemple, plus lointain pour une vague connaissance. À noter : une personne qu'on connaît à peine mais rencontrée dans de bonnes conditions — en vacances, en bonne compagnie, etc. — peut provoquer un lien affectif plus fort qu'une personne qu'on connaît peut-être mieux mais avec qui on n'a eu aucun rapport agréable. Et puisque ces deux processus sont parallèles, cela fait deux façons possibles de ne pas reconnaître l'autre en cas de lésion cérébrale ou de problème cognitif.

La prosopagnosie[151] est le fait de ne pas reconnaître un visage — on perçoit bien les traits du visage, on est totalement conscient du fait que

---

[151] Du grec πρόσωπον (prosopon) qui signifie « visage » « ἀγνωσία (agnosia) qui signifie « non connaissance » ou « ignorance ».

c'est un visage, on ne reconnaît simplement pas la personne en question. C'est donc la reconnaissance formelle des visages qui ne fonctionne pas. Une personne prosopagnosique pourra se trouver en présence de ses propres parents et ne pas les reconnaître autrement que par d'autres biais — contexte, vêtements, voix, etc. Ce trouble peut être inné et exister dès la naissance — c'est la prosopagnosie congénitale — comme il peut être acquis et arriver suite à une lésion cérébrale, 40 % des cas acquis recensés faisant suite à un AVC[152].

De la même manière, il est possible que la reconnaissance affective des visages soit défaillante, ce qui cause un trouble très particulier et qui s'accompagne souvent, malheureusement, de troubles psychiatriques — et vous allez voir qu'il est ardu de déterminer si ceux-ci ne sont pas simplement l'effet du premier. Lorsque la reconnaissance affective des visages ne fonctionne pas, vous reconnaissez tout à fait les personnes que vous avez en face de vous, par exemple vos parents, mais sans ressentir le moindre lien affectif envers eux. Ceci provoque une dissonance cognitive que votre cerveau résout en interprétant la situation par le fait que les personnes que vous avez en face de vous ne sont que des sosies. Ainsi, effectivement, ils ressemblent à s'y méprendre à vos parents — la reconnaissance formelle fonctionne bien — mais sans que vous n'ayez le moindre lien affectif avec eux — la reconnaissance affective semble donc fonctionner, votre cerveau ne voit plus de contradiction, et est « content »[153]. On appelle ce trouble le syndrome de Capgras, ou encore *délire d'illusion des sosies de Capgras*, du nom du psychiatre français qui, le premier, l'a décrit cliniquement en 1923, Joseph Capgras. Ce trouble, s'il est effectivement causé par une lésion ou une malformation cérébrale, ne peut généralement pas être dissocié de troubles mentaux de l'ordre des

---

[152] Accident vasculaire cérébral.

[153] C'est uniquement à une fin d'illustration que je semble donner au cerveau une personnalité, ce qu'il n'a évidemment pas; le cerveau est un organe du corps au même titre qu'un poumon.

psychoses chroniques non dissociatives. En effet, le patient atteint est aussi convaincu qu'il est possible de l'être que les personnes qu'il connaît — toutes les personnes qu'il connaît — ont été remplacées par des sosies. Comment, dès lors, ne pas comprendre la détresse dans laquelle on doit se retrouver lorsqu'on tente d'expliquer à son psychiatre que ses propres parents ne sont que des sosies et alors qu'on est soi-même convaincu que le médecin lui-même a été remplacé par un sosie.

Il existe même un trouble plus profond que le syndrome de Capgras, mais qui en est la continuité, accentuée par une profonde paranoïa : le *syndrome de Fregoli*[154]. Dans ce cas extrêmement rare, il devient impossible de distinguer la pathologie structurelle de la pathologie mentale. Le patient, comme dans le cas de Capgras, est persuadé que toutes les personnes qu'il connaît ont été remplacées par des sosies, mais, qui plus est, que ces sosies ne sont en fait qu'une seule et même personne qui se travestit. Le simple fait que le cerveau soit capable de rattacher un seul individu à plusieurs personnes dont le visage est formellement reconnu comme différent est déjà un signe de la profondeur du trouble. Dans l'illusion de Fregoli, les autres sont toujours le même.

La vue, vous l'aurez compris, n'est pas un mécanisme simple ; elle résulte de plus de trois milliards d'années d'évolution et ce qu'elle permet pourrait bien encore vous surprendre, notamment concernant la vue des aveugles, ou le fameux *don de double-vue*[155].

Le don de double vue

Vous avez probablement déjà entendu parler ou vu dans un film qu'un aveugle est capable de *sentir* s'il est seul dans une pièce, d'éviter un obstacle devant lui sans l'avoir touché, ou encore de pouvoir instinctivement

---

[154] Du nom d'un célèbre transformiste italien de la fin du XIXᵉ et du début du XXᵉ siècle, Leopoldo Fregoli.

[155] En anglais, « blindsight ».

et spontanément déterminer si une personne devant lui est en colère, triste, le tout sans qu'elle ait dit un seul mot. Ces aveugles eux-mêmes ne savent pas l'expliquer; mais nombreux sont ceux qui pensent que c'est dû au fait que ses autres sens sont tous en éveil, à tel point qu'il est capable d'entendre la respiration d'une autre personne dans la pièce, ou d'interpréter les variations de la réverbération du son pour éviter des obstacles. Il n'en est en fait rien. Cela a plutôt à voir avec le fait qu'il y a aveugle, et aveugle.

Revenons un peu sur la façon dont nos yeux permettent de voir; lorsqu'une image perçue par l'œil est transmise sous forme d'impulsions électriques *via* le nerf optique, elle est dirigée vers le *cortex visuel primaire*, qui est situé à l'arrière du crâne. C'est le cortex visuel primaire qui va recueillir les informations provenant des deux yeux et reconstituer une image en trois dimensions. Mais ce dont on n'a pas parlé jusqu'à présent, c'est qu'avant que l'information arrive dans ce fameux cortex visuel primaire, elle fait d'abord une courte étape *via* le *colliculus supérieur* — au milieu du crâne, au-dessus du thalamus — qui est responsable, notamment, de l'orientation du regard, mais qui, surtout, est une partie inconsciente du cerveau.

S'il existe des aveugles dont les yeux ne fonctionnent pas — qu'il s'agisse de l'œil lui-même, de la rétine ou du nerf optique — il y a également des aveugles dont la cécité provient d'un problème au niveau du cortex visuel primaire. Ces aveugles là sont réellement aveugles, bien sûr: il ne s'agit pas d'un blocage psychologique, ils sont aveugles. Point. La seule différence, c'est que leurs yeux fonctionnent correctement, perçoivent la lumière, envoient des informations vers le cortex visuel primaire. Et ce que cela signifie, notamment, c'est que l'étape vers le colliculus supérieur s'effectue tout à fait normalement. Cette zone inconsciente du cerveau capte donc bien les images transmises par les yeux, ce qui fait que l'aveugle, qui n'y voit absolument rien de manière consciente, arrive néanmoins, inconsciemment, à ressentir la notion de danger. On peut également noter que c'est vraisemblablement cette étape qui est responsable de la sensation de *déjà-vu*.

Le déjà-vu

Personne ne sait précisément ce qu'est un déjà-vu, ne serait-ce que pour la simple raison qu'il est extrêmement difficile d'en reproduire un en laboratoire lorsqu'on a un individu confortablement (*sic*) installé dans une machine IRMf[156] ; c'est tellement difficile qu'on ne sait même pas si c'est possible. Du coup, concernant le déjà-vu, il existe plusieurs hypothèses permettant de l'expliquer. Mais tout d'abord, pour les deux-trois du fond qui ne savent pas ce qu'est un déjà-vu, c'est une sensation extrêmement tenace, lorsqu'on vit un événement, même anodin — la boulangère vous rend 60 centimes « qui font 5 » — d'avoir déjà vécu exactement ce moment ; pas un moment identique en tout point, non, ce moment, précisément. Après quelques secondes, la sensation disparaît totalement. Mais il faut bien reconnaître que, tant qu'elle est là, on y mettrait sa main à couper.

Je l'ai dit, il existe plusieurs hypothèses pour expliquer ce phénomène tout à fait courant — pas dans le sens où il surviendrait toutes les cinq minutes, mais dans le sens où il arrive à tout le monde — et certaines de ces hypothèses, je vais gentiment les évacuer rapidement en essayant de ne froisser personne : la réminiscence d'une vie antérieure, voire de sa propre vie dans « un cycle d'univers précédent », une prémonition, tout ça, on va dire que ça ne repose sur strictement rien — pas plus que si je me mettais à dire que les déjà-vu sont causés par des chiens qui parlent finnois lorsque personne ne les écoute — et donc que, même si, bien sûr, je respecte les croyances des uns et des autres quelles qu'elles soient dès lors qu'on ne me demande pas d'y adhérer, ces hypothèses, on va les

---

156 Imagerie par Résonance Magnétique fonctionnelle.

ranger tranquillement dans son étagère avec les habits d'été et le *ouija* de mémé.

Selon toute vraisemblance, le sentiment de réplication de l'instant est une illusion créée par le cerveau pour pallier une contradiction dans sa perception de la chronologie. Pour le dire simplement, lorsque le cerveau enregistre des informations, il le fait de façon séquentielle en enregistrant tant d'images, de sons, et plus généralement d'informations par seconde ; du coup, si la même information lui arrive successivement deux fois à un intervalle de temps trop grand pour qu'il y voit de la simultanéité, votre cerveau est tout à fait capable de planquer ce problème sous le tapis en vous expliquant qu'il n'y a pas du tout de simultanéité, mais qu'il s'agit de deux événements bien distincts. Prenons simplement l'exemple de la vue. On l'a dit, déjà, les yeux captent de la lumière au fond de la rétine, puis transforment cette lumière en information électrique nerveuse via le nerf optique, cette information traverse le colliculus supérieur et va finir dans le cortex visuel primaire où se forme la perception d'une image en trois dimensions. En trois dimensions, oui, parce qu'il y a deux yeux qui captent cette lumière, et de chaque œil part un chemin nerveux, du nerf optique jusqu'au cortex visuel primaire en passant par le colliculus supérieur — d'ailleurs, ces chemins s'inversent dans le cerveau, mais on s'en fout.

Une des hypothèses consiste à dire que, pour une raison donnée, dans certains cas, l'information d'un œil peut prendre du retard sur l'information de l'autre œil, très peu de retard — de l'ordre du centième de seconde — ce qui fait que lorsque le cerveau reçoit l'information provenant d'un œil puis de l'autre, la continuité de la vision le pousse à transmettre correctement la perception de cette continuité, tout en posant quand même la question de la concomitance : ces deux informations sont-elles simultanées ? Dans le doute, il dira que oui *et* non, ce qui vous donnera la sensation de la continuité de l'action *et* de la réplication de l'instant. Une fois cet événement sorti de la mémoire à court terme, il fera le ménage en n'en conservant qu'une seule occurrence, raison pour laquelle on se souvient d'avoir eu des déjà-vu, mais on ne se souvient pas à proprement parler de la sensation d'un déjà-vu.

Une autre hypothèse concerne, cette fois-ci, le colliculus supérieur ; certains chercheurs pensent que, sous certaines conditions inconnues, ce dernier peut renvoyer deux fois de suite, successivement, une information qu'il a traitée ; il y a donc bien deux informations successives mais identiques qui arrivent au cortex visuel primaire, et là « rebelote ! », le cerveau fait comme il peut pour maintenir la continuité de l'action tout en préservant les deux informations distinctes. Et ce que l'on ne doit pas oublier concernant le déjà-vu, comme le cerveau voit bien, dans la mémoire à court terme, qu'il ne s'agit pas de la réplication d'un instant qui vient de se produire — la première occurrence n'est pas encore dans la mémoire — il résout le problème, une fois de plus, en tentant une bonne vieille magouille à l'ancienne, en vous laissant entendre que, oui, c'est bien la réplication d'un instant vécu, mais d'un instant vécu il y a longtemps, enfoui quelque part dans la mémoire à long terme, il n'y a pas lieu d'aller creuser plus loin, tout va bien, de toute façon dans quelques secondes tout ceci sera oublié. Voilà ; ça va, vous, sinon ?

Pour le dire plus simplement : deux images successives arrivent dans le cortex visuel primaire alors que ce sont deux images du même instant ; le cerveau tente un « mais ce sont deux événements successifs ! », ce à quoi l'ensemble des parties du cerveau en charge des autres sens répond « mais pas du tout ! Il n'y a pas du tout eu de répétition de cet échange de monnaie » — pour reprendre l'exemple de la boulangère — le cortex visuel primaire, bien embêté, finit par négocier avec les autres parties du cerveau « si je vous dis qu'en fait c'est un souvenir, ça vous va ? », il y en a bien une ou deux pour dire qu'*a minima*, il n'y en a aucune trace dans la mémoire à court terme, et le cortex visuel de conclure : « oui, mais c'est un vieux souvenir !! » et le tour est joué.

Le cerveau n'aime pas les paradoxes, et il n'aime pas non plus les zones d'ombre ; on l'a vu un peu concernant les déjà-vu, il lui importe énormément de garantir la continuité du temps ; mais avez-vous déjà remarqué que, lorsque vous êtes pris dans un accident ou dans une bagarre, le temps semble s'écouler au ralenti ?

Une perception ralentie du temps

Certaines situations stressantes, un accident ou une agression par exemple, outre le fait qu'elles provoquent une réponse combat-fuite, donnent également l'impression que le temps ralentit. Dans le cas d'un accident, c'est particulièrement frustrant parce que le temps semble ralenti mais, par ailleurs, on ne se retrouve pas particulièrement capable de réagir à une vitesse normale, et donc plus vite que l'événement qui se déroule. Vous vous rappelez quand j'ai dit, quelques lignes plus haut, que le cerveau enregistre une quantité donnée d'informations par seconde ? Votre perception du temps qui passe est calée sur ce rythme. Et ce rythme, s'il subit constamment d'infimes variations, *semble* régulier. Toutefois, lorsqu'un événement particulièrement stressant survient brutalement, votre cerveau s'emballe et enregistre subitement beaucoup plus d'informations, plus rapidement ; pas tout type d'information — on a vu, notamment, qu'il y a une baisse de l'audition et une perte partielle de la vue périphérique[157]. Pour le dire plus précisément, on devrait dire qu'il réduit le nombre de sources d'informations tout en conservant la densité globale de l'information saisie ; on pourrait pour schématiser dire qu'on capte deux fois moins d'informations visuelles périphériques et deux fois plus d'informations visuelles frontales — ce serait faux de le simplifier ainsi, mais au moins, on comprend mieux de quoi on parle.

---

[157] *Cf.* page 266.

Caméra haute vitesse

Une caméra classique enregistre, selon qu'il s'agisse de cinéma, de télévision, et même selon la région du monde, entre vingt-quatre et trente images par seconde. En diffusant ensuite les images au même rythme, on visualise un film qui se déroule en temps classique, celui dont on a l'habitude ; chaque seconde qu'on perçoit personnellement correspond à une seconde du film. Certaines caméras permettent de filmer des actions au ralenti : elles enregistrent bien plus d'images par seconde — certaines caméras enregistrent plusieurs dizaines de milliers d'images par seconde ; lorsqu'on regarde ensuite le film enregistré à une vitesse de vingt-quatre, vingt-cinq ou trente images par seconde, chaque seconde qu'on perçoit personnellement correspond cette fois-ci à une fraction de seconde enregistrée. C'est ainsi qu'on filme des actions au ralenti.

Votre cerveau, admettons qu'il enregistre classiquement 90 images frontales par seconde ; durant un accident, ce rythme augmente — disons à 180 images par seconde, pour fixer les esprits — alors votre perception de l'événement, qui ne change pas et déroule toujours les actions à 90 images par seconde, sera que le temps semble s'écouler deux fois moins vite. Ce n'est qu'une illusion de votre cerveau ; le temps s'écoule toujours à la même vitesse — globalement, et à notre échelle… on verra avec la relativité restreinte ✌ que tout ceci n'est que très approximatif — c'est pour cette raison que vous ne pouvez pas réagir plus vite. L'événement s'est déroulé tout à fait normalement et seule votre perception semble indiquer le contraire.

Vous voulez un autre exemple dans lequel votre cerveau vous joue des tours parfois violents ?

Le vertige

Tout le monde n'est pas sujet au vertige. C'est un fait. Mais pour ceux qui souffrent de vertige, le processus est toujours globalement le même. Vous êtes au bord d'un précipice, d'une falaise, d'un balcon, en haut d'une échelle, debout sur une table haute — sérieusement, si vous avez le vertige, commencez déjà par ne pas faire ça — et une sensation étrange s'empare de vous ; quelque part, vous sentez que... vous avez envie de sauter. Ou bien, dans certains cas, que quelqu'un vous pousse... alors que vous êtes seul. Là encore, le mystère peut vite s'éclaircir : votre cerveau traite les contradictions comme il le peut.

En effet, quel est le problème ? D'un côté, votre cerveau est en alerte car au bord d'un précipice, vous êtes littéralement près de mourir. Mais d'un autre côté, vos sens notent bien que vous êtes parfaitement en équilibre, bien campé sur vos deux jambes, et il n'y a aucune raison particulière de tomber ; d'ordinaire, vous ne tombez pas sans raison, donc en réalité il n'y a pas de danger. Pourtant, votre instinct de survie — qui est bien plus fort que vos sens — gueule autant qu'il le peut que vous risquez votre vie à tout instant, là. Votre cerveau ne plaisante jamais avec le risque de mort.

Mais du coup, il est confronté de nouveau à une dissonance cognitive, une contradiction entre deux informations : d'un côté la perception de la stabilité de la situation et, de l'autre, la menace de mort. Du coup, il résout le problème comme il le peut ; s'il n'existe aucune raison particulière de tomber, c'est que quelqu'un vous pousse ou que vous désirez tomber. C'est la seule explication possible au danger de mort. Pour les personnes qui n'ont pas le vertige, la menace de mort semble moins immédiate, et votre cerveau peut se calmer pour rester dans une zone confortable de « oui, il n'y a en effet aucune raison de tomber ». Voilà ce qui distingue les gens sensibles au vertige des autres.

Parfois, les perceptions provenant des sens ne sont pas interprétées correctement. Il s'agit de toute une famille de troubles nommée *agnosie*, et nous allons nous concentrer sur un cas tout à fait spectaculaire, l'*héminégligence*.

L'agnosie et l'héminégligence

On l'a vu quand on parlait de prosopagnosie, le terme *agnosie* signifie « ignorance » — d'ailleurs, la prosopagnosie est un membre éminent de la grande famille des agnosies. Il arrive qu'un des sens d'une personne soit fonctionnel, mais que la perception soit complètement ignorée. Selon le sens touché, c'est un syndrome qui peut être plus ou moins handicapant. Ainsi, il existe des personnes qui ne sont pas sourdes, qui comprennent les mots qu'ils entendent, et qui peuvent donc converser tout à fait normalement, mais qui sont incapables de discerner les sons non verbaux. Pour eux, une sirène de pompier, un caillou qu'on jette dans l'eau ou une sonnerie de téléphone, c'est la même chose. Ils entendent bien les sons, ils ne les distinguent simplement pas. On appelle cette affection l'*agnosie des sons*. De la même manière, l'inverse existe : une personne peut distinguer tous les sons qu'il entend mais ne reconnaît aucun mot ; on parle alors de *surdité verbale pure*. D'autres encore pourront converser et distinguer les sons, mais ne reconnaîtront jamais de musique — attention, je ne parle pas ici de reconnaître une chanson en faisant appel à sa mémoire, mais bel et bien de reconnaître de la musique *comme étant* de la musique. On appelle ce cas là de l'*amusie* — de nombreux jeux de mots à faire, mais aucun n'est amusant.

L'*achromatopsie* est une difficulté à distinguer les couleurs et ne doit pas être confondue avec le daltonisme qui résulte d'une anomalie au niveau des cônes dans l'œil. Plus complexe, l'*agnosie associative des couleurs* : l'individu distingue parfaitement les couleurs, mais ne peut pas les associer à un objet. Vous lui présentez quatre cubes en plastique de couleurs différentes, vous lui demandez d'attraper le cube bleu, il en est incapable. Vous lui demandez de quelle couleur sont les concombres ou les bananes, il ne peut pas vous répondre.

L'*hémiasomatognosie* se caractérise par le fait de ne pas reconnaître la moitié de son corps — droite ou gauche selon que le problème cérébral vienne de gauche ou de droite — malgré le fait que cette moitié est parfaitement fonctionnelle, sans trouble ni de sensibilité ni de motricité. Les individus ont souvent le sentiment d'être au lit avec quelqu'un alors qu'ils sont seuls. Ce trouble est à distinguer du *syndrome de la main étrangère*, également appelé *syndrome du docteur Folamour*.

Le syndrome du docteur Folamour

Les individus atteints ont un membre — généralement le bras — qui semble s'animer de façon tout à fait autonome et sans que son propriétaire ne puisse le contrôler. Imaginez un peu que pendant que vous boutonnez votre chemise de la main droite, la main gauche la déboutonne sans que vous ne puissiez rien y faire ; ou que cette même main jette la cigarette que l'autre main venait de porter à votre bouche. Du fait que l'individu touché est incapable de reconnaître ces mouvements comme étant des mouvements maîtrisés, donc sans sens de maîtrise, il est courant qu'il finisse par personnifier ce membre étranger, voire qu'il lui donne un petit nom.

L'hémiasomatognosie est une forme d'héminégligence — qui ignore la moitié du corps — mais il existe des cas incroyables d'héminégligence au sein de la famille des agnosies visuelles.

Le cas le plus simple à comprendre est celui de l'héminégligence attentionnelle ; les yeux ne semblent percevoir que la moitié de l'information, et tout se passe comme si un seul des yeux fonctionnait correctement — en réalité, les deux yeux fonctionnent normalement, c'est bien au niveau du cortex visuel primaire que l'information se perd pour un des deux yeux. Évidemment, cela cause des problèmes pour tout ce qui touche à la troisième dimension — et notamment l'appréciation des distances — mais ce qui est perçu par les yeux est perçu normalement, certes partiellement uniquement.

Et la plus folle des héminégligences visuelles est l'*héminégligence centrée sur l'objet*. Derrière cet intitulé se trouve la plus badass des héminégligences visuelles. Soyons clair : j'ai l'air de trouver ça génial, et c'est sans doute le cas, mais ne croyez pas que je ne compatis pas ; cette héminégligence doit être un cauchemar à vivre. Imaginez que vous voyez tout normalement, à droite comme à gauche. Mais dès que vous portez votre attention sur quelque chose ou quelqu'un en particulier, vous n'en distinguez que la moitié — disons la moitié droite. Ainsi, vous discutez avec des moitiés droites de personnes, vous regardez la moitié droite d'une télé, jusqu'au moment où vous focalisez sur un personnage que, du coup, vous ne voyez qu'à moitié. Et ce qui me fascine le plus avec cette héminégligence et ce qui montre à quel point votre cerveau sait faire des choses folles, c'est que si vous regardez une personne face à vous et que vous n'en voyez que la moitié droite, si cette personne se retourne, vous continuez de voir le même côté, ce qui veut dire que vous ne voyez plus que son côté gauche, mais de dos. C'est d'ailleurs bien la preuve que le problème ne vient pas de vos yeux.

Le pire, c'est que très souvent, une agnosie est couplée avec une autre agnosie, appelée *anosognosie*, qui est caractérisée par le fait qu'on ignore qu'on est affecté d'une agnosie.

La secousse hypnique : hypnagogique ou hypnopompique

Dernier point concernant le cerveau que je souhaite aborder, un phénomène qui n'est ni rare ni courant, on y a plus ou moins tous été confronté au moins une fois, plus fréquemment avant et pendant l'adolescence. La *secousse hypnique* est la sensation de chute brutale qu'on a lorsqu'on s'endort — dans ce cas elle est *hypnagogique* — ou, au contraire, lorsqu'on s'éveille — plus rare, et on parle alors de *secousse hypnopompique*.

Lorsque vous vous endormez, classiquement, toute une série d'étapes participent à l'endormissement. Mais il arrive qu'à cause du stress, de la fatigue ou d'un tas de raisons diverses qui peuvent aussi bien vous être propres comme purement contextuelles, vous vous endormez trop vite. Sans passer par toutes les étapes habituelles. Et là, votre cerveau… doute. Il n'est pas totalement sûr que vous êtes simplement en train de vous endormir, certes trop vite, mais de vous endormir quand même. Il existe une faible probabilité pour que vous soyez en fait en train… de mourir.

Comme je l'ai déjà dit, votre cerveau ne plaisante pas avec le danger de mort ; du coup, dans le doute, il va préférer vous balancer une bonne décharge dans tout le corps histoire de s'assurer que vous n'êtes pas en train de tout lâcher. De votre côté, vous vous retrouvez à subir ce qui vous semble être, sur l'instant, un énorme spasme — en vrai, non — et que vous interprétez de la même manière que si vous veniez de tomber du lit, tout simplement parce que ce à quoi vous êtes confronté, c'est un relâchement total — comme dans une chute — suivi d'un choc traversant tout votre corps — comme à la fin d'une chute.

J'aurais sans doute pu écrire un ouvrage entier sur ce que votre cerveau sait faire et alors sans doute dû limiter le périmètre de mon propos ; toujours est-il que cette partie là est maintenant finie. Il est temps de parler d'un sujet totalement essentiel : le bâillement.

58. Pourquoi bâiller est-il contagieux ?

Le fait est qu'à ce jour, on ne sait toujours pas pourquoi on bâille. On sait que le bâillement est un mécanisme ancestral. Il suffit de constater, pour s'en convaincre, que les fœtus bâillent dans le ventre de leur mère.

Loi de von Baer

Du nom de son découvreur Karl Ernst von Baer, médecin, zoologue et anthropologue russe, cette loi stipule que lors de la gestation d'un vertébré, les caractères généraux sont les premiers développés pour être ensuite remplacés par des caractères plus spécifiques à l'espèce. Ainsi les poissons et les mammifères sont similaires pendant les premiers stades de la gestation avant de se différencier ; ensuite, les vaches et les primates sont similaires un temps avant également de se différencier, et ainsi de suite. Cette loi est décrite en quatre énoncés qui expriment ce que je viens de résumer. Le bâillement apparaît tôt dans la gestation, signe qu'il s'agit d'un mécanisme très archaïque que nous partageons avec de nombreuses espèces.

S'oxygéner le cerveau ? On sait que non. Le refroidir ? Peut-être. Accroître la vigilance ? Détendre des muscles ? Provoquer la sécrétion de telle ou telle hormone ? On ne sait pas. On ne sait vraiment pas. Pas plus qu'on ne sait, d'ailleurs, pourquoi de tous les animaux vertébrés de la Création, la girafe est le seul qui ne bâille pas. Les poissons bâillent, les oiseaux, les reptiles, les chiens, les chats, les lapins, les ours, les ornithorynques — les ornithorynques, nom de dieu ! — les singes et les humains. Tous bâillent. Mais pas la girafe. En revanche, on sait parfaitement expliquer, aujourd'hui, pourquoi bâiller est contagieux, et ce qui fait que bâiller est contagieux est sans doute responsable de la « sociabilisation » de l'humanité — l'espèce, pas le journal — et à l'origine des civilisations.

L'empathie est sans doute une de nos meilleures capacités en tant qu'espèce sociale, et c'est elle qui est responsable de la contagiosité du bâillement. L'empathie, c'est notre capacité à nous mettre mentalement à la place d'un autre individu. Et il existe un groupe spécifique de neurones responsables de cette capacité, qu'on appelle *neurones miroirs*.

Découverts par hasard en 1996 — ce n'est pas vieux ! — à Parme, en Italie, par une équipe de chercheurs dirigés par le professeur Giacomo Rizzolatti, médecin et biologiste italien. Alors que des électrodes étaient plantées dans le crâne d'un singe pour des expériences, Giacomo fait une pause pour manger un sandwich. Il attrape son sandwich et remarque sur son écran de contrôle de l'activité cérébrale du singe que ce dernier vient de faire un mouvement. Or, Rizzolatti voit bien que le singe n'a fait aucun mouvement. Il est en fait planté là, en train de regarder bêtement le scientifique, totalement inconscient du fait qu'il vient d'écrire la première ligne d'un chapitre important de l'histoire de l'humanité — l'espèce, pas le journal — celui qui concerne la biologie de sa capacité sociale.

Rizzolatti, suite à son observation, va poser l'hypothèse — qu'il vérifiera ensuite — suivante : lorsque le singe voit quelqu'un faire un geste qu'il reconnaît et dont il est capable, une partie de son cerveau s'active de la même manière que s'il effectuait lui-même ce geste. Les neurones en jeu dans ce phénomène sont les neurones miroirs. Lorsque vous effectuez vous-même une action, par exemple le fait d'attraper un sandwich, cela active toute une zone de votre cerveau dans votre cortex moteur — celui qui contrôle vos mouvements, comme son nom l'indique. Mais une partie de cette zone s'active, y compris lorsque vous ne faites pas le geste mais que vous voyez quelqu'un le faire — ou même que vous vous imaginez le faire, d'ailleurs.

Sur cette base, le professeur Vilayanur Subramanian Ramachandran, neuroscientifique indien également et familièrement appelé « Rama » — et croyez bien que je ne vais pas me priver — pose une question : si, pour le cerveau, le fait d'effectuer une action ou d'assister à cette action est similaire, comment se fait-il qu'il n'y ait pas de confusion ? Lorsque je regarde quelqu'un attraper un objet, je ne crois à aucun moment être moi-même en train d'attraper cet objet, je n'ai jamais ni la sensation ni la perception de cette action. Alors ? Quid ?

Le truc, c'est que, justement, nos sens et, dans cet exemple, les capteurs sur notre peau, indiquent à notre cerveau qu'il ne se passe rien. Aucune information particulière provenant du bras relative au fait de saisir un sandwich. Du coup le cerveau est capable de comprendre que cela n'arrive pas réellement. Par conséquent, nous n'avons pas la sensation d'effectuer cette action. Rama va alors tenter une expérience afin de déterminer si cette hypothèse est valable et, comme vous le verrez, chaque fois que Vilayanur Ramachandran tente une expérience, quelque chose d'extraordinaire se produit.

Il décide d'anesthésier complètement le bras d'un patient et de lui faire observer une personne à qui on pince le bras. Son hypothèse est la suivante: les neurones miroirs doivent s'activer dans le cerveau du patient exactement comme si on lui pinçait son propre bras; à ce moment, le cerveau demande aux zones qui contrôlent le toucher si oui ou non ce pincement doit être perçu ou pas; sauf que là, du fait de l'anesthésie, les capteurs n'envoient aucune information au cerveau, ni pour valider ni pour infirmer, et il est possible que, dans le doute, le cerveau décide d'activer la perception du pincement. Et c'est très exactement ce qui se produit. Le patient ressent le pincement sur son propre bras, qui est pourtant totalement anesthésié. Ce qui est tout bonnement incroyable, c'est que c'est justement du fait que le bras est totalement endormi que le patient est capable d'en ressentir un pincement. Rama, satisfait de son expérience, décide d'aller plus loin et de tester ses théories sur les personnes amputées.

Lorsqu'une personne est amputée d'une jambe ou d'un bras, il est tout à fait courant que cette personne continue de ressentir son membre perdu; on appelle cela le syndrome du membre fantôme. Les amputés peuvent même donner des ordres tout à fait normalement, semble-t-il, à leur membre disparu, comme par exemple fermer le poing, plier le bras, et ont réellement — IRM à l'appui — la sensation de ces mouvements. Mais parfois, le membre ne réagit pas comme il devrait, du fait qu'il est absent. C'est là que le membre fantôme devient un vrai problème. Imaginez une démangeaison permanente d'un bras que vous n'avez plus, ou la sensation que votre poing est complètement crispé sans aucune interruption, de jour comme de nuit, et sans que vous ne puissiez rien y changer. Vous commencez à percevoir, à toucher du bout du doigt la douleur bien réelle à laquelle certains amputés sont confrontés continuellement. Et Rama a une idée.

Que se passe-t-il lorsqu'une personne amputée du bras gauche, par exemple, et qui souffre de démangeaisons ou de contractures musculaires du bras manquant, voit un tiers se faire gratter ou masser le bras gauche? L'inconfort s'atténue, voire disparaît. En effet, les neurones miroirs s'activent et, pour le coup, les informations sensorielles manquent totalement à l'appel, puisque le membre manque. Fort de sa réussite, Rama décide de s'attaquer au « boss de fin » des douleurs fantômes. Imaginez que votre bras manque mais que la main de ce bras soit fermée en poing serré, en permanence, sans jamais se relâcher. Le professeur Ramachandran va mettre au point un dispositif dont la complexité ferait rougir de honte les *McGyver*[158], *ExperimentBoy*, *Dr Nozman*[159] et autres *MythBusters*[160]. Il va prendre une boîte à chaussures, l'ouvrir, y placer un miroir dans la largeur, au milieu, et y percer deux trous. Voilà.

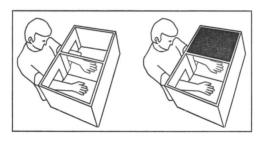

la therapy-box de Ramachandran

L'idée est la suivante : le patient place sa main valide par un des trous du côté du miroir et le moignon de son poignet dans l'autre trou — au-dessus duquel la boîte est refermée. En plaçant correctement son visage, on peut berner son cerveau et lui faire croire que la main dans le miroir est la main manquante. À ce moment, Rama demande au patient de serrer fort les deux poings puis, après quelques secondes sans doute interminables, de relâcher, en même temps, les deux mains. Un miracle se produit ; la main manquante qui était serrée en poing depuis parfois

---

[158] Personnage principal de la série télé éponyme ; son prénom est Angus. Oui.
[159] ExperimentBoy et Dr Nozman sont des youtubers spécialisés dans les expériences maison.
[160] MythBusters est une émission de Discovery Channel qui met à l'épreuve de l'expérience des idées reçues.

des années est enfin relâchée. La douleur disparaît instantanément et totalement. Mais pas nécessairement définitivement. Du coup, pour aider ses patients, Ramachandran leur offre sa boîte magique à deux balles pour qu'ils puissent la ramener chez eux et l'utiliser si besoin. Et au bout de quelques semaines, les patients appellent Rama pour lui dire que le membre fantôme a totalement disparu. Pas seulement la douleur, non. Le membre lui-même. Ils n'ont plus aucune sensation au niveau de ce membre qu'ils n'ont plus.

En effet, ce qui se produit, c'est que le cerveau est confronté, de nouveau, à une contradiction ; il considère par moments que le bras n'existe pas mais qu'il est douloureux, et par moments qu'il existe — *via* le miroir — mais qu'il ne transmet aucune sensation. Du coup, il finit par rentrer dans le déni le plus total et décrète que ce bras n'existe pas, qu'aucune information concernant ce bras ne doit être traitée, et que ça va bien, maintenant, les bouffonneries. Bon, je serais trop incomplet si j'oubliais de mentionner que, parfois, le cerveau ne supprime qu'une partie du membre ; ainsi, il est arrivé à certains patients que leur bras disparaisse complètement, mais pas les doigts de leur main. Et le cerveau n'étant pas du genre à laisser flotter des doigts en l'air a placé les doigts au bout de l'épaule. Ces patients ont donc une sensation des doigts juste après leur épaule et sentent qu'ils peuvent les bouger. Oui. Faire le geste de Spock avec des doigts qui pendent de l'épaule.

Mais les neurones miroirs ne font pas que ça ; ils sont également responsables de l'état préempathique, état dans lequel nous sommes plus susceptibles d'être empathiques, ce qui facilite l'apparition d'un phénomène social appelé contagion émotionnelle. Cette dernière, comme son nom l'indique, est un phénomène au cours duquel une émotion va pouvoir être véhiculée rapidement et se propager au sein d'une communauté de personnes, qu'elle soit réelle ou virtuelle. Une étude a ainsi été réalisée sur Facebook en 2012 auprès de 700 000 utilisateurs à leur insu — tout en respectant les conditions générales de Facebook[161]. L'idée est la suivante : construire deux panels de près de 350 000 utilisateurs relativement similaires et, pendant quelques jours, envoyer des *posts*, des articles et des images plutôt positifs à l'un et plutôt négatifs à l'autre. Durant ces quelques jours, les utilisateurs qui recevaient des informations positives semblaient plutôt de meilleure humeur et les autres plutôt de mauvaise humeur. Il semble donc possible de transmettre des émotions, y compris à des communautés virtuelles composées de gens derrière des écrans.

Boris Cyrulnik, psychiatre et psychanaliste français — et spécialiste de la question de la *résilience* — s'est d'ailleurs interrogé[162] sur les conséquences du temps important que les humains passent à interagir *via* des écrans et de moins en moins de façon réelle. En effet, privé du contact humain, les neurones miroirs peuvent-ils continuer à travailler efficacement ? Un exemple évident est celui des messages écrits. Qu'il s'agisse de messages instantanés, de SMS, d'e-mails, de tweets ou de commentaires sur les différents réseaux sociaux, nous avons tous été confrontés au moins une fois au fait que les messages écrits ne véhiculent pas — ou mal — l'intention de l'auteur. Un manque de ponctuation, d'intonation, de contexte, et le message est mal compris : un trait d'humour est pris pour une agression gratuite, par exemple. Ce qui est fascinant, c'est l'ingéniosité avec laquelle les humains ont résolu ce problème. Nous avons inventé les smileys, ou émoticônes. Ainsi, ce signe « :) » signifie *je plaisante*, « o_O » signifie *je suis très surpris*, etc. Nous avons réussi à transformer une expression faciale en texte court, simple et immédiat.

Pour en revenir à la contagion émotionnelle, il faut bien comprendre qu'une fois les mécanismes compris, il n'en faut pas franchement plus pour chercher à provoquer l'émotion qu'on attend d'une population.

---

[161] Plus d'informations sur l'étude en question sur : http://www.pnas.org/content/111/24/8788. full.

[162] « Histoire d'homme », France Info, 20 janvier 2013.

Et les neurones miroirs sont un formidable point d'entrée vers le neuromarketing et la manipulation des masses.

Neuromarketing

Le neuromarketing est un champ d'étude à cheval sur deux domaines qui sont, d'une part, les neurosciences et, d'autre part, le marketing et la communication. Il existe deux aspects distincts du neuromarketing ; en tout premier lieu, son but est de mieux comprendre les processus cognitifs en jeu lors d'une décision d'achat, d'un choix de candidat à une élection, etc. afin de comprendre de quelle façon un annonceur doit vendre son produit — ou son candidat. Mais le neuromarketing a aussi son revers de la médaille, à savoir la recherche de meilleurs outils de persuasion.

Les neurones miroirs sont un outil extrêmement puissant pour les communicants, attendu :

- qu'ils sont disponibles chez tous les êtres humains « normaux » — par ce vilain mot, je veux parler des humains qui ne sont pas dénués de sociabilité ;
- qu'ils sont inconscients — ce qui signifie qu'une procédure efficace est efficace quel que soit le gré du « client » ;
- que le caractère contagieux de leur utilisation élargit la cible marketing visée — lorsqu'une personne est sensibilisée, *via* une publicité, elle va pouvoir elle-même sensibiliser à d'autres *via* leur capacité d'empathie.

L'exemple le plus parlant est celui de la publicité pour du yaourt ; je dis bien « la » publicité car quasiment toutes les marques ont mis à profit leurs connaissances en neurosciences pour concevoir des publicités toutes similaires : une femme déguste un yaourt et semble y trouver un plaisir quasiment sexuel. Le téléspectateur, devant sa télévision, va inconsciemment, d'une part, associer le yaourt à la notion d'orgasme et peut même, d'autre part, activer les neurones miroirs de son cerveau liés au plaisir — sans pour autant que ce plaisir ne soit effectivement ressenti.

Ainsi, une association forte se crée mentalement entre le yaourt proposé et l'orgasme. À ce stade, on peut considérer que la vente est quasiment faite, n'était-ce notre habitude, et parfois lassitude, face à la multitude de publicités du genre.

La manipulation des masses peut se faire de la même manière, la télévision restant un vecteur tout à fait efficace, mais de plus en plus supplanté par internet. Par exemple, le nombre ahurissant de théories alternatives sur internet, censées expliquer les vérités de l'Histoire par divers complots, qu'il s'agisse de la construction des pyramides, de la présence d'extraterrestres sur Terre cachée par nos gouvernants, du fait que l'Homme n'a jamais marché sur la Lune, des complots hallucinants derrière la mort de John Fitzgerald Kennedy, des avions renifleurs, des chemtrails, de la réalité des événements du 11 septembre 2001, etc. Toutes ces théories flattent l'égo et fonctionnent en utilisant diverses techniques bien connues des neurologues, psychologues et sociologues.

Tout d'abord, la promesse vous est faite que vous allez apprendre quelque chose que peu de gens savent ; ensuite, un foisonnement de prétendues preuves vous pousse à vous dire que « après tout, elles ne peuvent pas toutes être fausses » et que, par conséquent, cela fait bien trop de fumée pour qu'il n'y ait pas de feu. Mais le vecteur le plus efficace de ces théories toutes plus rocambolesques les unes que les autres, c'est la peur. Qu'il s'agisse de la peur exprimée par celui qui vous informe qu'il est poursuivi, que sa tête est mise à prix par tous les services de renseignements du monde entier, ou même simplement de la peur qu'est censée susciter la théorie elle-même — imaginez par exemple que les extraterrestres soient déjà parmi nous et aient déjà négocié avec les gouvernements du monde notre mise en esclavage — vos neurones miroirs vont naturellement, inconsciemment, instinctivement s'activer et vous faire partager, même partiellement, la peur véhiculée, ce qui facilite grandement par la suite l'acceptation des théories complètement ubuesques qui vous sont livrées.

Partout où vous pouvez voir un comportement de groupe, qu'il s'agisse d'une nuée d'oiseaux ou d'un banc de poissons, il y a du neurone miroir qui travaille. Vous vous êtes certainement déjà demandé comment une population de manifestants calmes peut se transformer, en quelques minutes à peine, en foule sanguinaire et prête à tout casser. Les mouvements de panique, d'hystérie collective ou, au contraire, les grandes euphories, les événements sportifs particulièrement émotionnels, tout ça, c'est un des effets des neurones miroirs, qu'on appelle le comportement grégaire. Lors d'une manifestation qui tourne à l'émeute, on sait bien que chaque manifestant n'est pas là pour tout casser ; mais au bout d'un moment, chaque individu ne se voit plus avec d'autres individus mais avec une foule, c'est ainsi que chacun finit par oublier sa propre individualité. C'est assez étonnant comme phénomène, mais cela s'explique assez bien : chaque individu finit par se comporter non pas comme les autres, mais comme il pense que les autres vont se comporter. On retrouve également ces comportements dans la finance où des mouvements de panique peuvent ruiner des milliers de gens en quelques secondes.

Au début de ce chapitre, j'ai brièvement dit que les processus dont nous allions parler étaient sans doute à l'origine des civilisations. Comment cela ? Il faut imaginer que, par exemple, lorsqu'un premier humain a réussi a manipuler le feu — le créer, le maintenir, l'accrocher à une torche — il a bien fallu un humain à ses côtés pour être capable de reproduire son geste. Ce n'est possible que grâce aux neurones miroirs. Il en est de même pour les premiers outils, les premiers habits, les premiers dessins, les premières constructions, les connaissances en agriculture, etc. Sans neurone miroir, il n'est pas possible de se sociabiliser, comme il n'est pas possible de transmettre une émotion par empathie ; sans neurone miroir, il n'y aurait pas d'art, et sans doute pas de langage. Cela a commencé par le fait de reproduire mentalement puis physiquement un geste. Et cela a sans doute été plus difficile pour les gauchers.

59. Les gauchers

Le cerveau est composé de deux hémisphères : l'hémisphère droit à droite et l'hémisphère gauche à gauche[163]. Et dès lors que ce fait fut connu — la première fois qu'on a ouvert une tête — et qu'on a remarqué que les hémisphères se ressemblaient furieusement, il était normal de se demander si chaque moitié de cerveau faisait globalement la même chose ou si certaines parties du cerveau étaient spécifiques, d'un côté ou de l'autre, à certaines fonctions. On a cherché à savoir si le cerveau était *latéralisé*.

Paul Broca, médecin et anatomiste français, a découvert en 1865 que lorsqu'il y a des lésions sur le lobe frontal gauche du cerveau, cela affecte beaucoup plus le langage oral que lorsque des lésions similaires sont présentes sur le lobe frontal droit. Il en conclut que le centre de la parole est bien situé dans l'hémisphère gauche du cerveau, au niveau du lobe frontal, dans une zone qu'on appelle depuis *l'aire de Broca*. De la même manière, en 1873, Carl Wernicke[164], psychiatre et neurologue allemand, découvre que des lésions dans une zone plus diffuse de l'hémisphère gauche provoquent une affection de la compréhension du langage, aussi bien oral qu'écrit, mais sans affecter la capacité à s'exprimer ; les patients atteints arrivent ainsi à parler avec un flux aussi naturel qu'incompréhensible. Cette zone est appelée *aire de Wernicke*.

Partant de là, ce n'est qu'une question de temps avant qu'on se demande s'il n'y a pas, au fond, une correspondance entre chaque zone du cerveau et des fonctions bien précises ; ou inversement, est-ce qu'à chaque fonction — motricité, vue, odorat, ouïe, mémoire, etc. — ne correspond pas une zone précise du cerveau ? Avec les progrès en matière d'imagerie médicale — et si je parlais de Nikola Tesla dans ce livre, j'aurais certainement des choses à dire ici à son sujet — on va rapidement se rendre

---

[163] Il existe sans doute un moyen mnémotechnique pour s'en rappeler.
164 Prononcez « vernické ».

compte que, oui, certaines fonctions sont localisées très précisément dans le cerveau qui, par ailleurs, est largement asymétrique, surtout pour ce qui concerne les fonctions intellectuelles, qu'il s'agisse du traitement des nombres, de la perception des visages, etc.

Il faut, pour bien comprendre la latéralité du cerveau, distinguer deux choses : d'une part la motricité du corps — ses mouvements — ainsi que les capteurs sensoriels qui le recouvrent et, d'autre part, tout ce qui participe de la reflexion et de l'intellectuel. En effet, concernant les muscles, les organes, les sens, bref tout ce que le corps a de fonctionnalités « physiques », les *voies motrices* et les *voies sensorielles*, qui sont les voies qui mènent les nerfs jusqu'au cerveau, se croisent au niveau du tronc cérébral — sous le crâne, derrière la nuque. Cela a pour conséquence qu'une sensation ou un mouvement sur le côté droit du corps est traité par le côté gauche du cerveau, et inversement. On pourrait dire que la partie « physique » du corps est, au niveau du cerveau, totalement latéralisée. Pour les autres fonctions, en revanche, il n'existe pas de latéralité parfaite. Si on prend l'exemple du langage, par exemple, oui, il est fortement latéralisé à gauche, comme on vient de le voir, mais ce n'est pas tout ; en effet, l'hémisphère droit du cerveau contrôle également, de son côté, la tonalité du langage ou la compréhension des mots.

Il existe de vieilles théories, très tenaces, selon lesquelles on peut avoir plutôt un cerveau « gauche » ou un cerveau « droit »[165], et on a coutume de dire qu'un artiste a plutôt un cerveau droit, tandis qu'un bon vieux cartésien aura plutôt un cerveau gauche. On a même coutume de renverser la chose et de dire qu'un cerveau droit est plutôt artistique, qu'un cerveau gauche est plutôt rationnel et cartésien. C'est absolument faux. Nous avons en effet la chance de n'être pas défini ainsi. Même si, en vrai, ça marche un peu comme ça dans la mesure où quelqu'un de

---

[165] On peut même avoir un cerveau « lent ». Ha ! ha ! Un cerveau « lent »… un cerf-volant… pardon.

particulièrement rationnel fera vraisemblablement plus fonctionner son hémisphère gauche, tout comme quelqu'un de particulièrement créatif fera plus fonctionner son hémisphère droit. Mais rappelez-vous du tout début de ce livre : corrélation et causalité. Et même si l'on imagine qu'un artiste est plutôt un cerveau droit, cela ne signifie pas pour autant que le cerveau soit prédestiné à être latéralisé à droite et à produire un artiste.

Ensuite, un truc dont on ne parle pas suffisamment, c'est le corps calleux. C'est la zone du cerveau qui relie les deux hémisphères. Tous les câblages — nécessaires — entre les deux hémisphères sont les constituants de ce corps calleux. Il lie les quatre lobes de chaque hémisphère deux à deux : de l'avant du crâne vers l'arrière, ce sont les *lobes frontaux*, les *lobes temporaux*, les *lobes pariétaux* et les *lobes occipitaux*. Des lésions au niveau du corps calleux font apparaître des problèmes de coordination, qu'il s'agisse de coordination physique ou mentale. Par exemple, une *apraxie idéomotrice gauche* empêche l'individu d'effectuer un geste symbolique du côté gauche de son corps — comme un salut militaire — autre exemple, l'*alexie unilatérale gauche* empêche l'individu de nommer des objets qui sont dans son champ de vision à gauche.

Mais du coup, selon qu'on est gaucher ou droitier, ces zones sont-elles inversées ? Les cerveaux des gauchers sont-ils en quelque sorte le miroir des cerveaux des droitiers ? Ou bien utilisons-nous tous les mêmes zones dans les mêmes hémisphères, auquel cas quelles différences cela apporte-t-il aux gauchers ? Tout d'abord, non, les cerveaux ne sont pas inversés. Ainsi, gauchers et droitiers disposent normalement des mêmes aires de Broca et de Wernicke dans l'hémisphère gauche. Mais les gauchers sont quand même moins largement latéralisés, et cela peut très bien s'expliquer.

Les gauchers représentent moins de 15 % de la population humaine — chez certaines espèces animales, comme les chevaux, il y a une majorité de gauchers — ce qui fait que les gauchers vivent littéralement dans un monde de droitiers, fait pour les droitiers. Si vous êtes un lecteur droitier, vous pensez sans doute que j'exagère, aussi permettez-moi de vous donner quelques exemples tout à fait anodins, si anodins que personne n'y pense jamais — pas même les gauchers, la plupart du temps. Imaginez la journée typique d'un étudiant gaucher qui va travailler. Après avoir boutonné sa chemise comme un droitier — parce que le faire comme un gaucher est quasiment impossible — sortant de chez lui pour se rendre à l'université, il descend, comme tous les jours, à son arrêt de métro ; pour y entrer, il a choisi l'abonnement avec une carte magnétique qu'il suffit de passer nonchalamment au-dessus de la borne prévue à cet effet… à droite. Après une première contorsion à laquelle il ne prête quasiment aucune attention, il entre dans le métro, mais avant que les portes se referment, il voit l'heure indiquée sur le quai. Il est en retard. Pourtant sa montre-bracelet n'indique pas la même heure. Après s'être enquis auprès d'un habitué du même trajet de l'heure exacte, aucun doute : sa montre retarde. Il place alors son bras droit bien devant lui et règle sa montre de sa main gauche, en faisant tourner la molette de sa montre, qui est du côté droit. Après quelques secondes à donner la même impression qu'un thon qui chercherait à fermer des lacets, il décide d'ôter sa montre et de la régler de la main droite, comme il l'a déjà fait chez lui quand il l'a achetée. C'est bien plus simple. Durant le trajet, il met ses écouteurs, branchés à son smartphone, comme bien d'autres, et écoute de la musique. Il n'a pas envie d'écouter la chanson qui passe ? Qu'à cela ne tienne, il lui suffit de presser deux fois le bouton de ses écouteurs pour passer à la suivante. Il effectue ce geste, de la main gauche, sur le bouton de ses écouteurs, du côté droit. Arrivé — en retard — à l'université, il s'installe rapidement dans sa salle de cours et déplie le pupitre de son siège, sur sa droite. Il sort son cahier à spirales et commence à prendre des notes. Son poignet gauche pèse sur les spirales et, à mesure qu'il écrit, sa main gauche masque ce qu'il écrit. Il n'y prête pas attention, c'est ainsi depuis l'école primaire. Et encore, à l'époque, son poignet reposait régulièrement sur l'encre encore fraîche, la faisant baver sur la page. Il avait alors appris à tordre son poignet de façon à éviter cela, rendant sa calligraphie aussi belle aujourd'hui qu'alors.

Je pourrais bien sûr poursuivre l'exercice — en tant que gaucher, je trouve ça tout à fait jouissif — je pourrais parler d'ouvre-boîtes, de paires de ciseaux, du pavé numérique des claviers qui sont sur la droite, du clic gauche de la souris, du crayon dont la marque n'apparaît à l'endroit que pour les droitiers, du déclencheur de l'appareil photo toujours à droite, de la poche intérieure de la veste toujours à gauche pour y saisir de la main droite, du comportement militaire qui veut que droitiers et gauchers se comportent de la même manière, c'est à dire comme des droitiers, et je pourrais parler de bien d'autres choses encore. Mais vous m'avez compris, je pense. Les gauchers vivent dans un monde de droitiers. Ce qui est un avantage pour les gauchers, au fond. En effet, outre le fait d'avoir appris à faire une masse de choses en tant que gau- chers — écrire, marcher, sauter, courir, nager, etc. — ces derniers ont dû apprendre à faire tout un tas d'autres choses comme les droitiers. Cela signifie que les gauchers font plus travailler les deux hémisphères de leur cerveau que les droitiers pour tout ce qui concerne la coordination phy- sique. Et c'est pour cette raison que les gauchers sont moins latéralisés. C'est également pour cette raison que le corps calleux des gauchers est généralement un peu plus épais que celui des droitiers.

Cela signifie-t-il que les gauchers sont plus intelligents? Plus forts? Plus agiles? Non, car le fait de se prédisposer à plus utiliser son cerveau ne signifie pas qu'on le fait, d'une part — par exemple, mes jambes me prédisposent à courir, mais cela ne fait pas de moi Usain Bolt[166] — mais également parce que le cerveau est bien plus complexe que cela. Si ce qui constitue l'intelligence reste encore aujourd'hui partiellement un

---

[166] 9 s 58 sur 100 m, je ne devrais pas avoir besoin de le dire, ça, voyons…

mystère, on est assuré que cela a à voir avec l'environnement, la stabilité familiale, l'éducation et énormément de paramètres, tous plus optionnels les uns que les autres — on peut tout à fait avoir eu une enfance très malheureuse et être brillant quand même intellectuellement[167].

Donc, ce qu'on vient de voir, c'est que les gauchers doivent continuellement s'adapter à un monde de droitiers. Là, dans la phrase qui précède, un mot devrait vous faire tilter : « s'adapter ». Pourquoi diable les gauchers ne se sont-ils pas adaptés, au fil des siècles, pour disparaître ? Qu'il ne reste que des droitiers, bien plus adaptés à ce monde ? Tout d'abord, il faut déterminer s'il est juste de se poser cette question ; en effet, qui peut prétendre que les gauchers ne sont pas en train de disparaître avec les siècles ?

Ben, les anthropologues et les paléoanthropologues peuvent. Oui. Ils peuvent. En effet, des études sur la préhistoire ont permis de déterminer, en étudiant les outils laissés par nos ancêtres ainsi que leurs peintures rupestres que les gauchers n'étaient pas plus fréquents il y a cinq, dix ou quinze mille ans qu'ils ne le sont aujourd'hui. Mais d'où viennent les gauchers ? Et pourquoi leur concentration est-elle aussi stable ? Plusieurs hypothèses ont été avancées concernant l'origine des gauchers.

Une origine culturelle ? Non. Aucune culture n'a jamais à notre connaissance mis en avant la *gaucherie* — bigre, ce mot est vraiment moche — et c'est généralement plutôt l'inverse. Il suffit, pour s'en convaincre, de distinguer les mots. Ce qui est droit, c'est la justice, c'est la rectitude, c'est parfait, c'est... adroit. Ce qui est gauche, littéralement, c'est ce qui est « mal-a-droit ». En latin, *dexter* signifie aussi bien « à droite » que « favorable », tandis que *sinister* signifie aussi bien « à gauche » que « de mauvaise augure » ou « sinistre ». Il fut d'ailleurs un temps où, en français, on parlait de dextre et de sénestre — ce qui nous en reste au-

---

[167] Lire les travaux de Boris Cyrulnik sur la résilience à ce sujet.

jourd'hui est le mot *ambidextre*. En anglais, *right*, c'est la raison face au tort, tandis que *left* est, selon l'emploi, ce qui est parti ou ce qui reste. Les cultures n'ont jamais favorisé la gaucherie ; au Japon, un mari pouvait demander le divorce si sa femme était gauchère ; les Indiens d'Amérique bandaient le bras gauche de leurs bébés pour s'assurer qu'ils ne grandiraient pas gauchers, etc. Jusqu'à il y a soixante ans, en France, on forçait les élèves gauchers à écrire de la main droite, créant des générations de gauchers contrariés. Non, l'origine de la gaucherie n'est pas culturelle et si cela n'avait tenu qu'à cela, les gauchers n'appartiendraient plus qu'au passé aujourd'hui.

Une origine héréditaire, alors ? Non plus. Des études ont pu montrer qu'avoir des parents gauchers ou droitiers n'augmente ni ne diminue les chances d'être soi-même gaucher ou droitier.

Une origine génétique, alors ? Oui et non. Et peut-être. Là, c'est un mystère. Des études montrent que des vrais jumeaux ont autant de chance, chacun, d'être gaucher ou droitier que n'importe quelle paire de frères et sœurs dans une fratrie. Il n'existe donc pas de gène du gaucher. En revanche, d'autres études ont permis de montrer qu'il existe des gènes spécifiques qui sont en jeu lors de la gestation, au moment où l'embryon passe d'un œuf totalement rond à un embryon latéralisé, avec un côté gauche et un côté droit bien définis. Il est possible que ces gènes ou d'autres, ainsi que peut-être les conditions environnementales de la gestation — position de l'embryon, température, etc. — soient responsables du fait que le fœtus est, dans le ventre de sa mère, déjà gaucher ou droitier. Et après la naissance, cela évolue peu.

Mais alors, même si l'on ne comprend pas encore vraiment l'origine des gauchers, y a-t-il une raison évolutionniste qui puisse justifier du fait que leur concentration dans la population n'a quasiment pas varié au cours des 500 000 dernières années ? Considérons les choses ainsi : être gaucher dans un monde de droitiers est, de manière tout à fait contre-intuitive, un avantage compétitif énorme. Imaginez n'importe quel sport dans lequel vous êtes opposé à un adversaire. Si vous êtes droitier, vous allez tomber, dans environ 85 % des cas, face à un droitier. Vous êtes habitué à affronter un droitier. Au tennis, par exemple, vous savez que si vous envoyez la balle de son côté gauche, il vous renverra un revers, moins puissant que son coup droit. Lorsque vous tombez sur un gaucher, vous effectuez ce service que vous avez pris l'habitude de faire et « bim ! », vous vous prenez un coup droit direct sur votre propre côté gauche. Si vous êtes gaucher, le constat est le même : vous avez l'habitude d'affronter des droitiers et vous vous laissez surprendre par les gauchers comme n'importe quel joueur. La différence fondamentale est que vous tombez *toujours* sur quelqu'un que vous surprenez puisque vous êtes gaucher. Et ce n'est pas un hasard si, parmi les champions de tennis, de ping-pong, d'escrime, de boxe, de base-ball — considérant uniquement le lanceur et le batteur et pas le reste de l'équipe — de football — considérant uniquement les duels de dribbles entre deux joueurs — etc., on trouve un taux de gaucher supérieur au taux classique de gauchers dans la population[168]. En revanche, dans les sports où on n'est confronté qu'à soi-même — natation, golf, athlétisme, etc. — les gauchers sont aussi présents que dans le reste de la population, soit entre 8 et 15 %. On peut noter également que dans ces sports, s'il est nécessaire de disposer d'un équipement particulier distinct pour les droitiers et les gauchers tel que les clubs de golf, les gauchers auront une tendance plus naturelle à utiliser un équipement de droitier, plus souvent disponible en club quand on débute.

Un lecteur féru d'évolution soulèvera normalement une objection à ce stade ; si le fait d'être gaucher représente un tel avantage, le taux de gaucher aurait dû naturellement augmenter jusqu'à atteindre 50 % de la

---

[168] En escrime, on trouve près de 50 % de gauchers chez les fleurettistes de haut niveau. À ce stade, être gaucher ne présente plus un avantage — moitié de la population concernée — c'est donc un état d'équilibre.

population — au-delà, le fait d'être droitier serait devenu un avantage, et on aurait fini par trouver un équilibre à 50 %. Certes, mais être gaucher ne constitue pas qu'un avantage ; c'est un *avantage compétitif*, mais un *inconvénient collaboratif*. Car l'humanité — l'espèce, pas le journal — n'est pas qu'une espèce compétitive ; c'est également, comme on l'a vu dans le chapitre précédent[169], une espèce sociale dont les individus collaborent. Et d'un point de vue collaboratif, les gauchers sont à la traîne. Lorsqu'un droitier fabrique un outil pour tailler la pierre, c'est un outil de droitier. Le gaucher qui appréhende cet outil sera plus *maladroit* à l'employer. L'évolution, c'est aussi ça : le fait de pouvoir partager ses outils avec son prochain pour partager ses savoir-faire, ses techniques agricoles, de construction de maisons, etc. Si le monde dans lequel nous vivons n'était que collaboratif, les gauchers auraient depuis longtemps disparu car c'est un inconvénient majeur à la collaboration.

Du coup, on pourrait conclure que s'il existe un équilibre, stable depuis un demi-million d'années au moins, entre gauchers et droitiers, cela signifie peut-être que l'humanité — l'espèce, pas le journal — vit naturellement à la fois de façon collaborative et compétitive, certes, mais peut-être dans ces proportions : 90 % de collaboration et 10 % de compétition. Peut-être est-ce là l'équilibre qui permet à l'espèce humaine de s'épanouir naturellement.

60. Une conclusion sur la vie ?

Absolument pas. Vous comprenez aisément qu'on est loin d'en avoir fini avec ce sujet et, pour savoir si raisonnablement nous sommes seuls dans l'Univers, il faut commencer par savoir ce que l'on cherche précisément quand on parle de vie. Nous n'avons fait qu'effleurer le sujet de la vie, telle

---

[169] *Cf.* chapitre précédent. Oui.

qu'on la connaît, et il faudra encore beaucoup creuser avant de se faire une opinion éclairée. Nous n'avons pas encore parlé des acides aminés, des protéines, de l'ADN, de l'ARN, des êtres vivants qui résistent tellement à tout et n'importe quoi qu'ils en sont presque invincibles — oui, tardigrades, c'est à vous que je pense. Mais cet ouvrage doit avancer et nous ne sommes plus qu'à quelques dizaines de pages de la fin. Les prochains chapitres sur la vie seront donc des chapitres du prochain tome. Sauf peut-être bien un petit dernier. Merci bien.

La thermodynamique

La chaleur n'est-elle pas plus beau cadeau de la vie?

La vache! La transition est un peu abrupte, là, non? Et le sous-titre de cette partie, qui laisserait quelque part entendre qu'on parle encore de la vie, ne vous trompe pas. On est sorti du sentier du vivant et on rentre dans les machines, les moteurs, les gaz qui chauffent, etc. pas vrai? En un sens, oui, mais vous allez voir que ce n'est pas incompatible. Et il est même possible que la conclusion vous surprenne.

61. Qu'est-ce que c'est quoi donc, dis donc?

La thermodynamique est un sujet suffisamment étranger à nombre d'entre vous pour que je prenne un tout petit chapitre pour expliquer de quoi il retourne. En quelque sorte, la thermodynamique est la science des échanges de chaleur, mais pas que. C'est également la science des grands systèmes, mais pas que. Celle de l'industrie, oui, mais pas que. Et tout commence il y a 2500 ans, lorsque les philosophes grecs s'intéressent à la nature de la matière. Empédocle décompose le monde en quatre éléments, l'Air, la Terre, l'Eau et le Feu, et Aristote énonce les quatre qualités fondamentales qui ont permis à la matière originelle de former ces quatre éléments : le chaud, le froid, le sec et l'humide. Ce qui va nous intéresser, c'est le chaud et le froid.

Durant l'Antiquité, les philosophes confondent chaleur et température, et on peut difficilement leur en vouloir tant il est facile encore aujourd'hui de se tromper. Précisément, ils confondent chaleur et sensation de chaud. Mais s'il est facile de se méprendre, rassurez-vous, il est tout aussi facile de bien en faire la distinction[170].

62. Le moule à tarte est-il plus chaud que la tarte?

Expérience simple, expérience maison. Vous faites cuire une tarte dans un moule. Lorsque vous sortez le tout du four, vous savez bien qu'il ne faut pas vous amuser ne serait-ce qu'à toucher le moule avec vos doigts, car après 1 heure de cuisson à 200 °C, la douleur serait aussi vive qu'insupportable. En revanche, toucher la tarte pour savoir si elle est suffisamment cuite, croustillante ou que sais-je encore, là, ça va. Il est évident pour tout le monde que le moule à tarte est bien plus chaud

---

[170] On a d'ailleurs déjà abordé le sujet page 62.

que la tarte elle-même. Et pourtant. Après avoir passé près de 1 heure dans un four préchauffé à 200 °C, la tarte comme le moule ont atteint un équilibre thermique à l'intérieur du four ; tous deux sont à 200 °C. Aussi « chauds » l'un que l'autre. Précisément, leur température est la même — d'ailleurs, on pourrait la mesurer pour s'en rendre compte assez aisément. Mais bon, j'ai beau dire cela, le fait est que vous pouvez toucher la tarte et pas le moule. Alors ?

Autre expérience, tout aussi simple. Chez vous, dans votre salon, dans votre bureau, au soleil sur la terrasse, comme vous le souhaitez, vous disposez côte à côte un livre et un disque dur en métal. Si vous les avez laissés suffisamment longtemps au Soleil, il va de soi que le disque dur est plus chaud. Si vous les avez laissés dans votre salon, sur la table basse, il est évident que le disque dur est plus froid que le livre. Pourtant, dans tous ces cas et après suffisamment d'attente, encore une fois un équilibre thermique finit par survenir. Le livre et le disque dur sont à la même température ; placez un thermomètre pour mesurer leur température et vous verrez. Comment vos sens peuvent-ils vous tromper à ce point ? Justement parce qu'il s'agit de vos sens, et donc de votre perception. Vos sens n'existent pas, par exemple concernant la sensation de chaud, pour que vous mesuriez la température des objets, mais pour que vous soyez alerté en cas de risque de brûlure.

Cela étant, qu'est-ce qui fait que le moule à tarte semble bien plus chaud que la tarte elle-même ? Cela a un rapport avec la matière dont est constitué le moule à tarte. Le métal, par exemple, est un grand conducteur de chaleur. Ainsi, lorsqu'il est chaud, il « diffuse » bien plus de chaleur pendant un temps donné qu'une tarte — c'est d'ailleurs pour cette raison qu'on utilise du métal pour faire des moules à gâteaux. De la même manière, si du métal est plus froid que votre main, au contact, une plus grande quantité de chaleur sera dissipée de votre main vers l'objet métallique, ce qui lui donne cet aspect « froid » même lorsqu'il est à la même température qu'un bout de bois ou de plastique juste à ses côtés. La température est une mesure locale de l'agitation de la matière ; la chaleur est quant à elle un transfert particulier d'énergie entre des particules.

63. La première machine à vapeur

Bien avant la Révolution industrielle et la démocratisation des machines à vapeur, la toute première machine à vapeur — à notre connaissance — ne faisait pas grand-chose. Mais ce qu'elle faisait était déjà révolutionnaire. L'*éolipyle*[171], conçue par Héron d'Alexandrie il y a un peu moins de deux mille ans, est une machine constituée d'une sphère contenant de l'eau et fixée sur un axe horizontal, comme un poulet sur une broche. Sur les côtés de cette sphère, deux tubes coudés ouverts sur l'extérieur. Le tout est placé au-dessus d'un feu. Ce qui se produit peut nous apparaître d'une grande simplicité, mais pour l'époque, on frôle le miraculeux avec cette expérience. L'eau chauffe, produit de la vapeur, celle-ci s'échappe par les tubes coudés qui, du coup, entraînent la sphère dans une rotation autour de son axe. Ça n'a sans doute pas l'air très impressionnant, mais Héron d'Alexandrie vient de prouver qu'on peut transformer de la chaleur en travail. Plus précisément, la chaleur apportée par le feu change l'état de l'eau, et ce changement d'état produit du travail.

Travail

Nous avons déjà eu l'occasion de parler dans le détail de ce qu'est le travail[172], mais il n'est pas inutile d'en remettre une couche : le travail d'une force est l'énergie fournie par celle-ci pendant un déplacement. Cette notion va être particulièrement importante en thermodynamique pour ce qui concerne les machines. Les machines qui produisent un travail sont appelées des moteurs, et en effet, il est facile de comprendre que le travail est directement lié à la notion

---

[171] Littéralement « porte d'Éole », Éole étant le dieu grec des vents.
[172] *Cf.* page 227.

de puissance — qui n'est autre que la mesure du travail par unité de temps. Il sera notamment essentiel de pouvoir différencier l'efficacité de travaux produits par différents moteurs, et donc de déterminer le moteur le plus efficace.

64. La preuve par vieux : Francis Bacon

Au XVIIe siècle — oui, j'ai parfaitement conscience qu'on a fait un sacré bond dans le temps, là — Francis Bacon est un philosophe anglais qui s'intéresse, depuis la fin du XVIe siècle déjà, aux sciences, qu'il souhaite réformer depuis son passage remarqué au Trinity College — tiens, donc ! — où personne n'est indifférent à son génie manifeste. Et, de fait, il va largement participer à réformer les sciences et à fonder ce qu'il est admis d'appeler aujourd'hui les *sciences modernes*, à tel point qu'il dispute pour de nombreux historiens la place de père des sciences modernes à Galilée ; rien que ça.

Il projette de rédiger un ouvrage monumental, en six parties, censé atteindre cet objectif, intitulé *Instauratio magna scientiarum*, la « Grande Réforme des Sciences ». De ces six parties, il n'en écrira que les deux premières, mais elles permettent à elles seules d'ouvrir la voie vers une nouvelle façon de penser les sciences. La première partie, *De dignitate et augmentis scientiarum*[173], traite de la classification de toutes les sciences connues, de leurs limites et de leurs lacunes. Ce n'est certes pas son traité le plus intéressant, mais il est une bonne exposition à la seconde partie, *De verulamio novum organum scientiarum*[174], ou plus généralement et plus simplement *Novum organum*.

Dans ce second ouvrage, Bacon développe une nouvelle méthode scientifique qui exige qu'on se libère de ses préjugés et qu'on acquiert, par

---

[173] *De la dignité et de l'accroissement des sciences*, 1605.
[174] *D'un nouvel instrument scientifique de l'apprentissage*, 1620.

l'expérimentation, suffisamment de données pour en déduire les causes d'un phénomène et la façon dont elles provoquent ledit phénomène. Ceci fait de lui un des premiers *empiriſtes* post-Antiquité — l'empirisme de l'Antiquité n'ayant par ailleurs que très peu inspiré l'empirisme de la Renaissance, à l'exception évidente d'Alhazen[175].

Empirisme

En opposition avec le rationalisme de Descartes, Leibniz ou Kant, l'empirisme repose sur l'idée que c'est l'expérience qui est à l'origine de la connaissance. Pour les empiristes tels que Francis Bacon — bien sûr — mais également John Locke, George Berkeley — ancien du Trinity College, mais de Dublin — ou encore David Hume, la connaissance est également le résultat d'une expérience sociale. Elle se bâtit à plusieurs, la formation d'idées nouvelles étant le résultat de la conjonction d'idées existantes émanant de différentes personnes.

L'empirisme est également en opposition musclée avec l'idée d'Aristote selon laquelle l'expérience n'est pas nécessaire — et même inutile — dès lors que les réponses sont déjà autour de nous et qu'il suffit de raisonner pour les comprendre. Il est intéressant de noter à ce sujet que Bacon avait rédigé, à seize ans, un livre dans lequel il s'opposait totalement à la philosophie aristotélicienne. Ainsi, parlant de ses maîtres et professeurs comme des scolastiques[176], il dit :

> « [...] un grand nombre de scolastiques qui, jouissant d'un grand loisir et doués d'un esprit aussi actif que pénétrant, mais ayant peu de lecture (attendu que leurs esprits étaient comme **emprisonnés dans les esprits d'un petit nombre d'auteurs, et surtout dans ceux d'Aristote leur dictateur,** comme leurs corps l'étaient dans leurs cellules), ignoraient presque totalement l'histoire de la nature et des temps [...][177] »

Bacon découpe son *Novum organum* en deux livres ; le premier consiste en la démonstration de l'absence de méthode auparavant, qu'il s'agisse des savants de l'Antiquité ou des philosophes qui lui sont contemporains.

---

[175] Mais si, voyons, c'est évident ! *Cf.* page 51.

[176] La scolastique est un enseignement, au Moyen Âge, qui concilie théologie chrétienne et savoir antique grec, principalement aristotélicien.

[177] *De la dignité et de l'accroissement des sciences*, 1605, trad. J.-A.-C. Buchon, éd. Auguste Desrez, 1838 (p. 30).

Il explique par cela le fait que peu de progrès ont été réalisés jusqu'alors. Il développe ensuite, dans le second livre, une méthode indispensable selon lui et pose, pierre après pierre, les fondations de ce qui va par la suite devenir la science moderne.

Dans le premier livre, donc, Francis Bacon soutient que l'expérimentation est l'outil efficace pour comprendre et dominer la nature ; mais celle-ci exige qu'on se débarrasse en premier lieu de ce qu'il appelle les *idoles*, c'est à dire des préjugés et des illusions qu'on conserve au sujet de cette nature. Il en distingue quatre espèces différentes dans ce qui s'appelle aujourd'hui la « théorie des idoles » :

Idola tribus

Les idoles de la tribu, celles que tous les humains partagent et dont l'origine est à chercher dans ce que nos sens peuvent être trompés ; ces idoles sont la manifestation de notre confusion entre ce que nous percevons (la connaissance subjective) et ce qui est (la connaissance objective).

Idola specus

Les idoles de la caverne, qui sont propres à chaque personne, construites par son éducation, ses croyances, ses habitudes et ses penchants, bons comme mauvais. Chaque individu voit le monde à travers son propre prisme, et la référence à l'allégorie de la caverne est explicite.

Idola fori

Les idoles du *forum*, ou plus simplement les idoles de la place publique, celles par lesquelles le langage et ses interprétations personnelles créent des divergences, des malentendus et des difficultés à se comprendre.

Idola theatri

Les idoles du théâtre, de la scène, qui viennent de la tradition et de l'autorité ; celles qui font qu'on surestime les pensées des anciens auteurs ou des auteurs célèbres — comme Aristote, bien évidemment — ce qui obstrue l'esprit à de nouvelles idées.

Une fois ces idoles chassées, le second livre peut commencer, et Bacon déploie, étape par étape, sa nouvelle méthode. La base de cette méthode est l'*induction*. Et c'est cette notion d'induction qui vaut à Francis Bacon d'être écrit, dans ce livre, dans la section sur la thermodynamique — oui, parce que jusque là, franchement, ce n'était pas tout à fait clair, pas vrai?

Induction

En logique, l'induction est une forme de raisonnement qui vise à généraliser un fait particulier à partir de la répétition de celui-ci. C'est, à proprement parler, un raisonnement logique inexact. Ainsi, si je n'ai jamais vu que des chats gris dans ma vie et que j'en conclus que tous les chats sont gris, il s'avère que c'est inexact. Pourtant, d'un point de vue inductif, j'aurais de bonnes raisons de le penser. Ainsi, un raisonnement inductif doit toujours conserver, dans un coin, l'idée selon laquelle il ne s'agit jamais d'une loi vérifiée mais d'un raisonnement fondé sur une base probabiliste; à ce titre, il suffit toujours d'un seul contre-exemple pour l'invalider.

Bertrand Russell, un des pères de la logique moderne, donne un brillant exemple des limites de l'induction avec l'histoire de sa *dinde inductiviste* qui nous est rapportée par Alan Chalmers:

> « Il s'agit d'une dinde qui nota, le premier jour à la ferme, qu'elle était nourrie à 9 h du matin. Lorsque cette expérience se répéta pendant plusieurs semaines, la dinde fut suffisamment confiante pour en tirer la conclusion qu'elle était toujours nourrie à 9 h du matin. Hélas, cette conclusion s'avéra fausse de façon particulièrement tranchée lorsqu'au jour de Noël, au lieu d'être nourrie, elle fut égorgée. L'argument de la dinde l'avait entraînée de nombreuses observations exactes à une conclusion fausse, démontrant clairement l'invalidité de l'argument d'un point de vue logique.[178] »

Le rapport avec la thermodynamique, vous dites? Oui, j'y viens. L'induction est basée sur des données probabilistes, et c'est là que le lien va se

---

[178]   *What is this thing called science?* Alan F.Chalmers, 1976, University of Queensland Press (p. 41).

faire parce que la thermodynamique est la science des grands systèmes. Mais on y vient, patience ; il est d'abord temps de détailler le second livre de Bacon, et plus précisément sa théorie des *trois tableaux*, véritable méthode d'organisation et d'interprétation des données.

Le tableau de présence. Ce premier tableau, lors de l'étude d'un phénomène, doit être rempli en notant toutes les situations dans lesquelles il est observé naturellement. Par exemple, pour la chaleur, on pourra y noter : la lumière du Soleil, le feu, le frottement des mains, etc.

Le tableau d'absence. Dans ce deuxième tableau, à l'inverse, on note les situations similaires aux situations du premier tableau, mais dans lesquelles le phénomène n'est pas observé. Ainsi, pour l'exemple de la chaleur, on pourra y noter : la lumière de la Lune qui, elle, ne chauffe pas.

Le tableau des degrés. Enfin, dans ce troisième et dernier tableau, on classe la liste des situations où le phénomène est observé par degré d'intensité. Par exemple, la lumière du Soleil chauffe moins que le frottement des mains, qui chauffe encore moins que le feu.

En synthétisant le contenu de ces trois tableaux, on peut induire, c'est à dire généraliser, et déterminer la cause d'un phénomène dans le premier tableau, déterminer ce qui manque, dans le deuxième tableau, pour observer le phénomène et, enfin, grâce au troisième tableau, ce qui varie avec son intensité. Partant de là, une hypothèse est formulée, et l'expérimentation peut être débutée afin de valider l'hypothèse. C'est cette méthode qui constitue le *nouvel outil* de Francis Bacon. C'est par cette méthode qu'il va conclure — ou plutôt induire — que la chaleur est reliée au mouvement :

> « Voici comment il faut entendre ce que nous venons de dire du mouvement. Nous disons que le mouvement est à la chaleur ce que le genre est à l'espèce ; ce qui ne signifie pas que la chaleur engendre le mouvement, ou que le mouvement engendre la cha-

leur, quoique cela même soit vrai encore dans certains cas; mais que la chaleur prise en elle-même, en un mot, le *quid ipsum*[179] de la chaleur, est un mouvement, et rien autre chose.[180] »

65. Sadi Carnot, père de la thermodynamique

Nicolas Léonard Sadi Carnot, dit Sadi Carnot[181], physicien et ingénieur français à l'aube du XIXᵉ siècle, issu de l'École polytechnique, va écrire un seul livre dans sa vie. Ses *Réflexions sur la puissance motrice du feu et sur les machines propres à développer cette puissance*, parues en 1824 et alors qu'il n'est âgé que de vingt-sept ans, et qui constituent le travail de sa vie, vont poser les bases d'une nouvelle discipline des sciences, la *thermodynamique*[182].

C'est un des rares cas où une science s'est développée de façon théorique autour de la volonté d'applications pratiques et industrielles, à savoir transformer l'énergie du feu en puissance mécanique. Bien sûr, son ouvrage aura les imperfections que peuvent avoir les premières explorations d'un tout nouveau champ d'étude, notamment du fait que Carnot tentera d'y intégrer ce qu'on pensait savoir à l'époque de la chaleur, et plus précisément la *théorie du calorique*.

Le calorique et le phlogiston

À la fin du XVIIᵉ siècle, une théorie, dite *phlogistique*, tente d'expliquer la combustion par l'existence d'un élément de feu, un fluide qui serait présent dans

---

179   Le *quoi précis*.
180   *De verulamio novum organum scientiarum*, Livre II, Chapitre IV, Francis Bacon, trad. A. Lasalle.
181   Ne pas confondre avec Marie François Sadi Carnot, dit également Sadi Carnot, cinquième président de la République et neveu de Nicolas.
182   Le terme thermodynamique sera inventé plus tard par William Thomson… vous savez… Lord Kelvin!

tous les corps combustibles, élément nommé le *phlogiston*[183]. On retrouve bien encore ici la volonté toute aristotélicienne de vouloir déceler l'élément Feu au sein de la matière. D'ailleurs, la perte de masse constatée après une combustion semblait confirmer le départ du phlogiston.

Plusieurs expériences ont par la suite montré les limites de la théorie phlogistique, notamment le fait que le magnésium, en brûlant, acquiert de la masse plutôt que d'en perdre. Certains ont tenté des explications avec des éléments à masse négative, mais le système s'est écroulé lorsque Lavoisier démontra qu'une combustion nécessite de l'oxygène, jetant au passage les bases d'une nouvelle théorie de la combustion, la théorie du calorique. Si cette théorie avait déjà été plus ou moins exprimée par le chimiste écossais Joseph Black, c'est bien Lavoisier qui va l'instituer, posant que la chaleur est un fluide impondérable et indestructible appelé indifféremment le *calorique* ou le *fluide igné*.

« Nous savons, en général, que tous les corps de la nature sont plongés dans le calorique, qu'ils en sont environnés, pénétrés de toutes parts, et qu'il remplit tous les intervalles que laissent entre elles leurs molécules.[184] »

Un peu de la même manière que Newton dans son traité d'optique, qui ne s'intéresse pas tant à la nature de la lumière qu'aux lois qui régissent son comportement, Carnot, dans son ouvrage, s'intéresse à la chaleur comme source d'énergie, comme *agent moteur*, sans vraiment se préoccuper de sa nature propre ; un fluide, pas un fluide, peu importe à vrai dire. Le fait est que la chaleur est un phénomène réel qui peut être mesuré — l'invention du thermomètre date du XVIIe siècle et, oui, on se permet encore de confondre les notions de chaleur et de température — et il est donc légitime de s'intéresser aux lois qui gouvernent son apparition, ses déplacements et sa disparition.

Tout à fait conscient — et qui plus est un des premiers à l'être — que les plus performantes machines à vapeur ont un rendement tout à fait négligeable au regard de ce que la chaleur peut produire de forces naturelles — les vents, les courants océaniques, etc. — Carnot décide de se concentrer sur l'aspect de la chaleur en tant que cause majeure de ces

---

[183] Ce nom ridicule vient de φλόξ (phlóx) qui, en grec, signifie « flamme ».
[184] *Traité élémentaire de chimie*, 3e édition, Antoine Laurent de Lavoisier, 1780.

phénomènes naturels. De par son éducation et son cursus, Carnot est un des rares à pouvoir conjuguer aussi pertinemment la philosophie, l'ingénierie des machines à vapeur et des connaissances en météorologie. La conclusion de la première partie de son ouvrage est que, partout où il existe une différence de température, les conditions sont réunies pour générer de la puissance motrice. Cette idée est au cœur même de ce qui constitue la thermodynamique. Il déduit également de sa conclusion qu'il n'est pas possible de générer de la puissance motrice sans la présence d'un corps chaud et d'un corps froid. Ceci est rien moins qu'une version primitive du *deuxième principe de la thermodynamique*[185], et c'est par cet angle qu'il va définir, dans la seconde partie de son ouvrage, ce qui constitue le moteur idéal.

Il imagine une machine idéale, connue depuis sous le nom de *machine de Carnot*, permettant alternativement à un corps chaud et à un corps froid d'échanger de la chaleur. Le fonctionnement de cette machine doit décrire un cycle moteur — qui produit de l'énergie mécanique sous forme de travail. Voici le déroulement de ce cycle. Imaginez un cylindre fermé — à une des extrémités, par un piston — qui contient un gaz qu'on va appeler substance agissante. À côté de ce cylindre, vous disposez d'un corps chaud et d'un corps froid. Le moteur décrit étant prétendument idéal, on considère que le piston peut se déplacer sans aucun frottement. On pose le cylindre en contact avec le corps chaud, on presse le piston pour compresser la substance agissante, et on est prêt à démarrer[186]. Le cycle se déroule en quatre étapes.

Étape 1 : la substance se dilate, se détend, en poussant le piston librement ; ce faisant, elle récupère de la chaleur du corps chaud — qui se

---

[185] *Cf.* page 241.
[186] Puisqu'il s'agit d'un cycle, n'importe quelle étape peut en réalité être considérée comme initiale.

refroidit, du coup — et conserve ainsi parfaitement sa température ; on parle de *détente isotherme*.

Étape 2 : on éloigne le corps chaud du cylindre, ce qui fait que la substance agissante ne peut plus échanger de chaleur avec lui, alors qu'elle continue de se détendre ; elle se met alors à refroidir. Du fait qu'il n'y a aucun échange thermique entre le cylindre et l'extérieur pendant cette détente, on parle de *détente adiabatique*.

Étape 3 : on place le cylindre en contact avec le corps froid. De la chaleur est extraite de la substance agissante vers le corps froid — qui se réchauffe, du coup — ce qui provoque une nouvelle compression du piston et maintient la température de la substance. Il y a là une *compression isotherme*.

Étape 4 : vous l'avez compris, on sépare maintenant le cylindre du corps froid ; la compression chauffe alors la substance qui ne peut plus l'échanger avec l'extérieur. C'est l'étape de la *compression adiabatique*, et on est prêt pour reprendre à l'étape 1.

J'ai bien conscience que tout ceci semble bien théorique, mais c'est véritablement cette notion de moteur idéal — le travail du piston provenant du transfert de chaleur du corps chaud vers le corps froid — qui va ouvrir la voie à toute la thermodynamique. Notons également que ce cycle est un processus composé de quatre étapes parfaitement réversibles — parce qu'il est idéal et qu'il n'y a aucune dissipation — et qu'on peut ainsi, à partir d'un travail mécanique du piston, apporter de la chaleur du corps froid vers le corps chaud. S'il existait, à n'importe quelle étape, une déperdition de chaleur, il ne serait alors plus possible d'obtenir un cycle parfaitement réversible, c'est-à-dire dont la quantité de travail fournie par un transfert donné de chaleur dans un sens correspondrait précisément à la quantité de chaleur transférée pour un travail apporté identique dans l'autre sens. De ce fait, la machine de Carnot est une machine idéale dont le *rendement* est le rendement maximal qu'on puisse obtenir d'un moteur ainsi conçu.

Rendement

Le rendement est très exactement ce que vous avez en tête ; c'est le rapport entre l'énergie fournie à un moteur et l'énergie produite par celui-ci. Une machine idéale de Carnot a un rendement élevé mais qui dépend toujours des températures des corps chaud et froid ; il est toujours strictement inférieur à 100 % — on peut mesurer le rendement en pourcentage ou en une valeur numérique — sans dimension, sans unité de mesure — comprise entre 0 lorsque le rendement est nul et 1 lorsque le rendement est total — ce qui n'arrive jamais. Les machines réelles basées sur le principe de la machine de Carnot ont donc toujours un rendement inférieur — au mieux égal — au rendement théorique de la machine de Carnot.

Ce cycle théorique est aujourd'hui bien connu des physiciens sous le nom de *cycle de Carnot*.

Lorsque le livre de Carnot est publié en 1824, il reçoit un accueil honorable, mais sans plus. Les grands centres scientifiques, qu'il s'agisse de l'Institut de France ou même de l'École polytechnique, passent totalement à côté du truc ; personne, à quelques rares exceptions près, ne pressent ni l'impact ni la portée de ces recherches. Pourtant, l'un dans l'autre, vers 1850, un certain William Thomson dit Lord Kelvin prend connaissance de ces travaux et, avec Rudolf Clausius, physicien allemand, balisera une bonne fois le champ de la thermodynamique en posant comme son fondement le *principe de la conservation de l'énergie* plutôt que la théorie du calorique ; ce n'est rien d'autre que le *premier principe de la thermodynamique*, domaine des sciences qui vient officiellement d'achever sa gestation.

66. Les trois principes de la thermodynamique

La discipline des sciences connue sous le nom de thermodynamique repose sur trois fondations, qui sont les trois principes de la thermodynamique. Mais avant de les énoncer, il convient de définir ce qu'on appelle un système thermodynamique — vous allez voir, on fait difficilement plus simple : un système thermodynamique est une portion de l'univers qu'on isole par la pensée ; ce qui ne s'y situe pas est appelé milieu extérieur — je vous l'avais dit, pas vrai ? — De plus, on dit que le système est *fermé* s'il ne permet pas d'échange de matière avec l'extérieur et qu'il est *isolé* s'il ne permet même pas d'échange d'énergie — qu'il s'agisse de chaleur ou de travail — avec l'extérieur. Dans tous les autres cas, le système est réputé *ouvert*.

Premier principe : conservation de l'énergie

Lorsqu'une transformation a lieu dans un système fermé, la variation d'énergie de ce système est égale à la quantité d'énergie échangée avec le milieu extérieur, qu'il s'agisse d'énergie thermique — la chaleur — et/ou mécanique — le travail. Ce que dit ce principe, c'est que si votre système fermé perd de l'énergie, cette énergie est récupérée sous une forme ou sous une autre par le milieu extérieur. Cela peut sembler totalement évident aujourd'hui, mais à l'époque, c'est une révolution. C'est l'équivalent énergétique du fameux « rien ne se perd, rien ne se crée ».

Et ce principe nous donne l'occasion de rentrer dans ce qui est, au fond, l'autre aspect majeur de la thermodynamique — le premier aspect étant l'échange de chaleur — à savoir la différence entre un système qui, à l'échelle macroscopique, semble au repos, mais qui est composé d'une multitude d'éléments, qu'il s'agisse de particules, de molécules, etc. qui, à leur échelle, ne sont pas du tout au repos. Car la thermodynamique est également la science des grands systèmes, celle qui permet de comprendre, à une échelle macroscopique, des échanges élémentaires ; ce n'est donc pas un hasard si une des applications de la thermodynamique, en tant que science probabiliste, peut se trouver sur la gestion des flux de voitures sur les réseaux routiers, par exemple.

Pour en revenir au premier principe, il permet également, du coup, de poser la différence qui existe, à l'échelle microscopique, entre un travail et de la chaleur. Pour le dire simplement, le travail est un échange ordonné d'énergie entre le système et le milieu extérieur, tandis que la chaleur est un échange similaire, mais désordonné. La notion de chaleur est intrinsèquement liée à la notion d'agitation — on va bientôt parler du deuxième article d'Einstein de 1905, vous verrez qu'il s'agit de cela.

Deuxième principe : l'entropie

On a déjà eu l'occasion de parler brièvement de l'entropie[187]. Voici énoncé le principe qui la concerne : toute transformation d'un système thermodynamique s'effectue avec une augmentation de l'entropie globale, qui inclut l'entropie du système et l'entropie du milieu extérieur. Dit autrement : toute transformation d'un système thermodynamique entraîne une création d'entropie. Une fois qu'on a dit ça, on peut être amené à penser qu'on n'a pas dit grand-chose. Alors détaillons un peu.

Lorsqu'une transformation est réversible, il n'y a pas d'accroissement de l'entropie — la variation d'entropie est nulle. Pour illustrer ce propos, prenons un exemple simple : vous mélangez de l'eau froide avec de l'eau chaude. Vous patientez quelques minutes — c'est ce temps qui va permettre la transformation souhaitée — et vous obtenez de l'eau tiède. Il n'existe pas de méthode permettant d'inverser cette transformation sans dépenser plus d'énergie que simplement celle qui a été dépensée pour tiédir l'eau. Lorsque les deux eaux se sont mêlées, l'entropie a augmenté. Une transformation réversible doit permettre d'inverser le cours de

---

[187] *Cf.* page 241.

son déroulement; cela implique que le « désordre » n'augmente pas car s'il augmentait dans un sens, cela signifierait qu'il diminue dans l'autre sens, ce qui n'est pas possible. La seule conclusion possible est que lors d'une transformation parfaitement réversible, la variation d'entropie est nulle. Dans un cas idéal, cela fonctionne bien, mais dans la réalité, les transformations « réelles » ne sont jamais idéales et s'effectuent toujours avec une augmentation d'entropie.

Il n'existe pas de transformation parfaitement réversible

Dans la réalité, les systèmes sont beaucoup trop complexes pour qu'une réversibilité parfaite puisse exister; en effet, les molécules dans un fluide se déplacent plus ou moins librement et ne se trouveront certainement jamais aux mêmes emplacements qu'à l'état initial; de plus, des frottements, même infimes, interviennent entre les molécules du fluide, le solide qui contient ce fluide, etc. et ces frottements dissipent de la chaleur; enfin, il existe toujours, même très faiblement, des réactions chimiques au sein d'un système thermodynamique. C'est pourquoi les transformations parfaitement réversibles ne constituent qu'une limite idéale mathématisée.

Attention, l'entropie d'un système peut, au cours d'une transformation, diminuer, mais on parle bien dans le deuxième principe d'entropie globale; cela signifie que lorsque l'entropie d'un système diminue, l'entropie du milieu extérieur augmente au moins d'autant. Dans le cas particulier d'un système isolé, dont je rappelle qu'il n'échange donc ni matière, ni chaleur, ni rien du tout avec le milieu extérieur, l'agitation aléatoire à l'échelle microscopique va spontanément tendre vers l'*équilibre thermique*, c'est-à-dire vers une homogénéisation de l'agitation, et donc de la chaleur au sein de ce système. Cette homogénéisation est irréversible — reprenez l'exemple de l'eau froide et de l'eau chaude, le tout dans un thermos: vous avez un système isolé — dont l'entropie a augmenté pendant la transformation. D'ailleurs, l'entropie est maximale lorsque la température d'un système est la même partout dans celui-ci; c'est cela qui caractérise un équilibre thermique.

Troisième principe : le principe de Nernst

Je présente ce troisième principe pour avoir un peu fait le tour de la question dans le livre, mais en réalité, ce dernier principe n'est pas nécessaire à la thermodynamique classique et ne va concerner que les systèmes thermodynamiques dans un cadre bien particulier, lorsque leur température est proche du zéro absolu[188] et qu'ils tendent vers leur état quantique fondamental. Voici ce que dit ce principe, découvert en 1906 par Walther Hermann Nernst, physicien et chimiste allemand, qui lui vaut d'être également connu sous le nom de *principe de Nernst* ou encore *théorème de Nernst* — et qui vaut à son découvreur le prix Nobel de chimie en 1920 : l'entropie d'un cristal parfait à 0 Kelvin est nulle.

Détaillons un peu — mais vraiment pas trop — ce que cela signifie. Le zéro absolu, ou 0 Kelvin (ou plus simplement 0 K), est inatteignable ; il s'agit d'une température à laquelle un système, à l'échelle macroscopique, ne possède plus d'énergie thermique, plus de chaleur. Cela signifie que les particules qui le composent sont toutes dans leur état quantique fondamental, c'est à dire leur niveau de plus basse énergie. De ce fait, les particules deviennent totalement indiscernables et « immobiles » — au sens classiquement compris du mot « immobile » — ce qui fait que son entropie est nulle. Dans la réalité, la mécanique quantique impose un minimum de fluctuation permanente qui interdit un tel état. Cela étant, par ce principe, Nernst permet de réaliser deux choses importantes : tout d'abord, il permet de donner une valeur absolue à l'entropie — jusqu'alors, on ne mesure que la variation d'entropie et une valeur donnée d'entropie est toujours relative, exactement comme c'était le cas pour la température avant l'échelle de Kelvin — et ensuite, ce principe permet de déterminer ce qu'il advient d'un système thermodynamique lorsqu'on s'approche du zéro absolu — et on a pu mesurer expérimentalement la

---

[188] *Cf.* page 64.

justesse de ce principe à des températures vraiment très basses, le record étant de l'ordre du dix-milliardième de degré Kelvin au-dessus de zéro.

67. Et Boltzmann ?

Ceux qui ont étudié la thermodynamique seront peut-être surpris de n'avoir pas vu surgir ce nom plus tôt sur le sujet, Boltzmann étant effectivement aussi naturellement associé à la thermodynamique que Newton à la gravitation ou Maxwell à l'électromagnétisme. Mais Ludwig Boltzmann, physicien et philosophe autrichien, est autant un cas à part que les illustres personnages que je viens de citer. En effet, Boltzmann était destiné au même genre de destin qu'un Mendeleïev, mais il s'avère parfois que le caractère ne suit pas. Lorsque Mendeleïev impose sa classification périodique des éléments, la communauté scientifique est encore largement divisée entre les atomistes et les non-atomistes, mais Mendeleïev est une machine en acier trempé que rien n'atteint sinon les arguments scientifiques, et ses détracteurs n'en ont pas — et pour cause, il aura finalement eu raison sur toute la ligne. Boltzmann, c'est un peu la même chose, mais avec une sensibilité et une fragilité qui le rendent vulnérable aux critiques, ce qui causera malheureusement sa mort.

Boltzmann s'intéresse à la thermodynamique, et plus précisément à l'entropie. Il voit une relation nette entre la façon dont un système thermodynamique peut spontanément s'organiser et toutes les possibilités que ce système a de s'organiser. Si d'autres s'y sont également mis avant lui, c'est bel et bien Boltzmann qui fait le lien entre thermodynamique et statistique. Car Boltzmann est un atomiste convaincu, et il doit certainement être possible de lier le comportement de cette multitude d'atomes et de molécules contenus dans un gaz, au niveau microscopique, avec le comportement macroscopique, thermodynamique, de celui-ci.

La plupart des savants qui étudiaient alors le domaine n'avaient pas besoin de connaître la réalité sous-jacente du système — l'échelle microscopique — pour observer son comportement général et dégager des lois, pas plus que Newton n'avait besoin de comprendre la nature de la lumière pour expliquer la réflexion. Mais fort des travaux de Lavoisier et d'Avogadro, Boltzmann propose une nouvelle théorie, aujourd'hui connue sous le nom de *mécanique statistique*, et qui vise précisément à expliquer les comportements macroscopiques de la thermodynamique par la nature microscopique de ses sytèmes. Il va alors établir, en 1877, un lien entre le microscopique et le macroscopique, à l'aide d'une formule si élégante et simple que je ne résiste pas au fait de l'écrire telle quelle :

$$S = k.\ln(W)$$

Cette équation est si brillante qu'elle orne la tombe de Ludwig Boltzmann — sous la forme de l'époque : $S = k. \log W$ — au cimetière central de Vienne, le *Zentralfriedhof*. Que dit cette formule ?

Imaginez que vous avez un litre d'un gaz donné ; grâce à Avogadro, nous savons depuis 1811 que ce litre de gaz contient un nombre donné de molécules[189] : dans des conditions normales de température et de pression, environ trente mille milliards de milliards de molécules. Chacune de ces molécules se déplace plus ou moins librement, et les différentes façons dans lesquelles elles peuvent toutes s'agencer est tout bonnement colossal.

Un tout petit peu de statistiques

Imaginez un jeu de cartes, classique, avec cinquante-deux cartes et deux jokers. Si vous mélangez ces cartes, combien de mélanges possibles pouvez-vous réaliser ? Le calcul est assez simple : la première carte du tas peut être n'importe laquelle parmi les cinquante-quatre cartes présentes ; il y a donc cinquante-quatre possibilités de choisir la première carte. Ensuite, la deuxième carte peut

---

[189] *Cf.* page 26.

être n'importe laquelle des cinquante-trois cartes restantes ; il y a donc, pour chacune des cinquante-quatre possibilités de première carte, cinquante-trois possibilités pour la deuxième carte, ce qui fait : 54 x 53 = 2 862.

On continue, ainsi, jusqu'à ce qu'il ne reste plus qu'une seule carte. Le nombre total de possibilités est : 54 x 53 x 52 x 51 x ... x 5 x 4 x 3 x 2 x 1.

Il existe une notation mathématique appelée factorielle et désignée par un point d'exclamation, permettant d'écrire cela plus simplement, la factorielle signifiant qu'il faut multiplier le nombre par tous les nombres entiers qui lui sont inférieurs jusqu'à 1. Ainsi, par exemple : 5 ! = 5 x 4 x 3 x 2 x 1 = 120

Le nombre total de mélanges possibles pour un jeu de cinquante-quatre cartes est : 54 ! = 230 843 697 339 241 380 472 092 742 683 027 581 083 278 564 571 807 941 132 288 000 000 000 000

Ce nombre tout à fait grotesque représente les agencements possibles de cinquante-quatre cartes uniquement. Vous imaginez maintenant à quel point les trente mille milliards de milliards de molécules d'un litre de gaz peuvent s'agencer différemment ?

Faisant une estimation statistique de ces agencements possibles — c'est le « W » de la formule, qui est un très grand nombre — qu'il nomme *micro-états du système*, Boltzmann détermine qu'il existe un lien mathématique entre l'entropie d'un système — le « S » de la formule — et ce nombre statistique. L'entropie est proportionnelle — à une constante « k » près, appelée *constante de Boltzmann* — au logarithme de ce grand nombre. Outre le fait de faire le lien entre microscopique et macroscopique, cette formule permet également de mesurer par l'entropie le manque d'information qui existe au sein d'un système car, en effet, la mesure de l'entropie permet de connaître le nombre d'agencements possibles des molécules dans le système. Notamment, si on reprend le troisième principe de la thermodynamique, une entropie nulle signifie — k étant une constante non nulle — que ln (W) est également nul, ce qui signifie — désolé pour les maths, mais ça va s'éclaircir — que W = 1. Lorsque l'entropie est nulle, cela signifie qu'il n'existe qu'un agencement possible des parties du système. On retrouve bien ici l'idée — toujours inatteignable, j'insiste — du troisième principe thermodynamique pour lequel au zéro absolu, les particules sont indiscernables et immobiles.

Boltzmann va être confronté à de nombreux détracteurs non atomistes qui railleront sa découverte ; cela le plongera dans une grande dépression et le poussera à faire deux tentatives de suicide, la dernière lui étant fatale. Il n'aura pas vécu suffisamment longtemps pour voir ses idées triompher, tant en thermodynamique qu'en mécanique des fluides, notamment grâce aux travaux de Planck sur les corps noirs[190] et ceux d'Einstein sur le mouvement brownien.

68. Einstein en 1905 : le deuxième article

Nous sommes en 1905, année miraculeuse d'Einstein qui a déjà envoyé un premier article en mars — publié en juin — sur l'effet photoélectrique, et quelques semaines plus tard, en mai, il envoie à *Annalen der Physik* un deuxième article, qui sera publié en juillet, au sujet du mouvement brownien. De quoi s'agit-il ? Prenez une tasse que vous remplissez d'eau chaude et versez, dans cette tasse, quelques grains de pollen ; vous allez alors voir les grains de pollen danser dans l'eau de façon tout à fait irrégulière, changer abruptement de direction, stopper net leur mouvement, le reprendre, etc. Ce mouvement erratique est appelé *mouvement brownien*.

Einstein, convaincu de la réalité de l'atome — qui, jusqu'alors, est pour la communauté scientifique plus un outil mathématique utile aux équations qu'une réalité physique — postule que l'eau chaude est constituée d'une multitude de molécules d'eau très agitées — l'eau est chaude — et que ces molécules, agitées, se déplacent un peu dans tous les sens, quitte à percuter régulièrement un grain de pollen ; il présume que les mouvements

---

190   *Cf.* page 65.

des grains de pollen sont le résultat de ces collisions. Le grand problème que va rencontrer Einstein est de conjuguer la thermodynamique et la mécanique classique, cette dernière décrivant les mouvements individuels de corps, et alors que la première étudie les grands systèmes.

Il va du coup s'appuyer sur les travaux de Boltzmann en matière de théorie cinétique de la chaleur — alors que ces travaux ne sont pas encore acceptés par tous — et va, mathématiquement, démontrer son intuition. Il va incidemment donner un indice, une « presque preuve », de la réalité de l'atome — il faudra Jean Perrin pour démontrer de façon irréfutable cette réalité. Il va par ailleurs, par cet article, montrer la parfaite cohérence entre les travaux de Boltzmann et l'observation expérimentale.

Einstein vient, pour la deuxième fois en quelques semaines, de révolutionner la vision que se font les scientifiques de la nature. Après s'être frotté à la lumière et avoir quasiment démontré l'existence de l'atome, il lui reste à éclater totalement le cadre fondamental de la physique, celui de l'espace et du temps.

La relativité restreinte

Malgré ce qu'on entend souvent, tout n'est pas relatif

Dans les chapitres précédents, notamment au sujet de la mécanique classique, on a vu défiler un tas d'illustres savants dont les travaux ont permis de bien mieux comprendre non seulement le monde dans lequel on vit, mais également l'Univers et les règles qui en régissent son comportement. Sans vouloir faire ma raclette, il est nécessaire que je vous informe que tout ce qu'ils ont pu trouver est globalement faux. Enfin… pas vraiment faux… disons plutôt que tout ce qu'ils ont trouvé est en réalité très limité. Toutes les règles, les lois, les principes, tout ceci ne vaut que dans un cadre restreint. Et chercher à sortir de ce cadre a forcé à repenser tout ce qu'on pensait savoir de façon définitive sur l'Univers. Nombreux sont ceux qui ont participé à cette nouvelle conception, mais il y a vraiment deux personnages qui sortent totalement du lot et dont le génie a permis de définitivement changer de paradigme. Ces deux personnages, ce sont Giordano Bruno et Albert Einstein.

69. Bouger ou ne pas bouger ? Telle est la relativité

Vous vous rappelez de la preuve d'Aristote que la Terre est immobile ?[191] Et vous vous rappelez également de la preuve de Giordano Bruno qu'Aristote se prenait, une fois de plus, les pieds dans le tapis ?[192] Eh bien, c'est là que tout commence. Giordano Bruno montre très bien que l'état qu'on pense être immobile n'est pas différent de l'état de mouvement, dès lors qu'on est dans un mouvement régulier — on parlera désormais de mouvement rectiligne uniforme : en ligne droite et sans variation de vitesse. Mais Bruno, malgré une intuition plus que remarquable, ne démontre ni n'explique rien de façon bien probante. C'est également le cas concernant son modèle d'Univers infini dans lequel ni la Terre ni le Soleil n'occupent une place privilégiée. Ce que dit Bruno, c'est que nous sommes ici comme nous aurions pu être ailleurs.

Il faudra attendre Galilée et son expérience similaire quoique plus poussée[193] pour aboutir à la conclusion qui posera le premier pavé de la route vers la théorie de la relativité restreinte. De cette expérience, en effet, Galilée conclut que lorsqu'on ne ressent pas de mouvement — c'est à dire d'accélération — il est impossible de déterminer sans repère si l'on

---

191   *Cf.* page 195.
192   *Cf.* page 202.
193   *Cf.* page 212.

328

se déplace ou non. C'est une grande découverte car il vient, pour la première fois, de démontrer non seulement que les lois de la physique sont les mêmes que l'on soit en mouvement ou non, mais également — et par conséquent — qu'être en mouvement rectiligne uniforme est très exactement comme ne pas être du tout en mouvement. Il construit même des outils mathématiques pour déterminer ce qui constitue un « repère » valable, qu'on appelle aujourd'hui un référentiel galiléen, ou encore un référentiel inertiel.

Référentiel inertiel

Tout d'abord, qu'est-ce qu'un référentiel ? C'est un système de coordonnées permettant de situer n'importe quel corps — en général, quand même, l'objet de l'étude — dans l'espace comme dans le temps. Il est constitué de quatre composants, ou quatre dimensions, dont trois sont spatiales — classiquement la longueur, la largeur et la hauteur — et une temporelle. Ainsi, si je fais une expérience dans un laboratoire, par exemple je lâche un objet au sol, je peux considérer l'origine de ce référentiel comme étant un des coins de la pièce et le temps zéro l'instant où je lâche l'objet. Formellement, un référentiel inertiel, ou galiléen, est un référentiel dans lequel le principe d'inertie est vérifié, ce qui signifie que dans ce référentiel, n'importe quel corps qui n'est soumis à aucune force — ou dont les forces qui lui sont appliquées s'annulent — est soit immobile dans le temps, soit en mouvement rectiligne uniforme.

Le truc qu'il y a de bien avec le principe d'inertie, c'est qu'une fois que vous disposez d'un référentiel inertiel, n'importe quel autre référentiel qui, par rapport au premier, est soit immobile, soit en mouvement rectiligne uniforme, est également un référentiel inertiel. Pour reprendre l'exemple de son expérience avec le bateau, un observateur sur la rive avec une montre est un référentiel inertiel ; Galilée, à bord du bateau, en est un autre. Tout ce qu'on demande à nos référentiels, c'est de ne pas se mettre à changer de vitesse ou de direction ; en bref, il est interdit de parler d'accélération. De toute façon, à l'époque de Galilée, la notion même d'accélération n'existe pas encore. On en est encore à se bagarrer contre l'idée d'impetus[194]. Du coup, Galilée met au point les transformations mathématiques — géométriques, en fait — permettant de passer d'un référentiel galiléen à un autre en garantissant qu'on ne perd pas le caractère inertiel des référentiels.

Transformations galiléennes

Tout d'abord, et assez naturellement, Galilée fait l'hypothèse d'un temps au cours absolu. On peut bien désigner le temps zéro comme on le souhaite, mais une seconde est une seconde. Cela signifie notamment que si deux référentiels ont un temps zéro différent, l'écart entre le temps de l'un et le temps de l'autre reste constant. Si le référentiel R a, à un moment donné, dix minutes d'avance sur le référentiel R', il aura toujours sur ce dernier dix minutes d'avance.

Ensuite, concernant les dimensions spatiales du référentiel, Galilée permet qu'on effectue des rotations dans quelque sens que ce soit, à condition toutefois qu'une fois le référentiel défini la rotation cesse — un référentiel en rotation n'est pas galiléen.

Enfin, un référentiel peut se déplacer en mouvement rectiligne uniforme, ce qui signifie qu'on peut lui appliquer une translation constante, à vitesse constante.

Il s'avère que ces transformations, si elles peuvent sembler naturelles à un lycéen aujourd'hui, sont exceptionnelles; on pourra constater à la fin du XVIIe siècle, lorsque Newton aura énoncé ses lois du mouvement, que celles-ci sont invariantes par des transformations galiléennes — ce qui revient à dire que les lois de Newton s'expriment de la même manière dans tout référentiel galiléen, ce qui est cool.

Si je reste persuadé que c'est Bruno qui a imaginé la relativité, le fait est que c'est Galilée qui l'a formellement inventée à ce moment là. La *relativité galiléenne*, c'est dire qu'il n'existe pas de position absolue, de vitesse absolue ou de mouvement absolu. La relativité galiléenne, c'est dire que « le train quitte la gare » est strictement la même chose que

---

[194]   *Cf.* page 187.

« la gare quitte le train ». Tout devient dépendant du point de vue de l'observateur. Pour la première fois, l'observateur — et par là même l'observation — entre au cœur de la science. C'est pour cette raison qu'on considère Galilée comme le père de la science moderne.

70. Le problème de la lumière

En 1687, Newton formalise le principe d'inertie dans son *Principia mathematica*. L'énonciation du principe d'inertie n'est rien moins que la formalisation de la relativité galiléenne appliquée aux lois du mouvement. Et pendant près de deux siècles, Newton sera intouchable car ses équations prédisent précisément tous les mouvements étudiés, du mouvement des planètes aux chutes d'objets en passant par les trajectoires de projectiles. On en vient à penser que, plus qu'un modèle théorique, Newton a trouvé *la vérité* qui se cache derrière la physique.

Par conséquent, la théorie de l'espace et du temps selon Newton n'est pas sujette à la moindre remise en cause. Pour Newton, l'espace est comme absolu, pas dans le sens où il connaîtrait un point d'origine, un point zéro, mais dans le sens où l'espace est comme une scène. C'est un concept rigide dans lequel les longueurs sont rigides, les mêmes quel que soit le référentiel. Après tout, cela n'a rien de choquant ; qui pourrait aller imaginer qu'un mètre pour un observateur assis sur un banc n'est pas tout à fait un mètre pour un observateur à moto ? De la même manière, toujours pour Newton, le temps est comme absolu, pas dans le sens où il aurait une origine, mais dans le sens où une seconde est une seconde pour tout le monde, quel que soit le référentiel de l'observateur. Le temps s'écoule de façon régulière à la « vitesse » d'une seconde par seconde. Il se trouve que cette conception pleine de bon sens va poser quelques problèmes.

Lorsque Maxwell unifie optique, électricité et magnétisme en fondant ainsi l'électromagnétisme[195], il propose que la lumière soit un phénomène ondulatoire, contrairement aux hypothèses de Newton[196]. Mais lorsque Maxwell intervient, cela fait près de deux cents ans que les calculs de Newton servent quotidiennement, et avec une précision redoutable, à expliquer les mouvements de tout ce qu'on observe, du mouvement des planètes aux chutes d'objets en passant par les trajectoires de projectiles. Les lois de Newton sont si puissantes qu'on en vient à penser que, ça y est, on a trouvé la *vraie formule*, on connaît parfaitement les lois qui régissent les mouvements. Donc inutile de vous dire que pour que se permettre de remettre le grand Isaac Newton en question, mieux vaut être sévèrement préparé et prêt à danser un peu.

Toujours est-il que lorsque Maxwell présente ses équations, il s'inscrit dans la continuité des travaux de Huygens concernant la nature de la lumière, ce qui, finalement, ne porte pas plus de préjudice que cela à Newton — pour l'instant — dès lors que Maxwell est capable de démontrer que les lois d'optique présentées par Newton restent valides y compris avec une lumière ondulatoire. Sauf qu'à cette époque, on ne connaît d'ondes que les ondes mécaniques, qui nécessitent un milieu dans lequel se propager — par exemple les ondes sonores dans l'air, les rides à la surface de l'eau, les notes de musique sur des cordes de guitare, etc. C'est donc tout naturellement qu'on cherche à connaître le milieu dans lequel se propage la lumière, notamment dans l'espace, pourtant réputé vide. Et le début des ennuis commence avec ce milieu qui propage la lumière, l'*éther luminifère*, ou plus simplement l'*éther*.

---

[195]   *Cf.* page 93.
[196]   *Cf.* page 54.

71. L'éther

Il faut bien dire qu'à l'époque de Maxwell, il n'avait jamais été question d'une onde qui se propagerait sans milieu ; la définition même d'une onde est qu'elle est une perturbation d'un milieu. Et, pour le coup, les équations de Maxwell, celles-là même dont on déduit que la lumière est une onde, ces équations marchaient formidablement bien. Il était donc naturel de considérer que la lumière, si elle était effectivement une onde, devait bien se propager dans quelque chose.

Alors la question est posée : qu'est-ce que l'éther ? De quoi est-il constitué ? Est-il solide ? Liquide ? Gazeux ? Est-ce autre chose, à ce jour inconnu ? Quelle est sa masse ? Se déplace-t-il ? Si oui, comment ? Toutes ces questions vont faire l'objet, à la fin du XIXe siècle, de nombreuses recherches, toutes plus infructueuses les unes que les autres. Il n'y a que trois choses que l'on va être capable de déterminer au sujet de l'éther et de façon assez évidente, d'ailleurs — pour le reste, rien du tout. Zip. Nada.

La première caractéristique de l'éther est qu'il doit être autant rigide qu'élastique. En effet, lorsqu'on parle, par exemple, notre voix ne porte pas sur des dizaines de kilomètres ; cela est dû au fait que le son s'atténue à mesure qu'il se propage dans l'air. Or nous voyons la lumière du Soleil — 150 millions de kilomètres — et d'étoiles distantes de plusieurs milliers d'années-lumière. Pour que cette lumière puisse nous parvenir, il faut que l'éther dans lequel elle se propage soit très peu atténué. Et donc que l'éther soit extrêmement rigide. Extrêmement élastique également. Cela peut sembler en contradiction avec sa rigidité, mais ce n'est pas le cas. Il faut bien, pour que la lumière puisse se propager sur de grandes distances, que l'éther puisse se déformer — c'est même ce qui définit l'onde. De plus, la lumière peut être émise dans de nombreuses longueurs d'onde distinctes. Tout ceci pousse à la même conclusion : l'éther doit être très élastique.

La deuxième caractéristique de l'éther nous vient de Newton. En effet, grâce à lui, nous avons été capables de calculer précisément les mouvements des planètes sans jamais prendre en compte l'éther. Du coup, il faut en conclure que l'éther n'affecte pas ou quasiment pas la matière. L'éther ne résiste pas à la matière. Dit autrement, la matière peut circuler librement dans l'éther sans rencontrer la moindre résistance.

Ok, donc, à ce stade, on a un machin qui est aussi rigide qu'élastique, mais qui n'offre aucune résistance à la matière. Soit.

La troisième caractéristique de l'éther est pour le moins surprenante : l'éther est parfaitement immobile. Et ça, c'est tout à fait intéressant pour les scientifiques ; car si l'éther est immobile, alors il constitue un référentiel privilégié par rapport à tous les référentiels galiléens qui se valent entre eux. Et dès lors qu'on dispose enfin d'un référentiel absolu, la première question qui va exciter les scientifiques est : quelle est la vitesse de la Terre par rapport à l'éther ? Une équipe va tenter de répondre à cette question. Et échouer en boucle. Et pour cause. Puisque l'éther n'existe pas.

72. L'interféromètre de Michelson

Entre 1881 et 1887, Albert Abraham Michelson, physicien américain d'origine allemande, et Edward Morley, physicien américain, ont tenté de calculer la vitesse de la Terre dans l'éther. Ils ont pour cela mis au point un dispositif sophistiqué appelé interféromètre et dont le fonctionnement peut être présenté assez simplement — bien plus qu'il ne l'est en réalité. Mettons que vous êtes sur le toit d'un train qui roule à vitesse constante, bien que vous ne connaissiez pas sa vitesse. Et justement, vous cherchez à la déterminer. Si vous disposez d'un canon qui envoie des balles de tennis et que vous connaissez la vitesse de ces balles, alors vous pouvez tirer des balles dans deux directions perpendiculaires et mesurer la vitesse de ces balles par rapport au sol. Ainsi, si vous tirez dans le sens de la marche du train, les balles partiront d'autant plus vite, tandis que dans le sens contraire, elles iront plus lentement — par rapport au sol. Le reste n'est que du calcul mathématique et vectoriel relativement simple — à la portée d'un lycéen.

Relativité galiléenne selon MythBusters

L'équipe de l'émission MythBusters a, dans un de ses épisodes, réalisé l'expérience suivante : depuis un pick-up roulant à 80 km / h en ligne droite, ils ont tiré un ballon de foot, à l'aide d'un canon, à la vitesse de 80 km / h, mais vers l'arrière du pick-up. La scène est filmée notamment depuis le sol, près de l'endroit où le ballon est tiré. Depuis ce point de vue, le ballon tombe au sol verticalement avec une vitesse par rapport au sol parfaitement nulle. L'idée de l'expérience de Michelson et Morley est similaire.

Dans l'expérience de Michelson et Morley, il ne s'agit pas d'envoyer des balles de tennis, mais de la lumière, dans deux directions perpendiculaires — autant on aurait pu se contenter d'un seul tir dans l'exemple du train car on sait où va le train, autant personne ne connaît la direction du mouvement de la Terre dans l'éther — jusqu'à des miroirs ; de là, la lumière revient et, en mesurant la différence de phase entre les deux rayons envoyés, on peut déterminer la vitesse et le sens de déplacement de la Terre dans l'éther.

Michelson est seul lors de la première expérience en 1881, mais travaille ensuite avec Morley jusqu'en 1887. S'ils insistent aussi longtemps sur la même expérience, c'est notamment dû au fait que personne ne sait de quelle manière la Terre se déplace dans l'éther ; peut-être tourne-t-elle, peut-être est-elle temporairement à l'arrêt, peut-être accélère-t-elle… Du coup, il faut un maximum de mesures avant de pouvoir conclure. D'autant que les résultats qu'ils trouvent ne sont pas satisfaisants. Ces résultats sont tellement insatisfaisants qu'ils vaudront à Michelson le prix Nobel de physique de 1907 — une fois qu'ils seront compris. Cette expérience compte au panthéon des expériences dont le ratage a bien plus apporté que si elle avait réussi.

Car Michelson et Morley ont beau s'y reprendre régulièrement, le résultat étonnant est toujours le même : la lumière se déplace toujours à la même vitesse, quelle que soit la direction de l'appareil et quel que soit le moment de l'expérience. Du moins, la vitesse de la lumière est la même *à une erreur de précision près*, c'est-à-dire aussi précisément qu'on peut la mesurer dans des directions différentes, ce qui fera en premier lieu dire à M&M — oui, je les appelle parfois comme ça — que si la Terre se déplace effectivement dans l'éther, son déplacement doit être petit.

Ernst Mach, physicien et philosophe autrichien, va être le premier, alors, à présumer que l'éther n'existe pas. Il faut lui laisser ça, en effet : l'éther semble poser plus de problèmes qu'il n'en résout et n'est à ce stade qu'une vue de l'esprit, un milieu nécessaire pour propager les ondes lumineuses. Mais à part objecter contre l'existence de l'éther, Mach ne fera pas grand-chose, et ne sera pas franchement suivi dans son idée.

73. Le problème électrostatique

En 1889, Oliver Heaviside, physicien britannique, autodidacte mais néanmoins titulaire de la prestigieuse Médaille Faraday, en 1922, fait une découverte aussi étonnante qu'inexplicable et qui pourrait bien détruire la relativité galiléenne. Notons que Heaviside n'est pas le dernier en ce qui concerne les phénomènes électromagnétiques ; c'est lui qui réduira les huit équations de Maxwell aux quatre célèbres équations enseignées aujourd'hui[197].

---

[197] *Cf.* page 112.

Heaviside étudie les champs électrostatiques et remarque que lorsqu'un de ces champs est en mouvement, il se contracte dans le sens de son mouvement ; il s'écrase sur lui-même en se déplaçant. Une fois le mouvement arrêté, il reprend sa forme initiale. C'est un *énorme* problème. Pourquoi, allez-vous demander, cher lecteur impatient ? Tout simplement parce que depuis Galilée, un mouvement est comme rien — rappelez-vous — et que c'est le fondement même de la relativité, ce qui permet de prétendre qu'il n'existe pas de référentiel inertiel privilégié. Or si je suis en déplacement avec un champ électrostatique, je vois bien qu'il est contracté dans un sens, ce qui fait que je peux conclure, même sans autre point d'observation, que je suis en mouvement — y compris si nous sommes en mouvement rectiligne uniforme. Je peux même, en regardant dans quelle direction le champ se contracte, déterminer la direction de mon mouvement. Cette découverte est une balle dans le pied de la relativité galiléenne, le plus ironique étant que c'est sur cette blessure que va être fondée la théorie de la relativité restreinte, mais je vais trop vite.

George Francis FitzGerald, physicien irlandais, étudiant puis professeur au Trinity College — yep —, va tenter une explication à ce phénomène. Et si cette explication tombe un peu de nulle part et s'avère au final inexact, elle pose quand même quelque chose d'intéressant. Voici ce que FitzGerald imagine : ce ne sont pas seulement les champs électrostatiques qui se contractent lorsqu'ils sont en mouvement, mais absolument tout, y compris la matière ; c'est, selon lui, un effet produit par l'éther lorsqu'un corps le traverse. En effet, cette hypothèse résoudrait le problème ; car si tel était le cas, lorsque en me déplaçant avec le champ électrostatique, je serais moi-même également comprimé par l'éther et, observant le champ électrostatique, il ne me semblerait alors plus contracté ; je ne pourrais donc pas en conclure que je suis en mouvement, et la relativité galiléenne serait sauve.

En réalité, l'idée derrière la tête de FitzGerald, c'est que la matière est faite de molécules et que les forces intermoléculaires sont électriques et se comportent ainsi de façon similaire à un champ électrostatique. Je rappelle qu'à cette époque, l'électron n'a pas encore été découvert et il n'existe pas vraiment de preuve formelle de l'existence de l'atome. Du coup, belle intuition de la part de FitzGerald sur ce coup, même si son hypothèse pour expliquer la contraction des champs électrostatiques est fausse au final.

Mais voilà, il y a un autre gars qui fait le même genre d'hypothèse et qui, lui, va formaliser tout ça mathématiquement. Son nom : Lorentz.

74. Lorentz et Poincaré

Hendrik Antoon Lorentz, physicien néerlandais, va formaliser mathématiquement les contractions des longueurs dans le sens du mouvement en prenant en compte un éther absolument immobile. Pour lui, ces contractions sont parfaitement « réelles », c'est-à-dire qu'il considère que les champs électrostatiques en mouvement sont contractés dans l'absolu.

Les équations mathématiques auxquelles Lorentz aboutit permettent non seulement la prise en compte de la contraction des longueurs dans le sens du mouvement, mais également le passage d'un référentiel galiléen à un autre. On appelle ces équations des transformations. Ce sont les premières transformations de Lorentz. Une chose surprenante va alors se produire ; les équations mathématiques de Lorentz, ces fameuses transformations, vont permettre de retrouver les résultats encore inexpliqués de l'expérience de Michelson et Morley. Tout ceci est très prometteur.

Ces transformations vont par la suite être complétées et, on pourrait dire, parachevées par un autre mathématicien, physicien et philosophe français, Henri Poincaré. Il va les compléter en y ajoutant deux contraintes :

la vitesse de la lumière est la même dans toutes les directions — cela conforte les observations initiales de M&M — et c'est une vitesse qui ne peut pas être dépassée. Ce sont ces ajouts aux transformations initiales de Lorentz qui justifient le fait que de nombreuses personnes considèrent, encore aujourd'hui, que Poincaré est le père de la relativité. Sauf que le génie d'Einstein n'est pas dans cette considération concernant la lumière. Non. Car en effet, Poincaré considère qu'il existe un éther immobile, et également que les contractions des longueurs sont réelles — en réalité, il ne se prononce pas sur l'existence physique ou non de l'éther, mais considère que c'est un biais qui, mathématiquement, permet de disposer d'équations efficaces. On notera aussi l'élégance toute française d'Henri Poincaré qui tient à ce que ses transformations complètes continuent de s'appeler transformations de Lorentz. Classe. Et sur ces entrefaites, arrive Albert Einstein.

75. Einstein en 1905 : le troisième article

Nous sommes toujours en 1905, l'année miraculeuse d'Einstein, lorsque ce dernier publie son troisième article, *De l'électrodynamique des corps en mouvement*[198], celui qui établit la *théorie de la relativité restreinte*. Nous sommes au mois de juin, soit quelques semaines seulement après la publication de son article précédent sur le mouvement brownien[199], lorsque paraît cet article — dont la publication a, évidemment, été soumise à un jury de pairs éminents, notamment Max Planck — qui est relativement simple à lire, sauf peut-être la partie mathématique. Ce qu'il faut comprendre au sujet d'Einstein, c'est qu'il reste convaincu que les lois qui régissent l'Univers doivent être élégantes, que les conceptions géné-

---

[198] *Zur Elektrodynamik bewegter Körper*, Annalen der physik, vol. 322, n°10, 26 septembre 1905.
[199] *Cf.* page 324.

rales de l'Univers doivent être élégantes, que tout colle bien ensemble. Einstein est un esthète. Et il ne supporte pas l'éther. L'éther impose une asymétrie ; en mécanique, tous les référentiels se valent, rien n'est absolu ; en électromagnétisme, il devrait y avoir cet éther qui est absolu et immobile, mais qui du coup ne doit pas gêner en mécanique. Einstein n'aime pas ça. De plus, il voit bien que mis à part le fait de propager les ondes lumineuses, l'éther ne fait que causer des problèmes — ce qui l'énerve d'autant plus qu'il a pu montrer dans son premier article que la lumière est composée de « grains » appelés photons[200]. S'il ne reproche pas à ses « presque » collègues — je rappelle qu'Albert est un simple employé de l'Office des brevets de Berne — d'avoir imaginé l'existence d'un tel machin, il pense qu'on n'en a pas besoin, que c'est une mauvaise idée, et qu'il est temps de l'oublier. Définitivement.

Du coup, il va falloir qu'il montre qu'une onde électromagnétique peut être propagée dans le vide — et poser ainsi les fondations de la théorie des champs — et, ensuite, qu'il réponde à toutes les questions auxquelles Lorentz et Poincaré ont pu répondre avec l'éther concernant la contraction des longueurs et des champs électrostatiques en mouvement. Il va imposer une toute nouvelle théorie de l'espace et du temps. Et c'est ça qu'on appelle la théorie de la relativité restreinte !

76. Un problème d'horloges

Petit retour en arrière. Helmuth Karl Bernhard, comte von Moltke, est un maréchal prussien et un grand stratège avant de devenir parlementaire au Reichstag dès 1871. Il a notamment écrit de nombreux ouvrages sur la stratégie militaire et selon lui, une des clés pour une armée prussienne puissante réside dans sa capacité à se mobiliser rapidement grâce à l'uti-

---

[200] *Cf.* page 67.

lisation des chemins de fer. Mais il y a un problème; si les chemins de fer se déploient un peu partout dans le royaume de Prusse, chaque gare dispose de sa propre horloge, réglée individuellement. Lorsqu'un train doit partir d'une gare à 12 h et arriver en une autre gare à 16 h, l'horloge à destination peut afficher en réalité 15 h 56 ou 16 h 07 à l'arrivée du train.

Von Moltke estime que la synchronisation de toutes les horloges des gares de Prusse serait une magnifique preuve de l'unité du royaume de Prusse à l'intention du monde. Il va donc soumettre ce problème aux plus grands esprits en n'attendant d'eux rien de moins qu'une solution à ce problème qui, croyez-le bien, est extrêmement épineux en réalité.

De nombreux techniciens et autres ingénieurs vont s'intéresser à ce problème; certains vont tenter une approche mécanique — ce qui n'a aucune chance d'aboutir, en raison des grandes distances entre les différentes gares — et d'autres vont plutôt s'orienter sur des solutions tirant profit de leurs connaissances en électromagnétisme. Certains de ces ingénieurs déposeront des brevets un peu partout, notamment à l'Office des brevets de Berne, où un expert troisième classe du nom d'Albert Einstein officie quotidiennement. Albert est d'ailleurs spécialiste des brevets utilisant de l'électromagnétisme. Einstein rédige son troisième article. Il va y poser successivement trois questions: la première semble ridicule, la deuxième semble idiote et la troisième prouve qu'il est un génie en faisant réaliser à quel point les deux premières étaient subtiles. Car il va redéfinir totalement ce que nous appelons la simultanéité et le temps.

Tout d'abord, Einstein pose la question de la simultanéité: Qu'est-ce que ça signifie si je dis qu'un train arrive en gare à sept heures? Sa réponse exacte — histoire que vous voyiez bien que la base de cet article est résolument lisible:

« [...] si nous disons "qu'un train arrive ici à 7 heures", cela signifie "que la petite aiguille de ma montre qui pointe exactement le 7 et que l'arrivée du train sont des **événements simultanés**" »

Vous voyez ce que je voulais dire par « la première semble ridicule » ? Einstein est en train d'expliquer à qui veut bien le lire — notamment Max Planck — comment on lit l'heure sur une montre. Il pose ses bases. Deux événements sont simultanés s'ils arrivent en même temps et au même moment. En d'autres termes, il y a simultanéité quand il y a concomitance.

D'où la deuxième question d'Einstein : Qu'est-ce que ça signifie si je dis qu'un train arrive en gare à sept heures alors que je suis tranquillement chez moi ? Il n'est déjà plus possible de répondre aussi précisément qu'à la première question ; en effet, lorsque la petite aiguille de ma montre pointe exactement le sept, le train arrive-t-il en gare ? Est-il déjà arrivé ? Sur le point d'arriver ? On ne peut plus bien sûr parler de concomitance, mais quid de la simultanéité ? Qu'est-ce qui permet d'assurer la simultanéité des événements ?

Et enfin, la troisième question qu'il pose : Qu'est-ce que ça signifie quand je dis qu'un train arrive en gare à sept heures alors que je suis moi-même dans un autre train en train de rouler ? La question sous-jacente, et dans la continuité de la précédente, concerne la simultanéité. Si la deuxième question était de savoir si l'on peut parler de simultanéité entre deux événements distants, celle-ci pose la question de la simultanéité entre deux événements en déplacement l'un par rapport à l'autre.

Ainsi donc voilà les questions que pose Einstein dans son article, avec en tête de résoudre, d'une part, cet écart entre la mécanique classique et ses référentiels relatifs, qui fonctionnent depuis près de deux cent cinquante ans et, d'autre part, un électromagnétisme encore jeune — une cinquantaine d'années — mais très prometteur malgré un éther aussi absolu et immobile que pesant. Du coup, Einstein va émettre deux postulats : le premier, on l'a dit, c'est qu'il va rejeter l'idée même d'éther. Il souhaite qu'on puisse, en électromagnétisme également, proposer des référentiels dont aucun n'est privilégié. Le second, qui est au cœur d'une contradiction entre la mécanique classique et l'électromagnétisme, c'est l'idée que la vitesse de propagation d'une onde électromagnétique est constante — idée qui découle directement des équations de Maxwell.

Et à la question : « Constante, oui, mais par rapport à quoi ? », Einstein pose que la vitesse de la lumière comme de n'importe quelle onde électromagnétique est constante quel que soit le référentiel. Ce qui est une idée complètement folle ! Et qui pose un problème énorme. Fort heureusement, il existe un moyen simple d'expliquer en quoi le problème est énorme.

77. Le problème des deux lampes

Partons de l'idée que la vitesse de la lumière est constante et imaginez le dispositif suivant : vous avez devant vous un interrupteur. De cet interrupteur partent deux fils électriques, l'un sur votre droite et l'autre sur votre gauche. Les deux fils électriques sont faits du même matériau et sont de même longueur. Au bout de chacun de ces fils, une ampoule, identique à l'autre. Vous pressez l'interrupteur. Naturellement, les deux ampoules vont s'allumer en même temps et, même en imaginant qu'elles sont très loin de vous, le temps que la lumière de l'une mettra à vous parvenir sera exactement le même que le temps que mettra la lumière de l'autre — puisque vous êtes bien au milieu. Il y a simultanéité de l'allumage des deux ampoules. Si, pendant la même opération, un observateur se trouve juste à droite de l'ampoule de droite, en revanche, la lumière de celle-ci lui parviendra plus vite que celle de l'ampoule de gauche. Cet observateur verra l'ampoule de droite s'allumer avant celle de gauche.

Voilà le problème que pose la vitesse de la lumière finie et constante. Avec une lumière qui se propage avec une vitesse infinie, les ampoules s'allument instantanément pour tout le monde, mais avec une vitesse finie et constante, la simultanéité des événements devient une question de point de vue. C'est problématique, en tout cas semble-t-il, car la perte de simultanéité laisse entendre que, selon le point de vue, le principe même de causalité pourrait être violé.

Le principe de causalité

Le principe de causalité fait partie de ce qu'on pourrait appeler les tables de la Loi de la physique; en tant que principe, il n'a jamais été démontré, mais il n'a jamais, par aucune expérience, été mis en défaut. Il constitue un socle sur lequel reposent toutes les sciences.

Le principe de causalité peut s'énoncer ainsi — vous allez voir que c'est beaucoup de bon sens:

- aucun effet ne peut précéder chronologiquement sa cause;
- aucun effet ne peut rétroagir sur sa cause.

Comprenons-nous bien: il est tout à fait possible qu'un effet *reproduise* sa cause — on est alors dans un cas cyclique cause-effet — mais en aucun cas ne peut avoir affecté, auparavant, sa propre cause. Dans la théorie d'Einstein selon laquelle la vitesse de la lumière est constante quel que soit le référentiel, il faut ajouter au principe de causalité qu'il ne peut pas se produire moins de temps entre une cause et son effet que le temps nécessaire à la lumière pour parvenir du lieu de la cause au lieu de l'effet.

La perte de simultanéité est en totale contradiction avec la mécanique classique, celle de Newton, celle dont on pense qu'elle est *la vérité* sur les mouvements depuis plus de deux cents ans, celle à laquelle on ne touche pas. Le temps continu et régulier, l'espace absolu et rigide, tout ceci pousse à ce que la simultanéité se conserve quel que soit l'observateur. Remettre cela en cause nécessite d'en avoir dans le slip, pour le moins. Et il est vraisemblable que si Einstein avait été un classique universitaire, il aurait eu plus de mal à renverser à ce point tant de choses établies; mais ne l'étant pas, il va y aller. Et y aller pour de bon.

Einstein l'escroc

Je fais une petite parenthèse pour parler d'un truc un peu à la mode depuis la démocratisation d'internet, à savoir l'idée qu'*on nous ment*. De nombreux internautes sont prêts à croire les théories parfois les plus farfelues qu'ils trouvent sur internet dès lors qu'ils s'imaginent qu'ils sont dans le secret — cela ne les dérange absolument pas d'imaginer qu'ils sont littéralement des « millions » à être dans le secret, mais bon. Et parmi ces théories, dont certaines particulièrement fumeuses — notamment l'idée selon laquelle l'homme n'a pas marché sur la Lune et que les images ont été tournées par Stanley Kubrick à la demande de la NASA (*sic*), ce qui était, à la base, un poisson d'avril[201] — il en existe une concernant Einstein. Selon cette théorie, Einstein n'était pas très brillant et aurait simplement abusé de sa position à l'Office des brevets pour voler la théorie de la relativité restreinte à Poincaré (*sic*) — et peu importe que Poincaré n'ait jamais déposé de brevet à Berne — puisque, justement, « comme par hasard », il n'était pas universitaire et était inconnu de tous avant de changer le cours de l'histoire des sciences et de la compréhension du monde. Si tel était le cas, je pense que certains — notamment Poincaré lui-même — auraient eu l'occasion de s'en rendre compte lors des conférences Solvay[202], de sa remise du prix Nobel ou lors de ses nombreuses années à l'université de Princeton. Fin de la parenthèse.

Einstein va partir du principe que rien n'est absolu ni nécessaire, et construire brique par brique une nouvelle théorie de l'espace et du temps. La première brique qu'il va poser va constituer le seul absolu de son cadre, à savoir la vitesse de la lumière dans le vide, qui est absolument constante quel que soit le référentiel. Et pour pouvoir expliquer tous les comportements liés au comportement de la lumière, mais également aux différentes découvertes — notamment la contraction des champs électrostatiques — Einstein va utiliser les notions de *contraction des longueurs*, de *dilatation du temps* et d'*inclinaison du temps*. Sa théorie va être d'une précision redoutable tout en étant parfaitement cohérente avec

---

[201] *Opération Lune*, William Karel, ARTE, 2004.

[202] En 1911, le premier congrès Solvay rassembla, sous la présidence de Lorentz, de nombreux physiciens dont Marie Curie, Paul Langevin, Ernest Rutherford, mais également Albert Einstein et Henri Poincaré.

les résultats de l'électromagnétisme et ceux de la mécanique classique. L'introduction est finie. Allons-y !

78. La théorie de la relativité restreinte

La première chose que fait Einstein, c'est énoncer que l'espace et le temps sont de nature indistincte par définition, qu'ils sont intrinsèquement liés et qu'ils ne sauraient être disjoints. De plus, ils forment un *continuum* dynamique, donc capable de se déformer.

Pour comprendre comment cela va fonctionner, on va se permettre une analogie un peu simplette, mais dont il serait très compliqué de se passer. Vous avez tous déjà fait l'expérience suivante consistant à regarder la Lune dans le ciel. Vous savez bien que la Lune est grosse en réalité, et pourtant vous n'avez aucun mal à la masquer d'un seul de vos doigts. Il n'y a là aucune contradiction, bien sûr, et à aucun moment vous ne vous dites que la Lune est en réalité plus petite que votre doigt. Simplement, la distance entre vous et la Lune est telle que l'angle de vision que vous avez de la Lune est très petit, la faisant du coup paraître beaucoup plus petite qu'elle n'est[203].

Comme je l'ai annoncé, cette analogie est très simple ; mais figurez-vous qu'elle est essentielle pour comprendre ce qui se produit dans un cadre relativiste, car beaucoup d'observations sont à prendre en compte justement du point de vue de l'observateur qui, et c'est une différence fondamentale avec la mécanique classique, apporte une vision unique sur ce qui est observé.

Ensuite, il y a autre chose également qu'il faut connaître de la mécanique classique avant de se rendre compte du problème que ça pose dans le

---

[203] *Cf.* page 51.

cadre de la relativité restreinte et de la façon d'y remédier, cela concerne la composition des vitesses, qu'on doit à Galilée. Si vous vous tenez debout dans un train qui roule à 360 km/h, bien qu'immobile dans le train, vous vous déplacez par rapport au sol à une vitesse de 360 km/h. Si vous vous mettez à marcher dans le train, mettons à une vitesse de 5 km/h dans le sens de la marche, votre vitesse par rapport au sol est désormais de 365 km/h — et de 355 km/h si vous marchez dans le sens contraire. Ce calcul simplissime constitue ce qu'on appelle en mécanique newtonienne la composition des vitesses.

Enfin, comme on l'a déjà vu au sujet de la mécanique classique, si tous les référentiels se valent, les énoncés suivants sont équivalents : le train avance à 360 km/h par rapport au sol ; le sol défile sous le train à 360 km/h ; le train avance de 180 km/h par rapport à un sol qui défile sous lui à 180 km/h dans l'autre sens.

Plaçons-nous maintenant un peu différemment et plutôt que d'imaginer que vous vous mettez à marcher dans le train, mettons que vous allez allumer un pointeur laser dans le sens de la marche du train. Si la vitesse de la lumière dans le vide est, par définition, de 299 792 458 m/s, nous allons, pour nous simplifier la vie — et parce que nous ne sommes pas, dans le train, dans le vide, dire que la vitesse de la lumière est de 300 000 km/s — pour info, un train qui roule à 360 km/h avance, dans la même unité, à la vitesse de 0,1 km/s, soit 100 m à chaque seconde.

Pour parfaire le protocole de notre expérience, nous allons imaginer un point au sol, près de la voie ferrée, d'où se tient l'observateur au sol. Nous allons appeler ce point le *point zéro du sol*. Il nous est également tout à fait possible de définir une simultanéité entre le train et cet observateur dès lors qu'on convient d'un événement concomitant — qui a lieu en même temps et au même moment. Ainsi, on peut imaginer que vous êtes à l'arrière du train et que vous comme l'observateur allez déclencher, en même temps, un chronomètre à l'instant précis où l'arrière du train franchit ce point zéro. Nous allons appeler cet instant *instant zéro*. Nous pouvons dès lors faire coïncider, à cet instant, le point zéro au sol avec l'arrière du train que, vu depuis le train, nous allons appeler *point zéro du train.*

Le train avance sur les voies et lorsque vous franchissez le point zéro au sol, vous allez simultanément déclencher votre chronomètre — tout comme l'observateur au sol — et allumer votre pointeur laser dans le sens de la marche du train. Ce que nous dit la mécanique classique, c'est que de votre point de vue, la lumière du laser avance dans le train à une vitesse de 300 000 km/s ; mais du point de vue de l'observateur au sol, cette vitesse est à ajouter à celle du train, ce qui fait que, pour lui, la vitesse du laser dans le train est maintenant de 300 000,1 km/s, ce qui est impossible d'après Einstein. Et, de la même manière, si c'est l'observateur au sol qui allume un pointeur laser, l'observateur dans le train que vous êtes le verra avancer un tout petit peu plus lentement que dans le train, à la vitesse de 299 999,9 km/s, ce qui est également impossible d'après Einstein.

C'est là qu'Einstein fait intervenir la *contraction des longueurs*. Il faut bien comprendre que contrairement à ce que proposaient Lorentz et Poincaré, il ne s'agit en aucun cas d'une contraction « réelle » des longueurs, mais bel et bien, comme pour la taille apparente de la Lune, d'un simple changement de point de vue qui modifie, en quelque sorte, l'angle de vision qu'un observateur a sur un corps en mouvement. Pour vous qui êtes dans le train, quelle que soit sa vitesse, un mètre mesure toujours un mètre à bord. Ce que dit Einstein, c'est que lorsque vous observez quelque chose se déplacer très vite — à des vitesses proches de celle de la lumière — vous voyez, *de là où vous êtes*, cette chose écrasée dans le sens de son déplacement — ce qui se produit avec les champs électrostatiques.

Pourquoi a-t-il besoin de ça ? Parce que dans une fraction de seconde durant laquelle la lumière aura traversé exactement une longueur de train, il faut que cette distance soit la même pour vous à bord du train que pour l'observateur au sol — afin de simplifier l'écriture et d'arrêter continuellement de parler de « l'observateur au sol », je le nommerai désormais d'après le nom des Présidents français, n'y voyez aucun message politique sinon que les Présidents français ont à cœur de tâter le cul des vaches au salon de l'Agriculture et que les vaches regardent passer les trains. Or, pendant cette fraction de seconde, le train a avancé, certes peu, mais il a néanmoins avancé. Mais si, vu depuis Jacques Chirac, le train paraît un peu écrasé dans le sens de la longueur, alors il est possible que cette contraction vienne parfaitement compenser l'écart en question et que, au bout de cette fraction de seconde, le bout du laser dans le train soit à exactement une longueur de train de Nicolas Sarkozy. Dans ce cas, en effet, la vitesse du laser à bord du train est donc bien la même pour vous que pour ce bon vieux Mitterrand. Cela semble bien marcher.

Mais attention, encore faut-il que cela marche dans l'autre sens, de votre point de vue dans le train, et que le laser de M. Hollande au sol avance également à la même vitesse de son propre point de vue que du vôtre. De son propre point de vue, c'est facile, son laser avance à 300 000 km/ s. Du vôtre, en revanche, c'est un peu plus compliqué ; en effet, de votre point de vue, c'est le sol qui est en mouvement, et c'est donc désormais le sol qui vous apparaît contracté. Du coup, non seulement le sol défile, pour vous, vers l'arrière, mais qui plus est avec des longueurs qui sont écrasées ; il en résulte qu'après cette fraction de seconde, la lumière au sol aura parcouru bien moins qu'une longueur de train. Nous n'avons, dans ce sens, fait qu'accroître l'écart entre le laser au sol et le laser dans le train, le tout vu du train[204].

---

[204] Si vous pensez que tout ceci est bien complexe à lire, imaginez ce que c'est que l'écrire. Et prenez bien votre temps, vous n'êtes pas pressé ; ceci est important, c'est ainsi que notre Univers fonctionne.

Einstein fait alors intervenir un deuxième phénomène, la *dilatation du temps*. Selon lui, l'espace et le temps sont liés de façon dynamique, de telle sorte qu'une contraction des distances est liée à une dilatation du temps. Là encore, il ne faut pas s'imaginer que le temps s'écoule différemment dans le train qu'au sol. Pour l'observateur que vous êtes, une seconde est toujours une seconde. C'est, encore une fois, une question d'angle de vue ; si vous avez une montre à votre poignet et l'œil suffisamment vif pour voir la montre au poignet de Jacques Chirac, vous constaterez que la trotteuse de sa montre tourne moins vite que la trotteuse de votre montre — et, de la même manière, Charles de Gaulle verra la trotteuse de votre montre tourner également moins vite que la sienne. Ce que dit Einstein, c'est que lorsque vous observez quelque chose se déplacer très vite — à des vitesses proches de celle de la lumière — vous y voyez, *de là où vous êtes*, le temps s'écouler plus lentement.

Du coup, oublions un instant la contraction des longueurs et ne parlons que de la dilatation du temps. Au lieu de considérer une fraction de seconde pour faire notre expérience, mettons que notre expérience doit s'arrêter lorsque le laser aura parcouru exactement une longueur de train, qu'il s'agisse du laser dans le train ou du laser au sol. Cela semble être rigoureusement la même expérience, mais ce n'est pas tout à fait le cas. Au moment où vous franchissez le point zéro, vous comme Valéry Giscard d'Estaing, vous déclenchez votre chronomètre et allumez votre laser. Vu depuis le sol, au moment où le laser au sol a franchi cette fameuse longueur de train, le laser dans le train, qui avance exactement à la même vitesse, n'est pas encore arrivé au bout du train — puisque le train a avancé pendant ce temps-là — mais ce n'est pas un problème puisque, vu du sol, votre chronomètre dans le train n'a pas encore atteint cette fraction de seconde nécessaire ; et celle-ci est atteinte à l'instant même où votre laser vient frapper l'avant du train. Cela semble bien marcher.

Mais attention, là encore, il faut que cela marche dans l'autre sens ; et là encore, cela ne fonctionne pas. Parce que puisque le train avance, d'une part, et que les lasers avancent à la même vitesse de 300 000 km / s, d'autre part, la longueur de train est franchie au sol avant d'être franchie dans le train — puisque le train avance — et qui plus est, le chronomètre de Georges Pompidou tourne plus lentement, vu du train, que votre chronomètre, ce qui signifie que le laser a mis encore moins de temps que notre fraction de référence pour atteindre cette longueur de train. Décidément, il y a quelque chose qui ne fonctionne pas. Et pour comprendre ce qui ne fonctionne pas, il faut arriver à s'extraire un instant des phénomènes qu'on connaît pour prendre en considération le fait qu'aux vitesses proches de la vitesse de la lumière, les phénomènes se déroulent différemment.

Reprenons notre expérience et arrêtons-là à l'instant zéro — il ne s'agit pas d'arrêter le train, mais bel et bien de figer l'écoulement même du temps, mentalement, à cet instant. L'arrière du train, où vous vous situez, coïncide avec le point zéro au sol, où se trouve René Coty[205]. L'avant du train, où est-il ? On reboucle ici avec la seconde question de l'article d'Einstein, et c'est maintenant qu'on comprend la finesse de cette question. Y a-t-il une simultanéité possible à l'avant du train lorsqu'il y en a une à l'arrière ?

Avec la contraction des longueurs, vu du sol, Vincent Auriol voit le train contracté ; l'avant du train, de son point de vue, est donc avant une marque qui, depuis le point zéro, indiquerait exactement une longueur de train — si le train était à l'arrêt en temps normal, son avant y serait précisément. Mais d'un autre côté, de votre point de vue à bord du train, c'est le sol qui est contracté, et l'avant du train a donc déjà dépassé cette marque d'une longueur de train depuis le point zéro. Là, pour le coup,

---

205   Comme ça, en même temps, ça nous fait réviser le nom des Présidents français.

Einstein ou pas Einstein, l'avant du train ne peut pas être, au même instant, à deux endroits différents. Il y a *perte de simultanéité*. Pour autant, si on marque l'emplacement du train dans les deux situations, il va de soi que lorsque ce dernier roulera, son avant passera bien par l'un puis par l'autre.

Comment interpréter cela ? Ce que dit Einstein — et c'est là qu'il va falloir arrêter de regarder vos mails en même temps que vous lisez pour vous concentrer un poil — c'est que lorsqu'un corps se déplace dans l'espace, « son » temps *penche vers le passé*. La formulation est sans doute étrange, mais pensons-y un instant. Lorsque le train est gelé au point zéro, vu du sol, l'avant du train n'en est pas encore à une longueur de train. Si deux observateurs, l'un à l'avant et l'autre à l'arrière du train, possèdent des montres parfaitement synchronisées, étant donné que l'avant du train n'est pas encore passé par le point à une longueur de train du point zéro, cela signifie que la montre-bracelet du passager à l'avant indique un temps antérieur à celle du passager à l'arrière, toujours vu du sol. Ainsi — j'insiste — vu du sol, lorsqu'il est midi à l'arrière du train, il n'est peut-être que 11:59:54 à l'avant du train. Alors, lorsque vous observez quelque chose en mouvement et si cette chose est relativement longue, alors « son arrière est déjà plus dans l'avenir que son avant ». Je mets des guillemets parce que si vous balancez ça à un expert en relativité restreinte sans préambule, vous mangerez vraisemblablement un poing. Encore une fois, il s'agit de point de vue. Et c'est bien ce point de vue qui permet d'expliquer la contraction des longueurs ; si vous imaginez que l'avant du train, vu depuis le sol, est encore, quelque part, dans le passé, vous le voyez un peu plus tôt qu'il ne l'est pour l'observateur à l'arrière du train ; vu du sol, l'avant du train paraît plus proche de l'arrière qu'il ne l'est « vraiment » — ce « vraiment » est totalement faux, à strictement parler, car le train est strictement tel qu'on le voit selon l'endroit duquel on le voit ; on peut dire que *ce vrai ment*.

Notamment, ce que cela signifie, c'est que si l'on place un chronomètre à l'avant du train et que ce chronomètre est synchronisé avec celui de l'arrière du train au moment de son départ, alors lorsque le train se déplace, le chronomètre à l'avant est un poil en retard sur celui qui est à l'arrière — et il va de soi qu'aux vitesses classiques de train, cela ne fait aucune différence notable. On appelle ce décalage, qui explique la perte de simultanéité, *inclinaison du temps*.

Espace-temps de Minkowski

Si ce modèle mathématique fut introduit par Poincaré en 1905, il fut publié par Hermann Minkowski, mathématicien et physicien allemand, deux ans plus tard. La paternité du machin ne pose pas problème dès lors qu'on considère que, pour Poincaré, il s'agit surtout d'un outil mathématique alors que pour Minkowski, cet outil modélise l'espace-temps, qui plus est dans une réalité sans éther.

L'espace-temps de Minkowski, ou plus généralement espace de Minkowski, est un espace mathématique à quatre dimensions. Dans cet espace, diverses opérations sont possibles — comme dans tout espace mathématique. Notamment, on peut par certaines transformations y incliner une ou plusieurs de ses dimensions.

Ce qui est intéressant avec ce modèle, à ce stade du livre, c'est qu'incliner le temps dans cet espace, le temps nous étant invisible, a des conséquences sur les trois autres dimensions, celles qu'on perçoit, et nous permet de retrouver ce qu'on déduit de l'expérience en cours.

Reprenons maintenant notre expérience en prenant tout en compte, aussi bien la contraction des longueurs que la dilatation du temps et l'inclinaison du temps. Il va nous falloir plus de chronomètres, cette fois-ci, donc plus d'observateurs. Nous allons appeler Madonna l'observatrice qui est au sol à exactement une longueur de train de ce bon vieux Président Paul Doumer, et Jeff Bridges[206] l'observateur à bord et à l'avant du train. Pour fixer les esprits, nous allons remplacer les chronomètres par des

---

[206] Parce qu'il est cool !

montres et donner des heures affichées qui ne respecteront absolument pas l'échelle des différences[207], mais qui aideront à la compréhension.

L'instant zéro est encore gelé. Qu'a-t-on? Vu par Félix Faure, il est exactement 12:00:00 sur sa montre, comme sur la vôtre qu'il voit bien à l'arrière du train; à l'avant du train, il distingue sur la montre de Jeff Bridges l'heure affichée de 11:59:56. La montre de Madonna, parfaitement synchronisée avec celle de l'illustre Président, indique 12 h précises. Dégelons le temps. Le train reprend immédiatement sa course alors que vous et l'ancien Président allumez vos lasers. Lorsque le laser de Jean Casimir-Perier atteint Madonna[208], sa montre indique précisément 12:00:04. Le laser à bord du train, tel que le voit le détenteur du plus court mandat de Président français, n'est pas encore arrivé au bout du train car bien que les deux lasers avancent exactement à la même vitesse et que le train soit écrasé dans sa longueur, le train avance également, et il n'est de toute façon que 12:00:00 sur la montre de Jeff Bridges. Lorsque enfin le laser à bord du train atteint l'avant de celui-ci, la montre de Bridges indique précisément 12:00:04, tout comme celle de Madonna l'avait indiquée lorsque l'autre laser l'avait atteint. Cela semble bien marcher.

Encore faut-il que cela fonctionne dans l'autre sens, vu depuis le train. Gelons à nouveau le temps à l'instant zéro. Depuis votre poste d'observation, à l'arrière du train, votre montre indique 12:00:00, tout comme celle de Jeff Bridges qui, dans le même référentiel que vous, ne bouge de toute façon pas par rapport à vous. Puisque vous êtes au point zéro, vous êtes simultané avec Sadi Carnot, dont la montre indique également 12:00:00. Madonna, en revanche, n'a pas la même heure. Mais attention: cette fois-ci, vu du train, le sol défile dans l'autre sens que le train vu du

---

207 Le temps réel que met la lumière à parcourir un train serait bien trop court.
208 Ce chapitre est totalement surréaliste, j'en conviens.

sol. C'est donc dans ce cas la montre de Carnot qui retarde sur celle de Madonna, qui, du coup, est en avance. Il est déjà 12:00:02 sur sa montre. Dégelons le temps. Les lasers sont allumés. Du fait que le sol défile dans le sens inverse du laser et que, de plus, celui-ci est contracté dans la longueur, le laser au sol atteint très rapidement sa cible — il avance à la même vitesse que l'autre laser, mais sur une distance contractée qui, de plus, défile vers l'arrière — et alors que la montre de Madonna indique 12:00:04. Jeff Bridges, quant à lui, repose son *white russian*[209] pour constater que lorsque le laser l'atteint, sa propre montre indique 12:00:04. Enfin. Cela fonctionne dans les deux sens.

On pourrait également reproduire l'expérience depuis un troisième observateur se déplaçant par rapport au sol à une vitesse moindre que celle du train, dans le même sens, dans le sens contraire, dans un autre sens non parallèle ; on pourrait tenter mille approches de cette expérience, le fait est que les transformations de Lorentz dans l'espace de Minkowski montrent mathématiquement que ça fonctionne. La théorie de la relativité restreinte permet de bâtir un modèle dans lequel la vitesse de la lumière dans le vide est constante quel que soit le référentiel, avec un espace et un temps non absolus et liés dynamiquement.

Bien sûr, on pourrait être tenté de gueuler un peu et se dire qu'Einstein est quand même gonflé de poser arbitrairement que la vitesse de la lumière doit être constante pour, ensuite, aller tordre dans tous les sens les notions pourtant familières d'espace et de temps, juste pour que le tout « tombe » en marche. La réalité est un peu plus complexe. Tout d'abord, l'idée que la vitesse de la lumière est constante découle autant d'hypothèses électromagnétiques que des résultats de l'expérience de Michelson et Morley — vous vous rappelez ? M&M ! — De plus, comprenez bien que j'ai ici simplifié autant que possible ce qui constitue la théorie de

---

[209] Boisson alcoolisée à base de lait et de vodka.

la relativité restreinte ; Einstein, quant à lui, montre à chaque étape de son raisonnement ce qui lui permet d'affirmer ce qu'il affirme. Enfin, de nombreuses preuves parviennent quotidiennement pour valider que ce cadre fourni par Einstein, le cadre de la relativité restreinte, est un modèle valide pour tout ce qui concerne l'électromagnétisme et la mécanique quantique. De plus, la relativité restreinte est parfaitement compatible avec la mécanique newtonienne, dès lors que les vitesses en jeu ne sont pas proches de celle de la lumière. Dès qu'on s'approche trop près de la vitesse de la lumière, la mécanique classique ne fonctionne plus ; en deçà de cette vitesse, les effets de l'inclinaison du temps sont totalement négligeables et les équations se simplifient alors énormément, permettant de retomber sur les équations de Newton. C'est beau, c'est élégant, c'est génial au sens strict du terme.

Seule ombre au tableau, la relativité restreinte ne permet pas de prendre en compte la gravitation. Elle ne permet pas de disposer de référentiels qui accélèrent ou sont en rotation autour d'un axe. Einstein n'aime pas cette limite, il n'aime pas ne pas comprendre ce qu'est la gravitation, et il va poursuivre son travail afin de résoudre cette question. Il lui faudra près de dix ans pour finaliser ce qui deviendra en 1915 la théorie de la relativité générale.

La relativité générale

*Par elle, on redécouvre qu'en réalité,
on n'y comprenait rien du tout*

79. La gravitation newtonienne

D'après Isaac Newton, la gravitation qu'exerce un corps massif sur un autre est une force qui agit sans limite de distance — bien que, comme on l'a déjà vu, son intensité baisse rapidement avec la distance — et c'est une force qui agit immédiatement. Toujours d'après Newton, si vous placez dans un espace totalement vide un Soleil et une Terre, il existe immédiatement une force exercée par l'une sur l'autre, et inversement. Cela va poser un problème à Einstein dès 1905.

En effet, alors qu'Einstein vient d'établir sa théorie de la relativité restreinte, la gravitation telle qu'on la connaît pose problème. Ce que se dit Einstein, c'est que d'après nos connaissances, si le Soleil disparaissait instantanément, la gravitation exercée entre la Terre et le Soleil disparaîtrait tout aussi instantanément, la Terre cesserait alors d'orbiter et, privée d'une raison de tourner, partirait en ligne droite. Ok. Le problème, c'est que cela signifie que l'information de la perte de l'attraction du Soleil franchirait donc la distance Soleil-Terre — soit environ cent cinquante millions de kilomètres — instantanément ; donc plus rapidement que la lumière. Ce qui, d'après la relativité restreinte, est impossible. Einstein a déjà passé un temps fou, avec la relativité restreinte, à montrer que la notion d'instantanéité, ou de simultanéité, n'avait aucun sens d'un point de vue absolu. Du coup, il décide de s'attaquer à ce problème, sans doute quelque peu excité à l'idée de pouvoir, une fois encore, dépiauter une autre théorie newtonienne — on y prendrait presque goût.

Newton, de son côté, ne s'est jamais avancé à expliquer de quelque façon que ce soit ce qu'est la gravitation, se contentant « simplement » d'exprimer mathématiquement son action. Vous vous rappelez de la citation que j'ai recopiée il y a quelques chapitres au sujet de ce que pense Newton des hypothèses ?[210] Eh bien figurez-vous que je ne vous ai pas livré la citation complète. Voici exactement ce que dit Newton :

> **« Je n'ai pas été en mesure de découvrir la cause de ces propriétés de la gravité à partir des phénomènes, et je ne pose aucune hypothèse ;** tout ce qui n'est pas déduit des phénomènes, il faut l'appeler hypothèse ; et les hypothèses, qu'elles soient métaphysiques ou physiques, qu'elles concernent les qualités

---

[210]   *Cf.* page 57.

occultes ou qu'elles soient mécaniques, n'ont pas leur place dans la philosophie expérimentale.[211] »

Ce que dit Newton, c'est que la nature de la gravitation reste irrémédiablement mystérieuse à ses yeux et qu'il se refuse à imaginer, de nulle part, une quelconque cause de celle-ci. Et pour ne pas vous donner l'impression d'être à court de citations fameuses, voici une des plus intéressantes que nous devons à Newton et qui montre, malgré ce qu'il semble dire, à quel point il fut un esprit brillant :

> « Je ne sais ce que j'ai pu paraître aux yeux du monde, mais à mes yeux il me semble que je n'ai été qu'un enfant jouant sur le rivage, heureux de trouver, de temps à autre, un galet plus lisse ou un coquillage plus beau que les autres, alors que le grand océan de la vérité s'étendait devant moi, encore inexploré.[212] »

La gravitation pose un vrai problème de compréhension car c'est une force qui n'est pas tout à fait comme les autres. Outre le fait que c'est une force attractive — ce qui est déjà une première en mécanique, surtout à distance — c'est une force qui ne connaît pas de force de nature opposée ; ainsi, en électromagnétisme, il existe des forces attractives, mais il existe également des forces répulsives. De plus, la gravitation est une force qui a une portée infinie — là encore, en électromagnétisme, une charge électrique positive crée un champ électrique infini, dont l'intensité faiblit, comme pour la gravitation, avec la distance. Mais la gravitation est une force qui ne peut pas être contrainte. Il n'est pas possible de créer une cage particulière au sein de laquelle on contraindrait une force gravitationnelle qui n'existerait pas à l'extérieur. La gravitation semble être une force irrésistible.

---

[211] *Principes mathématiques de philosophie naturelle*, Isaac Newton, III, 1687.
[212] *Memoirs of the Life, Writings, and Discoveries of Sir Isaac Newton*, David Brewster, 1855 (vol. II, ch. 27).

80. Un couvreur qui tombe du toit

En mai 1907, Einstein est en train de travailler, toujours à l'Office des brevets de Berne — oui, il a déjà publié ses quatre articles de 1905[213] et commence à jouir d'une certaine notoriété au sein de la communauté scientifique, mais travaille toujours à l'Office des brevets où il a été promu expert de deuxième classe — et, comme c'est souvent le cas quand il réfléchit, son esprit est en train de dériver tranquillement, de rêver éveillé lorsque, sans d'abord y prêter attention, il voit par la fenêtre un couvreur travaillant sur le toit d'un immeuble non loin de là. Une pensée surgit alors dans son esprit, qui va déclencher une série de réflexions à nouveau révolutionnaires. Si ce couvreur tombait du toit, il ne sentirait pas son propre poids pendant sa chute. Cela peut sembler paradoxal dès lors que c'est justement son poids qui le ferait tomber, mais le fait est que dès lors qu'il cède à son propre poids, il ne le sent plus. Einstein ne découvre rien du tout ici ; tout ceci est déjà exprimé dans les équations de Newton et, à dire vrai, était déjà compris par Galilée avec son universalité de la chute des corps[214].

En l'occurrence, si le couvreur tombe du toit et emporte avec lui quelques tuiles, ces tuiles tomberont à la même vitesse que lui ; cela signifie que, du point de vue du couvreur, les tuiles « flotteront » en apesanteur à côté de lui. Cette idée, qu'il appellera lui-même la « plus heureuse de sa vie », va frapper physiquement Einstein : sueurs, palpitations, il sait qu'il tient quelque chose. Il dira d'ailleurs à ce sujet :

> « J'étais assis sur ma chaise au Bureau Fédéral de Berne… Je compris que si une personne est en chute libre, elle ne sentira pas son propre poids. J'en ai été saisi. Cette pensée me fit une

---

[213] On parlera du quatrième article sur l'équivalence masse-énergie — vous savez ? $E = mc^2$ — dans le tome II.

[214] *Cf.* page 199.

grande impression. Elle me poussa vers une nouvelle théorie de la gravitation. »

Car ce que vient de comprendre Einstein, c'est que le fait d'être en chute libre annule, d'une certaine manière, les effets de la gravitation, notamment du point de vue de celui qui chute — et qui est un référentiel galiléen — aucune gravitation n'est ressentie en chute libre. La légende veut qu'Einstein se soit empressé d'aller interroger un ouvrier qui était tombé d'un toit pour savoir si celui-ci avait, durant sa chute, ressenti son propre poids ; l'ouvrier lui aurait répondu : « Monsieur le professeur, j'étais juste mort de trouille. »

Einstein va chercher à comprendre le phénomène exact qui peut faire s'annuler les effets de la gravité, et va aboutir, en premier lieu, au *principe d'équivalence*, qu'il expose dans un article de 1907 intitulé *Relativitätsprinzip und die aus demselben gezogenen Folgerungen*[215].

81. Le principe d'équivalence

Imaginez que vous êtes dans une cabine, fermée, sans fenêtre, sur Terre. Une cabine suffisamment grande pour que vous puissiez y conduire des expériences mécaniques simples, telles que faire glisser un palet sur un plan incliné, lâcher une bille d'une hauteur donnée, vider, au goutte-à-goutte, une bouteille d'eau dans un récipient placé verticalement sous la bouteille, etc. D'une certaine manière, cette expérience est très similaire à l'expérience de Galilée dans le bateau qui lui a permis de déduire que se déplacer ou ne pas se déplacer n'était qu'une question de point de vue[216]. Vous effectuez donc vos expériences et confirmez bien que vos

---

[215] « Du principe de la relativité et des conclusions qui en sont tirées », Albert Einstein, in *Jahrbuch der Radioaktivität*.
[216] *Cf.* page 212.

observations coïncident avec les résultats que vous avez calculés à partir des équations de Newton. Très bien.

Placez-vous maintenant dans une cabine identique, mais dans l'espace. À un endroit de l'espace si reculé et si éloigné de tout objet massif qu'on n'y ressent quasiment aucunement les effets gravitationnels de quoi que ce soit. Accélérons cette cabine vers le haut — de la cabine, il n'y a évidemment aucun haut ou bas dans l'espace — et accélérons-la suffisamment pour que l'intensité même de cette accélération soit égale à celle de la gravitation sur Terre. Dans ces conditions, reprenez vos expériences ; toutes se dérouleront exactement de la même manière que sur Terre. Fort de ce résultat, Einstein énonce le principe d'équivalence que nous pouvons, à notre tour, paraphraser de la façon suivante : localement, les effets d'un *champ gravitationnel* sur une expérience de mécanique sont identiques aux effets d'une accélération du référentiel de l'observateur.

Ce que dit le principe d'équivalence, c'est que les effets de la gravitation sont identiques aux effets d'une accélération ; par conséquent, il est possible, grâce à une accélération, d'annuler ou, au contraire, de générer les effets d'une gravitation. Pour l'instant, il y a un début de quelque chose, mais ce n'est pas encore vraiment révolutionnaire. Tout simplement parce qu'il vous manque une donnée ; dans le paragraphe précédent, il est question de champ gravitationnel, mais nous n'avons pas expliqué de quoi il retourne. Et vous allez voir qu'avec cette information — qui, par ailleurs, découle également naturellement de la gravitation de Newton — nous allons être en mesure de franchir une étape importante.

82. La géométrisation de la gravitation

Il est beau ce titre, non ? Ça en jette, ça fait truc très compliqué et très pointu. Vous allez vite voir qu'en réalité il n'en est rien — ou presque. On a vu, avec Galilée, que la chute d'un corps n'a rien à voir avec la masse du corps qui chute. Ainsi, une boule en plomb tombe aussi vite qu'une boule en liège. Nous avons expliqué ce phénomène par l'inertie d'un corps, qui augmente avec sa masse — on peut d'ailleurs jusqu'à un certain point confondre totalement les notions de masse et d'inertie. Mais on peut quand même se poser une question : le poids d'un corps est proportionnel à sa masse, et le poids d'un corps est bien la force qui le fait chuter. D'une certaine manière, attendu que le poids d'un corps augmente avec sa masse, on pourrait s'attendre à ce que sa vitesse de chute augmente également. Par ailleurs, la force qu'est la gravitation, telle que l'a exprimée Newton, fait également intervenir la masse du corps qui chute. Mathématiquement, c'est assez simple à voir — n'ayez pas peur.

Le poids d'un objet qui chute est calculé par rapport à sa masse $\mathbf{m}_{obj}$ que vient multiplier $\mathbf{g}$, qui est — on va dire ça comme ça pour l'instant — la « valeur » de la gravité sur Terre — c'est totalement faux, mais suffisant pour l'instant :
$$\mathbf{P} = \mathbf{m}_{obj} \cdot \mathbf{g}$$

La gravitation telle qu'exprimée par Newton dit de ce poids qu'il est proportionnel à chacune des masses en jeu — $\mathbf{m}_{obj}$ pour l'objet qui chute, $\mathbf{m}_{terre}$ pour la masse de la Terre qui attire l'objet — mais inversement proportionnel au carré de la distance $\mathbf{D}$ qui les sépare :

$$\mathbf{P} = \frac{\mathbf{m}_{obj} \cdot \mathbf{m}_{terre} \cdot \mathbf{G}}{\mathbf{D}^2}$$

$\mathbf{G}$ est une constante, dite *constante gravitationnelle*, calculée expérimentalement par Newton. De ces deux égalités, on peut conclure que g ne dépend que des deux informations suivantes : la masse de la Terre et la distance avec la Terre — en l'occurrence, avec son centre de gravité, qui coïncide globalement tout simplement avec son centre :

$$\mathbf{g} = \frac{\mathbf{m}_{terre} \cdot \mathbf{G}}{\mathbf{D}^2}$$

(la masse de l'objet $\mathbf{m}_{obj}$ n'intervient pas)

C'est promis, les maths sont terminées. Ce que vous devez en retenir, c'est que la valeur de g — qu'on peut désormais appeler *accélération gravitationnelle* — en un point de l'espace ne dépend que de la masse de la Terre et de la distance de ce point de l'espace avec le centre de la Terre.

Vous allez me dire : très bien, mais à quoi ça nous sert ? Je vais vous répondre. La Lune tourne autour de la Terre à cause de la force gravitationnelle qu'exerce la Terre sur la Lune. À tout instant, la Lune a une position dans l'espace par rapport à la Terre, ainsi qu'une vitesse donnée — dans une direction tangente à la Terre, ce qui lui permet de tourner autour d'elle. Si vous enlevez la Lune à un moment donné, que vous la remplacez par Antoine Pinay, et que vous donnez à celui-ci la même vitesse qu'avait la Lune avant sa disparition, il se mettra à orbiter autour de la Terre exactement comme la Lune avant lui. C'est étonnant — ce serait sans doute au moins aussi étonnant pour lui que pour nous — mais c'est ainsi.

L'emprunt garanti or

Après la Seconde Guerre mondiale, les finances de l'État français sont au plus mal et, depuis 1948, la large politique d'investissements publics peine à afficher des résultats probant ; aussi, en 1952, pour marquer une rupture avec ladite politique, Antoine Pinay, alors ministre des Finances et des Affaires économiques sous la présidence de Vincent Auriol, obtient l'autorisation du Parlement par décret d'effectuer des économies budgétaires à hauteur de 110 milliards de francs. Et afin de favoriser les rentrées d'argent, il procède à l'émission d'un emprunt national particulièrement favorable indexé sur l'or et qui bénéficie d'une totale exemption fiscale. Cet emprunt sera rapidement appelé par les uns « emprunt Pinay » et, par les autres, « rente Pinay ». Et pourquoi je vous parle de ça, déjà ?
Oui… pourquoi ?

Ce que cela signifie, c'est qu'à tout point de l'espace, on peut déterminer précisément quelle serait l'accélération gravitationnelle ressentie par un corps s'il s'y trouvait, et alors qu'il ne s'y trouve pas. Ce faisant, on pourrait représenter, à chaque point de l'espace, cette accélération gravitationnelle. L'ensemble de ces g mesurés en tous points de l'espace, c'est ce qu'on appelle un *champ gravitationnel*. Exactement comme un champ magnétique détermine les points de l'espace qui « portent » du magnétisme, un champ gravitationnel détermine les points de l'espace qui « portent » de la gravitation. Une fois qu'on a placé un corps massif dans l'espace, la gravitation qu'exerce ce corps massif autour de lui devient une *propriété de l'espace*; cela s'appelle la *géométrisation de la gravitation*.

Dès lors — et c'est là que son réel génie entre en jeu — Einstein va tenter de déterminer de quelle façon — pourquoi et comment — la gravitation affecte l'espace[217] autour des corps massifs.

83. Les espaces-temps non euclidiens

Einstein se heurte aux mathématiques — et si Einstein se heurte aux mathématiques, vous pensez bien que je ne vais pas m'y frotter de trop près — et conclut assez rapidement qu'il sera impossible de formuler mathématiquement les effets de la gravitation sur l'espace-temps dans un espace euclidien.

Espace euclidien

Un espace euclidien est une structure mathématique, précisément géométrique, dans laquelle toute la géométrie d'Euclide est valide. À moins que vous ne soyez un peu spécialiste — auquel cas vous savez très bien de quoi il retourne — toute la géométrie que vous avez pu faire dans votre vie s'est située dans un espace

---

[217] Notez qu'à chaque fois que j'ai dit « espace », en réalité il fallait entendre « espace-temps », mais c'est suffisamment compliqué à saisir sans introduire en plus le temps. Désormais, désolé, mais on ne pourra plus se permettre cette simplification.

euclidien. Le monde tel qu'on le perçoit est un espace euclidien : deux droites parallèles ne se touchent jamais, la somme des angles d'un triangle fait toujours cent quatre-vingts degrés, etc.

Il existe, en mathématiques, d'autres moyens de concevoir un espace. Ainsi, on peut appeler la surface d'une sphère — par exemple la Terre — un espace. Sur cet espace, si vous tracez deux méridiens, ce sont des droites qui sont parallèles mais qui se rejoignent aux pôles. Si vous partez d'un point de l'équateur, que vous longez cet équateur jusqu'à avoir fait un quart de tour de la Terre, que vous vous dirigez immédiatement après jusqu'au pôle Nord puis, une fois ce pôle atteint, vous revenez à votre point de départ, vous venez de dessiner un triangle équilatéral avec trois angles droits. Vous pouvez faire de la géométrie dans un tel espace, vous pouvez en extraire des lois géométriques, etc. Pour autant, les lois de la géométrie d'Euclide n'y sont plus valides. On appelle ce type d'espace un espace non euclidien.

En gros et de façon très informelle, un espace tordu est non euclidien.

Seulement voilà, Einstein n'est pas un grand spécialiste des mathématiques dans des espaces non euclidiens ; du coup, il va contacter un de ses anciens professeurs qui, lui, est particulièrement amateur du genre, et le rejoindre à Zürich pour travailler ensemble sur sa nouvelle théorie. Le nom de ce professeur : Marcel Grossmann.

84. Une première publication en 1913

Einstein et Grossmann cosignent en 1913 un article qui est le premier à esquisser ce qui deviendra par la suite la théorie de la relativité générale. Dans cet article, intitulé *Conception d'une théorie générale de la relativité et théorie de la gravitation*[218], une théorie est formulée présentant un espace-temps non euclidien, capable de se déformer, et prenant en compte la gravitation — d'un autre côté, c'était quand même l'idée de base. Cette théorie très mathématisée contient notamment une équation qui, comme toutes les équations, contient un signe « égal » avec un contenu

---

[218] *Entwurf einer verallgemeinerten Relativitätstheorie und einer Theorie der Gravitation.*

mathématique à sa droite et un autre à sa gauche. Un de ces contenus, mathématiquement, décrit comment l'espace-temps peut se déformer en fonction de la densité de masse présente, tandis que l'autre décrit comment la matière peut se déplacer au sein de cet espace-temps. À ce stade, nous sommes très proches de la version de 1915 de la théorie de la relativité générale.

La gravitation, telle qu'elle est présentée, n'est plus une force telle que décrite par Newton, mais une manifestation de la déformation de l'espace-temps causée par la présence de masse ; la gravitation est désormais présentée comme une propriété intrinsèque de l'espace-temps. Là où, pour Newton, l'espace et le temps étaient des dimensions absolues et totalement indépendantes de ce qui s'y déroulait, comme une scène au théâtre est totalement indépendante de la pièce qui s'y joue, pour Einstein, l'espace et le temps sont liés dynamiquement — c'est la relativité restreinte — mais, qui plus est, ont des propriétés susceptibles de varier en fonction de la présence de masse ou non — c'est la relativité générale.

Restreinte vs. générale

De prime abord, les termes de relativité restreinte et de relativité générale peuvent surprendre ; en effet, la relativité restreinte est une théorie universelle de l'espace et du temps, tandis que la relativité générale est une théorie de la gravitation. Alors pourquoi la relativité restreinte s'appelle-t-elle « restreinte » ? Et pourquoi la relativité générale qui semble pourtant parler d'autre chose devrait-elle être la version « générale » de la relativité ?

Là encore, il faut en revenir à la vision qu'Einstein se fait de la gravitation ; pour lui, elle n'est que la manifestation d'une accélération, et c'est ce qu'il montre avec son principe d'équivalence. La théorie de la relativité restreinte est appelée ainsi parce qu'elle est restreinte aux référentiels inertiels, c'est à dire aux référentiels qui n'accélèrent pas. Dès lors qu'un référentiel accélère, les équations de la relativité restreinte ne sont plus valides — on comprend mieux, du coup, pourquoi la gravitation n'arrivait pas à entrer dans ce cadre.

L'idée géniale d'Einstein fut, en considérant la chute du couvreur du toit avec quelques tuiles, de constater que, dans ce cas, il pouvait — ou du moins il voulait pouvoir — considérer le couvreur comme étant un référentiel inertiel — car après tout, soumis à son propre poids, dans son référentiel, aucune force ne lui était appliquée et il constatait bien qu'en effet, les tuiles qui tombaient à ses côtés semblaient être au repos. C'est en voulant à tout prix intégrer la gravitation comme référentiel inertiel qu'il a été confronté aux limites de l'espace euclidien. En trouvant, via les espaces non euclidiens, un moyen de présenter la gravitation comme se conformant au cadre de la relativité restreinte, il a, autant littéralement que mathématiquement, généralisé sa première théorie. Et c'est pour ça qu'elle est nommée relativité générale.

C'est véritablement une révolution car, pour la première fois, on ne considère plus l'espace et le temps comme un cadre dans lequel on peint les lois de la physique, mais comme faisant partie intégrante de l'œuvre elle-même.

85. Einstein en 1905 : le quatrième article

Reconnaissez-le, vous pensiez que j'avais oublié, pas vrai ? À moins que ça n'ait été vous qui ayez oublié… Einstein, en 1905, avait donc rédigé quatre articles invraisemblables ; le dernier des quatre, publié le 21 novembre 1905, s'intitule *L'inertie d'un corps dépend-elle de l'énergie qu'il contient ?*[219] Dans cet article, Einstein ne fait rien moins que développer l'équation la plus célèbre de la physique, $E = mc^2$. Il démontre qu'une particule au repos dispose d'une énergie directement proportionnelle à sa masse. Qui plus est, le facteur c, qui est une constante égale à la vitesse de la lumière dans le vide, en mètres par seconde — environ trois cent millions de mètres par seconde —, est élevé au carré, ce qui fait qu'une particule, même très peu massive, dispose d'une énergie considérable.

Cette disproportion entre masse et énergie permet de déduire qu'avec peu de masse, on peut disposer d'une grande quantité d'énergie qui peut

---

[219] *Ist die Trägheit eines Körpers von seinem Energieinhalt abhängig ?*, Annalen der Physik, vol. 18, 21 nov. 1905.

être dissipée par rayonnement, c'est-à-dire en chaleur et en lumière ; c'est sur ce principe qu'est basé le concept de bombe atomique.

Einstein démontre plusieurs choses dans cet article ; notamment, il montre qu'une particule qui émet de l'énergie perd de la masse, ce qui est conforme avec le principe de conservation de l'énergie ; en effet, lorsque Einstein prétend qu'une particule dispose d'énergie de façon intrinsèque — qui n'est pas de l'énergie telle qu'on la connaissait, à savoir de l'énergie cinétique, potentielle, etc. — il faut pouvoir garantir que si cette particule émet de l'énergie, elle en perd. Grâce à son équivalence masse-énergie, Einstein décrit parfaitement le phénomène — une particule au repos qui émet une quantité E d'énergie perd une masse E/c2.

Mais une des choses fondamentales qui vont découler de cette équivalence, et qui nous intéresse dans ce chapitre, c'est que la gravitation n'est pas tant affectée par la masse des corps présents dans l'espace-temps que par leur énergie, ce qui est équivalent. Et c'est important de le signaler car si l'équivalence masse-énergie démontre que masse et énergie sont des synonymes pour des corps au repos, le fait de passer à l'énergie plutôt qu'à la masse permet de déduire que des particules qui ne sont pas au repos — qui sont donc animées d'un mouvement et possèdent de l'énergie cinétique — vont également affecter l'espace-temps et être affectées par lui par le biais de la gravitation.

Notamment la lumière elle-même, pourtant composée de photons de masse réputée nulle et se déplaçant toujours à la vitesse de la lumière, va pouvoir être affectée par la présence d'un corps massif ; sa course va pouvoir être déviée par des forces gravitationnelles, alors même qu'elle n'a aucune masse.

86. La preuve par Mercure

On a déjà eu, brièvement, l'occasion de parler du problème que posait l'orbite de Mercure[220] ; celle-ci, en effet, ne se comporte pas précisément comme Kepler l'a annoncé. Alors, bien sûr, depuis Kepler, il y a eu Newton, et on sait qu'il faut également tenir compte de la présence des autres planètes du Système Solaire qui interfèrent sur l'orbite de Mercure — notamment la très lourde Jupiter. Mais même en prenant en compte les autres planètes, l'orbite de Mercure, ou plus précisément le déplacement de son périhélie, pose problème. Certains astronomes ont tenté d'y voir là la manifestation d'une autre planète inconnue, Vulcain, mais en vain. Comme on l'a dit quand on l'a dit, ce problème est somme toute une minuscule tache dans la grande fresque newtonienne du mouvement des planètes. Aussi, on « fait avec ».

Einstein pense qu'il tient là l'occasion de démontrer la validité de sa théorie ; il pense que la relativité générale va pouvoir expliquer ce phénomène sur lequel la mécanique newtonienne s'est cassée les dents depuis plus de deux siècles.

Aussi, dès 1913, accompagné de son ami et confident — et néanmoins physicien suisse — Michele Besso, Einstein va tenter les calculs pour pouvoir, grâce à la théorie de la relativité générale encore en développement suite à ses travaux avec Grossmann, retrouver précisément l'orbite de Mercure qui prendrait en compte les perturbations de son périhélie. Quand on suit la correspondance entre Einstein et Besso, on peut voir se dessiner une succession d'étapes dans ces calculs.

Étape 1 : En premier lieu, ils se trompent assez lourdement sur la masse du Soleil et trouvent donc des résultats qui sont totalement incorrects. C'est un échec.

---

[220] *Cf.* page 129.

Étape 2 : Cette fois-ci, ils se trompent sur le volume du Soleil et trouvent donc des résultats qui sont incorrects. C'est un échec.

Étape 3 : Là encore, ils se trompent ; ils ne tiennent pas compte du fait que Mercure tourne sur elle-même ce qui, dans la mécanique newtonienne, peut être considéré comme sans importance, mais pas en mécanique relativiste dans le cadre de la relativité générale. C'est encore un échec.

Ils n'y arriveront pas.

Il est pourtant intéressant de noter que si Einstein avait indiqué que ce calcul permettrait de démontrer une fois pour toutes la validité de sa théorie, à aucun moment le fait qu'il ne trouve pas de résultat probant ne remet en cause sa confiance dans sa théorie. Et il aura bien raison puisqu'il finira par trouver précisément les bons résultats, et à l'aide de cette théorie. Mais je vais un peu vite, là.

87. La théorie de la relativité générale

En 1915, Einstein rédige un article — qui sera publié en 1916 — intitulé *Fondements de la théorie générale de la relativité*[221]. Dans cet article, il présente une version complète de ce qui avait été esquissé en 1913 et propose une théorie, vérifiable expérimentalement, de la gravitation. Selon cette théorie, la gravitation n'est pas une force comme Newton la présentait, mais la manifestation du fait qu'en présence d'énergie, d'une part, l'espace-temps se déforme et que l'espace-temps, d'autre part, contraint les déplacements d'énergie selon des lignes droites-courbes appelées géodésiques — elles sont mathématiquement droites mais,

---

[221] *Grundlage der allgemeinen Relativitätstheorie*, Annalen der Physik, vol. 49, 1916.

pour nous, semblent courbes, tout comme les méridiens terrestres, par exemple.

Ce que dit Einstein, c'est que la Terre ne tourne pas autour du Soleil, mais se déplace en ligne droite, dans un mouvement rectiligne uniforme — ce qui est logique car si la gravitation n'est pas une force, la Terre n'est soumise à aucune force et doit donc suivre un mouvement inertiel — mais en ligne droite sur une ligne qui, bien que droite, est portée par un espace-temps déformé par la présence massive du Soleil.

Et ce qui semble totalement valider la théorie d'Einstein, c'est le fait qu'il calcule, avec une grande précision, l'orbite de Mercure, et notamment arrive à déterminer précisément la précession de son périhélie. Alors là, logiquement, vous allez me dire : mais comment a-t-il fait alors qu'il n'a fait que se planter sur ce sujet ? A-t-il fini par affiner jusqu'à trouver ? C'est presque la question que lui posera David Hilbert — ou plutôt c'est la question qu'il lui aurait posée s'il avait eu connaissance de ses années d'erreurs sur le sujet.

David Hilbert, un des plus grands mathématiciens du XXᵉ siècle, totalement du même niveau qu'un Henri Poincaré, s'intéresse à la question du périhélie de Mercure depuis un certain temps — il était à deux doigts de produire une théorie similaire à la relativité générale en 1915 — et se noie presque dans ses calculs. Ceux-ci, qu'on se le dise, sont d'une incroyable, d'une invraisemblable complexité. Aussi, lorsque, coup sur coup, Einstein publie sa théorie et résout le problème de Mercure, Hilbert lui envoie une lettre ; il le félicite bien évidemment pour ses résultats, mais ne peut s'empêcher de lui demander comment il a fait pour trouver aussi rapidement les solutions d'un problème aussi ardu — et croyez bien qu'un problème ardu pour Hilbert, c'est un exercice parfaitement grotesque pour la plupart d'entre nous.

Einstein ne répondra jamais à cette lettre à notre connaissance. Mais pour comprendre comment il a fait, il faut introduire le concept le plus abstrait de ce livre, le tenseur.

Qu'est-ce qu'un tenseur ?

Avec un truc aussi compliqué, je vous garantis qu'on ne va pas se la jouer. En guise de préambule, ceux qui savent déjà ce qu'est un tenseur ont une migraine depuis deux lignes, les autres en auront une avant la fin du paragraphe. Partez donc du principe que ce que je vais dire est totalement approximatif, et n'allez pas frimer devant le premier prof de maths que vous croiserez que vous avez pigé ce que sont les tenseurs.

Lorsque vous voulez caractériser des événements ou des phénomènes qui se produisent dans un espace à trois dimensions, vous pouvez par exemple, selon ce que vous souhaitez mesurer, trouver un nombre, une valeur : par exemple, en chaque point d'une pièce, vous mesurez la pression atmosphérique, ou encore la température. Vous mesurez des *grandeurs scalaires*. Outre les nombres, vous pouvez être amené à mesurer quelque chose qui est plus qu'un nombre, qui possède aussi une direction et un sens : par exemple, vous mesurez en chaque point d'une pièce l'influence d'un champ magnétique sur ce point, ou bien encore un champ gravitationnel. Vous mesurez des *grandeurs vectorielles*. Il existe un troisième cas ; imaginez une gomme entre vos mains, vous décidez de tordre cette gomme. Sur chaque face de cette gomme, une force est appliquée, qui permet de déformer ladite gomme. Imaginez maintenant un espace dans lequel ce genre de force de torsions s'applique ; les tenseurs sont la généralisation de cet ensemble de forces appliquées en chaque point de l'espace.

Je pourrai difficilement faire plus simple. Pardon.

Dès 1913, Grossmann fournit à Einstein un tenseur qu'il a mis au point pour faire ses calculs ; Einstein étudie un peu ce tenseur mais n'est pas satisfait : ce dernier manque de symétrie, d'élégance ; pour le dire en moins de mots, ce tenseur est moche. Et Einstein refuse d'imaginer que l'Univers se comporte selon une collection de règles qui ne sont pas élégantes. Il construit alors son propre tenseur, élégant, symétrique, raffiné, le top model des tenseurs, le George Clooney des outils mathématiques de généralisation de compositions de vecteurs en n dimensions[222] — n'ayez crainte, je ne vais pas chercher à vous expliquer de quoi il s'agit. Avec ce tenseur, Einstein va complètement se casser les dents sur la question de Mercure.

Mais lorsque Einstein publie son article en 1915, ce tenseur a disparu ; Einstein lui préfère celui que Grossmann avait initialement proposé et qui s'appelle désormais tenseur énergie-impulsion. Et c'est en utilisant ce tenseur relativement rapidement, sur des calculs qu'il effectue depuis plus de deux ans, qu'Einstein va trouver la solution. En l'occurrence, il n'a pas été franchement plus rapide qu'Hilbert ; il avait simplement déjà fait quasiment tous les calculs et n'avait plus qu'à y intégrer le nouveau tenseur — encore une fois, dit comme ça, ça semble relativement simple, mais il n'en est rien.

Pour résumer, la relativité générale montre que la gravitation n'est pas une force mais l'expression d'une interaction entre la densité d'énergie[223] et l'espace temps ; elle s'exprime par la déformation de l'espace-temps en fonction de la densité d'énergie mais également par une distribution de la densité d'énergie en fonction des déformations de l'espace-temps. Et dans la série « bonjour, je suis un esthète et mes équations sont belles, aimez-moi », je ne résiste pas au plaisir de vous écrire cette équation — que je ne détaillerai pas :

$$R_{\mu\nu} - \frac{1}{2}\, g_{\mu\nu} R + \Lambda\, g_{\mu\nu} = \kappa T_{\mu\nu}$$

Vous pouvez bien me dire qu'on n'y comprend rien, et je suis bien d'accord, mais reconnaissez que c'est visuellement simple par rapport à tout ce que ça raconte, non ?

---

[222] Ce tenseur n'est pas bon ; il est peut-être beau, mais il n'est pas bon.
[223] C'était la densité de masse au début, mais vous vous rappelez… $E = mc^2$…

88. Les conséquences mises à l'épreuve

C'est sûr, Albert Einstein devait en avoir dans le slibard pour se permettre de présenter des lois censées régir tous les mouvements de l'Univers de façon aussi contre-intuitive ; en effet, comment ne pas lutter avec tout notre bon sens contre ces idées farfelues selon lesquelles rien ne tourne autour de rien, les planètes se déplacent en ligne droite. Pire que ça, ce que dit précisément Einstein, c'est que si vous lancez un caillou devant vous, ce dernier se déplace de façon uniforme en ligne droite, mais dans un référentiel — en l'occurrence la Terre — qui accélère. Il suffit d'avoir des yeux pour se rendre compte que ça tient de l'ineptie. Et pourtant. Mais la théorie de la relativité générale sera mise à rude épreuve, et Mercure n'est que le premier pavé d'une longue manifestation visant à démontrer son invalidité.

En tout premier lieu, Einstein prétend que la lumière peut être déviée par un corps très massif ; il a d'ailleurs tellement confiance dans sa théorie qu'il propose lui-même un protocole permettant de valider expérimentalement ce phénomène. Il propose qu'à la prochaine éclipse solaire totale, des observations soient faites pour mesurer précisément les positions des étoiles visibles dans le voisinage proche du Soleil, et il prétend que ces observations donneront des positions inexactes d'étoiles. Le 29 mai 1919, Sir Arthur Eddington, astrophysicien britannique, va tenter l'expérience et trouver très précisément les décalages de positions prévus par Albert Einstein. C'est, mine de rien, un grand événement, y compris au niveau politique : juste après la Première Guerre mondiale, un Britannique vient confirmer la théorie révolutionnaire d'un Allemand[224] qui change totalement la perception que nous avons de l'Univers, c'est vraiment un

---

[224]   Einstein était allemand de 1919 à 1933 en plus d'être devenu suisse.

grand moment chargé de beaucoup d'espoir, qui fait l'actualité et la une des journaux du monde entier[225].

Autre prédiction faite par Einstein qu'il sera possible de vérifier si sa théorie est exacte, les *lentilles gravitationnelles*. Le principe est le suivant : imaginez une galaxie lointaine parfaitement alignée avec une étoile et avec la Terre, l'étoile se situant entre la Terre et la galaxie. Si l'étoile est suffisamment massive, elle peut déformer la lumière qui nous parvient depuis la galaxie jusqu'à permettre à cette lumière de nous parvenir par un côté de l'étoile, mais également par un autre de ses côtés, voire par tous ses côtés — exactement comme une lentille optique classique peut le faire, sauf qu'il s'agit là d'une lentille gravitationnelle.

Une question que pose Einstein est de savoir ce qu'il advient de l'espace-temps autour d'une étoile si celle-ci est très massive, ou si sa masse augmente radicalement. La théorie lui indique que, dans ce cas, il existe un seuil à partir duquel l'espace-temps sera tellement déformé que tout ce qui s'en approche trop restera piégé, confiné dans le voisinage proche de cette étoile. Nous aurons l'occasion de détailler notre connaissance du fonctionnement des *trous noirs*, mais c'est une des conséquences évidentes de la relativité générale si celle-ci s'avère correcte. Bien sûr, avec les trous noirs, le problème majeur est de les détecter ; si rien ne s'en échappe, pas même la lumière, comment savoir qu'ils existent ? Grâce aux lentilles gravitationnelles, justement. Si la course de la lumière est déformée au voisinage de... apparemment rien, c'est que ce rien apparent est particulièrement massif, manifestation de la présence d'un trou noir.

Je vais abréger la liste qui serait bien longue ; toutes les expériences menées n'ont jusqu'à présent que confirmé les calculs prédits par la relativité générale ; elle reste à ce jour une des théories les plus brillantes

---

[225] Sauf en France où il y a eu une série de grèves, notamment de la presse, entre mars et juin 1919.

pour expliquer comment se comporte notre Univers. On a même pu en 2011, grâce à une expérience aussi simple que coûteuse et qu'on détaillera ☝, *Gravity Probe B*, confirmer la déformation de l'espace-temps causée par la Terre.

On parle beaucoup de la déformation de l'espace-temps en visualisant les déformations spatiales, mais il ne faut pas oublier le temps ; sans une bonne compréhension de la relativité générale, le GPS n'existerait pas ; en effet, les horloges des satellites en orbite autour de la Terre ne tournent pas exactement à la même vitesse que les objets au sol, comme les voitures. Il fallait bien la relativité générale pour comprendre qu'il était nécessaire que les horloges de ces satellites se resynchronisassent[226] régulièrement.

On commence également à entrevoir, dans la relativité générale, la possibilité que l'Univers ne soit pas statique — bien qu'Einstein en reste convaincu — mais peut-être en expansion. S'il s'avère que l'univers est effectivement en expansion, une nouvelle question, peut-être plus excitante encore que toutes les questions qui ont pu la précéder, se pose : notre univers a-t-il eu une naissance ?

89. Le gros problème de la relativité générale, et du reste

Il existe un gros problème, que j'ai astucieusement planqué sous le tapis jusqu'à maintenant. Il existe deux branches de la physique qui sont absolument fascinantes, l'une concerne les galaxies, les étoiles, l'Univers, tandis que l'autre concerne l'infiniment petit, les atomes, les particules, les photons.

---

[226] J'espère que l'imparfait du subjonctif ne vous effraie pas plus que la relativité générale, tout de même.

Aujourd'hui, les physiciens qui étudient l'Univers disposent de la relativité générale et de toute la mécanique relativiste pour prédire, observer, mesurer, caractériser et poser, chaque jour, de nouvelles hypothèses. De la même manière, ceux qui étudient les particules disposent de connaissances folles en matière de mécanique quantique, d'électromagnétisme, le tout dans un cadre d'espace et de temps fourni par la relativité restreinte. Mais il y a un problème, et pas un petit.

À l'échelle des particules, la relativité générale n'est pas valide ; peut-être est-elle incomplète ? peut-être est-elle tout simplement fausse ? De la même manière, à l'échelle des galaxies, la mécanique quantique n'a pour ainsi dire plus de sens et si la gravitation reste — et de très loin — l'interaction la plus faible connue par l'humanité — l'espèce, pas le journal — la quantité phénoménale de masse et d'énergie en jeu la rend prépondérante à cette échelle. Peut-être notre connaissance de la mécanique quantique est-elle incomplète, peut-être est-elle tout simplement fausse malgré les confirmations expérimentales quotidiennes de sa validité.

Du coup, un astrophysicien se doit de travailler dans un autre cadre, avec un autre modèle, qu'un physicien des particules. Mais dans certains cas, on peut se trouver en présence d'une masse gigantesque confinée dans un espace tout à fait restreint ; c'est le cas des trous noirs comme c'est vraisemblablement le cas de l'Univers au moment où son expansion commence. Dans cette situation, on ne peut ni négliger les effets quantiques à cause de l'échelle de taille absolument ridicule, ni négliger les effets gravitationnels à cause de la quantité d'énergie en jeu. Par ailleurs, la relativité générale et la mécanique quantique sont, fondamentalement, mathématiquement, incompatibles. Pour comprendre pourquoi, il faudra bien un second tome à ce livre : présenter ce qu'est — et ce que n'est pas — la mécanique quantique, comprendre d'où vient la masse des corps physiques, pourquoi l'Univers grossit de plus en plus vite, où se cache sa masse, connaître les solutions que tentent d'apporter les physiciens au problème de compatibilité entre les deux théories les plus valides connues par l'homme mais incompatibles entre elles, comprendre leur recherche d'une théorie du tout. Il faudra bien un second tome pour chercher des réponses à ces questions; alors, d'ici là, restez curieux, et prenez le temps d'e-penser.

À suivre...

Table des matières

Préface..7

Prologue...11

0. Corrélation et causalité.................................12

1. Modèles et réalité 15

La matière **19**

2. Atomes...21

3. La preuve par vieux : Dmitri Mendeleïev 27

4. L'électron...35

5. Le noyau atomique...39

La lumière 49

6. La lumière est-elle faite de grains ou d'ondes? 54

7. L'effet photoélectrique découvert......................61

8. Premier détour par la chaleur........................62

9. Deuxième détour par le corps noir 65

10. Einstein en 1905 : le premier article......................67

11. Pourquoi éteint-on dans les avions
avant d'atterrir de nuit?......................................70

12. Pourquoi le ciel est bleu et le Soleil jaune?...........76

13. Qu'est-ce qu'un arc-en-ciel? 79

14. Combien l'homme a-t-il de sens? 81

15. Vous n'avez jamais rien touché de votre vie..........90

L'électromagnétisme **93**

16. Magnétisme..93

17. Les aimants permanents 96

18. L'électricité?! Mais quel rapport? 98

19. Électricité statique 102

20. Les champs électriques 104

21. Ampère, Gauss, Faraday et les autres… jusqu'à Maxwell... 107
22. Les quatre équations de Maxwell 112

Le Système Solaire 117
23. Le Soleil 118
24. Nucléosynthèse stellaire........................... 120
25. Formation du Système Solaire 124
26. Mercure... 127
27. La preuve par vieux : Guillaume Le Gentil.......... 131
28. La Terre, boucle d'or du Système Solaire............. 138
29. La Terre est ronde................................ 140
30. La preuve par vieux : Ératosthène.................. 142
31. L'âge de la Terre 146
32. Mars.. 151
33. La planète manquante 155
34. Pallas, Junon, Vesta et tout l'orchestre.............. 157
35. Jupiter 161
36. Le système jovien................................. 163
37. Saturne... 166
38. Mimas, Encelade et Titan 168
39. Uranus et Neptune................................ 170
40. Pluton, planète déchue........................... 174
41. Ceinture de Kuiper et nuage d'Oort 179
42. Les dimensions du Système Solaire.................. 180

La mécanique classique............................ 185
43. La grande question sur la Vie, l'Univers et le Reste 186
44. Aristote et l'impetus 187
45. Archimède et la première mécanique 189

46. Eurêka, ou la couronne d'or
du tyran Hiéron II de Syracuse.................... 191
47. La preuve par vieux : Galilée – partie 1 193
48. Giordano Bruno, génie punk
et père de la relativité.................................. 202
49. La preuve par vieux : Galilée – partie 2 206
50. La preuve par vieux : Isaac Newton.................... 216
51. Force, couple, moment et travail 224
52. Quantité de mouvement et collisions 228
53. Moment cinétique ou angulaire........................ 233

La vie **237**
54. Vous êtes un être vivant 238
55. Les invraisemblables autoroutes du corps............ 242
56. Dans une cellule.. 249
57. Des choses incroyables que votre cerveau sait faire par
lui-même.. 253
58. Pourquoi bâiller est-il contagieux?.................... 282
59. Les gauchers 292
60. Une conclusion sur la vie? 300
La thermodynamique 303
61. Qu'est-ce que c'est quoi donc, dis donc? 304
62. Le moule à tarte est-il plus chaud
que la tarte?.. 304
63. La première machine à vapeur 306
64. La preuve par vieux : Francis Bacon 307
65. Sadi Carnot, père de la thermodynamique.......... 312
66. Les trois principes de la thermodynamique......... 317
67. Et Boltzmann? 321
68. Einstein en 1905 : le deuxième article................ 324

La relativité restreinte **327**

69. Bouger ou ne pas bouger ? Telle est la relativité ... 328
70. Le problème de la lumière 331
71. L'éther 333
72. L'interféromètre de Michelson 334
73. Le problème électrostatique 336
74. Lorentz et Poincaré 338
75. Einstein en 1905 : le troisième article 339
76. Un problème d'horloges 340
77. Le problème des deux lampes 343
78. La théorie de la relativité restreinte 346

La relativité générale **357**

79. La gravitation newtonienne 357
80. Un couvreur qui tombe du toit 360
81. Le principe d'équivalence 361
82. La géométrisation de la gravitation 362
83. Les espaces-temps non euclidiens 365
84. Une première publication en 1913 366
85. Einstein en 1905 : le quatrième article 368
86. La preuve par Mercure 370
87. La théorie de la relativité générale 371
88. Les conséquences mises à l'épreuve 375
89. Le gros problème de la
relativité générale, et du reste 377

Table des matières 381
Chronologie des scientifiques 385

Chronologie des scientifiques

Voilà, pour faire hyper-classe, on a même poussé le vice jusqu'à mettre une chronologie des gens cités dans le livre. Une que personne ne lira, mais que ça fait classe de l'avoir quand même.

Thalès *(vers 625 av. J.-C. - vers 547 av. J.-C.)* :
astronome, philosophe et mathématicien grec.

Pythagore *(vers 580 av. J.-C. - vers 500 av. J.-C.)* :
mathématicien et philosophe grec.

Parménide d'Élée *(vers 515 av. J.-C. - vers 440 av. J.-C.)* :
philosophe grec.

Anaxagore de Clazomènes *(vers 500 av. J.-C. - 428 av. J.-C.)* :
philosophe grec.

Démocrite *(vers 460 av. J.-C. - 370 av. J.-C.)* :
philosophe grec.

Platon *(427 av. J.-C. - 348 av. J.-C.)* :
philosophe grec.

Gan De *(IVᵉ siècle av. J.-C.)* :
astronome chinois.

Aristote *(384 av. J.-C. - 322 av. J.-C.)* :
philosophe grec.

Euclide *(323 av. J.-C. - 285 av. J.-C.)* :
mathématicien et astronome grec.

Archimède *(287 av. J.-C. - 212 av. J.-C.)* :
savant grec, notamment mathématicien et ingénieur.

Ératosthène *(vers 284 av. J.-C. - vers 192 av. J.-C.)* :
astronome, géographe, philosophe et mathématicien grec,
directeur de la bibliothèque d'Alexandrie.

Héron d'Alexandrie *(Iᵉʳ siècle)* :
ingénieur, mécanicien et mathématicien grec.

Claude Ptolémée *(100-170)* :
mathématicien, astronome et géographe grec.

Jean Philopon *(vers 490 - vers 566)* :
grammairien et philosophe grec.

Abu Ali al-Hasan ibn al-Hasan ibn al-Haytham *(965-1039)* :
savant arabe.

Pierre de Maricourt « le Pèlerin » *(XIIIᵉ siècle)* :
savant français.

Nicolas Copernic *(1473-1543)* :
astronome polonais.

Ostilio Ricci *(1540-1603)* :
mathématicien et architecte italien.

William Gilbert *(1544-1603)* :
médecin et physicien anglais.

Giordano Bruno *(1548-1600)* :
philosophe italien.

Francis Bacon *(1561-1626)* :
philosophe anglais.

Galilée *(1564-1642)* :
mathématicien, géomètre, physicien
et astronome italien.

Paolo Antonio Foscarini *(1565-1616)* :
théologien, mathématicien
et astronome italien.

Hans Lippershey *(1570-1619)* :
opticien hollandais.

Johannes Kepler *(1571-1630)* :
astronome et mathématicien allemand.

Christoph Scheiner *(1575-1650)* :
prêtre jésuite allemand, astronome et mathématicien.

Willebrord Snel *(1580-1626)* :
mathématicien, astronome et géographe néerlandais.

Orazio Grassi *(1583-1654)* :
jésuite, mathématicien, astronome
et architecte italien.

Antoine de Villon *(1589 - apr. 1647)* :
professeur en philosophie
français.

René Descartes *(1596-1650)* :
philosophe et mathématicien français.

Étienne de Clave *(16..-17..)* :
docteur en médecine français.

Pierre de Fermat *(1601-1665)* :
mathématicien français.

Gilles Personne de Roberval *(1602-1675)* :
professeur de philosophie et de mathématiques français.

Evangelista Torricelli *(1608-1647)* :
physicien et mathématicien italien.

Francesco Maria Grimaldi *(1613-1663)* :
philosophe, astronome, opticien et professeur de mathématiques italien.

Blaise Pascal *(1623-1662)* :
mathématicien, physicien et écrivain français.

Giovanni Domenico Cassini *(1625-1712)* :
astronome italien naturalisé français.

Christiaan Huygens *(1629-1695)* :
mathématicien et astronome néerlandais.

John Locke *(1632-1704)* :
philosophe anglais.

Robert Hooke *(1635-1703)* :
scientifique anglais.

James Gregory *(1638-1675)* :
mathématicien et opticien écossais.

Nicolas de Malebranche *(1638-1715)* :
philosophe et théologien français.

Isaac Newton *(1643-1727)* :
philosophe, mathématicien, physicien et astronome anglais.

Gottfried Wilhelm Leibniz *(1646-1716)* :
philosophe allemand.

John Flamsteed *(1646-1719)* :
astronome britannique.

Benoît de Maillet *(1656-1738)* :
ambassadeur français.

Edmund Halley *(1656-1742)* :
astronome britannique.

David Gregory *(1659-1708)* :
mathématicien et astronome écossais.

William Wollaston *(1659-1724)* :
philosophe et moraliste anglais.

Guillaume Amontons *(1663-1705)* :
physicien français.

Christian Wolff *(1679-1754)* :
juriste, mathématicien et philosophe allemand.

George Berkeley *(1685-1753)* :
philosophe irlandais.

James Bradley *(1693-1762)* :
astronome britannique.

Leonhard Euler *(1707-1783)* :
mathématicien et physicien suisse.

Georges-Louis Leclerc Buffon *(1707-1788)* :
naturaliste et écrivain français.

Mikhail Vasilievitch Lomonosov *(1711-1765)* :
écrivain, poète et scientifique russe.

David Hume *(1711-1776)* :
philosophe, historien et économiste britannique.

Nicolas-Louis de La Caille *(1713-1762)* :
abbé et astronome français.

Pierre-Charles Le Monnier *(1715 -1799) :*
astronome français.

Emmanuel Kant *(1724-1804) :*
philosophe allemand.

Guillaume Le Gentil *(1725-1792) :*
astronome et voyageur français.

Joseph Black *(1728-1799) :*
physicien et chimiste écossais.

Johann Daniel Titius *(1729-1796) :*
astronome allemand.

Charles Messier *(1730-1817) :*
astronome français.

Johan Carl Wilcke *(1732-1796) :*
physicien allemand.

Jérôme de La Lande *(1732-1807) :*
astronome français.

Charles-Augustin Coulomb *(1736-1806) :*
physicien et ingénieur français.

Luigi Galvani *(1737-1798) :*
physicien et médecin italien.

William Herschel *(1738-1822) :*
astronome et compositeur anglais.

Anders Johan Lexell *(1740-1784) :*
astronome et mathématicien suédois-russe.

Antoine Laurent de Lavoisier *(1743-1794) :*
chimiste, physicien et économiste français.

Alessandro Volta *(1745-1827) :*
physicien italien.

Giuseppe Piazzi *(1746-1826) :*
astronome italien.

Johann Elert Bode *(1747-1826) :*
astronome allemand.

William Nicholson *(1753-1815)* :
chimiste anglais.

Gian Domenico Romagnosi *(1761-1835)* :
juriste, philosophe et physicien italien.

Franz Xaver von Zach *(1754-1832)* :
astronome allemand.

Heinrich Olbers *(1758-1840)* :
astronome, médecin et physicien allemand.

Karl Ludwig Harding *(1765-1834)* :
astronome allemand.

John Dalton *(1766-1844)* :
physicien et chimiste anglais.

Anthony Carlisle *(1768-1840)* :
chirurgien anglais.

Georg Wilhelm Friedrich Hegel *(1770-1831)* :
philosophe allemand.

Thomas Young *(1773-1829)* :
médecin, physicien et philosophe britannique.

André-Marie Ampère *(1775-1836)* :
mathématicien, physicien, chimiste et philosophe français.

Amedeo Avogadro *(1776-1856)* :
physicien, chimiste et mathématicien italien.

Hans-Christian Ørsted *(1777-1851)* :
physicien et chimiste danois.

Carl Friedrich Gauss *(1777-1855)* :
mathématicien, astronome et physicien allemand.

Johann Wolfgang Döbereiner *(1780-1849)* :
chimiste allemand.

Alexis Bouvard *(1787-1843)* :
astronome français.

Augustin Fresnel *(1788-1827)* :
physicien français.

Antoine-César Becquerel *(1788-1878) :*
physicien français.

Michael Faraday *(1791-1867) :*
physicien et chimiste britannique.

John Herschel *(1792-1871) :*
astronome, physicien et photographe anglais.

Karl Ernst von Baer *(1792-1876) :*
naturaliste russe, professeur de zoologie et d'anatomie.

Karl Ludwig Hencke *(1793-1866) :*
astronome allemand.

Nicolas Léonard Sadi Carnot *(1796-1832) :*
physicien et ingénieur français.

Jean-Baptiste Dumas *(1800-1884) :*
chimiste et homme politique français.

Wilhelm Eduard Weber *(1804-1891) :*
physicien allemand.

Urbain-Jean-Joseph Le Verrier *(1811-1877) :*
astronome et mathématicien français.

Robert Bunsen *(1811-1899) :*
physicien allemand.

Johann Gottfried Galle *(1812-1910) :*
astronome allemand.

Claude Bernard *(1813 - 1878) :*
médecin et physiologiste français.

John Couch Adams *(1819-1892) :*
astronome et mathématicien anglais.

Alexandre-Émile Béguyer de Chancourtois *(1820-1886) :*
géologue et minéralogiste français.

Edmond Becquerel *(1820-1891) :*
physicien français.

Rudolf Clausius *(1822-1888) :*
physicien allemand.

Paul Broca *(1824-1880) :*
médecin français.

Gustav Kirchhoff *(1824-1887) :*
physicien allemand.

William Thomson, dit Lord Kelvin *(1824-1907) :*
physicien anglais.

George Johnstone Stoney *(1826-1911) :*
physicien irlandais.

William Odling *(1829-1921) :*
chimiste anglais.

Lothar Meyer *(1830-1895) :*
chimiste allemand.

James Clerk Maxwell *(1831-1879) :*
physicien anglais.

William Crookes *(1832-1919) :*
chimiste et physicien anglais.

Dmitri Ivanovitch Mendeleïev *(1834-1907) :*
chimiste russe.

John Alexander Reina Newlands *(1837-1898) :*
chimiste britannique.

Ernst Mach *(1838-1916) :*
physicien et philosophe autrichien.

Edward Williams Morley *(1838-1923) :*
chimiste et physicien américain.

John William Strutt Rayleigh *(1842-1919) :*
physicien anglais.

Ludwig Boltzmann *(1844-1906) :*
physicien et philosophe autrichien.

Thomas Edison *(1847-1931) :*
inventeur et industriel américain.

Carl Wernicke *(1848-1905) :*
psychiatre et neurologue allemand.

Oliver Heaviside *(1850-1925)* :
mathématicien et physicien anglais.

Henry Le Chatelier *(1850-1936)* :
ingénieur et chimiste français.

George Francis Fitzgerald *(1851-1901)* :
physicien irlandais.

Albert Abraham Michelson *(1852-1931)* :
physicien américain.

Hendrik-Antoon Lorentz *(1853-1928)* :
physicien néerlandais.

Henri Poincaré *(1854-1912)* :
mathématicien, physicien et philosophe français.

Percival Lowell *(1855-1916)* :
astronome américain.

Joseph John Thomson *(1856-1940)* :
physicien anglais.

Nikola Tesla *(1856-1943)* :
inventeur d'origine serbe.

Abbott Lawrence Lowell *(1856-1943)* :
juriste et politologue américain, frère de Percival Lowell.

Heinrich Rudolf Hertz *(1857-1894)* :
physicien allemand.

Max Planck *(1858-1947)* :
physicien allemand.

Pierre Curie *(1859-1906)* :
physicien et chimiste français.

David Hilbert *(1862-1943)* :
mathématicien allemand.

Hermann Minkowski *(1864-1909)* :
mathématicien allemand.

Wilhelm Wien *(1864-1928)* :
physicien allemand.

Walther Nernst *(1864-1941)* :
physicien et chimiste allemand.

Marie Curie *(1867-1934)* :
physicienne et chimiste française.

Jean Perrin *(1870-1942)* :
physicien, chimiste et homme politique français.

Ernest Rutherford *(1871-1937)* :
physicien anglais.

Walter Bradford Cannon *(1871-1945)* :
physiologiste américain.

Bertrand Russell *(1872-1970)* :
philosophe et logicien britannique.

Joseph Capgras *(1873-1950)* :
médecin français.

Michele Besso *(1873-1955)* :
ingénieur et physicien suisse.

Marcel Grossmann *(1878-1936)* :
mathématicien hongrois.

Albert Einstein *(1879-1955)* :
physicien d'origine allemande.

Hans Geiger *(1882-1945)* :
physicien et chimiste allemand.

Niels Bohr *(1885-1962)* :
physicien danois.

Erwin Schrödinger *(1887-1961)* :
physicien autrichien.

Ernest Marsden *(1889-1970)* :
physicien néo-zélandais.

Walther Bothe *(1891-1957)* :
physicien, mathématicien et chimiste allemande.

James Chadwick *(1891-1974)* :
physicien anglais.

Irène Joliot-Curie *(1897-1956) :*
physicienne et chimiste française.

Frédéric Joliot *(1900-1958) :*
physicien et chimiste français.

George Gamow *(1904-1968) :*
physicien d'origine russe.

Clyde William Tombaugh *(1906-1997) :*
astronome américain.

Harrison Brown *(1917-1986) :*
géochimiste et chimiste nucléaire américain.

Richard Phillips Feynman *(1918-1988) :*
physicien américain.

Clair Cameron Patterson *(1922-1995) :*
géochimiste américain.

Giacomo Rizzolatti *(1937 -) :*
médecin et biologiste italien.

Boris Cyrulnik *(1937 -) :*
psychiatre et psychanalyste français.

Vilayanur Subramanian Ramachandran *(1951 -) :*
neuroscientifique indien.

Dame Victoria Geraldine Bruce, « Vicky Bruce » *(1953 -) :*
psychologue britannique.

Andrew Young, « Andy Young » *:*
professeur de psychologie américain contemporain.

Andy Ellis *:*
psychologue britannique contemporain.

Antoine Daniel *(1989 -) :*
masculin transitif, ainsi que participe.

Achevé d'imprimer en France par CPI Brodard & Taupin
en septembre 2016 pour le compte des éditions Hachette Livre (Marabout).
58, rue Jean Bleuzen – 92178 Vanves Cedex.
Dépôt légal : novembre 2015
N° d'impression : 3019414